132po Foto: kj

Kristine Jaath

Polen – Masuren, Ermland, Danziger Bucht

„Das wichtigste Stück des Reisegepäcks
ist und bleibt ein fröhliches Herz."

Hermann Löns (1866–1914), deutscher Journalist und Schriftsteller

Impressum

Kristine Jaath
Polen – Masuren, Ermland, Danziger Bucht

erschienen im
Reise Know-How Verlag, Bielefeld
Osnabrücker Str. 79
33649 Bielefeld

1. Auflage 2010

Gestaltung
Umschlag: G. Pawlak, P. Rump (Layout);
Andrea Hesse (Realisierung)
Inhalt: Günter Pawlak (Layout);
Andrea Hesse (Realisierung)
Fotos: die Autorin (kj), Bio-Landgut Marczak (bm, S. 324)
Titelfoto: die Autorin (Motiv: Zgon im Masurischen Landschaftspark)
Karten: Catherine Raisin, der Verlag, world mapping project (Atlas)
Bildbearbeitung: Klaus Werner

Lektorat: Andrea Hesse

Druck und Bindung: Media Print, Paderborn

ISBN 978-3-8317-1881-8
Printed in Germany

Dieses Buch ist erhältlich in jeder Buchhandlung Deutschlands, der Schweiz, Österreichs, Belgiens und der Niederlande.
Bitte informieren Sie Ihren Buchhändler über folgende Bezugsadressen:

Deutschland
Prolit GmbH, Postfach 9,
D-35461 Fernwald (Annerod)
sowie alle Barsortimente

Schweiz
AVA-buch 2000
Postfach, CH-8910 Affoltern

Österreich
Mohr Morawa Buchvertrieb GmbH
Sulzengasse 2, A-1230 Wien

Niederlande, Belgien
Willems Adventure
www.willemsadventure.nl

Wer im Buchhandel trotzdem kein Glück hat, bekommt unsere Bücher auch über unseren **Büchershop im Internet: www.reise-know-how.de**

Wir freuen uns über Kritik, Kommentare und Verbesserungsvorschläge, gern auch per E-Mail an info@reise-know-how.de

Alle Informationen in diesem Buch sind von der Autorin mit größter Sorgfalt gesammelt und vom Lektorat des Verlages gewissenhaft bearbeitet und überprüft worden.

Da inhaltliche und sachliche Fehler nicht ausgeschlossen werden können, erklärt der Verlag, dass alle Angaben im Sinne der Produkthaftung ohne Garantie erfolgen und dass Verlag wie Autorin keinerlei Verantwortung und Haftung für inhaltliche und sachliche Fehler übernehmen.

Die Nennung von Firmen und ihren Produkten und ihre Reihenfolge sind als Beispiel ohne Wertung gegenüber anderen anzusehen. Qualitäts- und Quantitätsangaben sind rein subjektive Einschätzungen der Autorin und dienen keinesfalls der Bewerbung von Firmen oder Produkten.

298po Foto: kj

Vorwort

Masuren – kaum eine Region in Europa weckt solche sehnsuchtsvollen Bilder von Entschleunigung, Stille und Ursprünglichkeit wie das in alten Liedern besungene „Land der kristall'nen Seen und dunklen Wälder". Ein märchenhaftes Land ohne Eile, Sinnbild einer unversehrten heilen Welt, ist es bis heute geblieben – wenngleich der Takt der Zeit im dritten Jahrtausend, zwischen Handy und Autostau, auch im nordöstlichen Polen mittlerweile weniger langsam schlägt.

Wer sich heute in Polens Nordosten aufmacht, ins alte Oberland, ins Ermland, nach Masuren und in die Suwalszczyzna, wird neben der traumhaft schönen Natur außerdem backsteingotische Kirchen und Klöster, die stolzen Burgen der Deutschordensritter, verschlafene Dörfer, kleine Landstädtchen und traditionsreiche Hansestädte vorfinden. Kurz, er wird ein tausendjähriges europäisches Kulturerbe entdecken, dessen Steine Geschichte vermitteln und Geschichten erzählen.

Dazu gehört auch das gemeinsame, schwierige deutsch-polnische Erbe. In Gestalt von teils verfallenen, teils restaurierten ostpreußischen Schlössern und Herrenhäusern über das Konzentrationslager Stutthoff bis hin zum Hitlerquartier „Wolfsschanze" zählt es ebenfalls zu den herausragenden Besichtigungszielen. Auch in diesem historischen Spannungsfeld bewegt sich eine Reise durch das nordöstliche Polen.

Daneben sind an den zahllosen Seen, Flüssen und Kanälen in der schönen Jahreszeit Segeln, Paddeln und Baden angesagt, außerdem Radeln, Reiten und Wandern. Eine Schön-Wetter-Garantie wie etwa am Mittelmeer gibt es zwar nicht, aber dafür entschädigen die herrliche Natur und die herzliche polnische Gastfreundschaft um ein Vielfaches.

Wer heute ins nordöstliche Polen fährt, wird auch ein Land im Umbruch vorfinden. Seit dem Fall des Eisernen Vorhangs 1989 hat sich die noch junge demokratische Republik unglaublich verändert. Neue Woiwodschaftsgrenzen wurden gezogen, neue Postleitzahlen herausgegeben, landesweit neue Telefonnummern verteilt, Verwaltungsreformen, Sozialreformen, NATO-Beitritt, EU-Beitritt und in näherer Zukunft wohl noch die Euro-Einführung unterwerfen das Land einem ständigen Wandel. Was soeben noch galt, besteht im nächsten Moment oft schon nicht mehr. Und der Wandel ist noch nicht abgeschlossen. Daher bitte ich um Verständnis, falls sich die eine oder andere Information in diesem Reiseführer in kürzester Zeit schon wieder geändert hat.

Was aber trotz allem unverändert bleibt, sind die zauberhafte Natur und die herzlichen Menschen. So wünsche ich Ihnen eine angenehme, spannende und erlebnisreiche Reise ins nordöstliche Polen. Es ist eine Reise in das Herz von Mitteleuropa.

Kristine Jaath

Inhalt

Praktische Reisetipps A–Z

Land und Natur

121po Foto: kj

Staat und Gesellschaft

Menschen und Kultur

Trójmiasto (Dreistadt)

Frische Nehrung und Weichselniederung

Frisches Haff und Oberländische Seenplatte

Ermland und südliches Masuren

Die Großen Masurischen Seen

Karten und Pläne

Exkurse und Info-Kästen

Buckliges Masuren

Suwałki-Seenplatte

Anhang

Atlas nach Seite 370

Hinweise zur Benutzung

Gliederung

Dieser Band ist ein Tourenführer zum Entdecken und Kennenlernen des nordöstlichen Polens.

Er beginnt mit dem Abschnitt **„Praktische Reisetipps von A bis Z“,** in dem alles Wissenswerte zu Anreise, Geldfragen, Unterkünften, Transport- und Verkehrsmitteln, Essen und Trinken und vieles mehr zu finden ist.

Die anschließenden Kapitel stellen das **Land und seine Bewohner** vor: Natur, Geschichte, Staat und Gesellschaft, Kultur, Traditionen und Alltagsleben in Polen.

Der Hauptteil des Reiseführers widmet sich der Beschreibung von **Orten und Sehenswürdigkeiten** im nordöstlichen Polen. Er ist von West nach Ost unterteilt in die regionalen Abschnitte Trójmiasto (Dreistadt Gdynia, Sopot, Danzig) mit östlicher Danziger Bucht, Frische Nehrung und Weichselniederung, Frisches Haff und Oberländische Seenplatte, Ermland und Masuren, Große Masurische Seen, Buckliges Masuren und schließlich, im nordöstlichsten Winkel Polens, der Suwalszczyzna.

Am Anfang jedes Regionalkapitels steht ein **Überblick** über das betreffende Gebiet. Darauf folgen die Beschreibungen der Ortschaften, ihrer Geschichte und Sehenswürdigkeiten sowie im Anschluss die reisepraktischen Informationen.

Für die Suche nach einem bestimmten Ort oder einem Sachgebiet steht im Anhang ein umfangreiches **Register** zur Verfügung. Ferner findet man dort eine kleine **Wortliste,** eine Übersetzungshilfe für die Speisekarte, **Literaturhinweise** zum Schmökern für die Reise sowie eine **Namenskonkordanz,** also ein Verzeichnis der polnischen, ehemals deutschen Orts- und Landschaftsnamen Polnisch-Deutsch/Deutsch-Polnisch.

Karten und Pläne

Bei größeren und wichtigen oder auch unübersichtlichen Orten finden sich **Stadtpläne.** Der Lesefreundlichkeit halber sind dabei Sehenswürdigkeiten, die im Text stets mit ihrer polnischen Bezeichnung und der deutschen Übersetzung genannt werden, in den Kartenlegenden nur mit ihren **deutschen Bezeichnungen** eingetragen.

Das vorgestellte Gebiet ist am Ende des Buches in einem **Kartenatlas** dargestellt. In den **Überschriften** zu den Ortsbeschreibungen, Regionen und Sehenswürdigkeiten wird auf den Atlas verwiesen, damit sich die entsprechende Seite schneller finden lässt. Dabei verweist die römische Zahl auf die Atlasseite, Buchstaben und arabische Ziffern geben das jeweilige Planquadrat an. So bedeutet z.B. **XX/A2,** dass der Ort auf der Atlasseite XX zu finden ist, genauer im Planquadrat A2. **XX/A2-3** bedeutet, dass das Gebiet (z.B. ein Nationalpark) über mehrere Planquadrate verläuft.

Abkürzungen und Schreibweisen von Internetadressen

Die Abkürzung „ul." bei den Adressangaben steht für das polnische *ulica,* Straße, „al." für *aleja,* Allee, und „pl." für *plac,* Platz. Das Kürzel „św.", wie man es beispielsweise bei Kirchennamen findet (Kościół św. Jerzego/St. Georgskirche), steht für *święty,* heilig.

Internetadressen, die über **zwei Zeilen** verlaufen, sind nur dort mit einem **Trennstrich** geschrieben, wo dieser zur Adresse gehört.

Unterkunftstipps

Die Unterkunftstipps in den Ortsbeschreibungen gelten mit ihren **Preisangaben,** sofern nicht anders aufgeführt, stets für ein **Doppelzimmer** für zwei Personen mit WC/Duschbad inklusive Frühstück für eine Übernachtung in der Hochsaison. Das heißt, es wird grundsätzlich der teuerste Preis angegeben, der auch lediglich der Orientierung dient. Preisnachlässe, Ferienangebote und dergleichen mehr sind reichlich gegeben, unterliegen jedoch großen Schwankungen und können deshalb hier keine Berücksichtigung finden.

Die hochgestellten kleinen Euro-Zeichen, mit denen die Quartiere versehen wurden, beziehen sich nicht auf die Hotelkategorie, sondern auf die fünf **Preisklassen,** wie wir sie für den schnellen Überblick von sehr günstig über mittel bis hochpreisig eingeteilt haben. Näheres ⇗„Praktische Reisetipps von A bis Z, Unterkunft".

Namen und Ortsbezeichnungen

Eine Teildisziplin der Sprachwissenschaften, die Semantik, beschäftigt sich mit der Bedeutung von Zeichen und Zeichenfolgen und ihrer Beziehung zum Designaten, dem gemeinten Gegenstand. Liest man beispielsweise die Zeichenfolge „B-a-u-m", weiß man unmittelbar, dass von einem lebendigen hölzernen Gegenstand mit Grünzeug die Rede ist.

Erzählte ich dagegen meinem Großvater von „E-ł-k" in Masuren, wollte er nicht verstehen, dass ich von „L-y-c-k" spreche, der Stadt, in der er geboren wurde und aufwuchs. Denn diese simplen drei oder vier Buchstaben, die doch nur einen Ort auf der Erde bezeichnen, bedeuteten zugleich die vielen entsetzlichen Dinge, die sich im Verlauf der Geschichte zwischen Deutschen und Polen ereignet haben. Sie handeln von Unterdrückung, Krieg und Vertreibung und tragen oft heute noch einen unendlichen Schmerz.

Sagt ein Engländer „Naples" und ein Deutscher „Neapel", wird sich der Einwohner der italienischen Stadt Napoli gewiss nicht gekränkt fühlen. Die Entscheidung ob „Ełk" oder „Lyck", „Elbląg" oder Elbing" ist in manchen Kreisen dagegen leider Programm. Insofern bedeutet sie mehr als nur eine simple topografische Bezeichnung, sondern transportiert oft zugleich die Art und Weise der Auseinandersetzung mit der polnisch-deutschen Geschichte. Die Namen sind ein Spiegel davon – im Guten wie im Schlimmen.

Das Land im Überblick

- **Name:** Polen, Rzeczpospolita Polska
- **Lage:** Das Land reicht im Norden bis zur Ostsee, grenzt im Nordosten an die russische Exklave Kaliningrad und an Litauen, im Osten an Weißrussland und die Ukraine, im Süden an die Slowakei und an Tschechien sowie im Westen an die Bundesrepublik Deutschland.
- **Hauptstadt:** Warschau/Warszawa
- **Staatsform:** Parlamentarische Demokratie
- **Staatsoberhaupt:** Präsident *Lech Kaczyński* (tödlich verunglückt im April 2010; ein neuer Präsident war bis zur Drucklegung dieses Reiseführers noch nicht gewählt)
- **Regierungschef:** Ministerpräsident *Donald Tusk* (gewählt im Oktober 2007)
- **Fläche:** 312.678 km^2
- **Einwohner:** 38,12 Millionen
- **Bevölkerungsdichte:** 122 Einwohner/km^2
- **Amtssprache:** Polnisch
- **Währung:** Złoty (Zł.)
- **Nationalhymne:** Mazurek Dąbrowskiego
- **Nationalfeiertage:** 3. Mai (erste polnische Verfassung) und 11. November (Unabhängigkeit 1918)
- **Nationalfarben:** weiß und rot
- **Kfz-Kennzeichen:** PL
- **Internet-TLD:** pl
- **Vorwahl:** +48

Und wie halte ich es in diesem Reiseführer? Es werden selbstverständlich die Regionen im nordöstlichen Polen beschrieben – im Respekt vor den Menschen, die 1945 ihre Heimat verloren, Deutschen wie Polen, und im Gedenken an die sechs Millionen polnischen Toten, die Hitler-Deutschland verschuldet hat.

Es werden generell die **polnischen Ortsnamen** verwendet. Ehemalige deutsche Namen stehen einmalig in Klammern, z.B. Olsztyn (Allenstein). Allenstein gilt für die Zeit, in der die Stadt Allenstein hieß, nicht mehr und nicht weniger. Ihre Sehenswürdigkeiten kann man nur in Olsztyn entdecken, nirgendwo sonst. Eine Ausnahme bildet Danzig/Gdańsk als größte und bekannteste Stadt im nördlichen Polen, für die wir, wie in der öffentlichen Berichterstattung allgemein üblich, die deutschsprachige Lesart verwenden.

Sehenswürdigkeiten wie Kirchen und Museen sind im Text aus Gründen der besseren Lesbarkeit zuerst mit ihrem deutschen Namen aufgeführt, in Klammern folgt außerdem die polnische Bezeichnung, z.B. Kirche St. Nikolai (Kościół św. Mikołaja). Denn die wenigsten touristischen Hinweistafeln in den polnischen Städten sind auch in Fremdsprachen gehalten.

Die **geografischen Bezeichnungen** sind ebenfalls der Lesefreundlichkeit angepasst. Ein See wird nicht zum *jezioro,* sondern bleibt ein See, auch wenn er nicht mehr „Mauer-" sondern „Mamry"-See heißt. Wichtig ist nur zu wissen, dass die Abkürzung „Jez." auf

Woiwodschaften (Provinzen)

1 **Zachodniopomorskie** (Westpommern)
2 **Pomorskie** (Pommern)

3 **Warmińsko-Mazurskie** (Ermland-Masuren)
4 **Podlaskie** (Podlachien)
5 **Lubuskie** (Lebus)
6 **Wielkopolskie** (Großpolen)
7 **Kujawsko-Pomorskie** (Kujawien-Pommern)
8 **Mazowieckie** (Masowien)
9 **Dolnośląskie** (Niederschlesien)
10 **Łódzkie** (Lodsch)
11 **Lubelskie** (Lubliner Land)
12 **Opolskie** (Oppelner Land)
13 **Śląskie** (Oberschlesien)
14 **Świętokrzyskie** (Heiligkreuz)
15 **Podkarpackie** (Vorkarpaten)
16 **Małopolskie** (Kleinpolen)

polnischen Landkarten „See" bedeutet, während andererseits auf Karten aus einem deutschen „Heimwehverlag" der Name „Mamry" nur lupenkleingedruckt unter der historischen deutschen Bezeichnung zur Erwähnung kommt.

Zur besseren Orientierung haben wir die **geografischen Namen** deshalb mal deutsch und mal polnisch verwendet. So ist neben der Dylewska Góra auch der Dylewska-Berg (*góra* = Berg) und in Klammern die historische Bezeichnung (Kernsdorfer Höhe) im Text zu finden. Entsprechendes gilt für die „Pojezierze Mazurskie" oder „Masurische Seenplatte" und „Mazury" oder „Masuren". Und last, but not least: Zatoka Gdańska ist wie im Deutschen die Danziger Bucht, wohingegen Zalew Wiślany übersetzt Weichsel-Haff bedeutet, das Weichsel-Haff in der deutschsprachigen Landeskunde aber als „Frisches Haff" bezeichnet wird. In diesem Reiseführer werden die geografischen Namen darum einfach abgewechselt, mal der polnische angeführt (mit dem deutschen in Klammern) und dann wieder umgekehrt; in der Absicht, dass die Orientierung im Text wie auf den Landkarten damit leichter fällt.

Darüber hinaus ist im Anhang zu diesem Reiseführer eine **Namensliste** Polnisch - Deutsch/Deutsch - Polnisch zu finden.

259po Foto: kj

Praktische Reisetipps von A bis Z

258po Foto: kj

196po Foto: kj

Im Hafen von Ruciane-Nida

Bernsteinverkauf am Straßenrand

Restaurantschiff

Anreise

Einreisebedingungen

An den Binnengrenzen der Länder im Schengen-Verbund gibt es keine Grenzkontrollen mehr. Somit sind die Bürger der **Schengen-Länder** Deutschland, Österreich, Polen und Schweiz nicht verpflichtet, bei der Einreise ins jeweils andere Land ein gültiges Grenzübertrittspapier vorzuweisen. Ebenso besteht keine Pflicht zur Benutzung von Grenzübergängen; die Landesgrenzen können an jedem beliebigen Punkt überschritten werden.

Allerdings muss ein Dokument zur Feststellung der Identität mitgeführt werden. Für den Aufenthalt in Polen **bis zu 90 Tagen** in einem Zeitraum von sechs Monaten ist das für Bürger der EU und der Schweiz der gültige **Personalausweis** oder **Pass.**

Kinder unter 16 Jahren reisen mit einem eigenen Kinderlichtbildausweis oder müssen im Pass der Eltern eingetragen sein.

Möchte man länger in Polen bleiben, ist eine befristete **Aufenthaltserlaubnis** erforderlich, die man beim zuständigen Woiwodschaftsamt beantragen kann.

In Deutschland, Österreich oder der Schweiz lebende Nicht-EU-Bürger, die unter Umständen ein **Visum** für den Polenaufenthalt benötigen, wenden sich hierfür an die zuständige diplomatische Vertretung Polens (⇗„Botschaften und Konsulate“).

Trotz entfallener Grenzkontrollen gibt es weiterhin **nationale Ein-, Aus- und Durchfuhrbeschränkungen,** z.B. für Tiere, Pflanzen, Waffen, starke Medikamente und Drogen (auch Cannabis). Näheres ⇗„Zollvorschriften“.

Achtung: Für **Schweizer** besteht seit dem Beitritt zur Schengen-Zone im Dezember 2008 zwar Reisefreizügigkeit, der **Warenverkehr** ist davon jedoch nicht betroffen, da die Schweiz kein EU-Mitgliedsland ist. Bei der Einreise nach Polen gelten für Schweizer die üblichen EU-Zollbestimmungen (⇗„Zollvorschriften“).

Für die Weiterreise nach **Litauen** genügt bei EU-Bürgern und Schweizern der gültige Personalausweis. Für die Weiterreise nach **Russland** und **Weißrussland** ist ein Visum erforderlich, das bei den jeweiligen Botschaften rechtzeitig vor Reiseantritt beantragt werden muss. An den Grenzübergängen werden keine Visa ausgestellt. Infos:

- **Deutschland:** www.auswaertiges-amt.de (Stichwort „Länder, Reisen und Sicherheit“), Tel. (030) 50000, Fax 50003402.
- **Österreich:** www.bmaa.gv.at (Stichwort „Bürgerservice“), Tel. 05-011504411, Fax 05-011590 (05 muss immer vorgewählt werden).
- **Schweiz:** www.dfae.admin.ch (Stichwort „Reisehinweise“), Tel. (031) 3238484.

Hunde und **Katzen** dürfen mit in den Urlaub, sofern sie mindestens 30 Tage und maximal 12 Monate vor Reiseantritt gegen Tollwut geimpft worden sind. Die Impfung wird vom Tierarzt in den Heimtierausweis eingetragen, der seit 2004 den Impfpass ersetzt und an der Grenze vorgelegt werden muss. Damit das Tier dem Ausweis zweifelsfrei zugeordnet werden kann, muss es mit einem **Mikrochip** oder übergangsweise (bis Juli 2011) mit einer lesbar eintätowierten Nummer gekennzeichnet sein.

Anreise mit dem Auto

↗ auch Abschnitt „Unterwegs in Polen, Autofahren".

Bürger aus der Schengen-Zone werden an den Grenzübergängen nach Polen durchgewinkt. Kleinere Grenzkontrollpunkte an Nebenstrecken wurden gänzlich geschlossen.

Für die Einreise nach Polen benötigen Deutsche, Schweizer und Österreicher den **nationalen Führerschein** und den **Kfz-Schein.** Die **Grüne Versicherungskarte** ist für sie nicht mehr obligatorisch, seit dem EU-Beitritt Polens reicht das Autokennzeichen als Nachweis des Versicherungsschutzes. Es empfiehlt sich jedoch, die Karte trotzdem so lange noch mitzuführen, bis sich die neue Regelung auch bis zum entlegensten kleinen Außengrenzposten herumgesprochen hat. Darüber hinaus erleichtert sie erfahrungsgemäß die Abwicklung im **Schadensfall.**

Fährt nicht der Kfz-Halter selbst, sondern jemand anders den Wagen, benötigt der Fahrer eine **Bescheinigung,** in der ihm der Halter die Erlaubnis erteilt, das Auto zu nutzen und damit nach Polen zu reisen. Selbst wenn der Halter als Beifahrer anwesend ist und seine Erlaubnis somit persönlich bestätigen könnte, ist die schriftliche Bescheinigung obligatorisch. Ein Musterformular findet sich auf der Website der Polnischen Botschaft Berlin, www.berlin.polemb.net, Stichwort „Straßenverkehr und Transport".

Vorsorglich empfiehlt sich der Abschluss eines **Auslandschutzbriefes,** da bei einem Unfall gegebenenfalls hohe Kosten für den Pkw-Rücktransport oder auch eine Verschrottung des Wagens in Polen anfallen könnten.

Zur **Pflichtausstattung** des Wagens gehören in Polen Warndreieck, Verbandskasten, Sicherheitsweste und Feuerlöscher.

Anreise mit der Bahn

Zu Bahnreisen und Fahrradmitnahme in Polen ↗„Unterwegs in Polen".

Von Süden her besteht aus Deutschland keine direkte schnelle **Verbindung** nach Polen. In Ost-West-Richtung verkehren dreimal täglich der Eurocity (EC) Berlin – Warschau über Frankfurt/Oder und Poznań (Posen) sowie einmal täglich der EC Hamburg – Berlin – Krakau und der Intercity (IC) Amsterdam – Osnabrück – Hannover – Berlin – Stettin. Aus Österreich steuert der EC Wien – Warschau die polnische Hauptstadt an. Von der Schweiz fährt man über Prag oder Wien.

Nachts fahren auf direktem Weg der **Euronight** (EN) Amsterdam – Warschau über Köln, Hannover und Berlin, der **Citynightliner** Amsterdam – Stettin über Berlin, der **D 50472** Basel – Warschau über Frankfurt/Main und Berlin sowie der **D 50482** Innsbruck/München – Warschau über Berlin.

Um in den polnischen Großstädten nicht in der Peripherie zu landen, steigt man erst auf dem Bahnhof mit der Bezeichnung **Städtename plus „Głowny"** („Haupt-", „Zentral-") aus.

Ein grenzüberschreitender **Regionalexpress** (RE) Richtung Nordpolen verkehrt mehrmals täglich zwischen Berlin und Stettin, einmal durchgehend, ansonsten mit Umsteigen in Angermünde. Eine **Regionalbahn** (RB) verbindet Frankfurt (Oder) mit Poznań, und eine Linie der Niederbarnimer Eisenbahn (NEB) verknüpft Berlin und die deutsch-polnische Doppelstadt Küstrin/Kostrzyn an der Oder.

Alle anderen Zugverbindungen Richtung Polen enden in den **Grenzstädten,** und dort heißt es **umsteigen** – beispielsweise in den Schnellzug Stettin – Białystock. In durchgehender Verbindung führt er täglich ab Stettin über Danzig, Malbork (Marienburg) und Olsztyn (Allenstein) zu den Großen Masurischen Seen und von dort weiter über Ełk (Lyck) zum Zielbahnhof Białystock nahe der weißrussischen Grenze.

Fahrradmitnahme

ICs, ECs, ENs sowie Citynightliner sind mit wenigen Ausnahmen generell für die Fahrradmitnahme vorgesehen.

Über die deutsch-polnische Grenze hinweg werden die Drahtesel außerdem in einigen **RE- und RB-Nahverkehrszügen** transportiert, so z.B. von Frankfurt/Oder nach Poznań (Posen) und von Berlin nach Stettin oder auch Kostrzyn (Küstrin). Im **Schnellzug Stettin – Białystok** besteht ebenfalls die Möglichkeit, sein Rad mit auf die Reise zu nehmen.

Da die Fahrradmitnahme insgesamt **uneinheitlich geregelt** ist, empfiehlt es sich, für die gewünschte Verbindung gezielt Auskünfte bei der DB-Radfahrerhotline (Tel. 01805-151415) und den Polnischen Staatsbahnen (Tel. (030) 2423453) einzuholen.

Im IC/EC ist die Mitnahme **reservierungspflichtig.** Aufgrund der begrenzten Platzzahl ist die Reservierung spätestens einen Tag vor der Reise am Schalter, online oder bei der Radfahrerhotline vorzunehmen.

Die für die Fahrradmitnahme obligatorische **Internationale Fahrradkarte** kostet 10 € unabhängig von der Entfernung des Zielorts. Sie gilt grundsätzlich nur im Abfahrtsland, d.h. für die Hinfahrt nach Polen ist sie bei der Deutschen Bahn (DB) zu lösen, für Binnenfahrten in Polen sowie die Rückfahrt bis zur Grenze kauft man sie an einem Schalter der Polnischen Staatsbahnen (PKP) zum umgerechnet ungefähr selben Preis (⇗„Unterwegs in Polen").

Ermäßigungen

Der Tarif **Europa Spezial Polen** bietet Bahnverbindungen von Deutschland ins Nachbarland ab 39 € (2. Klasse) bzw. 69 € (1. Klasse) für die einfache Fahrt; auf einigen Strecken werden sogar nur 19 €/29 € verlangt. Das Ticket muss spätestens drei Tage vor Reiseantritt erworben werden und gilt einen Monat auf den grenzüberschreitenden Strecken zwischen Deutschland und Polen (nicht im Nachtreiseverkehr). Kinder bis fünf Jahre fahren kostenlos mit, ebenso Kinder bis 15 Jahre in Begleitung mindestens eines eigenen Eltern- oder Großelternteils mit Europa-Spezial-Fahrkarte (Eintrag der Kinder auf dem Ticket). Besitzer einer BahnCard 25 erhalten zusätzlich 5 € Rabatt.

Mit der **Bahncard 25 oder 50** gibt es für den deutschen Streckenabschnitt weitere 25 oder 50 Prozent Ermäßigung. Zusätzlich werden für BahnCard-Inhaber Zugreisen in 29 europäische Länder – darunter Polen – auf den gewöhnlichen Fahrpreis der Auslandsstrecke um 25 Prozent günstiger. In BahnCards, die ab dem 9. Dezember 2007 ausgestellt worden sind, ist dieser **internationale Rabatt** automatisch enthalten. Bahncard-Inhaber mit Ausstellungsdatum vor dem 9. Dezember 2007 haben die Möglichkeit, für 15 € jährlichen Aufpreis eine **Railplus-Card** zu erwerben. Diese bietet 25 Prozent Ermäßigung auf den gewöhnlichen Fahrpreis auf Auslandsstrecken in 29 europäischen Ländern, darunter auf den Strecken der Polnischen Staatsbahnen (PKP).

Ein weiteres Angebot ist der Tarif **Regio Spezial Polen.** Er gilt im Nahverkehr jeweils 120 Kilometer vom/bis zum deutsch-polnischen Grenzpunkt und ermäßigt die Zugfahrt um 50 Prozent auf den Normalpreis. Im Geltungsbereich liegen folgende Bahnhöfe: Berlin, Cottbus, Dresden, Stettin, Świnoujście (Swinemünde), Stargard Szczeciński (Stargard), Międzyzdroje (Misdroy), Kostrzyn (Küstrin), Zielona Góra (Grünberg) und Jelenia Góra (Hirschberg). Auf den PKP-Strecken dürfen Personen- und Schnellzüge genutzt werden (nicht IC, EC, Expresszüge), auf denen der DB D-Züge, S, SE, RB und RE (nicht IC, EC).

Seit 2007 ersetzt der **InterRail One Country-Pass** das Euro Domino-Ticket. Er gilt für drei, vier, sechs oder acht Tage innerhalb eines Monats für beliebige Zugreisen in Polen in den Preiskategorien für Personen bis 26 und ab 26 Jahren. Kinder zwischen vier und elf Jahren erhalten 50 Prozent Ermäßigung auf den Erwachsenenpreis. Der Pass ist nicht für das eigene Wohnsitzland zu erwerben.

Für Reisende, die bis zu einem Monat unterwegs sein wollen und neben Polen noch weitere Länder entdecken möchten, empfiehlt sich der **InterRail Global-Pass.** Er wird ebenfalls in den Varianten für Menschen bis 26 und ab 26 Jahren ausgestellt. Kinder zwischen vier und elf Jahren erhalten 50 Prozent Ermäßigung auf den Erwachsenenpreis. Der InterRail Global-Pass gilt in 30 europäischen Ländern inklusive Türkei. Achtung: Die baltischen Länder sowie Russland und Weißrussland sind nicht mit im Verbund.

Tickets

Man kann Bahntickets an jedem größeren Bahnhof direkt am Schalter kaufen. Es geht aber auch ohne Warteschlangen online oder telefonisch; die Tickets erhält man dann per Post (2,50 €) oder druckt sie sich an einem Bahntix-Automaten in den Bahnhöfen nach Eingabe einer zugewiesenen PIN-Nummer aus.

299po Foto: kj

Auch er reist auf dem Luftweg an

Infos

- **DB,** www.bahn.de oder in Deutschland Tel. 0180-5996633, Fahrplan- und Preisauskünfte, telefonische Ticketbestellung sowie Weiterleitung zu weitergehenden DB-Auskunftsdiensten.
- **DB Radfahrerhotline,** Tel. 01805-151415.
- **ÖBB,** www.oebb.at oder in Österreich Tel. 05 1717.
- **SBB,** www.sbb.ch oder in der Schweiz Tel. 0900 300300.
- **Polnische Staatsbahnen PKP,** Panoramastraße 1, 10178 Berlin, Tel. (030) 2423453, Fax 24729999 (keine Fahrkarten, keine Reservierungen).

Anreise mit dem Flugzeug

Seit dem EU-Beitritt Polens und damit zusammenhängend der Liberalisierung des Luftverkehrs tummeln sich neben der Lufthansa und der polnischen Fluggesellschaft LOT zahlreiche Mitbewerber am Himmel. Sie bieten Verbindungen zwischen deutschen und polnischen Großstädten an, etwa in Nordpolen nach Danzig. Weiter südlich werden u.a. Breslau, Posen und Warschau angeflogen. Anzahl und Destinationen verändern sich jedoch ständig, sodass man sich besser direkt bei den Airlines informiert.

Dies sind die **wichtigsten Fluggesellschaften** mit Direktverbindungen nach Nord- und Zentralpolen:

- **Air Berlin,** www.airberlin.com, Tel. (030) 41021003. Von Berlin nach Danzig.
- **Austrian Airlines,** www.aua.com, Tel. (0043) 05-1789. Von Wien über Warschau nach Danzig.
- **Deutsche Lufthansa,** www.lufthansa.com, Tel. 0180-5838426. Von Frankfurt/Main und München nach Danzig und Posen; von Düsseldorf nach Danzig; von Hamburg, Berlin, Düsseldorf, Frankfurt/Main, Stuttgart und München nach Warschau.
- **Germanwings,** www.germanwings.com, Tel. 0900-1919100. Von Hamburg, Berlin, Leipzig/Halle, Dresden, Köln/Bonn, Stuttgart, München, Zürich und Wien nach Warschau.
- **LOT Polish Airlines,** www.lot.com, Tel. 0180-3000336. Von Hamburg, Berlin, Düsseldorf, Frankfurt/Main, München, Wien, Zürich und Genf nach Warschau.
- **Swiss International Airlines,** www.swiss.com, Tel. (0041) 0848-700700. Von Zürich und Basel nach Warschau.
- **Wizzair,** www.wizzair.com, Tel. 0900-120 4021. Von Hamburg-Lübeck, Dortmund und Köln nach Danzig, von Dortmund nach Posen und Warschau.

Flüssigkeiten im Handgepäck

Fluggäste dürfen Flüssigkeiten oder Dinge ähnlicher Konsistenz (z.B. Gels, Spray, Shampoos, Cremes, Zahnpasta) nur in einer **Höchstmenge von 0,1 Liter** als Handgepäck mit ins Flugzeug nehmen. Die Flüssigkeiten müssen in einem **durchsichtigen Plastikbeutel** transportiert werden. Weitere Infos: www.auswaertiges-amt.de.

Anreise mit dem Bus

Es gibt zahlreiche Linienbusverbindungen von deutschen Städten in den polnischen Norden. Die Busse verkehren zwei- bis viermal die Woche.

- **Becker Reisen,** Bremer Straße 36, 21255 Torstedt, Tel. 0180-1155333, www.becker-reisen.de.
- **Berlinlinienbus GmbH,** Mannheimer Straße 33/34, 10713 Berlin, Tel. 0180-1546436, www.berlinlinienbus.de.
- **Deutsche Touring GmbH,** Am Römerhof 17, 60486 Frankfurt/Main, Tel. (069) 790 3501, www.deutsche-touring.com.

Anreise mit dem Boot

Es gelten die üblichen europäischen **Schifffahrtsgrundsätze.** Ausländische Bootsleute müssen über dieselben **Schifffahrtsberechtigungen** (Segelschein, Registrierschein für das Boot etc.) verfügen wie in ihren Heimatländern. Seit dem Beitritt Polens zum Schengen-Abkommen finden in den Seehäfen keine Grenzkontrollen für Boote aus Schengen-Ländern mehr statt. Dennoch können der polnische Grenzschutz und die Wasserpolizei im Einzelfall Kontrollen durchführen.

Botschaften und Konsulate

Polnische Vertretungen

In Deutschland

- **Botschaft der Republik Polen,** Lassenstraße 19–21, 14193 **Berlin,** Tel. (030) 223 130, Fax 22313155, www.berlin.polemb.net.
- **Generalkonsulate** gibt es in Hamburg, Köln und München, **Honorarkonsulate** befinden sich in Bremen, Frankfurt/Main und Stuttgart, ⇗ www.berlin.polemb.net.

In Österreich

- **Botschaft der Republik Polen,** Hietzinger Hauptstraße 42c, 1130 **Wien,** Tel. (01) 8701 5100, Fax 87015222, www.wien.polemb.net.

In der Schweiz

- **Botschaft der Republik Polen,** Elfenstraße 20a, 3000 **Bern** 15, Tel. (031) 3580202, Fax 3580216, www.berno.polemb.net.

Vertretungen in Polen

Beim **Verlust der Personalunterlagen** stellen die Botschaften Ersatzpapiere aus. Zwei Passbilder und eine durch die örtliche Polizei ausgestellte Verlustanzeige müssen dazu vorgelegt werden.

Zuständig für Deutschland

- **Warschau:** Botschaft der Bundesrepublik Deutschland (Ambasada Republiki Federalnej Niemiec), ul. Jazdów 12, 00-467 Warszawa, Tel. (022) 5841700, Fax 5841739, www.ambasadaniemiec.pl.
- **Danzig:** Deutsches Generalkonsulat (Konsulat Generalny Republiki Federalnej Niemiec), al. Zwycięstwa 23, 80-219 Gdańsk-Wrzeszcz, Tel. (058) 3406500, Fax 3406538, www.danzig.diplo.de.

Zuständig für Österreich

- **Warschau:** Botschaft der Republik Österreich (Ambasada Republiki Austrii), ul. Gagarina 34, 00-748 Warszawa, Tel. (022) 841 0081, Fax 8410085, www.ambasadaaustrii.pl.

Zuständig für die Schweiz

- **Warschau:** Botschaft der Konföderation Schweiz (Ambasada Konfederacja Szwajcarska), al. Ujazdowskie 27, 00-540 Warszawa, Tel. (022) 6280481, in Notfällen auch außerhalb der Bürozeiten (Mo–Fr 9–12 Uhr) 0608-422266, Fax 6210548, www.eda.admin.ch/warsaw.

Elektrizität

Die **Steckdosen** entsprechen der europäischen Norm. Deutsche sollten deshalb für ihre Schuko-Stecker (das sind die dicken, runden) einen **Adapter** mitnehmen.

Die **Netzspannung** beträgt 230 Volt Wechselstrom.

Essen und Trinken

Gastronomische Einrichtungen

Kaum jemand kann sich die Zeiten noch vorstellen, als normalsterbliche Hungrige in den Restaurants der Valuta-Hotels unter dem wählerischen Auge des Kellners geduldig anstehen mussten, um irgendwann freundlicherweise platziert zu werden. Heute ist für jeden ein Plätzchen frei, und die Auswahl ist vielfältig. Grundsätzlich betreiben alle großen **Hotelerien** eine eigene Küche mit variationsreicher Speisekarte und leckerem Essen zu vernünftigen Preisen. Geht man nach 21 Uhr zu Tisch, darf man sich aber nicht wundern, wenn einen der Ober mit einem leisen Knurren begrüßt. Die Hotelrestaurants **schließen** oft bereits um 22, allerspätestens um 23 Uhr.

Daneben haben sich zur Freude der polnischen Feinschmecker eine ganze Reihe Restaurants mit **internationaler Küche** etabliert - chinesisch, griechisch, italienisch und vieles mehr, was man auf der Weltkarte findet. Doch des einen Freud' ist des anderen Leid. Ausländer, die sicherlich erst einmal die polnische Küche entdecken möchten, haben es gar nicht so leicht. Restaurants mit **polnischen Spezialitäten** sind vergleichsweise selten. Wozu auch, das wird schließlich zu Hause gekocht. Neben internationalen Gerichten werden sie aber in jedem Fall in den Hotel-Restaurants angeboten.

Typisch polnisch sind auch die zahllosen **Snackbars** und **Imbissbuden,** und sie sind meistens viel, viel besser als der Ruf, der diesen beiden Wörtern vorauseilt. Ja, in einigen Snackbars kann man sich besser durch die landestypischen Köstlichkeiten futtern als in manch einem Lokal. Pommes und Bratwurst gibt es dort selbstverständlich auch. Außerdem amerikanische Pizza, gelegentlich sogar noch die alte polnische Pizza, die bei Italienern wahrscheinlich zu einem mittleren Ohnmachtsanfall führen würde (Hefeteig mit Tomatenketchup und Spiegelei), und seit Polens EU-Beitritt 2004 auch immer mehr Döner Kebab.

261po Foto: kj

Trinkgeld *(napiwek)* ist im Preis inbegriffen. Es zusätzlich zu geben, gilt jedoch wie überall als Ausdruck besonderer Zufriedenheit, die auch bei der Bedienung Freude auslöst. Üblich sind etwa zehn Prozent der Rechnungssumme.

Spezialitäten

An der Ostseeküste und an den masurischen Seen ist eine der klassischen Spezialitäten natürlich **Fisch,** in allen nur denkbaren Arten, Variationen und Zubereitungen. Die Preise der Fischgerichte werden in der Regel nach ihrem Gewicht berechnet, an der Imbissbude ebenso wie im vornehmen Restaurant.

Typisch polnische Gerichte werden nach Rezepten der altpolnischen Küche zubereitet, die vielfach von der russischen und litauischen Küche beeinflusst ist. Plinsen (kleine russische Pfannkuchen) beispielsweise werden in Polen als **Blińczyki** serviert, Kartoffelpuffer als **Racuchy.**

Als **Vorspeise** reicht man gerne Hering in Sahne, Öl oder Zwiebeln sowie Fleisch in Aspik.

An vielen polnischen Imbissbuden kann man richtig gut essen

Anschließend kommt die **Suppe** auf den Tisch. Die Nummer 1 und zum Ausprobieren ein Muss ist **Żurek:** Roggenmehlsuppe mit Ei, Knoblauch und Wurststückchen, entweder im Brotteig oder mit Kartoffeln und zerlassenem Speck serviert. Ebenso gerne lässt man sich **Barszcz** schmecken, eine klare Rote-Bete-Suppe, mit Teigtaschen oder Pastetchen gereicht; außerdem **Kapuśniak,** Sauerkrautsuppe mit Pilzen, Zwiebeln und Fleisch von der Rippe; **Flaki,** eine Kaldaunensuppe, meist mit geschnittenem Gemüse; oder **Czernina,** eine Gänseblutsuppe, um nur die typischsten einer großen Vielfalt von Suppenzubereitungen zu nennen.

Die berühmtesten landestypischen **Hauptgerichte** sind: **Bigos,** Polens Nationalspeise schlechthin, ein Eintopf aus Weißkohl, Sauerkraut, getrockneten Pflaumen, Pilzen und verschiedenen Sorten Fleisch; **Pierogi,** herzhaft oder süß gefüllte Teigtaschen; **Gołąbki,** deftige Kohlrouladen; und nicht zu vergessen das obligatorische **Kotlet schabowy,** Schweinekotelett, zusammen mit Kartoffeln und Kohl das traditionelle polnische Sonntagsgericht.

An **Fleischgerichten** bereitet man vor allem Schwein, Rind, Wild und Ente zu (berühmt ist die Bratente mit Äpfeln), oft mit heimischen Pilzen und gelegentlich, anstelle einer Kartoffelbeilage, gerösteter oder gebratener Buchweizengrütze *(kasza gryczana)*.

Und was trinkt man zu diesen deftigen Speisen? **Wodka,** natürlich. Die berühmtesten Sorten sind Wyborawa, Polonaise und der leicht grünlich schimmernde, mit einem Bison-Gras aus dem Białowieski-Urwald versehene Żubrówka. Selbstverständlich werden überall auch Softdrinks, Obstsäfte und Mineralwasser serviert. Wein ist eine zu vernachlässigende Größe, aber das **Bier** *(piwo)* – vorzüglich!

Als polnisches Lieblingsgetränk löst **Kaffee** zunehmend den traditionellen Tee ab. Die schwarzen Bohnen genießt man bevorzugt auf italienische Art als Espresso, Cappuccino oder Latte Macchiato. Gelegentlich wird auch einfach Nescafé gereicht, und selten findet man sogar noch Kaffee nach überlieferter polnischer Art: das Pulver in der Tasse mit heißem Wasser aufgossen, ungefiltert, stark, schwarz.

Im **Anhang** zu diesem Reiseführer findet sich eine kleine **Übersetzungshilfe** mit den wichtigsten Worten für Speisen und Getränke.

Feiertage und Ferien

Wie in den anderen europäischen Ländern auch, ist der erste Tag im neuen Jahr zum Ausschlafen da: Der **1. Januar** ist arbeitsfrei. Die höchsten **kirchlichen Feiertage** sind Ostern (nur Sonntag und Montag, Karfreitag nicht), Fronleichnam (im Mai), Mariä Himmelfahrt (15. August), Allerheiligen (1. November) und Weihnachten (25. und 26. Dezember). **Gesetzliche Feiertage** sind der Tag der Arbeit (1. Mai) und gleich danach der Tag der Verfassung (3. Mai), der an die Verfassungsgebung von 1791 erinnert. Am 11. November wird der Nationalfeiertag der Unabhängigkeit begangen.

Anders als bei uns werden polnische Schüler alle zusammen in die **Sommerferien** geschickt. Sie dauern mit Abstand am längsten, von Ende Juni bis Ende August. Die **Winterferien** gehen je nach Region von Mitte Januar bis Ende Februar, die **Osterferien** beschränken sich auf fünf bis sechs Tage rund um das Osterfest. **Weihnachten** ist frei von Heiligabend bis Neujahr.

Lokale Feste und **kulturelle Veranstaltungen** werden in den Ortskapiteln vorgestellt; Bräuche rund um die kirchlichen Feiertage ⇗„Menschen und Kultur/Sitten und Bräuche“.

FKK

Die Nackedei-Kultur ist generell **nicht erlaubt,** offiziell für FFK eingerichtete Badestrände findet man selten. Dennoch haben sich die „Naturisten“, wie man die FKK-Anhänger in Polen nennt, einige wenige Eckchen erobert, auf die wir in den Ortskapiteln aufmerksam machen. Aber in der Regel gilt: Seine Blößen bitte bedeckt halten.

Fotografie

Spezielle Batterien und produktspezifische Datenträger sollte man besser **von zu Hause** mitzubringen, sofern man nicht in die nächste Großstadt zum Einkaufen fahren will.

- **Buchtipps:** „Reisefotografie“ und „Reisefotografie digital“, erschienen in der Praxis-Reihe des Reise Know-How Verlags.

Geldangelegenheiten

In Polen bezahlt man mit **Złoty** und **Groszy.** Würde man die Bezeichnung „Złoty“ wortwörtlich verstehen, müsste die Republik Polen zu den reichsten Ländern der Erde gehören: Ins Deutsche übersetzt bedeutet *złoto* das schillernde Wörtchen **„Gold“.**

Im Umlauf befinden sich Złoty-Scheine im Nennwert 10, 20, 50, 100 und 200 Złoty sowie Münzen im Nennwert 1, 2, 5, 10, 20, 50 Groszy und 1, 2, 5 Złoty.

Die polnische Währung ist frei konvertierbar, der Wechselkurs unterliegt Schwankungen.

Wechselkurse (Stand Mai 2010)

- 1 € = 3,87 Zł. — 1 Zł. = 0,26 €
- 1 sFr. = 2,70 Zł. — 1 Zł. = 0,37 sFr.

Karten und Geldtausch

Die preiswerteste und einfachste Art der Geldbeschaffung ist die Barabhebung **vom Geldautomaten** mit der **Maestro-(EC-)Karte.** Geldautomaten *(bankomaty)* sind in allen größeren Städten und touristischen Ortschaften vorhanden. Die meisten bieten Menüs auch in deutscher Sprache. Je nach Hausbank wird pro Abhebung eine **Gebühr** von ungefähr 1,30–4 € bzw. 4–6 sFr. berechnet. Bei manchen Banken wird dieser Service im In- und Ausland nicht zusätzlich in Rechnung gestellt, sondern ist im Grundpreis der Kontoführung enthalten.

So sieht es aus, das polnische „Gold“

088po Foto: kj

Für **Barabhebungen** per **Kreditkarte** kann das Kreditkartenkonto je nach ausstellender Bank mit einer Gebühr von bis zu 5,5 Prozent der abgehobenen Summe belastet werden, für bargeldloses Bezahlen werden dagegen nur ca. 1–2 Prozent pro Auslandseinsatz berechnet. Also am besten viel auf bargeldlosem Weg zahlen, für Barauszahlungen lieber die Maestro-(EC-) Karte verwenden und mit dieser gleich größere Summen abheben.

Gängige **Kreditkarten** wie Eurocard, MasterCard und Visa werden von den meisten Hotels und Tankstellen sowie in vielen Restaurants und Geschäften akzeptiert.

Bei **Verlust der Geldkarte** sollte man sie umgehend sperren lassen (↗ „Notfälle“).

Wer **mit Bargeld anreist,** kann dies problemlos in Banken und Wechselstuben sowie in vielen größeren Hotels **tauschen.** Banken bieten mit Garantie den aktuellen Wechselkurs. In der Regel sind sie Mo–Fr 8–18 Uhr und Sa 9–14 Uhr geöffnet. Zusätzlich bieten **Kantors (Wechselstuben)** oft rund um die Uhr ihre Tauschdienste an, ebenfalls in der Regel zum aktuellen Wechselkurs.

Gesundheit

Für Polen gelten **dieselben Bestimmungen wie in allen EU-Ländern.** Entstehen im Urlaub Kosten für ärztliche Leistungen, die aus medizinischer Sicht nicht bis zur Rückkehr nach Hause warten können, werden sie von den Krankenkassen übernommen. Für gesetzlich versicherte Deutsche, Österreicher und Schweizer erfolgt die Behandlung vor Ort gegen Vorlage der **Europäischen Krankenversicherungskarte** (European Health Insurance, EHIC). Die Karte gilt in allen EU-Ländern, der Schweiz sowie einigen weiteren europäischen Staaten. Sie ist auf der Rückseite der Versichertenkarte aufgedruckt und muss nicht extra beantragt werden; alle Informationen sind auf dem Karten-Chip gespeichert. Privat Versicherten empfiehlt sich der

Schutz vor Zeckenbissen

Die Gefahr, nach einem Zeckenbiss zu **erkranken,** wird nicht nur in Deutschland und Österreich von Jahr zu Jahr größer. Infolge des Klimawandels vermehren sich die Mini-Vampire auch in Polen massiv. Steigen die Temperaturen dauerhaft über 8 °C, beginnt die Zecken-Saison. Dann lauern die winzigen „Holzböcke" am Waldrand, im hohen Gras, im Laub und Gebüsch.

Ihr Biss bleibt meistens harmlos, kann aber auch folgenschwer sein. Denn Zecken sind Überträger der **Frühsommer-Meningoenzephalitis (FSME),** einer Form der Hirnhautentzündung, sowie der **Borreliose,** eines Rückfallfiebers, das wegen der diffusen Symptomatik schwer zu diagnostizieren und daher besonders heimtückisch ist.

Gegen FSME kann und sollte man sich **impfen** lassen, gegen Borreliose gibt es dagegen keinen zuverlässigen Impfschutz. Auch auf die handelsüblichen Anti-Insektensprays ist kein Verlass, denn sie wirken zeitlich nur sehr begrenzt. Also heißt es vorbeugen, indem man ein paar **wichtige Regeln** beherzigt:

Am besten ist es natürlich, Zeckenbiotope zu meiden. Möchte man trotzdem gern durch hohes Gras oder Unterholz streifen, empfiehlt sich **geschlossene, helle Kleidung.** Nach dem Ausflug sollte man den **Körper nach Zecken absuchen.** Die Blutsauger mögen am liebsten warme Körperstellen und weiche Haut.

Wurde man trotz aller Vorsicht **gebissen,** besteht noch lange kein Grund zur Panik. Bis maximal vier Tage nach dem Befall können sich Erwachsene nachträglich gegen **FSME** immunisieren lassen. Eine **Borreliose** kann durch rechtzeitiges Entfernen der Zecke sogar gänzlich verhindert werden. Der Erreger gelangt nicht sofort, sondern meist erst Stunden später von der Zecke in den Wirt – weshalb es so wichtig ist, den Körper zeitig abzusuchen.

Und wie **entfernt** man die Viecher? Grundsätzlich nie mit den Fingern! Dabei könnte die Zecke zerquetscht werden, und die erregerhaltige Flüssigkeit würde in die Bissstelle gedrückt. Besser ist, sie mit der **Pinzette** zu greifen, so nah an der Haut wie nur möglich, und sie ganz, ganz langsam herauszuziehen. Anschließend wird die Stelle mit Jod oder Alkohol **desinfiziert.**

Konnte die Zecke nicht restlos entfernt werden oder bilden sich trotz Entfernung innerhalb weniger Tage bis zu zehn Wochen **kreisförmige Hautrötungen** rund um den Einstich, sollte man unbedingt einen **Arzt** konsultieren.

Weitere detaillierte **Informationen** findet man auf den Seiten des Robert-Koch-Instituts: www.rki.de.

127po Foto: kj

Abschluss einer Auslandskrankenversicherung.

An **Behandlungskosten** wird üblicherweise übernommen, was der Krankenversicherungsschutz in Polen vorsieht. Der Umfang der Leistungen richtet sich nach den polnischen Rechtsvorschriften und ist nicht immer mit denen anderer EU-Länder identisch; ferner bestehen andere gesetzliche Zuzahlungen. Liegen die Behandlungskosten über dem Versicherungsschutz, muss man den Restbetrag aus eigener Tasche begleichen. Auch die Kosten für Krankenrücktransporte übernehmen die gesetzlichen Krankenkassen im Heimatland nicht. Daher ist der Abschluss einer zusätzlichen **Krankheitskosten-** und **Rücktransportversicherung** anzuraten.

Abgerechnet wird gewöhnlich über die EHIC-Karte. Trotzdem kann es gelegentlich vorkommen, dass Arzt oder Krankenhaus die Karte nicht akzeptieren und eine Privatrechnung ausstellen. Gegen die Vorlage ausführlicher **Quittungen** (mit Datum, Namen, Bericht über Art und Umfang der Behandlung sowie Kosten der Behandlung und der verordneten Medikamente) werden die Behandlungskosten dann bis zur Höhe des geltenden Versicherungsschutzes erstattet.

Apotheken *(apteka)* gibt es in allen größeren Ortschaften. Sie verfügen von Aspirin über Hustensaft bis zum Pflaster über alle gängigen Bagatellpräparate. Wer auf spezielle Arzneimittel angewiesen ist, sollte diese von zu Hause mitnehmen.

Notrufnummern ⇗„Notfälle".

Menschen mit Handicaps

Die Reisemöglichkeiten für Menschen mit Behinderungen sind in Polen leider **eingeschränkt.** Abgesenkte Bordsteine, Aufzüge statt Treppen, Blindenleitsysteme und akustische Ampelanlagen sind - wenn überhaupt - nur in den großen Städten zu finden, auf dem Land fehlen sie gänzlich.

Zwar verfügen immer mehr öffentliche Gebäude sowie zahlreiche **Hotels** der gehobenen Kategorie über behindertengerechte Einrichtungen, doch bleiben Barrierefreiheit und geeignete Sanitäranlagen in preiswerten Unterkünften, auf **Campingplätzen** und in den meisten **Restaurants** eine Ausnahme. Besonders problematisch ist die Reise mit Bussen, Bahnen und anderen **öffentlichen Verkehrsmitteln.**

Eine von der Polnischen Gesellschaft für Touristik und Landeskunde (PTTK) eingerichtete **Datenbank** listet unter www.turystykadlawszystkich.pl behindertenfreundliche bis behindertengerechte Unterkünfte, Restaurants, Veranstaltungsorte, Aktivitäten und Transportmöglichkeiten der gewünschten Reiseziele in Polen auf. Informationen erteilt außerdem der folgende Verein:

- **Integracja** (Stowarzyszenie Przyjaciół Integracji), ul. Sapieżyńska 10 a, 00-162 Warszawa, Tel. 0048 (22) 6351330, Fax 6351182, www.integracja.org.

Polens Sehenswürdigkeiten, wie hier die Ordensburg von Lidzbark Warmiński, sind leider auf Besucher mit Handicaps nicht eingestellt

Information

Fremdenverkehrsamt

Für allgemeine Informationen, Reisetipps, Fragen nach Freizeitaktivitäten und kulturellen Veranstaltungen, Leistungen der Reiseveranstalter und vieles andere mehr steht das Polnische Fremdenverkehrsamt zur Verfügung.

Für Deutschland

- **Polnisches Fremdenverkehrsamt,** Kurfürstendamm 71, 10709 **Berlin,** Tel. (030) 210 0920, Fax 21009214, www.polen.travel, Mo–Fr 9–16 Uhr.

Für Österreich und die Schweiz

- **Polnisches Fremdenverkehrsamt,** Lerchenfelder Straße 2, 1080 **Wien,** Tel. (0043) 01 5247191, Fax 524719129, www.polen.travel, Mo–Do 9–16 Uhr, Fr 9–15 Uhr.

Touristeninformationen

Touristeninformationen sind mit **„it"** (für „informacja turystyczna") gekennzeichnet. Sie bieten Auskunft über den Ort und die Region, Unterkunfts- und Verkehrsmöglichkeiten, Auto-, Fahrrad- und Sportgeräteverleih, kulturelle Veranstaltungen, Freizeitangebote sowie Angebote von ansässigen Reisebüros, Touristikunternehmen und vieles mehr.

Die Touristeninformationen in größeren Städten und beliebten Ferienorten unterhalten in der Regel einen **Zimmernachweis** für Hotels, Pensionen und Privatquartiere. Die „its" in kleineren Ortschaften und Dörfern sind, sofern sie über keine Zimmervermittlung verfügen, zumindest bei der

262po Foto: ki

089po Foto: kj

Die lokalen Touristeninformationen sind mit „it“ gekennzeichnet

Unterkunftsuche behilflich. Manche von ihnen haben aber nur in den Sommermonaten geöffnet.

In den **Großstädten** befinden sich **zentrale Touristeninformationen,** die oft nicht nur über die Stadt und ihre Umgebung, sondern auch über die ganze Region Auskunft geben. Hotels der gehobenen Kategorie bieten meist ebenfalls einen Informationsservice.

Adressen von Touristeninformationen finden sich in den jeweiligen Ortsbeschreibungen unter „Praktische Informationen“.

Informationen im Internet

Viele touristische Unternehmen vom großen Reiseveranstalter bis zum Privatzimmervermieter präsentieren ihre Produkte im Internet, sodass man sich sein künftiges Feriendomizil meist schon von daheim anschauen kann.

Vielfältige Informationen rund um Land und Leute sowie Urlaub in Polen bieten folgende Adressen:

- **www.kprm.gov.pl:** Die Homepage der polnischen Regierung; mit kurzen Informationen über das Land sowie Links zu den Ministerien und Woiwodschaftsverwaltungen (Polnisch/Englisch).
- **www.polen.travel:** Die offizielle Internetseite der Polnischen Tourismusorganisation (POT) für Reiselustige aus aller Welt. In zahlreichen Sprachen, darunter auch Deutsch, bieten die Seiten allgemeine Informationen über Land und Leute, praktische Reisetipps von A bis Z, Wissenswertes zu Kultur und Traditionen, einen Kalender mit den schönsten kulturellen und touristischen Veranstaltungen über das Jahr, Vorschläge zur aktiven Erholung in allen Jahreszeiten, ausgewählte Unterkunftstipps, Beschreibungen der einzelnen Regionen mit ihren Städten, Sehenswürdigkeiten und touristischen Attraktionen und vieles mehr.
- **www.pot.gov.pl:** Die offizielle Website der Polnischen Tourismusorganisation (POT) für Profitouristiker mit zahlreichen ausführlichen News und Informationen zum Tourismus- und Reiseveranstaltungsgeschäft in Polen (Polnisch).
- **www.welcome2poland.com:** Umfassendes Reiseportal mit vielen Informationen und Angeboten rund um den Urlaub an der polnischen Ostseeküste, in Pommern und Ermland-Masuren; mit Online-Reiseführer zu den Regionen und ihren kulturellen, touristischen und natürlichen Sehenswürdigkeiten, zu Sport und aktiver Urlaubsgestaltung, zu Essen und Trinken sowie mit zahlreichen allgemeinen reisepraktischen Informationen. Das

293po Foto: ki

vielfältige Angebot an Unterkunftsmöglichkeiten – von Hotels und Pensionen über Ferienhäuser bis hin zu Reiter- und Bauernhöfen – lässt sich jeweils mit einem Mausklick detailliert in Augenschein nehmen und, wenn es gefällt, mit zehn Prozent Rabatt auf den angegebenen Preis auch direkt online buchen (Deutsch).

- **www.virtualpolen.de:** Umfangreiche Seite mit viel Informativem, Wissenswertem, Touristischem und Aktuellem zum Land Polen (Deutsch).
- **www.pttk.pl:** Homepage der Polnischen Gesellschaft für Touristik und Heimatkunde (Polnisch/Englisch/Deutsch).

Sucht man im Web nach polnischen Namen und Begriffen, braucht man übrigens **keine Sonderzeichen** einzugeben; es reicht z.B. „Lech Walesa" statt „Lech Wałęsa".

Kinder

Polen ist ein sehr **kinder- und familienfreundliches Land.** Wenn es bis auf die obligatorischen Karussell- und Rummelplatzeinrichtungen in den Urlaubsorten kein gesondertes Freizeitangebot für die Kleinen gibt, liegt es einfach daran, dass Kinder in Polen nicht als exotische Wesen betrachtet werden, sondern ganz selbstverständlich **überall mit dabei** sind. Einzige Ausnahme: Die Besichtigung der **Konzentrationslager,** die die Nationalsozialisten hinterlassen haben, ist Kindern unter 13 Jahren nicht gestattet.

Kioske mit Ritterspielzeug sind etwas für große und kleine Jungs

Kleidung und Reisegepäck

- **Kleidung** für alle Wetterlagen: Vom Badekostüm über leichte Kleidung, Gummistiefel und Regenjacke bis zu dicken Socken.
- **Regenschirm**
- **Sonnencreme**
- **Mückenschutz**
- **Kompass** für ausgedehnte Wasser- und Waldwandertouren.
- **Fernglas**
- Bei einigen schlechter gepflegten Campingplätzen empfehlen sich **Badelatschen** für die Duschkabine.
- **Adapter** für Schukostecker
- Zu **Camping- und Wohnmobilausrüstung** ↗„Unterwegs in Polen/Wohnmobil".

Medien

Radio

In sozialistischer Zeit wurde die Sendersuche der Radiobesitzer aus dem kapitalistischen Ausland mit tiefem Schweigen beantwortet. Nach der osteuropäischen Norm lagen die polnischen Radiosender jenseits des westeuropäischen Frequenzbereichs. Doch ist dies lange Geschichte, die gängigen Rundfunkprogramme werden allerorten empfangen. Neben den Programmen des staatlichen **Polnischen Rundfunks,** der auf Lang-, Mittel-,

160po Foto: kj

Kurz- und Ultrakurzwelle sendet, haben sich inzwischen zahlreiche Dudel-Stationen etabliert.

Die **Deutsche Welle** funkt gewohnheitsgemäß auf Kurzwelle. Da sich der Einsatz der Kurzwellenfrequenzen im Verlauf eines Jahres jedoch mehrfach ändert, empfiehlt es sich, die aktuellen **Frequenzen** vor Reiseantritt direkt beim Kundenservice der Deutschen Welle nachzufragen, Tel. (0028) 429 4000, www.dw-world.de.

Fernsehen

Um nicht den polnischen Untergrund aufbuddeln zu müssen, hat sich beim Fernsehen die Devise „Schüssel statt Kabel" durchgesetzt. Vom großen Hotel bis zur kleinen Pension verfügen heute die meisten Unterkünfte über **Satelliten-TV,** das auch verschiedene deutschsprachige Programme ins Zimmer bringt.

Zeitungen

Internationale Presse erhält man an großen Kiosken und in den Bahnhöfen. Im Sommer erscheint in manchen größeren Badeorten ein deutschsprachiges buntes **Blättchen extra für Urlauber** mit zahlreichen Tipps zu kulturellen Veranstaltungen und Freizeitaktivitäten.

Strandleben an der Frischen Nehrung

Notrufnummern

- **Notruf:** Tel. 112
- **Polizei:** Tel. 997
- **Feuerwehr:** Tel. 998
- **Unfallrettung:** 999
- **Pannenhilfe:** 981
- **Wasserrettungsdienst:** 601100100

Notfälle

Die Polnische Organisation für Tourismus bietet in Zusammenarbeit mit dem polnischen Wirtschaftsministerium und der polnischen Polizei in den Sommermonaten eine **deutschsprachige Notfall-Hotline** unter folgenden Nummern an:

- **Tel. 0800-200300,** gebührenfrei aus dem Festnetz.
- **Tel. (0048) 608-599999,** gebührenpflichtig vom Handy und aus dem Festnetz.

Die Telefonleitung ist in der Regel vom 1. Juni bis 30. September von 10 bis 22 Uhr in Betrieb. Achtung: Die Hotline wird **jedes Jahr neu geschaltet,** möglicherweise mit neuer Nummer und anderen Zeiten. Bitte informieren Sie sich sicherheitshalber vor Ihrem Reisetermin beim Polnischen Fremdenverkehrsamt (⇗„Information").

Autopanne/-unfall

Bei Autopannen hilft der Polnische Motorverband PZM (Polski Związek Motorowy) unter der Rufnummer **981.**

- **Polnischer Motorverband (PZM),** ul. Kazimierzowska 66, 02-518 Warszawa, Tel. (022) 8499361, Fax 8481951, www.pzm.com.pl.

Deutschsprachig erreicht man den **ADAC,** den **ÖAMTC** und den **TCS** unter folgenden Telefonnummern:

- **ADAC,** www.adac.de, Notruf-Tel. (0049) (0)89 222222, in Polen selbst hat er ein Notruf-Telefon mit deutschsprachigen Mitarbeitern eingerichtet, Tel. (061) 8319888.
- **ÖAMTC,** www.oeamtc.at, Tel. (0043) (0)1 2512000 und in Polen selbst Tel. (061) 839 902.
- **TCS,** www.tcs.ch, Notruf nur in der Schweiz Tel. (0041) (0)22 4172220.

Verlust von Geldkarten

Bei Verlust oder Diebstahl der Kredit- oder Maestro-(EC-)Karte sollte man diese umgehend sperren lassen. Dafür steht Kreditkarteninhabern bei deutschen Sparkassen, Landesbanken wie auch den meisten Privatbanken der einheitliche **Sperr-Notruf 116116** (aus dem Ausland mit deutscher Landesvorwahl 0049) sowie im Ausland zusätzlich 0049-30-40504050 zur Verfügung. Zum Sperren muss man den Namen des kartenausgebenden Geldinstituts, die Kartenart (Maestro-(EC-) Karte, VISA, MasterCard o.Ä.) und die Kartennummer angeben. Auch weitere persönliche Details, die die Identität des Karteninhabers belegen, werden am Telefon erfragt.

Für **österreicherische** und **schweizerische** Karten gelten die folgenden Nummern:

- **Maestro-(EC-)Karte:**
  A: Tel. 0043-1-2048800.
  CH: Tel. 0041-44-2712230, UBS: 0041-848-888601, Credit Suisse: 0041-800-800 488.
- **MasterCard/VISA:**
  A: Tel. 0043-1-717014500 (MasterCard/Visa) sowie Tel. 0043-1-71111770 (Visa-Helpline).
  CH: Tel. 0041-58-9588383 für alle Banken außer Credit Suisse, Corner Bank Lugano und UBS.
- **American Express:**
  A: Tel. 0049-69-97971000.
  CH: Tel. 0041-44-6596333.
- **Diners Club:**
  A: Tel. 0043-1-5013514.
  CH: Tel. 0041-58-7508080.

Ausweisverlust/dringender Notfall

Werden der Reisepass oder Personalausweis gestohlen oder kommen auf anderem Wege abhanden, muss man den Verlust bei der örtlichen **Polizei** melden. Darüber hinaus sollte man sich an die nächstgelegene **diplomatische Auslandsvertretung** seines Landes wenden, um Missverständnisse an der Grenze zum Heimatland zu vermeiden.

Auch in **dringenden Notfällen,** z.B. medizinischer oder rechtlicher Art, sind die Auslandsvertretungen bemüht zu helfen (↗„Botschaften und Konsulate").

Öffnungszeiten

Nirgendwo in Polen müssen sich abgearbeitete Bürger an den Registrierkassen der Einkaufsläden in die Schlangen einreihen, um abends schnell noch eine Milchtüte zu erstehen. Es gibt **kein Ladenschlussgesetz.**

Die **Geschäfte** sind in der Woche im Allgemeinen von 9 bis 19 Uhr geöffnet, viele auch länger; samstags öffnen sie von 9 bis 13 Uhr und länger, letztendlich bleibt die Entscheidung dem Ladeninhaber überlassen. Fast überall bieten Lebensmittelgeschäfte ihre Waren auch sonntags (nach dem Kirchgang) an. Supermärkte in Städten und großen touristischen Zentren halten ihre Türen oft werktags von 6 bis 22 Uhr, Sa/So bis 13 Uhr offen.

Möchte man auswärtig speisen, sollte man dagegen rechtzeitig aufbrechen. Dinierzeiten, wie sie im mediterranen Raum gepflegt werden, sind in Polen unbekannt. Bis auf wenige Ausnahmen setzen sogar die großen **Restaurants** ihre Gäste **zwischen 22 und 23 Uhr** vor die Tür.

Dienstleister halten werktags von 10 bis 18 Uhr ihre Tore offen, **Behörden** von 8 bis 15 Uhr.

Die Schalter bei den **Banken** sind in der Regel Montag bis Freitag von 8 bis 18 Uhr, Samstag von 9 bis 14 Uhr geöffnet. **Kantors** wechseln Valuta auch über diese Zeiten hinaus, und bis in späte Stunden bieten die meisten großen Hotels einen Geldwechsel-Service an (nur gegen Bares).

Die Schalterzeiten der **Post** sind Montag bis Samstag 8 bis 19 Uhr, teils auch bis 20 Uhr. Postämter in kleineren Ortschaften haben oft nur bis 15 Uhr offen, manche Postämter in Großstädten dagegen rund um die Uhr.

091po Foto: kj

Museen halten ihre Türen meist am Montag geschlossen

Die Öffnungszeiten der **Touristinformationen** finden sich in den Info-Anhängen zur jeweiligen Ortsbeschreibung. Sie sind allerdings nicht in Stein gemeißelt und können sich besonders in kleineren Ortschaften von Saison zu Saison auch einmal ändern.

Große **Museen,** Freilichtmuseen und **Burgen** haben in der Regel Dienstag bis Sonntag geöffnet, kleinere Museen, vor allem in Ferienorten, halten oft nur in der Saison ihre Türen offen. Nicht wenige **Kirchen** in kleineren Ortschaften, die früher einmal rund um die Uhr zugänglich waren, sind wegen Diebstahl und Vandalismus (leider auch durch Touristen) mittlerweile nur noch zu den Gottesdienstzeiten geöffnet.

Post und Telekommunikation

Post

Briefen und Postkartengrüßen, die in den ersten Urlaubtagen auf den Weg kommen, wird eine gute Chance eingeräumt, den Empfänger noch vor der Rückkehr des Absenders zu erreichen.

Briefmarken werden in den Postämtern verkauft und überall, wo man Postkarten erhält (Kioske, Touristeninformationen, Hotels). Dort weiß man auch, welche Marke für wie viel Złoty auf welches Schreiben gehört (zum Zeitpunkt der Recherche für dieses Buch betrug das Porto für Postkarte und Standardbrief von Polen ins westeuropäische Ausland 2,40 Złoty).

Die **Briefkästen** sind rot und tragen die Aufschrift „Poczta".

Telefon und Handy

Auf **Postämtern** kann man von Montag bis Samstag 8 bis 19 Uhr, teils auch bis 20 Uhr (in kleinen Orten oft nur bis 15 Uhr, in Großstädten gelegentlich rund um die Uhr) neben dem üblichen Brief- und Paketverkehr Telefonkarten kaufen, Ferngespräche führen, Telegramme aufgeben und Faxe senden.

Um von **Polen nach Deutschland** zu telefonieren, muss man die **Landesvorwahl** 0049 wählen und anschließend, wie bei den meisten europäischen Ländern im internationalen Telefonverkehr zurzeit noch üblich, die erste Null der Ortskennzahl weglassen. Die Vorwahl in die **Schweiz** lautet 0041, die nach **Österreich** 0043. Die Ländervorwahl für **Polen** ist 0048.

Bei Gesprächen aus dem Festnetz wird in Polen **auch innerhalb der Ortsnetze** die jeweilige **Vorwahl** vorangestellt, beispielsweise für ein Telefonat von Stettin nach Stettin zuerst die Vorwahl (091) und anschließend die Rufnummer des gewünschten Teilnehmers.

Die örtliche **Telefonauskunft** erreicht man unter der Nummer 913, die Auskunft für Ferngespräche unter 912.

Die öffentlichen **Fernsprechzellen** werden mit **Telefonkarten** mit Guthaben von 15, 30 oder 60 Einheiten be-

161po Foto: kj

So sehen die Briefkästen in Polen aus

trieben. Man erwirbt sie auf Postämtern, an Tankstellen, in vielen Hotels und an Kiosken. Im Umlauf sind Karten entweder mit Chip oder mit Magnetstreifen. Sie können ausschließlich in den jeweils dafür vorgesehenen Apparaten verwendet werden.

Das eigene **Mobiltelefon** lässt sich in Polen problemlos nutzen. Wegen der Roaming-Gebühren, die für die Nutzung fremder Mobilfunknetze fällig werden, sollte man bei seinem Mobilfunk-Anbieter nachfragen oder auf dessen Website nachschauen, welcher der **Roaming-Partner** im Reiseland günstig ist, und diesen gegebenenfalls per manueller Netzeinwahl voreinstellen. Nicht zu vergessen sind die passiven Kosten, die anfallen, wenn man von zu Hause angerufen wird (**Mailbox** abstellen!). Der Anrufer zahlt nur die Gebühren ins heimische Mobilnetz, für die Rufumleitung ins Ausland muss der Empfänger tief in die Tasche greifen. Zwar wurden die Netzbetreiber 2007 durch Brüssel gezwungen, ihre Roaming-Gebühren zu senken, doch sind sie immer noch weit davon entfernt, preisgünstig zu sein.

Wesentlich preiswerter ist es, sich von vornherein auf **SMS** zu beschränken, der Empfang ist dabei in der Regel kostenfrei. Der Versand und Empfang von Bildern per **MMS** ist hingegen nicht nur relativ teuer, sondern je nach Roaming-Partner auch gar nicht möglich.

Falls man viele Telefonate innerhalb Polens führen möchte, kann es vorteilhaft sein, eine polnische **Prepaid-Karte** zu erwerben.

Internet

Netztechnisch zeigt sich Polen relativ gut ausgerüstet. Etwa die Hälfte der polnischen Haushalte verfügt über einen Internet-Anschluss. Daneben gibt es in allen größeren Städten und Ferienorten **Internetcafés** *(kawiarenki internetowe)*. Die Tarife belaufen sich von umgerechnet 50 Cent bis 1 € die Stunde.

Größere Hotels ermöglichen ihren Gästen oft die Nutzung des eigenen Laptops über **WLAN.** Öffentliche Hotspots sind vor allem in ländlichen Regionen dagegen noch eher selten zu finden. Dort empfiehlt sich der Gang ins nächstgelegene Internetcafé, da die Einwahl ins Netz über das **Mobiltelefon** vergleichsweise kostspielig ist. Mithilfe der **Hotspot-Datenbank** unter www.hotspot-locations.de lässt sich schnell eruieren, ob und wo im Urlaubsort es sich drahtlos surfen lässt.

Sicherheit

Hartnäckig halten sich leider die verschiedensten **Vorurteile** über die Kriminalität in Polen, vom Handtaschendiebstahl über Trickbetrügereien bis hin zum Autoklau. Woher sie kommen, wissen wir nicht, aber wir können versichern: Sie stimmen nicht. Das Land verzeichnet im Gegenteil sogar eine der **niedrigsten Kriminalitätsraten** Europas!

Eine Dame, die weithin sichtbar ihr Brillantcollier spazieren führt, wird im Hafenviertel von Danzig mit ebenso

263po Foto: kj

großer Wahrscheinlichkeit ein Opfer von Langfingern werden wie auf der Hamburger Reeperbahn oder im Hafen von Rotterdam. Und wer seinen Schlüssel im Auto stecken lässt, darf sich nicht wundern, wenn sich das Vehikel bald darauf selbstständig macht. Ähnliches gilt für offen herumliegende Geldbörsen – wie überall auf der Welt. Gelegenheit macht Diebe. Deshalb sei noch einmal ausdrücklich angemahnt: Lassen Sie keine Wertgegenstände im Wagen liegen!

Eine mögliche Erklärung für die herrschenden irrationalen Ängste ist die Berichterstattung der Sensationspresse über die sogenannte **„Russen-Mafia"**, die in undifferenzierten Reportagen auch schon einmal zur „ehemaligen Ostblock-Mafia" gerät. Diesen schlechten Journalismus darf man nicht ernst nehmen. Leider hat er trotzdem Wirkung gezeigt, und umso mehr bemühen sich die polnischen Behörden und Touristikunternehmen, den Besorgnissen der Urlauber mit praktischen **Maßnahmen** entgegenzutreten. In keinem europäischen Reiseland wird man eine größere Anzahl

Annähernd 70 Fischarten kann man in den polnischen Gewässern angeln

• **Buchtipp:** „Schutz vor Gewalt und Kriminalität unterwegs", erschienen in der Praxis-Reihe des Reise Know-How Verlags. Der Band will keineswegs Ängste schüren, sondern ganz allgemein darüber informieren, wie man sich auf Reisen durch angemessenes Verhalten vor Übergriffen schützen kann.

bewachter Parkplätze finden, selbst noch im winzigsten Dorf, d.h. nirgendwo kann man sein Auto sicherer abstellen. Beinahe jedes Hotel bietet Gelegenheit, seine Wertgegenstände im Safe zu deponieren (wenn man sie denn unbedingt auf seine Reise mitnehmen muss).

Und sollte einem tatsächlich einmal ein Dieb in die Tasche greifen, genügt oft ein Aufschrei, damit sofort Passanten zu Hilfe eilen. So gastfreundlich wie die Menschen sind, so hilfsbereit sind sie auch. Auch die örtlichen **Polizeidienststellen** sind sehr bemüht, freundlich und hilfsbereit – weit über ihre eigentliche pflichtgemäße Tätigkeit hinaus.

Umsichtiges Verhalten ist allerdings auf den **Transitstrecken** Richtung Russland, Weißrussland und Litauen geboten. Auch wenn es der eigenen Hilfsbereitschaft widerspricht, sollte man dort beispielsweise bei einer Autopanne von Unbekannten nicht stoppen, um mit Hand anzulegen. Die Panne könnte fingiert sein. Für die Rast empfehlen sich anstelle von idyllischen Picknickplätzen am Straßenrand viel frequentierte Parkplätze und große Tankstellen. In Zügen ist es selbstverständlich, sein Gepäck im Auge zu behalten.

Sport und andere Aktivitäten

Informationen zum Fahrradfahren ⇗„Unterwegs in Polen". Hinweise zu weiteren Sportarten finden sich in den Ortskapiteln unter „Praktische Tipps".

Angeln

Fast **70 Fischarten** kann man in den polnischen Gewässern angeln, darunter solche Köstlichkeiten wie Aale, Barsche, Hechte, Karpfen, Maränen und Zander. Schenkt man dem Anglerlatein Glauben, wog der schwerste Wels, der je aus polnischem Süßwasser gezogen wurde, 74 Kilogramm, und der längste jemals in Polen gefischte Aal maß stolze 119 Zentimeter.

Das Angeln ist in Polen **erlaubt** vom **1. April bis 31. Dezember** täglich von Sonnenaufgang bis zur Abenddämmerung. Nachts ist es nur in Ausnahmefällen gestattet, für Eisangeln gelten ebenfalls Ausnahmeregelungen. Vom 1. Juni bis zum 31. Oktober darf man außerdem auch vom Boot aus angeln. Leihboote müssen dafür registriert sein und auf beiden Seiten sichtbar eine Registriernummer tragen.

Fangbeschränkungen, Schonzeiten und **Mindestmaße** der Fischarten müssen selbstverständlich eingehalten werden. Detaillierte Angaben dazu findet man unter **www.polen.travel.**

Achtung: Das Angeln mit **lebenden Köderfischen** ist nicht erlaubt.

Eine **Angelgenehmigung** *(karta wędkarska)* ist unbedingtes Muss, der deutsche Angelschein ist in Polen nicht gültig. Gegen eine Gebühr von 15 bis 60 € je nach Dauer, Gebiet und Gewässer wird sie von den jeweiligen Gewässerverwaltern ausgestellt und berechtigt zum Angeln in den allgemein zugänglichen Seen und Teichen, Flüssen und Bächen des Polnischen Anglerverbandes. Die Adressen der Gewässerverwalter halten vor Ort die Touristeninformationen parat.

Für alle Angelegenheiten rund um den Angelsport ist der **Polnische Anglerverband PZW** (Polski Związek Wędkarski) zuständig. Er informiert über die aktuellen Bestimmungen sowie die auf den Gewässern des PZW geltende Mindestmaße, Schonzeiten, Tageslimits und Fangbeschränkungen.

- **Polski Związek Wędkarski,** ul. Twarda 42, 00-831 Warszawa, Tel. 0048 (0)22 6208966, Fax 6205085, www.zgpzw.pl (Polnisch), www.fishing.pl (Polnisch/Englisch).

Baden

Die Bademöglichkeiten in der Ostsee und den polnischen Seen hängen vom Wetter ab. Im Schnitt liegen die **Wassertemperaturen** der Ostsee im Sommer um 19 °C, ist es ein schöner Sommer mit viel Sonnenschein, können es auch einmal 22 °C werden. Ähnliches gilt für die Seen, die sich allerdings etwas schneller und früher erwärmen.

- **Buchtipps:** Küstensegeln" und „Sicherheit im und auf dem Meer", beide erschienen in der Praxis-Reihe des Reise Know-How Verlags.

Wer jenseits der ausgewiesenen Badestellen einmal in einem See schwimmen möchte, dem seien wegen der schlammigen oder auch steinigen Gewässerböden **Badeschuhe** und eine Luftmatratze empfohlen.

Die **Wasserqualität** der Seen und der polnischen Ostsee ist gut bis sehr gut. Zur Möglichkeit des **Nacktbadens** ⇗„FKK".

Segeln

Viele Wasserwege führen nach Polen, ob an der Küste entlang, über die zahllosen Seen oder die Kanäle und Flüsse, die in einem weit verzweigten Wasserwegenetz miteinander verbunden sind. Unter vollen Segeln darf nach Polen einreisen, wer die international gültigen **Ausweise und Schifffahrtspapiere** vorweisen kann, anschließend steht ihm der Weg offen (⇗ auch „Anreise").

Hochseehäfen der Ostseeküste befinden sich in Świnoujście, Dziwnów, Mrzeżyno, Dźwirzyno, Kołobrzeg, Darłowo, Ustka, Rowy, Łeba und Władisławowo; an der Danziger Bucht: Jastarnia, Hel, Puck, Gdynia und Danzig.

Segeln auf der **Ostsee** ist **gestattet:**

- in der **Zeit** zwischen Sonnenaufgang und Sonnenuntergang
- bis **Windstärke** 4
- bei **Sicht** über 2 Seemeilen
- bei einem **Uferabstand** zwischen 0,1 und 2 Seemeilen
- auf **eisfreiem** Wasser

In **Bade- oder Naturschutzgebieten** ist Segeln grundsätzlich verboten.

264po Foto: kj

Segelzentren an den Großen Masurischen Seen sind Węgorzewo, Giżycko, Mikołajki und Ruciane-Nida sowie an der westmasurischen Seenplatte Iława. Wegen mancher niedrigen Brücke sollte das Boot über eine Mastlegevorrichtung verfügen. Flautenschieber bis sechs PS sind erlaubt. Nachts herrscht Fahrverbot auf den Seen.

Zuständig für die Segeltouristik ist der **Polnische Seglerverband PZŻ** (Polski Związek Żeglarski), auf dessen Website sich ausführliche Informationen zum Segeln in Polen sowie die Adressen regionaler Verbände finden.

- **Polski Związek Żeglarski,** ul. Chocimska 14, 00-791 Warszawa, Tel. (022) 8480482, www.pya.org.pl.
- **www.cybersails.info.pl:** Alles, wirklich alles über Wassersport und Wassersporteinrichtungen in Polen, mit zahllosen Links zu Segel- und Windsurfzentren an der polnischen Ostseeküste und an den Binnenseen, leider nur auf Polnisch.

Die Gewässer im Reisegebiet sind Paradiese für Wassersportler

Paddeln

- **Buchtipp:** „Kanu-Handbuch", erschienen in der Praxis-Reihe des Reise Know-How Verlags.

Großer Beliebtheit erfreut sich an den Seen und auf den zahlreichen Flüssen der Paddelsport. Über Hunderte von Kilometern sind die Gewässer miteinander verbunden, sodass man wochenlang mit Kanu oder Kajak unterwegs sein kann. Entlang der Paddelrouten sind ausreichend **Biwakplätze** vorhanden, wo man über Nacht sein Zelt aufschlagen kann, sowie gelegentlich auch ein größerer Campingplatz oder eine Wasserstation mit Versorgungseinrichtungen. In den Orten rund um die Seen finden sich zahlreiche **Bootsverleihe,** die in der Regel auch einen Rücktransport anbieten.

Die Paddelstrecken sind mehrheitlich – zumindest abschnittsweise – auch für **Anfänger** geeignet, denn die Wasserläufe sind seicht und fließen bis auf wenige Ausnahmen gemütlich. Gelegentlich muss man mit dem Boot umgestürzte Bäume umschiffen oder es über ein Hindernis hinwegtragen.

Die Seen, deren Oberfläche sich an strahlenden Sommertagen glatt in der Sonne spiegelt, können sich bei Wetterumschwung plötzlich in tückische Gesellen verwandeln, weshalb Anfänger sich stets in **Ufernähe** halten sollten. Darüber hinaus wertet das **Wasserrecht** ein Paddelboot als kleinste Schiffseinheit, das jeder größeren ausweichen muss. Insofern bietet es sich an, insbesondere wenn man die Gegend nicht kennt, an einer durch professionelle Guides **geführten Wasserwanderung** teilzunehmen. Die Touristeninformationen halten die Adressen der lokalen Anbieter parat.

Über die **schönsten Wasserwege** und ihr landesweites Netz an Wasserstationen informiert die Polnische Gesellschaft für Touristik und Landeskunde (PTTK).

- **Polskie Towarzystwo Turystyczno-Krajoznawcze PTTK,** ul. Senatorska 11, 00-075 Warszawa, Tel. 0048 (0)22 8262251, Fax 8262505, www.pttk.pl (Polnisch/Deutsch).

Für den **Kajaktourismus** ist außerdem der Polnische Kajakverband zuständig, auf dessen Website man alles Wissenswerte rund ums Paddeln findet.

- **Polski Związek Kajakowy,** ul. Erazma Ciołka 17, 01-445 Warszawa, Tel. 0048 (0)22 8371470, Fax 8772460, www.pzkaj.pl (Polnisch/Englisch).

265po Foto: kj

Paddeltour auf der Krutynia

Toiletten

Öffentliche Toiletten sind neben respektive anstelle der Aufschrift „Damski" und „Męski" oft mit einem **Kreis** und einem **Dreieck** gekennzeichnet. Um nicht das verkehrte Türchen zu erwischen:

- **Kreis** = *dla Pań* = *Damski* = **Damen**
- **Dreieck** = *dla Panów* = *Męski* = **Herren**

Unterkunft

Grundsätzlich gelten drei Dinge:

Die **Begriffe „Hotel" und „Pensjonat"** (Pension) sagen nicht zwangsläufig etwas über die Qualität und den Komfort einer Unterkunft aus. Es kann durchaus der Fall sein, dass ein Pensjonat für 30 € pro Doppelzimmer und Nacht komfortabler ausgestattet ist und einen wesentlich besseren Service bietet als manches Hotel am Ort. Auch dem **Sternesystem** – Hotels und Pensionen werden in Kategorien von eins bis fünf Sterne gekennzeichnet, wobei die Sternezahl bei entsprechendem Luxus in der Regel auch die Höhe des Preises bezeichnet – sollte man nicht blindlings Vertrauen schenken. Die Kriterien für ihre Vergabe sind zwar gesetzlich geregelt, doch sagt das Vorhandensein beispielsweise eines Bads noch lange nichts über dessen Zustand aus. Umgekehrt kommt es im Sternesystem nicht nur zu Aufwertungen, sondern ebenso zu formellen Abwertungen, die der Hotelbetreiber insbesondere aus steuerlichen Beweggründen vornimmt.

Im **Winterhalbjahr** haben manche Hotels und Pensionen vor allem in kleineren Orten **geschlossen.** Außerhalb der Saison empfiehlt es sich deshalb, sich vorher telefonisch zu erkundigen.

Solange man sich nicht frühzeitig um ein Übernachtungsquartier bemüht oder rechtzeitig eine Reise gebucht hat, kann es während der **Hochsaison** im Juli und August bei der Suche nach einem preisgünstigen Dach über dem Kopf zu Engpässen kommen. Vor allem die **Großen Masurischen Seen** zählen zu den beliebtesten Sommerreisezielen in Polen. Dagegen wird man in der Kategorie über 70 € pro Nacht für ein Doppelzimmer mit Frühstück auch zu frequentiertesten Zeiten ein Plätzchen finden (außerhalb der Saison gewähren alle Hotels und Pensionen Preisnachlässe).

Und wer nicht auf eigene Faust und gut Glück fahren möchte: Zahlreiche auf Polenreisen spezialisierte **Reisebüros und Veranstalter** bieten neben Pauschalreisen auch die Organisation der **persönlichen Reiseroute** an, ganz nach individuellem Geschmack mit Unterbringung und allem Drum und Dran, sofern klar ist, wann man gern wo sein möchte (ausgewählte Reiseveranstalter ⇗„Information").

In den **Ortsbeschreibungen** haben wir die Unterkunftstipps in **fünf Kategorien** unterteilt. Es handelt sich dabei lediglich um **Preisklassen,** nicht um Qualitätsmerkmale. Diese sowie die individuelle Beschaffenheit der Unterkünfte werden jeweils in den Praktischen Tipps zum Ort beschrieben.

Preiskategorien in diesem Buch

€	= 20–35 €	(ca. 80–140 Zł.)
€€	= 35–50 €	(ca. 140–200 Zł.)
€€€	= 50–70 €	(ca. 200–280 Zł.)
€€€€	= 70–100 €	(ca. 280–400 Zł.)
€€€€€	= über 100 €	(über 400 Zł.)

(Wechselkurs: Stand Mai 2010)

Alle Angaben sind **Richtpreise** und beziehen sich auf die **Hochsaison** (Juli/August) für ein **Doppelzimmer pro Nacht für zwei Personen mit Frühstück.** Sie spiegeln somit den jeweiligen Höchstpreis, der üblicherweise bei einem individuellen Spontanaufenthalt über Nacht anfällt. Daneben gibt es eine Fülle an Angeboten und Arrangements sowie die unterschiedlichsten Rabatte und Preisnachlässe für Wochenenden, für die Nebensaison (Mai/Juni/September) und außerhalb der Saison, weshalb es sich immer lohnt, für einen Preisvergleich zum Telefonhörer zu greifen oder im Internet nachzuschauen.

Hotels und Pensionen

Vertreter der **Spitzenklasse** sind **internationale Hotelketten** wie Intercontinental, Holiday Inn, Marriott, Radisson, in der Regel in Großstädten. Sie kosten **weit über 100 €** (= €€€€€) pro Doppelzimmer und Nacht, Preisausschlägen nach oben sind keine Grenzen gesetzt.

Darunter rangiert die nicht weniger luxuriöse Klasse mit Hotels des ehemaligen Staatsunternehmens Polorbis mit Preisen zwischen **70 und 100 €** (= €€€€). Mittlerweile eine Aktiengesellschaft, firmieren unter dem Dach der heutigen Orbis S.A. außerdem die Hotelketten Ibis, Mercure, Novotel und Sofitel. Daneben haben sich in dieser Kategorie zahlreiche neue, elegante Hotels etabliert, die entweder in Neubauten oder in sorgfältig restaurierten Schlössern, Villen und historischen Herrschaftssitzen ihren Gästen einen angenehmen Aufenthalt bieten.

Wer weniger tief in die Tasche greifen möchte, um einmal Schlossfrau oder Schlossherr zu sein, wird in alten Gemäuern insbesondere im Landesinneren eine gehobene Mittelklasse-Unterkunft finden. In der Kategorie zwischen **50 und 70 €** (= €€€) firmieren außerdem zahlreiche Burghotels in alten Backsteinburgen der Deutschordensritter (meist um die 50 €) sowie kleine und feine private Hotels, die etwa in restaurierten alten Fischerkaten, Hafenspeichern, Villen und Gutshäusern eine ebenso vornehme wie individuelle Unterkunft offerieren.

Zahlreiche schöne Mittelklasse-Hotels und -Pensionen zwischen **35 und 50 €** (= €€) lassen an Service, Komfort und Annehmlichkeiten nichts missen. Die Zimmer sind meist großzügig geschnitten und verfügen in der Regel über Sat-TV, Radio und Telefon.

In der Preisklasse **20 bis 35 €** (= €) gibt es eine weitere große Zahl kleiner Hotels und familiärer Pensionen mit gepflegten gemütlichen Zimmern. Unterkünfte **unter 20 €** sind dagegen nur noch selten zu finden, aber gelegentlich gibt es sie noch. Die Zimmer sind meist schlicht ausgestattet, das Bad befindet sich auf dem Gang.

Wasserstation bei Sorkwity

Verzeichnis polnischer Hotels und Pensionen im Internet

- www.polhotels.com
- www.welcome2poland.com
- www.hotelsinpoland.com
- www.staypoland.com

Wasserstationen, Wander- und Ferienheime

Sie sind preisgünstig, schlicht und im Juli/August restlos belegt. Die oft malerisch hinter einem Dünenstrand oder in einem Wäldchen am See gelegenen ehemaligen betrieblichen **Ferienheime** wurden renoviert und haben ihre Tore längst auch für Individualreisende geöffnet. Wer keinen Service benötigt, sein eigenes Handtuch mitbringt und seinen Urlaub gerne mit vielen anderen teilt, ist hier goldrichtig.

Auch die Wanderheime und Wasserstationen der **PTTK (Polnische Gesellschaft für Touristik und Landeskunde)** lassen in Bezug auf Komfort und Bequemlichkeit manches missen. Der Standard ist schlicht, die Atmosphäre dafür umso gemütlicher. Dem Polen-Reisenden einmal mehr ein Kingsize-Schlafdomizil anzubieten, ist auch gar nicht das Ansinnen der seit vielen Jahrzehnten im Umweltschutz und Naturtourismus aktiven Organisation, eine der ältesten Touristikvereinigungen in Europa überhaupt. Mit ihren einfachen Berghütten, Wanderheimen, Bootshäusern, Wasserstationen und angeschlossenen Biwakplätzen bietet sie vielmehr polenweit Alpinisten, Fuß- und Wasserwanderern eine preisgünstige Einkehr für die Nacht.

267po Foto: kj

● **Buchtipps:** „Unterkunft und Mietwagen clever buchen", erschienen in der Praxis-Reihe des Reise Know-How Verlags.

Nach einer Tagespaddelreise trifft man am Abend in den PTTK-Stationen auf andere Aktivurlauber, findet schnell Kontakt und tauscht Tipps, Erfahrungen und Erlebnisse aus, weshalb sich diese Unterbringungsmöglichkeit großer Beliebtheit erfreut. Dies bedeutet einmal mehr: Während der Hochsaison im Juli und August ist in den Häusern nur mit viel Glück ein freies Plätzchen zu finden.

Natürlich besteht bei allen PTTK-Stationen die Gelegenheit, gegen eine geringe Gebühr sein **Zelt** auf dem Gelände aufzuschlagen und die sanitären Einrichtungen mitzubenutzen. Wer jedoch auf ein festes Dach über dem Kopf nicht verzichten möchte, dem sei empfohlen, seinen Paddelurlaub rechtzeitig zu buchen.

● **PTTK** (Polskie Towarzystwo Turystyczno-Krajoznawcze, ul. Senatorska 11, 00-075 Warszawa, Tel. (022) 8262251, Fax 8262505, www.pttk.pl.

Privatzimmer

Vom großen Kurort am Ostseestrand bis zum entlegendsten Weiler im Seenland werden fast überall Privatzimmer angeboten. Sie kosten nicht viel (meist zwischen 10 und 15 €), und man hat netten **Kontakt** zu den Gastgebern – vielleicht eine der schönsten Möglichkeiten, das Land wirklich kennenzulernen. Ein Schild „Wolne Pokoje" an Häusern und Gartenzäunen weist auf freie Zimmer hin.

Die meisten **Touristeninformationen** unterhalten einen Zimmernachweis und sind gerne bei der Suche behilflich.

Ferien auf dem Bauernhof

Die *agroturystyk* erfreut sich auch in Polen **immer größerer Beliebtheit,** zumal die über zwei Millionen polnischen Bauernhöfe oft sehr klein und damit seit dem EU-Beitritt in der Landwirtschaft kaum noch konkurrenzfähig sind. So bietet die agrotouristische Zimmervermietung ein Zubrot, nicht nur für Landwirte, sondern für alle, die über ein eigenes Häuschen und Grundstück verfügen. Auf über 4000 schätzt man die Zahl der Anbieter in Polen, mehr als 600 von ihnen haben sich in der **Polnischen Föderation für Tourismus auf dem Lande** zusammengeschlossen. Die Vereinigung, die einen Storch auf dem Dach im Zeichen führt, kategorisiert die Zimmerangebote von Standard (7 m^2/Zimmer ohne Bad) bis drei Sterne (mindestens 10 m^2/Zimmer mit Bad). Die Ausstattung ist vorwiegend einfach und das Essen deftig, wie es sich für eine ordentliche Landwirtschaft gehört. Die Preise liegen im Durchschnitt bei 10 bis 15 € pro Tag und Person.

Auf der **Website** des Verbands kann man sich die Unterkunftsangebote in der gewünschten Region auf Fotos und mit umfassenden Beschreibungen ansehen und sich einen Überblick über Preise und Leistungen verschaffen.

- **Polska Federacja Turystyki Wiejskiej „Gospodarstwa Gościnne“**, ul. Marszałkowska 3/5, II pietro, 00-624 Warszawa, Tel. (0048) (0)22 8254125, www.agroturystyka.pl.

Camping

Zahlreiche Campingplätze sind in der **Polnischen Föderation für Camping und Caravaning (PFCC)** zusammengeschlossen. Je nach Ausstattung, Bewirtschaftung und Dienstleistungsangebot sind sie nach dem Sternesystem in vier **Kategorien** eingeteilt. Ein Sternchen kennzeichnet Plätze mit Mindeststandard (d.i. Sanitäranlage, Warmwasserdusche, Stromanschluss), vier Sterne krönen die Plätze mit dem höchsten Komfort.

Die Campingplätze liegen in der Regel am Ortsrand oder auch außerhalb der Ortschaften, meist sehr schön gleich hinter dem Strand, in einem herrlichen Wald oder idyllisch am Seeufer. An der Danziger Bucht und in den Urlaubsorten an den masurischen Seen ist die Auswahl recht groß; im agrarisch geprägten Ermland findet man dagegen bis auf wenige einfache Biwaks keine Camping-Infrastruktur.

Die **Platzausstattung** bewegt sich in einem weiten Spektrum von sehr gepflegt, mit neu errichteten oder ausgezeichnet modernisierten Sanitäreinrichtungen, Shop, Gaststätte und vielfältigem Freizeitangebot bis hin zu Verhältnissen, die kaum noch die Bezeichnung „rumpelig“ verdienen. Wir haben uns bemüht, die schönsten Plätze für Sie zu finden.

Auf vielen Plätzen kann man auch ein kleines **Campinghäuschen** mieten, oft in Form einer Holz- oder Finnhütte (⇗ auch „Unterwegs in Polen/Campingwagen und Wohnmobile“). Über **Restaurants** verfügen dagegen die wenigsten, gelegentlich ist eine Imbissstube und/oder ein überteuerter Mini-Markt angeschlossen.

- **Buchtipps:** „Wohnmobil-Ausrüstung“, „Wohnwagen-Handbuch“ und „Clever reisen mit dem Wohnmobil“, alle erschienen in der Praxis-Reihe des Reise Know-How Verlags.

Die **Camping-Saison** auf den großen Anlagen geht von Anfang Mai bis Ende September, manche stark frequentierten Plätze haben bis Mitte Oktober geöffnet, einige wenige sind sogar ganzjährig in Betrieb.

Wildes Kampieren ist nicht erlaubt.

Einmal im Jahr gibt die PFCC ein **Verzeichnis** mit Adressen und Ausstattung von Campingplätzen in Polen heraus. Campingkarte und Reiseführer kann man postalisch anfordern. Außerdem kann man sie über die Website des Verbands aufrufen und sich dann über Links zu den einzelnen Plätzen leiten lassen.

- **Polska Federacja Campingu i Caravaningu PFCC**, ul. Grochowska 331, 03-823 Warszawa, Tel./Fax (022) 8106050, www.pfcc.eu (Polnisch/Englisch/Deutsch).

Umfangreiche Informationen rund um Campingplätze in Polen findet man außerdem auf der deutschsprachigen Seite **www.campingpolska.com.** Eine Broschüre mit ausgewählten Cam-

266po Foto: kj

pingplätzen versendet das Polnische Fremdenverkehrsamt ⇗„Information".

Eine schöne Möglichkeit, seine Textilhütte aufzuschlagen, bieten darüber hinaus **Zeltplätze** *(pole namiotowe)* und **Biwakplätze** *(pole biwakowe)*. In Größe und Ausstattung sind sie recht unterschiedlich, die Bandbreite reicht von relativ komfortablen Anlagen mit Sanitäreinrichtung und Stromanschluss bis hin zum umzäunten Wald- und Wiesenplatz mit Plumpsklo und einer einfachen Waschgelegenheit. Manche bieten noch nicht einmal das, sondern die Gemeinde stellt den Urlaubern einfach einen Platz zur Verfügung, wo man kostenfrei sein Zelt oder Vehikel aufstellen kann. Selbstverständlich mit dem Wunsch, dass dort kein Müll hinterlassen wird.

Oft handelt es sich auch um Zeltmöglichkeiten, die Einheimische in der Sommersaison auf ihren **Privatgrundstücken** bereitstellen, ausgesprochen preisgünstig, herzlich und familiär, und geduscht wird im Haus der Gastgeber. Für Caravan sind diese natürlich nicht geeignet, manche von ihnen besitzen gar keine Straßenzufahrt.

Zeltplatz beim Wojnowo
im Masurischen Landschaftspark

Jugendherbergen

Neben den ganzjährig geöffneten Jugendherbergen findet man in den Monaten Juli und August zahlreiche **Saison-Jugendherbergen.** Sie sind meistens in Schulen eingerichtet, bieten dementsprechend in Schlafsälen einfachste Wohnlichkeit, aber immerhin ein Dach über dem Kopf. Sowohl die ganzjährig betriebenen als auch die Saison-Jugendherbergen unterstehen der **Polnischen Gesellschaft für Jugendherbergen (PTSM),** die Mitglied der internationalen Jugendherbergsföderation ist. Aktuelle **Verzeichnisse** geben heraus:

- **Deutsches Jugendherbergswerk,** Bismarckstraße 8, 32657 Detmold, Tel. (05231) 74010, Fax 740149, www.jugendherberge.de.
- **Österreichischer Jugendherbergsverband,** Gonzagagasse 22, 1010 Wien, Tel. (01) 5335353, Fax 53353550, www.oejhv.at.
- **Schweizer Jugendherbergen,** Schaffhauserstrasse 14, 8042 Zürich, Tel. (044) 360 1414, Fax 3601460, www.youthhostel.ch.
- **Polskiego Towarzystwo Schronisk Młodzieżowych (PTSM),** ul. Chocimska 14, 00-791 Warszawa, Tel./Fax (022) 8498128, Fax 8498354, www.ptsm.org.pl.

Unterwegs in Polen

Autofahren

Die **Straßenverhältnisse** in Nordpolen sind relativ gut, je nachdem, welche Ansprüche man an asphaltversiegelte Landschaft hat.

Rund 400.000 Straßenkilometer durchziehen das Land, davon waren im Jahr 2009 etwa 800 Kilometer zu **Autobahnen** ausgebaut. Bis zur Fußballeuropameisterschaft 2012 sollen weitere Autobahnkilometer fertiggestellt sein und Danzig im Norden über Łódź und Kattowice mit südlich Tschechien verbinden (A1) sowie in West-Ost-Richtung Frankfurt (Oder)/Świecko über Poznań, Łódź, Warschau mit Weißrussland (A2) und Forst/Olszyna über Breslau und Krakau mit der Ukraine (A4).

Auf den fertiggestellten Autobahn-Teilstücken wird von den Betreibergesellschaften **Maut** erhoben. Sie kann an extra gekennzeichneten Stationen mit Kreditkarte und an allen Stationen bar in Złoty oder Euro entrichtet werden. Die Höhe der Wegegebühr richtet sich nach der Fahrzeugkategorie und der Länge der Strecke.

Ansonsten fährt man auf den **Fernstraßen** kostenlos zwei- oder dreispurig. Sind sie dreispurig, dient die **mittlere Spur zum Überholen,** sowohl für den hin- als auch den rückfließenden Verkehr; und auf jeden Fall ist Weitsicht geboten, denn manche einander entgegenkommenden Raser tragen auf der Mittelspur ihre Machtkämpfe aus. Um anzuzeigen, dass man weder gedrängelt noch geschubst werden möchte und sich an die vorgeschriebene Geschwindigkeit hält, gilt die Gepflogenheit, sich möglichst weit rechts auf dem **Seitenstreifen,** soweit vorhanden, zu halten. Voraussetzung dafür ist, dass die **Linie** nach rechts außen **gestrichelt** und nicht durchgezogen ist.

Besonders unfallträchtige Stellen, sowohl auf Fernstraßen als auch auf Landstraßen und Nebenstrecken, sind als **Schwarzer Punkt (Czarny Punkt)** gekennzeichnet. Rechtzeitig vor der Gefahrenstelle weist ein Schild auf den Czarny Punkt hin.

Streckenweise finden sich tiefe **Spurrillen** auf den Fernstraßen und ebenso auf den **Landstraßen.** Letztere führen, wie der Name schon sagt, über Land von einer Ortschaft zur anderen und entsprechen insofern theoretisch den deutschen Bundesstraßen. Praktisch handelt es sich um schmale Asphaltbänder, oft wunderschöne Alleen, die nur in Ausnahmefällen über eine Randbefestigung oder gar einen Fußgänger- oder Radweg verfügen. Sie werden neben Lastern, Rasern und vernünftigen Autofahrern von Landwirtschaftsmaschinen, Pferdefuhrwerken, Reitern, Radlern, Fußgängern, Kühen und Gänsefamilien bevölkert und verpflichten darum besonders in der Dämmerung oder Dunkelheit zum vorausschauenden Fahren.

Nebenstrecken sind oft nur einspurig, links und rechts von Bäumen gesäumt und ohne Seitenstreifen, und auch sie werden von allen Verkehrsteilnehmern genutzt. Vorsicht ist auf Nebenstrecken darüber hinaus bei Straßenbauarbeiten geboten, die einem ohne Vorwarnung manchmal unmittelbar hinter einer Haarnadelkurve begegnen.

Anstelle von Kreuzungen mit Ampelregelung herrscht häufig **Kreisverkehr,** insbesondere an den Ortseingängen. Vorfahrt haben, wie z.B. in Deutschland auch, die Autos im Kreisverkehr, wer in den Kreis einbiegt, muss warten.

Gleise an Bahnübergängen befinden sich oft nicht zu ebener Erde, weshalb sie grundsätzlich im Schneckentempo überfahren werden müssen.

Fußgänger sollten sich besser nicht auf **Zebrastreifen** verlassen, selbst Polizei und Fahrschulen brettern ungebremst darüber hinweg. Und auch dem einen oder anderen Traktoristen, der nach Feierabend mit ein paar Gläschen Wodka intus sein nahezu unbeleuchtetes Vehikel heimwärts kutschiert, sollte man Aufmerksamkeit schenken und sicherheitshalber gemächlich hinter ihm hertuckern, bis er irgendwann abbiegt.

Verkehrsregeln

Es herrschen die internationalen Straßenverkehrsvorschriften. Außerdem ist obligatorisch, auch **tagsüber** mit **Abblendlicht** zu fahren.

Schon beim Genuss geringer Mengen von Alkohol ist das Führen eines Fahrzeugs verboten. Die zulässige Alkoholhöchstmenge beträgt **0,2 Promille.** Das entspricht einem kleinen Glas Bier (0,33 l) oder einem Schop-

Zulässige Höchstgeschwindigkeiten

	Pkw/Motorrad	Pkw m. Anhänger	Lkw
• **Geschlossene Ortschaften:**	50 km/h	50 km/h	50 km/h
• **Landstraße mit einer Fahrbahn:**	90 km/h	70 km/h	70 km/h
• **Landstraße mit zwei Fahrbahnen:**	100 km/h	80 km/h	80 km/h
• **Schnellstraße mit einer Fahrbahn:**	100 km/h	80 km/h	80 km/h
• **Schnellstraße mit zwei Fahrbahnen:**	110 km/h	80 km/h	80 km/h
• **Autobahnen:**	130 km/h	80 km/h	80 km/h

pen Wein (0,2 l). Auch geringfügige Überschreitungen werden geahndet und können hohe Geldstrafen oder sogar eine Freiheitsstrafe nach sich ziehen.

Es besteht **Anschnallpflicht** und **Telefonierverbot** ohne Freisprechanlage während der Fahrt.

Straßenkarten

Zwei empfehlenswerte Karten sind im world mapping project bei Reise Know-How erschienen: **„Polen"** im Maßstab 1:850.000 und **„Nordpolen"** im Maßstab 1:350.000.

Tankstellen

Tankstellen gibt es **flächendeckend.** Sie verteilen sich über das Land in durchschnittlichen Entfernungen zwischen 20 und 50 Kilometern und werden von den bekannten internationalen Mineralölkonzernen, vom polnischen Tankstellenriesen PKN Orlen sowie einigen freien Tankstellen betrieben. In der Regel sind sie werktags von 6 bis 22 Uhr geöffnet, an Sonn- und Feiertagen von 7 bis 18 Uhr, an Haupt- und Fernstraßen sowie in größeren Städten rund um die Uhr. Gängige **Kreditkarten** werden nur in Ausnahmefällen nicht akzeptiert. Das Benzin **kostet** pro Liter umgerechnet etwa 10 bis 20 Cent weniger als in Deutschland.

Bezeichnung der Treibstoffe an den Tankstellen (bleifreies Benzin ist mit einem durchgestrichenen „Pb" markiert):

- **98E:** Europlus, bleifrei, Oktanzahl 98
- **95E:** Eurosuper, bleifrei, Oktanzahl 95
- **95U:** Uniwersalna, bleifrei für Autos ohne Kat, Oktanzahl 95
- **ON:** Diesel
- **LPG:** Autogaz, Autogas

Panne

Bei Autopannen hilft der **Polnische Motorverband PZM** (Polski Związek Motorowy) unter der Rufnummer 981. Weitere Informationen sowie Rufnummern deutscher, österreichischer und schweizer Automobilclubs ⇗„Notfälle".

Unfall

Sollte es einmal gerumst haben: In jedem Fall sind die in einen Autounfall verwickelten Kraftfahrer verpflichtet, den Unfallort ordnungsgemäß **abzusichern** und das Eintreffen der Polizei abzuwarten **(Polizeiruf 997, Unfallrettung 999).** Notarztwagen heißt auf Polnisch *pogotowie ratunkowe*.

162po Foto: kj

Mit dem Wohnmobil hat man die Unterkunft immer dabei

Mietwagen

Viele **internationale Autoverleiher** verfügen über Niederlassungen in Polen. Die Wagen entsprechen dem neuesten technischen Stand und Komfort, und die Mietpreise befinden sich ebenfalls auf internationaler Höhe. Direkt ausleihen kann man an **Flughäfen** und bei den meisten internationalen **Hotelketten.** Ansonsten sind die Rezeptionen größerer Hotels und die Touristeninformationen beim Automieten behilflich und informieren über die Anbieter vor Ort.

Wohnwagen und Wohnmobil

Zweifellos eine der schönsten Möglichkeiten, den Nordosten Polens zu erkunden, ist die Reise mit dem eigenen Haus auf vier Rädern. Für Individual-Urlauber bedeutet dies Mobilität und Unabhängigkeit von der Quartiersuche, was besonders während der Hochsaison im Juli und August ein Vorteil sein kann. Auf nordpolnischen Wegen wird man allerorts Wagen mit Camping-Anhängern aus Warschau und Breslau, Posen und Krakau begegnen und ebenso Wohnmobilen mit ausländischen Kennzeichen, selten dagegen welchen aus der Region. Die **„Womo-Kultur“** ist in Nordpolen **noch nicht sehr verbreitet,** weshalb man auch nicht böse sein darf, wenn ein polnischer Wohnmobilist seine Hand nicht zum internationalen Womo-Gruß hebt und sich stattdessen nur über die netten Touristen wundert.

Wohnmobil-Urlauber dürfen auf Campingplätzen auch keine Hightech-Versorgungsstationen erwarten. Seinen **Wassertank** füllt man gelegentlich noch mit Gießkanne und Plastikeimer. Auf eine Bitte hin bieten nahezu alle Tankstellen ebenfalls die Möglichkeit, sich mit frischem Leitungswasser zu versorgen.

Auf etwa einem Viertel der Plätze besteht die Möglichkeit zur **Chemietoiletten-Entsorgung.**

Um sich unnötige Sucherei und lange Fahrwege zu ersparen, empfiehlt sich, eine **Ersatz-Gasflasche** mitzunehmen. **Stromanschlüsse** auf Campingplätzen sind überall vorhanden, und selbst bei den kleinsten, die über keine spezifischen Einrichtungen für Caravans verfügen, stets mit einem **Verlängerungskabel** zu erreichen. Zum wohlausgerichteten, geradlinigen Schlaf können auf dem einen oder anderen Platz **Unterlegkeile** nicht schaden.

Zu Campingplätzen im Allgemeinen ↗„Unterkunft".

Öffentliche Verkehrsmittel

Bahn

Im Vergleich mit den Tarifen der Deutschen Bahn sind die Fahrkarten in Polen sehr **preiswert.** Das gut ausgebaute **Streckennetz** wird von den Polnischen Staatsbahnen (PKP) unterhalten. Die PKP unterteilt sich in zwei voneinander unabhängige Unternehmensbereiche: die Fernverkehrsgesellschaft **PKP Intercity,** die die reservierungspflichtigen ECs, ICs, EuroNight-, Express- und TKL-Züge sowie Schnellzugverbindungen betreibt, und die **PKP Przewozy Regionalne** (PKP PR) für Personenzüge und InterRegios. **Personenzüge** *(pociąg osobowy)* sind vergleichbar mit unseren Bummelzügen, InterRegios verbinden die Ortschaften im Regionalverkehr. **Schnellzüge** *(pociąg pospieszny)* halten in mittleren Städten, **Expresszüge** in Großstädten und **Intercitys** nur am Zielort. **TLK-Züge** sind spezielle Low-Cost-Schnellzüge im Fernverkehr, mit denen man um die 40 Prozent günstiger fährt.

Die Mitnahme von **Fahrrädern** innerhalb Polens ist nach dem Kauf eines Fahrradtickets in folgenden Zügen möglich:

- In Zügen, die einen **geeigneten Wagen** führen (in Fahrplan und Kursbuch mit einem **Fahrradpiktogramm** gekennzeichnet).
- In Zügen mit einem Abteil für **Reisende mit größerem Handgepäck** (mit **„E"** gekennzeichnet).
- In allen anderen Zügen jeweils im **Vorraum des ersten und des letzten Waggons,** sofern keine Fahrgäste behindert werden und der Drahtesel beaufsichtigt bleibt.
- Einige EC/IC, Express- und TLK-Züge führen einen **Großraumwagen** mit speziellen **Griffen** für die Befestigung von Rädern mit.

Eine Fahrradplatzreservierung im polnischen Binnenverkehr ist nicht möglich; für grenzüberschreitende Züge wird sie dagegen erbeten. Der **Tickettarif** für die einmalige Radbeförderung beträgt 5 Złoty unabhängig von der Entfernung. Für IC- und Expresszüge gilt ein entfernungsunabhängiger Pauschaltarif von 9 Złoty.

Für Wochenendreisende bieten die Polnischen Staatsbahnen für 30 Złoty (Personenzüge) oder 60 Złoty (Personen- und Schnellzüge) das **Bilet turystyczny** (Touristenfahrkarte). Es gilt von freitags 18 Uhr bis montags 6 Uhr für eine unbegrenzte Anzahl von Fahrten mit Zügen der PKP PR.

Ein ähnliches Angebot für IC, TLK- und Expresszüge (außer Berlin – Warschau) bietet das **Bilet weekendowy** (Wochenendticket). Für 119 Złoty (2. Klasse) bzw. 199 Złoty (1. Klasse) fährt man damit ab Freitag 19 Uhr bis Sonntag 24 Uhr, so viel man möchte.

Das **Bilet tygodniowy** (Wochenfahrkarte) der PKP PR zu 120 Złoty berechtigt zu einer unbegrenzten Anzahl von Fahrten in Personen- und Schnellzügen an sieben aufeinanderfolgenden Tagen.

In allen Zügen der PKP reist man auf allen Strecken für sieben Tage mit dem **Bilet sieciowy** (Netzfahrkarte). Es kostet 400 Złoty (2. Klasse) bzw. 560 Złoty (1. Klasse), die Platzreservierung ist inbegriffen. Die Netzfahrkarte kann man auch für vier Wochen, drei Monate, sechs Monate oder ein ganzes Jahr erwerben.

Ein besonderer Spaß zur Sommerzeit sind Ausflugsfahrten mit den teils noch von Dampfloks betriebenen alten **Schmalspurbahnen.** Sie unterstehen den PKP und werden von den örtlichen Staatsbahndirektionen verwaltet. Auf Ausflüge mit den schnaufenden Schmalspurgesellen machen wir jeweils in den einzelnen Kapiteln der Reisebeschreibung aufmerksam.

Die aktuellen **Fahrpläne** findet man im Internet unter www.pr.pkp.pl für den Regionalverkehr und www.intercity.pl für den Fernverkehr.

Ausführliche Informationen (kein Ticketverkauf, keine Reservierungen) erhält man unter folgender Adresse:

- **Polnische Staatsbahnen (PKP),** Panoramastraße 1, 10178 Berlin, Tel. (030) 2472 9998, Fax 24729999, www.pkp-berlin.de, pkpgv@pkp-berlin.de.

Bus

Busse des ehemals **Staatlichen Autoverkehrs** (PKS) verbinden Orte im Nah- und im Fernverkehr. Auskunft und Tickets erhält man an den Busbahnhöfen (*dworzec* PKS), die sich gewöhnlich bei den zentralen Eisenbahn-Stationen befinden, sowie in Reisebüros oder auch beim Busfahrer, sofern noch freie Plätze im Bus vorhanden sind.

Die **Überlandbusse** verkehren auf Normalstrecken *(autobusy zwykle)* mit Stopp in jedem Ort sowie auf Schnellverkehrslinien *(autobusy pospieszne),* die auf den Abfahrtstafeln rot gekennzeichnet sind. Kinder bis vier Jahre ohne eigenen Sitzplatz fahren gratis, Kinder zwischen vier und zehn Jahre zahlen die Hälfte.

Weitere reguläre Buslinien des PKS verkehren von **Dorf zu Dörfchen.** Die Haltestellen sind mit blauen Schildern gekennzeichnet, auf denen schwarz auf weiß ein Bussymbol und das gelbe Logo des PKS prangen.

Städtische Verkehrsmittel sind Straßenbahnen, Omnibusse und Trolleybusse. Fahrkarten erhält man an Zeitungskiosken und in einigen Läden *(bilet na autobus, bilet na tramwaj)*.

Fahrpläne *(rozkład jazdy)* lassen sich für die größeren Städte online unter www.pks.[Stadtname].pl abrufen, z.B. für Danzig unter www.pks.gdansk.pl, für Elbląg unter www.pks.elblag.pl und für Olsztyn unter www.pks.olsztyn.pl.

Taxi

Ein bequemes und im Vergleich zu Deutschland **relativ preiswertes** Fortbewegungsmittel sind Taxis. Die Tarife schwanken von Stadt zu Stadt und sind auch zwischen den einzelnen innerstädtischen Fuhrunternehmen unterschiedlich. Als seriös gelten die **Funktaxen,** die man üblicherweise per Telefon bestellt, in zahlreichen Städten unter der **Nummer 919.** Im Regelfall sind die Telefonnummern auch in der Tagespresse oder im Informationsblatt der örtlichen Touristinformation inseriert.

Bei **Privattaxen,** die keinerlei Korporation oder Kooperative angehören, heißt es darauf zu achten, dass der Taxameter eingeschaltet wird. Um Missverständnissen vorzubeugen, empfiehlt es sich außerdem, vor der Fahrt den zu erwartenden Preis mit dem Taxichauffeur abzusprechen. Auch sollte man darauf achten, dass die Tarife auf der Beifahrerseite ausgehängt sind.

In der Nacht zwischen 23 und 5 Uhr sowie sonn- und feiertags wird ein **Zuschlag** erhoben.

Fahrrad

In Polen ist das Fahrrad als Fortbewegungsmittel noch zu keinen besonderen Ehren gekommen. In größeren Städten wird man nur wenige Menschen antreffen, die ihre Gänge per Veloziped verrichten. Zumal es recht abenteuerlich sein kann, als schwächstes Glied in der Kette durch den brausenden Straßenverkehr zu strampeln. Separate **Radwege** sind so gut wie unbekannt, sowohl in den Städten als auch zur Seite der Landstraßen.

An **Radwanderrouten** und -ausflugsvorschlägen herrscht dagegen speziell in den touristischen Regionen kein Mangel, und Jahr für Jahr kommen neue dazu. Sie sind meist gut gekennzeichnet, allerdings bestehen sie teils aus holprigen Waldwegen, uralten Kopfsteinpflastern und staubigen Sandpisten, die besonders Pedalrittern mit viel Gepäck manches abfordern. Dort, wo wieder gnädig glatter Asphaltbelag herrscht, muss man ihn mit allen anderen Verkehrsteilnehmern teilen. Vorsicht ist da vor allem vor den dahindonnernden **Lastwagen** geboten! Und auch die Autofahrer in Polen nehmen leider keine besondere Rücksicht auf Radler.

Neben dem Internationalen Ostsee-Radfernweg von Świnoujście (Swinemünde) auf der Insel Usedom nach Danzig führt außerdem der **Internationale Radfernweg R1** durch das nördliche Polen. Bei Küstrin-Kietz/Kostrzyn an der Oder überquert er die deutsch-polnische Grenze, durchquert Nordwestpolen und erreicht über

268po Foto: ki

Chełmo, Elbląg und Braniewo nach 675 Kilometern die polnisch-russische Grenze zur Enklave Kaliningrad.

Die Mitnahme des Velozipeds auf **Pendelfähren** über Flüsse und Seen ist unproblematisch. Für den Transport in **Überlandbussen** existiert keine verbindliche Regelung, manchmal hängt er nur vom freundlichen Nachfragen und vielleicht einem ebenso freundlichen Trinkgeld ab. (Zur Fahrradmitnahme in Zügen ↗„Öffentliche Verkehrsmittel/Bahn“.)

Radeln in Polen kann ein echtes Abenteuer sein

Fahrrad-Verleihe finden sich in nahezu allen größeren touristischen Ortschaften. Die Adressen der Anbieter vor Ort halten die Touristeninformationen parat. Darüber hinaus verleihen auch die meisten größeren Hotels und Pensionen Drahtesel.

Infos zum Radwandern in Polen erteilen folgende Organisationen:

- **Allgemeiner Deutscher Fahrrad-Club ADFC,** Postanschrift: Postfach 10 77 47, 28077 Bremen, Hausanschrift: Grünenstraße 120, 28199 Bremen, Tel. (0421) 346290, Fax 3462950, www.adfc.de.
- **Polnischer Radfahrerverband** (Polski Związek Kolarski) PZKol, ul. Andrzeja 1, 05-800 Pruszków, Tel. 0048 (0) 4303400, Fax 4303401, www.pzkol.pl.

Zollvorschriften

Seit dem Beitritt Polens zur Europäischen Union am 1. Mai 2004 bestehen für Bürger Deutschlands und Österreichs an der polnischen Grenze **keine Zollkontrollen** mehr. Als EU-Mitgliedstaat ist die Republik Polen Teil des Europäischen Binnenmarkts, an dessen Binnengrenzen keine Einfuhr- und Ausfuhrabgaben wie Zölle, Einfuhrumsatzsteuern oder besondere Verbrauchsteuern erhoben werden. Sämtliche Waren dürfen im EU-Binnenraum unbegrenzt ein- und ausgeführt werden, sofern sie dem Eigenbedarf dienen (keine gewerbliche Verwendung), unter Bezahlung aller Steuern und Abgaben gekauft wurden und vom Reisenden selbst eingebracht werden. Als **Richtmengen** für den Eigenbedarf (nicht als Höchstgrenzen) gelten:

- 90 Liter **Wein** (davon max. 60 Liter Schaumwein)
- 110 Liter **Bier**
- 20 Liter **alkoholische Getränke** bis maximal 22 Vol.-%
- 10 Liter **Spirituosen**

Eine Ausnahme bildet die Ausfuhr von **Tabak** aus Polen. Da der polnische Fiskus deutlich weniger hohe Steuern auf Tabakwaren erhebt, ist die zollfreie Ausfuhr auf 800 Zigaretten bzw. 1000 Gramm Tabak pro Person über 18 beschränkt.

Für **Schweizer** gelten die Zollbestimmungen der Europäischen Union; d.h. bei der Einfuhr muss alles über den persönlichen Eigenbedarf hinaus deklariert werden. Schweizer können bei Rückeinreise in die Schweiz pro Person folgende Mengen zollfrei einführen:

- **Alkohol:** 2 Liter bis 15 Vol.-% und 1 Liter über 15 Vol-%.
- **Tabakwaren:** 200 Zigaretten oder 50 Zigarren oder 250 g Schnitttabak
- **Sonstiges:** neu angeschaffte Waren für den Privatgebrauch (ausgenommen Lebensmittel) bis zu einem Gesamtwert von 300 sFr.

Für alle gilt: Die Ausfuhr von **Antiquitäten, Kunstwerken** und **kulturhistorisch wertvollen Objekten,** die vor dem **9. Mai 1945** hergestellt wurden, ist grundsätzlich durch den Denkmalkonservator der betreffenden Woiwodschaft genehmigungspflichtig.

Darüber hinaus gelten in allen EU-Mitgliedstaaten weiterhin nationale Ein-, Aus- oder Durchfuhrbeschränkungen, z.B. für Waffen, starke Medikamente etc. Nähere Informationen:

- **Deutschland:** www.zoll.de, Tel. (0351) 44834510 oder Bundespolizei-Hotline Tel. (01805) 234566.
- **Österreich:** www.bmf.gv.at oder Zentrale Auskunftstelle Zoll, Tel. (01) 51433564053.
- **Schweiz:** www.ezv.admin.ch oder Zollkreisdirektion in Basel, Tel. (061) 2871111.

098po Foto: kj

Land und Natur

269po Foto: kj

270po Foto: kj

Wunderschöne Landschaft bei Ostróda

Tarpan-Pferd

Nicht alle polnischen Gänse führen ein so glückliches Leben wie diese

Polens nordöstliche Regionen

Mazury (Masuren) ist Teil der **Woiwodschaft Warmia-Mazury** (Ermland-Masuren), die außerdem die Region Warmia (Ermland) und das historische Oberland umfasst. Die Woiwodschaftsgrenzen entsprechen in etwa dem südlichen Teil des ehemaligen Ostpreußen, während das nördliche Ostpreußen seit Ende des Zweiten Weltkriegs als Enklave Kaliningrad (Königsberg) zu Russland gehört.

Das Gebiet von Warmia-Mazury mit über 3000 Seen, weitem Ackerland und im Süden und Osten großen Wäldern wird die „grüne Lunge Polens" genannt. Im Nordwesten reicht es bis zur Danziger Bucht, wo zwischen Elbląg und Braniewo das seichte, stille Zalew Wiślany (Weichselhaff/Frisches Haff) mit dichten Schilfgürteln die Landschaft prägt. Östlich davon erstreckt sich Warmia mit bedeutenden Kirchenbauten und Wallfahrtsstätten. Im Süden beginnt Mazury, das sich von der Westmasurischen Seenplatte zu den großen Masurischen Seen im Osten ausdehnt.

Seit der Zusammenlegung der alten Verwaltungsbezirke Elbląg und Olsztyn zur neuen Großwoiwodschaft Warmia-Mazury 1999 ist die 175.000 Einwohner zählende ermländische Metropole **Olsztyn (Allenstein)** die Woiwodschaftshauptstadt in einer der am dünnsten besiedelten polnischen Landschaften. Mit 24.200 Quadratkilometern ist Warmia-Mazury zwar die viertgrößte Region Polens, im Hinblick auf ihre nicht einmal anderthalb Millionen zählende Einwohnerschaft nimmt sie jedoch nur den 12. von insgesamt 16 Plätzen im Woiwodschaftsranking ein. Auf einem Quadratkilometer leben durchschnittlich weniger als 60 Menschen, das ist halb so viel wie im Landesdurchschnitt und bald zwei Drittel weniger als in der größten Woiwodschaft Masowien.

Nicht viel anders verhält es sich in der **Woiwodschaft Podlaskie** (Podlachien), die sich im äußersten nordöstlichen Winkel Polens anschließt. Bei knapp 1,2 Millionen Einwohnern stellt der einsame Landstrich im Dreiländereck Polen/Litauen/Weißrussland in der Fläche die fünftgrößte Region Polens dar und verliert sich, sowohl diesseits wie jenseits der EU-Außengrenze, in einem der größten zusammenhängenden Urwaldgebiete Europas.

Umso kontrastreicher erscheint das Ballungsgebiet von **Trójmiasto** (Dreistadt) an der Danziger Bucht. Gdynia, Sopot, Gdańsk lauten die illustren Namen, die das Dreigestirn an den Ostseewellen ausmachen. Gdynia (Gdingen), die Geschäftige, Sopot (Zoppot) die Quirlige, und Gdańsk (Danzig), die altehrwürdige Königin der südlichen Ostsee, dürfen auf einer Reise durch den Norden Polens nicht fehlen.

Ein Besuch Danzigs ist ein Höhepunkt auf der Reise durch Polens Norden

Danziger Bucht

Nirgendwo an der polnischen Ostseeküste leben mehr Menschen als im Ballungsgebiet der Trójmiasto (Dreistadt). Auf 35 Kilometern Länge ziehen sich die drei zusammengewachsenen Städte **Gdynia** (Gdingen), **Sopot** (Zoppot) und **Gdańsk** (Danzig) an der Bucht entlang. Über eine sechsspurige Schnellstraße miteinander verbunden und hier und da von kleinen Grünanlagen unterbrochen, kann man in dem ausgedehnten Häusermeer nur schwer unterscheiden, wo die eine Stadt endet und die nächste beginnt. Knapp 800.000 Einwohner zählt das **größte städtische Konglomerat in Nordpolen** – mit der eintausendjährigen Hansestadt Danzig, Perle der Ostsee, als dem kulturellen und architektonischen Höhepunkt auf einer Reise durch den polnischen Norden.

Ganz anders zeigt sich die Landschaft in der benachbarten **Weichselniederung (Żuławy Wiślane).** Von unzähligen kleinen Kanälen durchzogene fette Böden prägen das flache Land, das zu den fruchtbarsten in ganz Nordpolen zählt. Getreide, Obst und Gemüse gedeihen üppig, und auch eines der herausragenden europäischen Bauwerke – Weltkulturerbe der Menschheit – befindet sich bei Malbork im Niederungsland: die **Marienburg,** der alte Hochmeistersitz des Deutschen Ordens und drittgrößte Burgkomplex in Europa.

271po Foto: ki

Oberland

Von den schilfwogenden Wassern des **Zalew Wiślany (Frischen Haffs)** und der alten Hansestadt **Elbląg (Elbing)** im Norden bis nach Ostróda und Iława am Südende der Pojezierze Iławskie (Oberländischen Seenplatte) erstreckt sich das sanfte Hügelland, das den historischen Namen „Oberland" trägt. Wie ein gleichschenkliges Dreieck dehnt es sich, mit seiner Spitze am Haff, nach Südosten aus. Seine Schenkel erweitern sich dabei zwischen **Zalewo (Saalfeld)** im Westen und der Herderstadt **Morąg (Mohrungen)** im Osten bis zu den Segel- und Paddelmetropolen **Iława (Deutsch Eylau)** und **Ostróda (Osterode),** die das alte Oberland im Süden begrenzen.

Reich an Wäldern und Seen, wurden die Gewässer des Oberlands im 19. Jahrhundert durch den **Elbląg-Ostróda-Kanal (Oberländischen Kanal)** miteinander verbunden - eine in der Welt einzigartige technische Kuriosität und heute besondere Touristenattraktion, bei der die Schiffe zur Überwindung von Höhenunterschieden nicht geschleust, sondern trockenen Kiels auf sogenannten Schiefen Ebenen über Land gerollt werden.

Mit ihrem gemächlichen Auf und Ab grüner Hügel ist die stille Moränenlandschaft Teil des baltischen Höhenrückens. Halbmondförmig durchzieht dieser die Woiwodschaft und erreicht südlich von Ostróda mit der **Dylewska Góra (Kernsdorfer Höhe)** auf 312 Meter über dem Meeresspiegel die höchste Erhebung in Warmia-Mazury.

Nicht weit entfernt schmückt die Oberländische bzw. **Iława-Seenplatte (Pojezierze Iławskie)** mit dem Jeziorak-See (Geserich-See) als längstem See Polens das Land. Touristisch werden die durch viele Kanäle und kleine Flüsschen kreuz und quer miteinander verknüpften Gewässer auch **„Westmasurische Seenplatte"** genannt und die Landschaft als „Westmasuren" bezeichnet, was richtig ist und wieder nicht, da eine Region Masuren weder politisch noch geografisch klar umgrenzt werden kann. So hat sich im Lauf der Zeit eingebürgert, dass auf Höhe der Dylewska Góra Masuren beginnt.

Ermland

Der polnische Name **Warmia** für das Ermland erinnert an den prußischen Stamm der Warmier, der das Land bis zur Eroberung durch den Deutschen Orden im 13. Jahrhundert besiedelte. **Frombork (Frauenburg)** am Frischen Haff, wo einst *Nikolaus Kopernikus* der Menschen Sicht auf die Himmelskörper revolutionierte, und **Braniewo (Braunsberg)** kurz vor der Grenze zur russischen Enklave Kaliningrad (Königsberg) bilden den nordwestlichsten Zipfel Warmias. Westlich wird das traditionelle Bauernland mit seinen fruchtbaren Böden, sanft gewellten Wiesen und Feldern vom Fluss Pasłęka (Passarge) begrenzt, östlich verläuft die Grenze auf Höhe der Orte **Reszel (Rößel)** und **Biskupiec (Bischofsburg)** und südlich bei **Olsztyn (Allenstein),** der 175.000 Einwohner großen

272po Foto: kj

Woiwodschaftshauptstadt von Warmia-Mazury.

Anders als die übrigen Landschaften im seit der Reformation protestantischen ehemaligen Ostpreußen blieb das Fürstbistum Ermland bis zur Ersten Teilung Polens 1772 eine eigenständige, katholische Region unter der Oberhoheit der polnischen Krone; und auch nach 1772, nun Teil des Königreichs Preußen, hielt man am katholischen Glauben fest. So prägen prachtvolle Kirchen, Bischofsburgen und Klöster das Land. Vom stark befestigten Domhügel in Frombork über die historische Residenz der Fürstbischöfe in **Lidzbark Warmiński (Heilsberg)** bis zum Burgschloss des ermländischen Domkapitels in Olsztyn, vom „polnischen Lourdes", der Marienwallfahrt **Gietrzwałd (Dietrichswalde)** bei Olsztyn bis zum berühmten Mariensanktuarium **Święta Lipka (Heilige Linde)** nahe der Großen Masurischen Seen besticht Warmia mit einer Fülle an kulturhistorischen Sehenswürdigkeiten.

Wie aus dem Bilderbuch: Wasser ist im nordöstlichen Polen das prägende Element

Es herrscht vorwiegend Tages- und Ausflugstourismus, weshalb die **touristische Infrastruktur** weniger stark entwickelt ist als in anderen Regionen der Woiwodschaft. Die Woiwodschaftshauptstadt Olsztyn, die heute das wichtigste Touristenzentrum am westlichen Rand der Masurischen Seenplatte (Pojezierze Mazurskie) vorstellt, ist zugleich die historische Hauptstadt des Ermlands.

Masuren

Auf den unfruchtbaren Sandergebieten südlich von Olsztyn beginnen, von Niedermooren und Sümpfen durchsetzt und von zahllosen Gewässern durchzogen, die großen Kiefern- und Fichtenwälder. Hier beginnt das **Land der dunklen Wälder und kristall'nen Seen** – Masuren. Niemand kann präzise sagen, wo es anfängt oder endet, denn niemals haben es politische Grenzen umgeben, und ebenso wenig ist es bisher gelungen, die exakte Anzahl seiner tausenden Gewässer zu ermitteln. Masuren, nur soviel ist klar, ist dort, wo die großen Wälder und Seen sind, irgendwo zwischen der Dylewska Góra (Kernsdorfer Höhe) südlich von Ostróda und der Szeska Góra (Seesker Höhe) bei Goldap im nordöstlichsten Winkel Polens.

Masuren steht für geschichtsträchtige Orte wie **Grunwald/Tannenberg** oder das Hitlerquartier „Wolfsschanze" bei **Kętrzyn (Rastenburg),** die an glorreiche Tage wie auch an die dunkelsten Stunden in der deutsch-polnischen Geschichte erinnern. Masuren meint die Gewässer der **Mrągowo-Seenplatte** mit der traditionsreichen Sommerfrische **Mrągowo (Sensburg)** inmitten und nicht weit entfernt dem romantischen Flüsschen **Krutynia,** das viele zu den schönsten Paddelrouten Nordpolens zählen. An den **Großen Masurischen Seen** Mamry (Mauer-See) und Śniardwy (Spirding-See) liegen die bedeutenden Wassersportzentren **Węgorzewo (Angerburg)** und **Giżycko (Lötzen),** die Urlauberhochburg **Mikołajki (Nikolaiken),** der *Arno Surminski* mit seiner rührenden kleinen Erzählung „Die Reise nach Nikolaiken" ein literarisches Denkmal setzte, sowie südlich, von den Wäldern der **Puszcza Piska (Johannisburger Heide)** umgeben, **Ruciane-Nida (Rudschanny)** und **Pisz (Johannisburg).**

Insgesamt ein Sechstel Masurens ist von Wasser bedeckt. Der **Śniardwy-See (Spirding-See)** ist der größte See Polens und wird aufgrund seiner endlosen, manchmal zu hohen Wellen auftreibenden Wasser auch „Masurisches Meer" genannt. Die weiten Wälder rund um die Seen sind Refugien vieler Raubvogelarten. 20 Seeadler-Horste hat man allein in den Wäldern der Puszcza Piska gezählt. In den sumpfigen Urwäldern der **Puszcza Borecka (Borkener Forst)** grasen in einem geschützten Gebiet in freier Wildbahn urtümliche Wisente, und in die lichteren, tundraähnlichen Waldgebiete des Nordostens kommen Elche aus dem Baltikum herab. Sogar Wölfe sind hier und da wieder gesehen worden.

Suwalszczyzna

Schon auf dem Gebiet der östlichen Woiwodschaft Podlaskie schließt sich im Vierländereck Russland/Litauen/Polen/Weißrussland die **Pojezierze Suwałskie (Suwałki-Seenplatte)** an. Die Suwalszczyzna (Suwałki-Land) mit der klassizistischen Kreisstadt **Suwałki** im Zentrum wird dank ihres klaren baltischen Himmels, ihrer kühleren Jahresdurchschnittstemperaturen und einer von den Gletschern der letzten Eiszeit geformten Landschaft auch „polnisches Alaska" genannt.

Mit dem 108,5 Meter tiefen Hańcza-See verzeichnet die Region das tiefste Gewässer Polens, mit der **Puszcza Augustowska (Augustów-Wald),** an deren Ausläufer sich der Urlaubsort **Augustów** schmiegt, besitzt sie eines der größten Waldgebiete des Landes: Kiefern und Fichten auf sandigen Böden, so weit das Auge nur reicht.

Von Norden her schlängelt sich die **Czarna Hańcza** durch das gewässerreiche, einsame Land, durchfließt den verträumten Wigry-See im **Wigry-Nationalpark,** dann den Urwald der Puszcza Augustowska und wendet sich schließlich ostwärts dem Njemen jenseits der weißrussischen Grenze zu. Wie die masurische Krutynia zählt auch die Czarna Hańcza zu den beliebtesten Paddelgewässern im nördlichen Polen. Über Teilstrecken des im 19. Jahrhundert erbauten **Augustów-Kanals** ist sie mit zahlreichen weiteren Seen verbunden und bildet ein Paradies für naturverbundene Segler und Paddler.

Klima

Polen liegt in einer **gemäßigten Klimazone.** An der Ostseeküste herrschen ozeanische Luftmassen vor, es ziehen aber auch trockene, kontinentale Lüftchen aus dem Osten heran, oder auch nördliche, polaren Ursprungs, und manchmal sogar südliche, tropische.

Etwa entlang der **Parsęta,** die bei Kołobrzeg in Westpommern in die Ostsee einmündet, verläuft die „Kampfzone" zwischen atlantischen und kontinentalen Luftmassen. Westlich des Flusses ist es milder und die Temperaturen sind ausgewogener, östlich wird es rauer, und das Klima ist durch größere Temperaturgegensätze zwischen Sommer und Winter geprägt.

Durch die sehr langsame Erwärmung der Ostsee hält auch der **Frühling später Einzug** im Land. Die Durchschnittstemperatur im April liegt beispielsweise im nordwestlichen Stettin bei 7 °C. An der Danziger Bucht beträgt sie schon anderthalb Grad weniger, und in Masuren können die Seen zu dieser Zeit in sehr kalten Jahren sogar noch zugefroren sein.

Je weiter nordöstlich in Warmia-Mazury, umso größer ist der **kontinentale Einfluss.** Die Sommer können sehr heiß werden und die Winter bitterkalt. Masuren zählt zu den kältesten Flachgebieten in Polen. „Brachen neue Zeiten an, erreichten sie Masuren mit gehöriger Verspätung", erzählt *Arno Surminski* in seiner „Reise nach Nikolaiken". Das gilt auch für die Frühlings-

Wetterregeln: Wie wird das Wetter morgen in Masuren?

Schön wird es: Wenn es sich abends auf dem freien Land abkühlt, während sich im Wald die Wärme des Tages hält. Wenn am Abend ein leichter Nebel aufzieht. Wenn sich vor der Nacht ein starker Wind legt. Wenn die Nacht klar ist und die Sterne nur schwach flimmern.

Schön bleibt es: Wenn der Horizont klar und der Himmel tiefblau ist. Wenn zur Mittagszeit Kumuluswolken am Himmel erscheinen und bis zum Abend wieder verschwunden sind. Wenn die Sonne goldfarben am Horizont untergeht. Wenn die Mücken stechen.

zeit, die spät, manchmal sehr spät beginnt, erst gegen Ende April/Anfang Mai, dann aber das Land wie mit einem Zauberstreich über Nacht in ein farbenleuchtendes Blütenmeer taucht. Nach Sonnenuntergang kann es dennoch empfindlich kalt werden.

Die **Durchschnittstemperatur** von Juni bis August ist mit 18 °C um zwei Grad kühler als an der Küste, aber auch viele Tage mit 30 °C Hitze werden gemessen. Bis zu 20 °C warme Seen bieten dann eine angenehme Erfrischung. Häufig muss im Sommer auch mit **Regen** gerechnet werden, meist in Form abkühlender **Gewitter,** die mit grellen Blitzen, abenteuerlichem Rumpeln und gewaltigen Güssen auf das Land niedergehen. Der Herbst bietet bis Ende September goldenes, trockenes Sonnenwetter. Danach wird es kühl. Nebel steigen aus den Seen auf, starke Winde und Regenfälle setzen ein, und schließlich erobert Väterchen Frost Wälder und Seen. Die Winter sind eisig. Die Durchschnittstemperatur im Januar beträgt -3 °C, doch sind Nächte mit bis zu -20 °C keine Seltenheit.

Flora und Fauna

Flora

Die polnische Pflanzenwelt ist charakteristisch für die **Laub- und Mischwaldzone Mitteleuropas.** Eiche *(dam),* Linde *(lipa)* und Eibe *(zis)* haben bereits in der Zeit der Völkerwanderung, als westslawische Stämme die Ostseeküste besiedelten, vielen Orten ihre Namen gegeben. Wegen ihrer Giftigkeit für das Vieh wurde die **Eibe** jedoch schon sehr früh weitgehend abgeholzt und kommt heute nur noch, streng geschützt, als Wiederanpflanzung vor. Auch die **Linde** ist schon lange kein Waldbaum mehr, sondern ziert weit verbreitet Dorfplätze und Kirchhöfe. Dagegen zeigt die **Eiche** nach wie vor in Wäldern ihr prachtvolles Kleid. Wie die **Buche** wächst sie am liebsten auf nährstoffreichen, mineralhaltigen Böden und mischt sich auf ihnen, über Schachtelhalmen und riesigen Huflattichblättern, mit Ahorn, Kiefer, Birke und Erle. Im Frühling, wenn die Natur zum Leben erwacht, taucht der Wald in bunte Teppiche blühender Anemonen, Veilchen und Leberblümchen. Solch schöner Eichen- und Buchenwald findet sich beispielsweise im Westen der Masurischen Seen an der Iława-Seenplatte oder bei Kadyny am Frischen Haff im

273po Foto: ki

163po Foto: ki

Naturpark Elbinger Höhen (Park Krajobrazowy Wysoczyzny Elbląskiej).

Auf den unfruchtbaren Sanderflächen, wo sich Moore mit Torfgebieten und sandigen Böden abwechseln, überzieht die anspruchslose **Kiefer** das Land. Krähenbeere, Bärlapp und Knabenkraut, Moose und Farne machen sich im Unterholz breit, über denen, wie in der Puszcza Augustowska (Augustów-Urwald), die Kiefern ihre Schirme in bis zu 40 Meter Höhe ausbreiten. Vor allem im südlichen Masuren in der Puszcza Piska (Johannisburger Heide) gesellt sich zur Kiefer neben Fichten, Birken und Erlen typischerweise **Wacholder** hinzu, der mit seinem alten ostpreußischen Namen „Kaddig" heißt.

Am **Haffufer** und an den **Seen** ziehen sich dichte Schilfgürtel entlang. Stille Gewässer sind oftmals von wunderschönen Teichrosen bedeckt, und manche sind im Begriff zu vermooren. Kleine Inselchen von verknäulten Wurzeln, sogenannte „Triebkämpen", treiben auf ihnen, während vom Ufer her Rohrkolben und Kalmus das Wasser erobern. Wollgras und (fleischfressender) Sonnentau, Sumpfporst und Moosbeere bewachsen Feuchtwiesen und Torfmoore.

Klatschmohn

Waldlichtung mit Birken

Der Wisent – Wiedergeburt des europäischen Wildrinds

Einst war der Wisent von Spanien über Mitteleuropa bis Sibirien und in die gemäßigten Zonen Asiens hinein verbreitet. Sein Rumpf bis zu zwei Meter hoch über den Hufen, der breite Kopf mit Zottelbart und zwei kleinen Hörnern geschmückt, kann der Bulle bis zu **eine Tonne Gewicht** auf die Waage bringen, die leichtfüßigere Wisent-Dame immer noch weit über 500 Kilo. So war der dem Amerikanischen Bison *(Bison bison bison)* sehr nah verwandte Wisent oder Europäische Bison *(Bison bison bonasus)* als **Fleisch- und Felllieferant** stets beliebt und wurde seit Menschengedenken gejagt.

Schon Höhlenzeichnungen stellen die Jagd auf den größten und schwersten europäischen Landsäuger dar. *Plinius der Ältere* beschreibt ihn im ersten Jahrhundert nach Christus in seiner „Naturalis Historia" als Rind mit Pferdemähne und viel zu kurzen, daher zum Kampf unnützen Hörnern, das vor jeder Gefahr unverzüglich das Weite suche.

Tatsächlich sind die Giganten aus der Familie der Paarhufer recht **scheu** und fliehen sofort, sobald sie die Witterung von Menschen aufnehmen. In solchen Fällen können sie einen erstaunlich schnellen Galopp einlegen; am liebsten aber durchstreifen sie ihr Futterrevier, grüne Laubwälder, im gemütlichen Trott. Auf der **Speisekarte** der Wiederkäuer stehen Blätter, Triebe, Zweige und Jungbäume, die sie mit ihrer Körperkraft einfach umlegen. Auf Lichtungen weiden sie Gräser und Kräuter und im Herbst, um sich Winterspeck anzufuttern, ausgiebig Pilze, Beeren und Waldfrüchte.

Erst im Winter schließen sich Wisente zu größeren **Herden** zusammen, in denen

164po Foto: kj

sich dann auch einige Bullen aufhalten. Ansonsten leben sie in kleineren Rotten von etwa 20 Kühen und Kälbern zusammen. Im Mai/Juni, wenn die Natur eine reiche Tafel bestellt, kommen die gut 30 Kilogramm schweren **Jungen** nach knapp neun Monaten als Einzelkinder zur Welt. Etwa ein Jahr lang werden sie gesäugt, und in dieser Zeit sollte man Wisent-Mamas unbedingt aus dem Weg gehen. Im August/September geraten die Bullen in Wallung. Schnaufen, Brüllen und Hufstampfen zählen während der Brunft zum Imponier-Repertoire, und der Nahkampf entscheidet, welcher der konkurrierenden Nebenbuhler am Ende der ranghöchste ist und sich mit einem Harem von bis zu acht Kühen paaren darf.

So haben die Wildrinder Generationen um Generationen in den Wäldern gelebt. 20 bis 25 Jahre alt wird ein Tier, und nur Wölfe und Bären waren einst seine natürlichen Feinde. Doch der **Mensch** nahm ihm durch die Rodung der Wälder den Lebensraum und bediente sich seiner als Fleischlieferant. Anders als Pfau und Fasan taugte der Wisent auch nie zum Schönheitsideal, man befand vielmehr, „daß er häßlich seye, scheutzlich, vil haare, mit einem dicken langen halshaar als die Pfärdt, item gebartet, summa gantz wild und ungestalt", wie ihn der Gelehrte *Conrad Gesner* im 16. Jahrhundert beschreibt.

So war sein Schicksal besiegelt. Anfang des 20. Jahrhunderts existierte im Kaukasus noch ein minimaler Bestand des kleineren Bergwisents sowie im Białowieża-Urwald an der heutigen polnisch-weißrussischen Grenze einige Rotten des Flachlandwisents. Ihre letzten Vertreter wurden trotz strengem Verbot 1921 in Polen und sechs Jahre später im Kaukasus gewildert. Die Art war damit **praktisch ausgestorben.**

1923 gründete sich in Frankfurt am Main die **„Internationale Gesellschaft zur Erhaltung des Wisents".** Man begab sich europaweit auf die Suche nach Exemplaren, die möglicherweise irgendwo in Gefangenschaft überlebt hatten. Insgesamt 57 wurden in Zoos und auf einem Privatgelände entdeckt, von denen etwa ein Dutzend für die Vermehrung geeignet erschien. In einem Gehege im Białowieża-Urwald begann anschließend ein beispielloses **Wiederaufzuchtprogramm,** heikel und anfangs von zahlreichen Misserfolgen begleitet. Denn neben Todesfällen durch Unfälle oder Auseinandersetzungen zwischen den Bullen war die Population durch den genetischen Flaschenhals darüber hinaus extrem anfällig für Krankheiten und Parasiten. 1947 umfasste der Bestand schließlich 44 gesunde, zuchtfähige Tiere. 1952 fing die **Auswilderung** an, zunächst der überzähligen Bullen und wenige Jahre später dann auch von Kühen. 1966 zählte man im Białowieża-Wald bereits 157 frei lebende Wildrinder.

Mittlerweile sind es stattliche **450,** die die Wälder im grenzübergreifenden polnisch-weißrussischen Białowieża-Nationalpark durchstreifen. Und auch andernorts ist ihre Aufzucht erfolgreich. Insgesamt 1600 Tiere zählen die Herden außerhalb des Białowieża-Walds, überwiegend in Polen, Weißrussland und der Ukraine, aber auch in Litauen oder im Müritz-Nationalpark in Deutschland. Dass es sie gibt, ist ganz besonders dem jahrzehntelangen, unermüdlichen Einsatz der Wissenschaftler und Tierpfleger von Białowieża zu verdanken. Denn letztlich stammen alle heute lebenden Wisente von der Białowieża-Zucht ab.

Zum Thema ↗ auch „Buckliges Masuren, Puszca Borecka".

Im **Kulturland** blüht goldgelb auf weiten Flächen der Raps, und zwischen Kirsch-, Apfel-, Birnen- und Pflaumenbäumen drehen Sonnenblumen ihre Köpfe dem Licht entgegen. An den Gartenzäunen klettern bunte Wicken empor, und am Rain der Getreidefelder leuchten rot der Klatschmohn, blau die Kornblumen und weiß die Margeriten.

Fauna

Die Tierwelt Nordpolens zählt zur Kategorie der **europäisch-westsibirischen Zone.** Bis weit über das Mittelalter hinaus hausten in den dichten Wäldern riesige Hirsche, Wölfe, Wisente und **Bären.** Bereits 1804 erschlug man südlich von Mrągowo den letzten masurischen Meister Petz. Der **Wolf** wich, stark gejagt, immer weiter nach Nordosteuropa zurück, und der letzte frei lebende **Wisent** wurde 1921 in Polen gewildert. Nur wenig später begannen Wissenschaftler im Białowieża-Urwald an der polnisch-weißrussischen Grenze ein mühsames Wisent-Wiederaufzuchtprogramm. So überlebten die Verwandten der Amerikanischen Bisons als Art und grasen heute wieder in größerer Schar im Białowieża-Nationalpark, in der masurischen Puszcza Borecka und in einigen weiteren Reservaten.

In den Wäldern tummeln sich Füchse, Luchse und Dachse, an den Flüssen Biber und Fischotter. Hirsche und Rehe, Wildschweine und Hasen kommen sogar oft bis nah an die menschlichen Siedlungen heran, und gelegentlich sieht man Tierarten, die wie der Ural-Waldkauz, der Schneehase oder der majestätische Elch eher für Tundra und Taiga typisch sind.

Dank seiner unzähligen Gewässer ist Nordpolen aber vor allem ein **Paradies für Wasservögel.** „In großen Schwärmen erscheinen die Wildschwäne", berichtet eine Landeskunde von 1912, „Wildenten, die im Röhricht aller Seen nisten, werden im Jahr 10.000 an der Zahl erbeutet. An manchen Stellen existieren Kranich- und Reiherhorste, sehr zum Schaden der Fischerei, sodass Schussprämien ausgesetzt werden."

Heutzutage geht natürlich niemand mehr auf die Jagd nach dem frei fliegenden Federvieh. Dafür werden von Ornithologen und Vogelliebhabern in den zahlreichen polnischen **Vogelschutzreservaten** umso mehr Fotos geschossen. Feuchtwiesen, Wasser- und Sumpfbiotope bieten ausreichend Nahrung für **selten gewordene Vögel** wie Rohrdommeln, Uferschnepfen und Seggenrohrsänger. In den Überschwemmungsgebieten der weitgehend unregulierten Flüsse rasten zahlreiche europäische Zugvogelarten. Große Graureiher- und Kormoran-Kolonien, wie man sie insbesondere an der Weichselmündung oder am Dobskie-See an den Großen Masurischen Seen vorfindet, stehen allesamt unter Schutz, ebenso wie allerorts die Brutgebiete der vom Aussterben bedrohten See- und Fischadler. 140 Seeadler-Horste hat man in Nordpolen gezählt. Neben diesen majestätischen Raubvögeln bewohnen Fisch- und Schelladler die Wälder rund um die großen Gewässer, außerdem Uhus, Mäusebussarde, Sperber und Turmfalken, und auch die seltene Sumpfohreule hat hier ein Refugium.

In besonderen Schutzgebieten wie dem Wigry-Nationalpark nisten weit **über 200 Vogelarten,** darunter Wildenten, Schreischwäne und Seeschwalben. Rund um die Seen bauen in feuchten Niederungen Kraniche und Kiebitze ihre Nester. Im offenen Gelände suchen sich Schleiereulen und Steinkäuze in Mauerlöchern und Baumhöhlen, Steinbrüchen, Ruinen und verlassenen Scheunen ihre Brutplätze, während Habichte und die seltenen Schwarzstörche dichte Wälder bevorzugen. Haubentaucher, Gänsesäger und Eisvogel bevölkern die fischreichen Gewässer, und in der Nacht schwärmen die fliegenden Säuger aus: Rauhautfledermaus, Braunes Langohr, Mausohr- und Wasserfledermaus.

Als **Hausvögel** werden Hühner und Gänse gehalten, und der Begleiter der Menschen über die schöne Jahreszeit ist der **Storch.** Überall hat Meister Adebar auf Dachfirsten, Schornsteinen und Telefonmasten in den Dörfern seine Horste gebaut. Immer im Frühjahr kehrt der Klappergeselle aus Afrika in seine Sommerheimat zurück, um dort zwei bis vier Nachkommen aufzuziehen. Ende Mai schlüpfen die Jungen, und ab Mitte August sammeln sich die Störche schon wieder für ihre lange Reise zurück ins afrikanische Winterquartier (⇗ auch Exkurs „Der Storch“).

Umwelt- und Naturschutz

Polen besitzt eine **große Zahl einzigartiger Natur- und Wildnisgebiete,** die anderswo in West- und Mitteleuropa oft längst verschwunden sind. Ein Drittel der polnischen Landesfläche steht unter Naturschutz in insgesamt 23 Nationalparks, gut 1350 Naturreservaten, 120 Landschaftsschutzparks, über 400 Landschaftsschutzgebieten und knapp 6500 ökologischen Nutzflächen. Wobei das Schutzniveau „Landschaftsschutzpark“ oder kürzer auch „Landschaftspark“ – eine Kategorie, die es in Deutschland gar nicht gibt – dem eines Nationalparks durchaus entsprechen kann. Der Unterschied zwischen einem **Nationalpark** und einem **Landschaftsschutzpark** liegt in Polen lediglich in der administrativen Zuordnung. Nationalparks sind der Zentralregierung in Warschau zugeordnet, während Landschaftsschutzparks zu den Woiwodschaften gehören. Beide bieten gleichermaßen einen streng geschützten Lebensraum für zahlreiche seltene und bedrohte Pflanzen- und Tierarten.

Nichtsdestotrotz gibt es in Sachen Umweltschutz noch jede Menge zu tun. Insbesondere in den **Ballungsgebieten** und industriellen Zentren sind Boden, Wasser und Luft oftmals **deutlich belastet** – ein Erbe nicht zuletzt der alten Volksrepublik. Wie alle Staaten, die aus der sozialistischen Planwirtschaft entlassen wurden, kämpft auch Polen mit zahlreichen Altlasten.

Bis zur Wende 1989 spielte der Umweltschutz außerhalb der streng geschützten Naturreservate nur eine untergeordnete Rolle. Es wurden im Gegenteil in den **Wiederaufbau** der nach dem Zweiten Weltkrieg neu hinzugekommenen Nordgebiete, die bis auf die Industrie- und Werftzentren von Danzig und Stettin traditionell See- und Landwirtschaft trieben, desaströse Złoty-Mengen zur Entwicklung einer ortsuntypischen **Schwerindustrie** gepumpt. Von 1946 bis 1966 belief sich die Summe zum Wiederaufbau der kriegszerstörten Regionen auf ca. 300 Milliarden Złoty, davon flossen fast 50 Prozent in die Errichtung von Großindustrieanlagen.

Die Energie dafür lieferte überwiegend die Verstromung von **Stein- und Braunkohle.** Ganze Landstriche versanken im giftigen Nebel. Die Emission ging ungefiltert in die Luft, und auch die Abwässer leitete man ungeklärt in die Flüsse. Das Resultat: Die polnische Küste galt als der am stärksten verschmutzte Abschnitt der ganzen Ostsee. So rückte die Umweltverschmutzung bereits in den 1980er Jahren ins Bewusstsein einer breiteren Öffentlichkeit. Noch in den letzten Jahren der Volksrepublik entstand eine kleine **Ökologie-Bewegung,** und bis heute arbeitet man intensiv daran, die umweltpolitischen Versäumnisse der Vergangenheit wettzumachen.

Die **Umstrukturierung** der veralteten Produktionsbetriebe kostete viel Geld und leider auch sehr viele Arbeitsplätze. Umso erstaunlicher ist es,

274po Foto: kj

was sich im Bereich Umweltschutz seit 1990 getan hat. Bis 1998 vergrößerte sich die Fläche der Nationalparks um 88 Prozent, die der Naturschutzgebiete um 21 Prozent, und die der Landschaftsparks verdoppelte sich sogar. Erklärtes Ziel ist die Einrichtung weiterer Naturschutzgebiete sowie die Förderung eines sanften Tourismus.

Der **Ausstoß an Schwefelverbindungen** in die Luft verringerte sich bis 1997 um die Hälfte, der **Staubanteil** in der Luft sogar um 57 Prozent. Mittlerweile nutzt man die wieder frische Brise zur Energiegewinnung. In rund 30 **Windparks** in Polen erzeugten Windkraftanlagen 2007 gut 300 Megawatt Strom. Im Jahr 2010 stammen 7,5 Prozent des polnischen Energieverbrauchs aus erneuerbaren Energiequellen.

Durch den Bau modernster **Kläranlagen** ist die Einleitung ungereinigter Abwässer um fast drei Viertel zurückgegangen. So konnte die Wasserqualität spürbar verbessert werden. In Flüssen und Seen wimmeln heute wieder die Fische, und an den Stränden trifft man nirgends mehr auf ein Schild mit der Aufschrift „Uwaga! Kąpiel wzbroniony" („Achtung! Baden verboten").

Dank der relativ großen Zahl kleinbäuerlicher **Landwirtschaftsbetriebe** kam es auch niemals zu einer flächendeckenden Verseuchung der Böden mit **Düngern** und **Pestiziden.** Mit durchschnittlich nur fünf Hektar kleinen Parzellen reichten und reichen sie auch heute oft gerade zum Leben. Für chemischen Schnickschnack bleibt da kaum etwas übrig, auch wenn es sich mancher Landwirt sicherlich anders wünschen würde.

Einzig mit dem **Verkehr** läuft es unter umweltpolitischen Gesichtspunkten völlig verkehrt. Zuwachsraten von 500.000 Benzinkutschen pro Jahr werden verzeichnet. Die durch Auspuffgifte verursachte **Luftverschmutzung** steigt dementsprechend, und mancher Großstadt droht der Verkehrskollaps. Zehn Milliarden Euro fließen bis 2014 in den Bau neuer Autobahnen und Schnellstraßen sowie in den Ausbau der Flughäfen. Denn die Zahl der Touristen, die Polens schöne Natur mit einem Billigflieger ansteuern, steigt jährlich, zur großen Freude der Low Cost Carrier.

Daneben sind weitere **Milliardeninvestitionen** für Umwelt und Natur vorgesehen. Bis 2015 hat Polen noch Zeit, seine nationale **Umweltgesetzgebung** an den **EU-Standard** anzugleichen. Auf 20 bis 45 Milliarden Euro schätzt man die Kosten, die dafür anfallen werden. Doch sind es gute Investitionen, für die Umwelt ebenso wie für die Wirtschaft.

Eine ökonomische Chance liegt im **sanften Tourismus.** Das haben die Verantwortlichen längst erkannt. Man baut auf ökologische Campingplätze, Hotelanlagen, die sich in die Landschaft schmiegen, und Freizeiteinrichtungen, die vor allem den Naturgenuss herausstellen als ein Gut, das wahrhaftig immer seltener und kostbarer wird.

Die Wasserqualität der polnischen Flüsse und Seen hat sich deutlich verbessert

194po Foto: kj

Staat und Gesellschaft

275po Foto: kj

166po Foto: kj

Geschichtsträchtige Stadt: Danzig

Polen ist ein Land zwischen Tradition und Moderne

Fischer bei der Arbeit

Geschichte

Die Anfänge

Vergleichsweise spät in der Ära der großen Völkerwanderungen begann Anfang des **6. Jahrhunderts** die **Besiedlung** der von den Germanen verlassenen Gebiete zwischen Weichsel und Elbe durch slawische Stämme. Woher die **Slawen** ursprünglich kamen, lässt sich nicht mit Gewissheit sagen, doch kann man das Land zwischen mittlerer Weichsel, Bug und Dnjepr, das heute etwa das östliche mittlere Polen, das südliche Weißrussland und die Westukraine umfasst, als den Ursprungsraum der slawischen Sprachen ausmachen. Ein Teil der dortigen Völkerschaften wanderte ostwärts, ein anderer nach Süden bis zur Donaumündung ins Schwarze Meer, fiel von dort aus in die Donauprovinzen des **Römischen Reiches** ein und fand in diesem Zusammenhang in den spätantiken römischen Chroniken auch erstmals unter dem Namen „Slawen" Erwähnung. Ein dritter Teil zog Richtung Nordwesten und ließ sich im Verlauf des 6./7. Jahrhunderts in der Region zwischen Weichselmündung und dem östlichen Holstein nieder.

Es waren **heidnische Völker,** die ein Pantheon voller Naturgottheiten anbeteten, in losen Sippenverbänden zusammenlebten, Viehzucht, Fischfang und eine spärliche Ackerwirtschaft unterhielten, später Burgen und in deren Schutz feste Dörfer errichteten und bereits vor der Jahrtausendwende Fernhandel mit Russland, Byzanz und sogar Arabien trieben: **Abodriten,** die im heutigen Holstein sesshaft wurden, **Wilzen** und **Liutizen,** die den Raum Mecklenburg-Vorpommern besiedelten, **Ranen** auf Rügen, **Polanen** zwischen Warthe und mittlerer Weichsel und schließlich **Pomoranen** zwischen Oder- und Weichselmündung.

Im Unterschied zu den Pomoranen, den Küstenbewohnern, nannten sich ihre Verwandten in der Gegend um Gniezno (Gnesen) und Poznań (Posen) **Polanen** (Feldbewohner). Allen gemeinsam wiederum war, dass sie ihre westlichen Nachbarn fremder Zunge, mit denen sie sich schwerlich verständigen konnten, als Niemy (Stumme) bezeichneten, wie es heute noch beinahe wortgleich im polnischen *Niemcy* für „Deutschland" anklingt.

Namensgeber für die Regionen östlich der Weichsel bis zum Memel-Delta hinauf war das baltische Volk der **Prußen.** Von der Jungsteinzeit an bis zur Eroberung durch den Deutschen Orden im 13. Jahrhundert siedelten prußische Stämme in den Landschaften von Pomesanien über Warmien bis Schalauen und von Sassen über Galinden bis Nadrauen. Das von ihnen gesprochene, zur westbaltischen Sprachgruppe gehörenden Altpreußisch, auch Prußisch oder Prussisch genannt, starb im 17. Jahrhundert aus.

Mieszko I.

Das polanische Siedlungsgebiet zwischen Wisła (Weichsel) und Warta (Warthe) ist die Keimzelle Polens. Bereits im 8. Jahrhundert wurde **Gniez-**

no (Gnesen) gegründet, Hauptort der Polanen und erste Residenz des **Piasten-Geschlechts,** aus dem bis 1370 die polnischen Herrscher hervorgehen sollten.

Die Herkunft der Piasten ist unbekannt, doch erzählt die Legende, dass ein Bauernjunge namens *Piast* einst freundlich zwei zuvor beim Königshof abgewiesene Fremde bewirtete, die sich schließlich als Engel offenbarten und dem jungen *Piast* und seiner Heimat eine große Zukunft vorhersagten.

Erster historisch verbürgter Herrscher aus der Piasten-Dynastie ist **Mieszko I.** (reg. um 960–992). Unter dem großen Herzog dehnten die vereinigten Polanen-Stämme ihr Hoheitsgebiet weit nach Westen und Norden aus. 963 waren sie bis zum Elbestrand vorgedrungen, wo *Mieszko* nach erfolglosem Waffengang Kaiser **Otto I.** (deutscher König 936–973, römischer Kaiser 962–973) den Treueid schwor und ihm für das Land zwischen Oder und Warthe fortan Tribut entrichtete. Gegen 980 hatten die Polanen, nun mit Unterstützung des Kaisers, die **gesamte Ostseeregion** zwischen Oder- und Weichselmündung gewonnen.

Im Jahr 965 bereits beging der heidnische *Mieszko* feierlich **Hochzeit** mit der christlichen böhmischen Fürstentochter *Dubrava.* 966 ließ er sich nach lateinischem Ritus **taufen** und trat damit – und mit ihm sein ganzes Volk, wie es damals Gepflogenheit war – in die Gemeinschaft des christlichen Abendlands ein. Die Taufe *Mieszkos* trug dem polanischen Herrscherhaus die **gleichberechtigte Stellung** im europäischen Hochadel ein. Und mehr noch wurde der Herzog nicht nur ein Bundesgenosse, sondern ein **amicus imperatoris,** ein „Freund des römischen Kaisers". Noch im selben Jahr 966 wurde das **Missionsbistum Poznań** gegründet, womit das Polanen-Land zum nordöstlichen Vorposten der Christenheit wurde. 991 stellte es *Mieszko* unter den Schutz des Stuhls Petri in Rom.

Als erster großer Herrscher der Polanen ging *Mieszko I.* in die Geschichte Europas ein, Abkömmling des sagenhaften Ahnen *Piast,* von dem alle Könige Polens der Piasten-Dynastie abstammen sollen. Er **verstarb** im Jahr **992** und fand seine letzte Ruhestätte in der Kathedrale zu Poznań. Auf dem Herzogthron folgte ihm sein ältester Sohn **Bolesław I. Chrobry** (der Tapfere) (reg. 992–1025), unter dem Polens glanzvoller Aufstieg begann.

Glanz und Glorie

In die Zeit **Bolesławs I.** fiel die erste glorreiche **Blüte Polens.** Mit der Eroberung Krakaus und der Wislanen-Stämme, die an der Weichsel siedelten, baute der Herzog die Vormachtstellung Polens unter den Westslawen aus. Und nicht nur das: Im Jahr 1000 ernannte ihn **Otto III.** (deutscher König 983–1002, römischer Kaiser 996–1002) im Akt von Gnesen zum „Bruder und Mitstreiter" im Heiligen Römischen Reich. Damit wurde das Piasten-Reich zum gleichberechtigten Partner im Sacrum Imperium und war von allen Tributpflichten befreit.

Die beiden in Freundschaft miteinander verbundenen Herrscher waren in den frühen Märztagen des Jahres 1000 in Gniezno zusammengekommen, um dort die sterblichen Überreste des **heiligen Adalbert** (św. Wojciech) feierlich beizusetzen. Drei Jahre zuvor hatte der böhmische Adlige, Bischof von Prag, im Prußenland den **Märtyrertod** gefunden; während seiner Missionsreise 997 war der heutige polnische Nationalheilige von den heidnischen Prußen erschlagen worden. Seine Gebeine handelte Herzog *Bolesław* den Ungläubigen ab und ließ sie nach Gniezno verbringen – in jener gottesfürchtigen Zeit mehr als nur ein symbolischer Akt. Noch im Jahr 1000 folgte die Erhebung Gnieznos zum **Erzbistum,** dem man die Bistümer Kolberg, Breslau, Krakau und später auch Posen unterstellte, womit eine von der westlichen Erzdiözese Magdeburg unabhängige, **souveräne Kircheneinheit** entstanden war.

Die Ernennung *Bolesław Chrobrys* zum „Bruder und Mitstreiter“ und die Einrichtung einer eigenständigen Kirchenprovinz im **Akt von Gnesen** bedeuteten entscheidende Schritte auf dem Weg zur polnischen Staatswerdung; durch die Heirat von *Bolesławs* Sohn, *Mieszko II.,* mit einer Nichte *Ottos III.* wurden darüber hinaus auch verwandtschaftliche Bande geknüpft.

Nach dem frühen Tod des Kaisers, der 1002 mit nur 22 Jahren verstarb, änderte sich jedoch die politische Großwetterlage. Zwischen 1004 und 1018 kam es wegen umstrittener Gebiete östlich der Elbe zu drei langen **Kriegen** und mehreren **Feldzügen** der deutschen Krone gegen den Nachbarn. 1018 fanden die Auseinandersetzungen im **Frieden von Bautzen** ein Ende, mit dem **Kaiser Heinrich II.** (reg. 1014–1024) die Grenzen des polnischen Herzogtums anerkannte und *Bolesław* ihm im Gegenzug für das Lausitzer und das Milzener Land den Lehnseid leistete.

Der Tapfere befand sich auf dem Höhepunkt seiner Macht. Das **Piasten-Reich** erstreckte sich von der Odermündung bis hinunter zur ungarischen Grenze, im Osten wurde es jenseits der Flüsse San, Bug und Narew begrenzt, und im Nordosten reichte es bis zur Danziger Bucht. In seinem Todesjahr 1025 erfüllte sich schließlich *Bolesław I. Chrobrys* größter Wunsch: Mit päpstlichem Segen wurde er zum **ersten König von Polen** gekrönt.

Bruderstreit und Zerfall

Doch das Reich war nicht von Dauer. Auf Landgewinne folgten **Verluste,** über das gesamte Mittelalter hinweg zählten allein Großpolen, Kleinpolen und Masowien sowie mit wenigen Ausnahmen Schlesien – um das die Piasten mit der böhmischen Krone zahlreiche Kriege führten – kontinuierlich zum polnischen Staatswesen. Und auch die **Königswürde ging** wiederholte Male **verloren.** Bereits *Bolesławs* Sohn *Mieszko II.* (reg. 1025 und 1032–1034) büßte, im Konflikt mit Kaiser *Konrad II.* (reg. 1024–1039), die Krone wieder ein. Piastische Erbstreitigkeiten,

Feindseligkeiten von Seiten des erstarkenden Adels und eine Reihe heidnischer Revolten von Pommern bis Schlesien schwächten die Macht. Im Sommer 1039 wurde schließlich die Residenz **Gniezno** durch den böhmischen Herzog *Břetislav* **zerstört,** welcher das Grab des heiligen Adalbert öffnen und die Reliquie nach Prag überführen ließ.

Unter dem Spross und Nachfolger *Miezkos II.,* **Kazimierz I.** (reg. 1034 und 1039–1058), erfolgte die **Restauration** Polens, nun mit **Krakau** als neuem Herrschersitz, das für das kommende halbe Jahrtausend Hauptstadt und geistig-kultureller Mittelpunkt des Landes werden sollte. Als „Odnowiciel", der „Erneuerer", ging *Kazimierz I.* in die Geschichte ein.

Der Zerfall der Zentralgewalt war dennoch nicht aufzuhalten. Die äußeren Grenzen von allen Seiten bedroht, versank Polen innenpolitisch im piastischen Bruderzwist und zerfiel in der Folge in sich dauerbefehdende Kleinfürstentümer. Einzig **Bolesław III. Krzywousty** („Schiefmund", reg. 1102–1138) gelang noch einmal eine kurzzeitige staatliche Erneuerung. Mit dem sogenannten **Senioratsprinzip** führte der König eine Neuregelung der Thronfolge ein: Dem männlichen Erstgeborenen, dem Seniorherzog mit Sitz in Krakau und Herrschaft über Pommern und das südliche Großpolen, gebührte die Oberhoheit über die unter allen weiteren Söhnen aufgeteilten Gebiete. Eine verhängnisvolle Neuerung, wie sich schon kurze Zeit später herausstellen sollte. Denn es entstand eine Vielzahl miteinander konkurrierender piastischer **Territorialherzogtümer,** die oft nur die Empörung gegen den Senior miteinander verband – wer auch immer in Krakau gerade den Thron bestieg oder wieder abgesetzt wurde. Nachdem 1180 die Versammlung der polnischen Herzöge und Bischöfe zu Łęczyca die Senioratsverfassung wieder abgeschafft hatte, verlor sich noch der letzte Anschein einer staatlichen Einheit.

Deutschherren im Prußenland

Im Baltikum und im heutigen nordöstlichen Polen lebten in jener Zeit **prußische Stämme.** Den historischen Landschaften Pomesanien (Malbork/Marienburg) und Pogesanien (Elbląg/Elbing), Warmien (Olsztyn/Allenstein), Natangen und Samland (Kaliningrad/Königsberg) haben sie ihre Namen gegeben, ebenso Lubava (Lubawa/Löbau) und Sassen (Stębark/Tannenberg), Galinden (Große Masurische Seen) und Barten (Kętrzyn/Rastenburg), Sudauen (Suwałki), Nadrauen (Tschernjachowsk/Insterburg) und Schalauen (Sowetsk/Tilsit). Bis etwa 1800 v.Chr. reichen die Spuren ihrer Besiedlung zurück.

Viele Jahrhunderte lang konnten sie sich ihrer äußeren Feinde erwehren. Seit der piastischen Landnahme gerieten sie nun jedoch zunehmend in Bedrängnis. Unter dem Deckmantel der christlichen Missionierung wurden Kriegszüge gegen sie organisiert, die aber ebenso scheiterten wie die Eroberungskriege, die Herzog **Konrad**

von Masowien (reg. 1199–1247) ab 1209 gegen seine nördlichen Nachbarn führte. Im Gegenteil beantworteten die Prußen die Angriffe mit Einfällen in das polnische Teilfürstentum.

So rief Herzog *Konrad* **1226** den **Deutschen Orden** zum militärischen Beistand ins Land. Während der Kreuzzüge ins Heilige Land war der Ritterorden aus dem „Orden des Spitals St. Marien vom Deutschen Haus zu Jerusalem" in Akko hervorgegangen. Die Ritter im weißen Mantel mit schwarzem Kreuz verstanden sich als eine Art mittelalterliche „Weltpolizei"; seit ihrer Vertreibung aus dem Heiligen Land waren sie ohne feste Adresse und dienten europäischen Herrschern ihre Kriegskünste an. Also folgten sie dem Ruf Herzog *Konrads* und erhielten von ihm im Gegenzug für die kriegerische Dienstleistung gegen die Prußen das Kulmer Land zugesprochen sowie sämtliche Ländereien, die sie noch hinzugewinnen würden.

Im Jahr 1230 zog ein erster Ordens-Konvent an die Weichsel, 1234 sicherte Papst *Gregor IX.* in der Goldenen Bulle von Rieti die Schenkung an die Deutschherren ab. Unter dem Landesmeister von Preußen, *Hermann von Balk,* begann die **Eroberung der Region.** Mit dem Schwert wurden die Prußen „missioniert", d.h. getauft oder getötet. Wohl ein Drittel, vielleicht sogar die Hälfte der schätzungsweise 200.000 Menschen zählenden prußischen Bevölkerung verlor ihr Leben.

Die Landnahme durch den Deutschen Orden vollzog sich rasant. 1231 erfolgte die Gründung von Thorn, 1232 von Kulm, 1237 von Elbing und 1255 schließlich die der Burg Königsberg. Siedler aus Flandern, Westfalen, Sachsen und dem benachbarten Masowien ließen sich am Fuß der backsteinernen Burgen in der „Großen Wildnis" nieder und machten sie urbar. Aufstände der Prußen 1260 bis 1274 wurden blutig niedergeschlagen. Bereits 1283 war die **Unterwerfung Preußens** vollzogen. Das bisher von Prußen bewohnte Land befand sich in Ordenshand.

Ebenso rasch wuchs das Ordensland zu einem wirkungsvoll organisierten Staatswesen an, das als hochgerüstete Militärmacht den polnischen Teilfürstentümern auf einmal bedrohlich gegenübertrat.

Kampf um Pommerellen

Polen, dessen Küste in piastischer Blütezeit von der Oder zur Weichsel reichte, hatte mittlerweile **keinen Zugang zur Ostsee** mehr. Pommern im Westen war Teil im deutschen Reichsverband, östlich der Weichsel herrschten die Deutschritter. Allein wer die Oberhoheit über das noch unabhängige Pommerellen gewann, stand noch offen. In dem schmalen Landstrich westlich der Danziger Bucht und der Weichselmündung herrschten die Herzöge von Ostpommern aus dem Samboriden-Geschlecht.

Nach dem Tod des ostpommerschen Herzogs *Swantopolk* **1266** entflammte zwischen seinen Söhnen ein folgenschwerer **Krieg** um die Nachfolge. **Mestwin II.,** der ältere der beiden Sprösslinge, bat um Waffenhilfe beim Markgrafen von Brandenburg und trug diesem als Belohnung seines Bruders Burg und Stadt **Danzig** an. Ein verlockendes Angebot. 1271 rückten die Brandenburger in Danzig ein.

Doch schon bald bereute *Mestwin* den Handel. Er verbündete sich mit Herzog *Przemysław* von Großpolen, gewann mit dessen Unterstützung Pommerellen zurück und überantwortete das Herzogtum der **polnischen Krone.** 1294 verstarb der Samboride ohne männliche Erben, sein Geschlecht war erloschen. *Przemysław* trat in Pommerellen die Herrschaft an. 1295 wurde er als **Przemysław II.** zum polnischen König gekrönt - und ein halbes Jahr später ermordet.

Dasselbe grausame Schicksal ereilte 1306 seinen Schwiegersohn und Nachfolger auf dem polnischen Thron, *Wenzel II.* von Böhmen. Anschließend erklärte sich *Władysław Łokietek* („Ellenlang"), Herzog von Kujawien, zum rechtmäßigen Erben Polens und Pommerellens. Nun hatte die Schaukeldiplomatie *Mestwins* aber zu den **unterschiedlichsten Ansprüchen** auf den schmalen Landstrich an der Ostsee geführt. Zum zweiten Mal marschierten also brandenburgische Truppen in Danzig ein. *Władysław Łokietek,* alleine militärisch zu schwach, rief darum **1308** den **Deutschen Orden** zur Hilfe. Wenig später hatten die Ordensritter die Brandenburger wieder aus der Stadt fortgejagt. 10.000 Silbermark verlangten sie für den Dienst, und da *Władysław* die Summe schuldig blieb,

annektierten sie kurzerhand Danzig und Pommerellen.

Der polnische Traum von der Wiederherstellung des Piastenreichs, wie es zur Zeit *Bolesław Chrobrys* bestand, fand damit ein Ende. In der **Feindschaft zwischen Polen und Deutschem Orden** kristallisierte sich bereits die fatale geopolitische Konstellation heraus, die später noch unendlich viel Leid über die Menschen bringen sollte: das Streben Polens nach einem Zugang zur Ostsee gegen das Streben der deutschen Mächte nach einer Landverbindung mit Ostpreußen.

Portal an der Marienburg, die einst Hochmeistersitz der Deutschordensritter war

Der Weg zur Macht

So unglücklich *Władysław Łokietek* auch in Pommerellen agierte, so erfolgreich war seine Politik, was die **Konsolidierung Polens** betraf. 1314 gelang ihm die Vereinigung der beiden wichtigsten polnischen Provinzen Groß- und Kleinpolen. Das Fundament für ein einheitliches Staatsgebilde war damit gelegt. 1320 wurde **Władisław** auf dem Wawel, dem Burgberg zu Kraków, zum **König** des vereinigten Königreichs Polen gekrönt. Eine neue, glanzvolle Ära kündigte sich an.

Nach dem Tod *Łokieteks* folgte ihm 1333 sein Sohn **Kazimierz III.** (reg. 1333–1370) auf dem Thron. Weise und weitblickend, zugleich cleverer

Taktiker und Diplomat von großem Format, knüpfte er an das Werk seines Vaters an. Mit zahlreichen **Reformen** konnte er das Land **innenpolitisch stabilisieren:** Der Szlachta, dem polnischen Klein- oder Landadel, eröffnete er den Zugang zu Staatsämtern, während die Magnaten, der ungleich reichere Hochadel, mit einem gewichtigen Einfluss auf die Thronfolge zufriedengestellt wurden. Sobald keine männlichen Erben mehr zur Verfügung stünden, würde fortan der Sejm, der polnische Reichstag, über die Kronwürde entscheiden - ein **Wahlkönigtum** sollte sich etablieren. Zugleich wurde die Macht der Teilfürstentümer zurückgedrängt. Als Woiwodschaften hatten sie zwar auch weiterhin ein gewisses Eigenleben, wurden aber nun straff von Starosten (königlichen Statthaltern) verwaltet.

Kazimierz führte darüber hinaus einen verbindlichen **Rechtskodex** ein, außerdem einen Schutz für die Bauern gegen Willkürakte von Seiten des Adels. Mitte des 14. Jahrhunderts, als in Europa die Pest wütete und im Deutschen Reich die Juden dafür grausam verfolgt wurden, gewährte er ihnen Zuflucht in seinem Land, woraufhin in Polen die **größte jüdische Gemeinschaft Europas** entstand. Durch den Verzicht auf Schlesien erwirkte der König nach Jahrhunderten voller Kriege den Frieden mit Böhmen. Im selben Atemzug konnte er sein Land weit nach Osten hin ausdehnen. 1364 wurde die **Universität Kraków** gegründet - nach Prag die zweite Universität in Mitteleuropa.

Als einzigem polnischen König wurde *Kazimierz III.* von der Nachwelt der Titel „Wielki", „der Große", verliehen. Mit seinem Tod 1370 erloschen über 400 Jahre Piastenherrschaft, das Reich fiel an seinen Neffen *Ludwig von Ungarn.* Doch hatte *Kazimierz* Polen eine Achtung gebietende Stellung im Konzert der europäischen Mächte erstritten. In seiner Regierungszeit wurden die Grundlagen für Polens Aufstieg zur Großmacht gelegt.

Das jagiellonische Großreich

In Personalunion führte **Ludwig der Große,** König von Ungarn und Polen (reg. 1370–1380), fortan die Regierungsgeschäfte. Bereits 1339 hatte der kinderlose *Kazimierz III.* seinen Schwestersohn aus dem Hause Anjou zum Nachfolger bestimmt. Diese Anwartschaft sicherte sich der Ungar **1355** im **Privileg von Buda** durch weitgehende Zugeständnisse an den polnischen Adel ab. So verzichtete *Ludwig* darauf, außerordentliche Steuern zu erheben, ebenso wie auf den Waffendienst polnischer Adliger außerhalb Polens ohne Vergütung. Solcherlei Sonderrechte stärkten den Adel und schwächten die Königsmacht. Vier Jahre nach *Ludwigs* Krönung erkaufte er sich, ebenfalls ohne männliche Erben im Stamm, mit dem **Privileg von Kaschau 1374** die Thronfolge für eine seiner beiden Töchter. Im Gegenzug garantierte er den Bestand Polens als eigenständiges Königreich und gewährte dem polnischen Adel nahezu vollständige Steuerfreiheit.

1384 setzte man seiner Tochter und Thronerbin **Hedwig (Jadwiga) von Anjou** als elfjährigem Mädchen die polnische Krone aufs Haupt und arrangierte ihre Ehe mit dem litauischen Großfürsten *Jogaila*. Zwischenzeitlich war dem christlichen Polen mit dem heidnischen **Litauen,** dessen Grenzen in etwa das heutige Litauen, Weißrussland sowie Teile Westrusslands und der Ukraine umfassten, ein bedeutender Rivale erwachsen. Andererseits verband Polen und Litauen ihre gemeinsame Feindschaft gegen den Deutschen Orden.

1386 wurde *Jadwiga* mit *Jogaila* vermählt, der das Christentum annahm und unter dem Taufnamen **Władisław Jagiełło II.** (reg. 1386–1434) zum König von Polen-Litauen gekrönt wurde.

277po Foto: kj

Quasi über Nacht war ein riesiges **polnisch-litauisches Großreich** entstanden – ein Markstein in der Geschichte des östlichen Mitteleuropa. *Jadwiga* und *Władisław Jagiełło* wurden zu den Begründern der **Jagiellonen-Dynastie,** die für die nächsten knapp 200 Jahre die Geschicke des Reichs lenken sollte. Und – mit dem polnisch-litauischen Doppelreich stand dem **Deutschen Orden** erstmals eine Großmacht gegenüber.

Die Schlacht von Tannenberg

Bereits 1308 hatten die Deutschritter Danzig und Pommerellen annektiert. Im Jahr darauf verlegte der Ordenshochmeister seinen Sitz von Venedig auf die **Marienburg** (Malbork) an der Nogat, deren gewaltiger Ausbau damit begann. Stramm organisiert, effizient verwaltet und effektiv wirtschaftend stieg der Ordensstaat schnell zu höchster Blüte auf. Ende des 14. Jahrhunderts gehörten ihm etwa 3000 Ritter an – die größte Zahl, über die er jemals verfügte. 1398 wurden Gotland erobert und der Besitz von Samaiten bestätigt, 1402 die Neumark erworben. Das Ordensterritorium erstreckte sich nun von Thorn im Süden über Königsberg bis nördlich zum Rigaer Meerbusen, endete im Westen an Oder und Warthe und im Osten östlich der Großen Masurischen Seen.

Statuen der Deutschordensritter an der Marienburg bei Malbork

Infolge des unaufhörlichen Expansionsdrangs wuchsen zugleich die Spannungen mit dem benachbarten Großreich Polen-Litauen. Sie entluden sich ab 1409 in einem Krieg des Königreichs gegen den Deutschen Orden, mit der entscheidenden Schlacht im **Juli 1410** bei Tannenberg im südlichen Ordensland.

Die Schlacht von Tannenberg, in Polen nach dem Nachbarort „Schlacht von Grunwald" genannt – ging als die **größte militärische Auseinandersetzung des Mittelalters auf mitteleuropäischem Boden** in die Geschichte ein. Zwischen 12.000 und 15.000 Deutschritter und ihre Söldner standen auf dem Feld einem 20.000 Mann starken polnisch-litauischen Heer gegenüber. Der Waffengang endete mit einer katastrophalen **Niederlage für den Deutschen Orden.** Gewaltige Reparationszahlungen waren die Folge sowie der Verlust verschiedener Ländereien, die der Verlierer gemäß den Buchstaben des **Ersten Thorner Friedens 1411** zu entrichten hatte. Sie läuteten den **Niedergang des Ordens** ein. Denn nun mochten sich auch die reich und selbstbewusst gewordenen Hansestädte, Danzig allen voran, von den Deutschherren nicht länger am Gängelband führen lassen.

1440 schlossen sich 19 Städte und die preußischen Stände unter der Führung von Danzig zum **Preußischen Bund** zusammen. 1453 unterstellte sich das Bündnis dem Schutz Polens, und noch im selben Jahr brach der **Dreizehnjährige Krieg** gegen den Orden aus. Am Ende waren die Deutschritter personell wie ökonomisch auf ganzer Linie besiegt. Vor allem der exorbitanten Finanzkraft der Hansestädte, welche die polnische Krone unterstützten, vermochte der Orden nichts entgegenzusetzen. Zur Auslösung seiner Söldnerheere musste er 21 Burgen an die Kriegsdienstleister verpfänden, darunter auch den Ordenshochmeistersitz, die berühmte Marienburg.

Im Oktober **1466** wurde der **Zweite Thorner Frieden** geschlossen. Der Orden verlor u.a. Pommerellen mit Danzig, das Kulmer Land sowie die Gebiete von Marienburg (Malbork), Elbing (Elbląg) und das Bistum Ermland (Warmia), die als „Preußen Königlich Polnischen Anteils", kurz „Königlich Preußen", der polnischen Krone zugesprochen wurden. Der Hochmeister leistete König *Kazimierz IV.* (reg. 1447–1492) den Treueid und gelobte die Heeresfolge. Der **Untergang des Deutschen Ordens** in Preußen war damit besiegelt.

Königlich und Herzoglich Preußen

Das 15. und besonders das 16. Jahrhundert unter der Regierung der letzten beiden Jagiellonen *Zygmunt I. Stary* („der Ältere", reg. 1506–1548) und *Zygmunt II. August* (reg. 1548–1572) gingen als das **Goldene Zeitalter** in die Geschichte ein. Durch weitere Landnahme und dank einer klugen Heiratspolitik war das Polnisch-Litauische Reich zum **größten Staatswesen Europas** herangewachsen. Es erstreckte sich vom Baltikum bis zum Schwarzen Meer und von Pommerellen bis weit nach Russland hinein. Wirtschaft und Handel florierten, ab 1514 erschienen die ersten Bücher in polnischer Sprache, und **Nikolaus Kopernikus** revolutionierte vom Ermland aus die Welt mit seiner Entdeckung, dass sich die Erde um die Sonne dreht.

Eine weitere Revolution war der **Protestantismus,** dem sich überwiegend die deutschsprachigen polnischen Hoheitsgebiete anschlossen. Der alte Ordensritterstaat wurde 1525 unter dem Hochmeister *Albrecht von Brandenburg-Ansbach-Hohenzollern* (1490–1568) säkularisiert und in ein erbliches **protestantisches Herzogtum** im Lehnsverband der polnischen Krone umgewandelt. *Albrecht* huldigte seinem Onkel, dem polnischen König *Zygmunt I. Stary,* der ihn offiziell mit dem **Herzogtum Preußen** belehnte.

Fortan unterschied man das katholische Ermland, das, von den Ermländischen Bischöfen regiert, seit 1466 als Teil „Königlich Preußens" unter direkter Herrschaft der polnischen Krone stand, und das protestantische „Herzoglich Preußen" in den Grenzen des einstigen Deutschordenslands. Über seinen Herzog, den Ordenshochmeister und Hohenzollern-Prinz *Albrecht von Brandenburg-Ansbach,* stand es in enger verwandtschaftlicher Beziehung mit dem deutschen Kurfürstentum Brandenburg.

Brandenburg-Preußen entsteht

Bis zu seinem Tod 1568 regierte *Albrecht* das Herzogtum Preußen von der Burg Königsberg aus mit glücklicher Hand. Unterstützt von dem glühenden Luther-Verehrer breitete sich die **Reformation** überall im Herrschaftsbereich aus. Evangelische Kirchen entstanden, und in Lyck (Ełk) im südöstlichen Winkel Masurens wurden in den ersten Druckereien des Landes *Luthers* Werke in polnischen Lettern gesetzt. Der überwiegende Teil der Bevölkerung im südöstlichen Preußen sprach Polnisch, genauer einen masowischen/masurischen Dialekt, und in Masuren hielt man die Gottesdienste in zahlreichen evangelischen Kirchen nicht auf Deutsch, sondern auf Polnisch ab.

Nachfolger *Albrechts* auf dem Herzogthron wurde 1568 sein Sohn *Albrecht Friedrich.* Da dieser jedoch geistig umnachtete, übernahm die Brandenburger Verwandtschaft die Regierungsgeschäfte, zunächst vormundschaftlich, ab 1605 dann in der Rolle eines **Administrators von Preußen.** Bereits 1594 hatte der brandenburgische Kurfürst *Joachim Friedrich* (reg. 1598–1608), zur Festigung der östlichen Bande, seinen Spross *Johann Sigismund* mit der Tochter des umnachteten preußischen Herzogs vermählt. 1608 trat **Kurfürst Johann Sigismund** (reg. 1608–1619) das väterliche brandenburgische Erbe an, 1609 wurde er Vormund seines geistesgestörten Schwiegervaters in Preußen; und als dieser 1618 ohne männlichen Erben verstarb, ging die Erblichkeit des preußischen Lehens auf die Kurfürsten von Brandenburg über. Von da an leiteten die Brandenburger die Geschicke Herzoglich Preußens.

Nihil Novi

Das polnische Goldene Zeitalter barg zugleich den Keim des Untergangs. 1505 wurde er bereits auf dem Reichstag zu Radom mit der Konstitution **Nihil Novi Nisi Commune Consensu** gesät. In dieser gelobte der König, ohne Einwilligung des Sejm, welcher aus Senat (Magnaten und Klerus) und Landbotenkammer (Szlachta, Kleinadel) bestand, keine neuen Gesetze zu erlassen, sofern sie die Belange des Adels berührten – und das taten nahezu alle.

Schon lange vorher hatten sich die Anwärter auf den polnischen Thron, um die Krone für sich zu gewinnen, zu stets größeren **Zugeständnissen an den Adel** gezwungen gesehen. Jener war längst von der Steuer und auch vom Kriegsdienst befreit. Mehr und mehr Privilegien schwächten die Stellung des Monarchen, und mit Inkrafttreten der Konstitution 1505 konnte nun ohne die Zustimmung von Edelleuten und Geistlichkeit *nihil novi*, nichts Neues mehr durchgesetzt werden. Der König war ein mit gewissen Kompetenzen ausgestatteter Gleicher unter Gleichen geworden und Polen zur **Adelsrepublik.**

Darüber hinaus sah die Konstitution ein **Liberum Veto** vor, ein Einspruchsrecht im Sejm für jeden Abgeordneten. Jeder Einzelne hatte also die Möglichkeit, mit seinem Veto einen Beschluss zu verhindern. Zwar wurde das Einspruchsrecht erst 1652 das erste Mal angewandt, doch führte bereits der Zwang zur Einstimmigkeit zur Lähmung des gesamten Regierungsbetriebs. In der politischen Praxis bedeutete das Liberum Veto, dass bis zu seiner Abschaffung 1764 faktisch kein Reichstagsbeschluss mehr gefasst werden konnte.

278po Foto: kj

Steinerne Zeugen der Vergangenheit bei Krosno

Staat und Gesellschaft

Die Adelsrepublik

Die Landbotenkammer als Vertretung des Kleinadels (Szlachta) baute konsequent ihre Stellung gegenüber dem König aus. Überdies hielt beim polnischen Adel der **Sarmatismus** Einzug; so genannt nach dem märchenhaften Land Sarmatien, von dem die Vornehmen Polens, wie es die wissenschaftlichen Thesen jener Zeit erläuterten, angeblich herstammten - ein reiches und riesiges Land irgendwo im heutigen Iran, dessen edle Bewohner luxuriöse Geschmeide trugen und dem süßen Müßiggang frönten. Mit einer solchermaßen konstruierten Vergangenheit sicherten die Adelsvertreter ihr Herrschaftsrecht auch genealogisch ab. Man schmückte sich mit orientalischen Klunkern, baute prunkvolle Paläste und übersah fatalerweise dabei, dass sich mittlerweile die politische Landkarte Europas bedrohlich verschob.

1569 wurde auf dem **Reichstag zu Lublin** die seit fast 200 Jahren bestehende Personalunion zwischen dem Königreich Polen und dem Großfürstentum Litauen in eine Realunion umgewandelt und vertraglich festgeschrieben. 815.000 Quadratkilometer umfasste nun die **Adelsrepublik der beiden Nationen** *(Rzeczpospolita Obojga Narodów)*. Acht Millionen Menschen bevölkerten sie: Ukrainer, Weißrussen, Litauer, Tataren, Deutsche, Juden, Armenier und etwa 40 Prozent Polen. Die neuen Außengrenzen beschworen Kriege mit Russland und der Türkei herauf, innenpolitisch machte das Liberum Veto das Regieren unmöglich.

Mit dem Tod König *Zygmunts II. August* 1572 gingen die Herrschaft der Jagiellonen und auch das Goldene Zeitalter zu Ende. Ohne Erben im Mannesstamm war das Jagiellonen-Geschlecht ausgestorben. Fortan wurde der König vom Adel gewählt.

Die Sintflut

Schaut man sich einmal die Liste der **polnischen Könige** von 1572 bis 1795 an: Wer dieser Herrschaften hätte sich wohl für Polen stark machen wollen? Neben vier Polen - darunter *Jan III. Sobieski* (reg. 1674–1696), der berühmte Türkenbezwinger vor Wien - waren es ein Franzose, ein Habsburger, ein Ungar, zwei Sachsen und drei Schweden. Schon zu Zeiten *Sigismund III. Wasas* (reg. 1587–1632), zugleich König von Schweden und Polen, waren die **Skandinavier** bestrebt, das Baltikum und die südliche Ostseeküste für sich zu gewinnen. 1618–1648 verwüstete der Dreißigjährige Krieg das Land, und von Süden her fielen die Türken ein. 1629 musste Polen Livland an Schweden abtreten. Dem brandenburgischen **Kurfürsten Friedrich Wilhelm** (reg. 1640–1688) gelang es durch zweimaligen Parteiwechsel zwischen Schweden und Polen, die polnische Lehnsherrschaft über das östliche Preußen abzuschütteln. Das Fundament für das spätere Königreich Preußen (ab 1701) war damit gelegt.

Und das **Ringen um Polen** ging weiter. Tatareneinfälle verheerten ganze

Regionen. Durch Kosaken-Aufstände ging die Ukraine verloren. Russische Truppen drangen 1654 in Polen ein, eroberten Smolensk und große Teile Litauens. Mit *Karl Gustav von Schweden* wurde von 1655 bis zum Frieden von Oliva 1660 der **Schwedisch-Polnische Krieg** ausgefochten.

Die ermländische Bevölkerung, und mehr noch die im benachbarten Masuren, litt unter den Plünderungen und Brandschatzungen durchziehender Truppen. Besonders grausam zeigten sich dabei die im polnischen Heer kämpfenden Tataren. Jeder zweite Masure überlebte die **„Tatarenwut"** nicht. Unmittelbar danach zog 1656/57 der Schwarze Tod durch das Land. Verheerende Hungersnöte schlossen sich an.

Es war wie die Sintflut, und so nannte man diese Zeit auch. Polen hatte riesige Gebiete verloren, seine Großmachtstellung eingebüßt, und die Hälfte der Bevölkerung war getötet worden.

Königreich Preußen

Nachdem 1697 der sächsische Kurfürst *August der Starke* (reg. 1697–1733) gegen zehn Konkurrenten auf den polnischen Thron gelangt war, entfesselte er gegen Zar *Peter den Großen* den **Nordischen Krieg** (1700–1721). Um Schweden Livland wieder abzunehmen, griffen sächsische Truppen 1700 Riga an. Daraufhin besetzte *Karl XII. von Schweden* Warschau, und nach vielen weiteren kriegerischen Verwicklungen war der Zar der lachende Dritte. Livland wurde russisch, die Vormachtstellung Schwedens war gebrochen, und **Russland** stieg zur europäischen Großmacht auf. 1720 sicherten sich Russland, Schweden, Preußen und hinzukommend Österreich gegenseitig zu, die **polnische Verfassung aufrechtzuerhalten** – also keine der so dringend nötigen Reformen in Polen zuzulassen. Zum „Schutz" blieben russische Truppen im Land.

19 Jahre zuvor hatte sich der brandenburgische Kurfürst *Friedrich III.* in Königsberg eigenhändig zum ersten **König in Preußen** gekrönt. Unter seinem Sohn, dem „Soldatenkönig" *Friedrich Wilhelm I.* (reg. 1713–1740), begann die Wiederbesiedlung der von Kriegen, Pest und Hunger verödeten Landstriche. Lutherische Bauern aus Salzburg, Litauer, reformierte Polen, Schweizer und Deutsche siedelten sich in Ostpreußen an, wobei die deutschsprachigen **Kolonisten** sich bevorzugt in den sogenannten „litauischen Ämtern" niederließen (etwa das Gebiet der heutigen russischen Enklave Kaliningrad), während in den „polnischen Ämtern" (Masuren) die polnische Einwanderung überwog.

Preußenkönig **Friedrich der Große** (reg. 1740–1786) setzte das Aufbauwerk seines Vaters fort, ließ die nahrhafte Kartoffel in Masuren einführen und die ausgedehnten Sümpfe entwässern. Wo sich das Landvolk vorher noch mit schneeschuhartigen Holzbrettern an den Füßen fortbewegte, um auf den übersäuerten Feldern nicht im Morast zu versinken, entstanden neue Äcker und Futterwiesen.

Als Konsequenz aus dem **Siebenjährigen Krieg** (1756–1763) der europäischen Mächte gegen Preußen, bei dem Ostpreußen von 1758 bis zum Kriegsende unter russische Hoheit geriet, begann die Errichtung fester Kasernen im östlichen preußischen Grenzland. Mit den Soldaten und Offizieren gelangten deutsche Kultur und Lebensart in die Region, und allmählich bildet sich eine kleinstädtische deutschsprachige bürgerliche Oberschicht in Masuren heraus.

Der Untergang

Der letzte polnische König war *Stanislaus II. Poniatowski* (reg. 1764–1795), ein Günstling Zarin *Katharinas II. der Großen* (reg. 1762–1796). Bürgerkriegsähnliche Zustände zwischen der katholischen Adelspartei, die den „Russen" vom Thron jagen wollte, und den „Dissidenten" (den Nichtkatholiken) lieferten immer wieder willkommene Vorwände für ein politisches und militärisches **Eingreifen von russischer Seite.** 1772 zwackte sich Russland die polnischen Gebiete östlich der Düna und Weißrusslands ab. **Preußen** verleibte sich das Ermland und Westpreußen ein, womit die deutsche Landverbindung von Pommern nach Ostpreußen hergestellt war. **Österreichs** Kaiserin *Maria Theresia* (reg. 1740–1780) weinte bittere Tränen um Polen und schluckte als kleines Trostpflaster – „weil so viele große und gelehrte Männer es wollen" – Süd- und Südostpolen. **1772** hatte Polen insgesamt 203.000 Quadratkilometer mit 4,5 Millionen Einwohnern verloren. Die **erste polnische Teilung** war vollzogen.

Mit diesem Schock in den Gliedern rafften sich nun endlich die Reformkräfte auf. Gegen alle Erwartung erwies sich König *Stanislaus* auch nicht als Marionette Moskaus. Mit seiner Billigung gab sich Polen am **3. Mai 1791** eine **Verfassung** – noch vor der französischen die erste niedergeschriebene Verfassung Europas! Die Thronfolge wurde erblich, die Religionsfreiheit proklamiert und vor allem die Gewaltenteilung festgeschrieben. Auf dem Papier zumindest war eine **konstitutionelle Demokratie** entstanden.

Gegen diese „französische Pest an der Weichsel", wie Zarin *Katharina die Große* die Ereignisse nannte, schickte sie 100.000 Soldaten ins Land und okkupierte sämtliche ostpolnischen Gebiete. Preußen nahm sich Großpolen und Danzig. **1793** war die **zweite Teilung Polens** vollzogen. *Tadeusz Kościuszko* (1746–1817), der bereits im amerikanischen Unabhängigkeitskrieg gekämpft hatte, errang 1794 zwar noch einen glanzvollen Sieg über das russische Heer, doch war es der letzte vor der endgültigen Katastrophe. Mit der **dritten Teilung 1795** dehnte sich Preußen bis Warschau aus. Den Rest teilten Russland und Österreich unter sich auf. Polen war von der Landkarte verschwunden.

Volk ohne Land

Die Nationalhymne „Polen gehört uns immer noch auf ewig" sangen 1797 erstmals polnische Soldaten in Italien. In Scharen zogen sie mit dem kleinen Korsen und großen französischen Kaiser **Napoleon** in den Krieg gegen Preußen und Russland, in der Hoffnung, dass er ihren Kampfesmut mit der Wiederherstellung ihres Landes belohnen würde. Stattdessen teilten die europäischen Großmächte, die nach der Niederlage *Napoleons* auf dem **Wiener Kongress 1815** die europäische Landkarte neu absteckten, Polen zum vierten Mal auf. Preußen verzichtete zwar auf die meisten der 1795 dazugeraubten Gebiete, umfasste aber auch weiterhin die alten polnischen Kernregionen Posen und Westpreußen. Das südliche Polen um Kraków und Lwów (Lemberg/Lviv) wurde unter dem Namen Galizien Teil des Habsburger Reichs, und die riesigen ostpolnischen Territorien verleibte sich Russland ein. Unter Kontrolle der **Teilungsmächte** entstand eine Freie Stadt Kraków (ab 1846 bei Österreich) sowie das nach seiner Urheberschaft „Kongresspolen" genannte Restherzogtum Warschau, dessen König allerdings der Zar von Russland war.

Es folgten **Aufstände** in allen Teilungsgebieten: 1846 in Kraków, 1848 im preußischen und österreichischen Teil, 1863/64 in Warschau unter *Romuald Traugutt,* dessen Name wie der von *Kościuszko* heute zahlreiche Straßen und Plätze in Polen ehrt, 1904/05 in Russisch-Polen. Sie alle wurden blutig niedergeschlagen, die Aufständischen hingerichtet. Gerade 20 Jahre alt, organisierte der aus einer litauischen Adelsfamilie stammende, spätere polnische Staatschef *Józef Piłsudski* (1867–1935) ein **Attentat auf den Zaren** und wurde für fünf Jahre nach Sibirien verbannt.

Zahllose Menschen **emigrierten,** viele nach Frankreich und ein sehr großer Teil in die Vereinigten Staaten. Als **1914** der **Erste Weltkrieg** ausbrach, standen sich drei Millionen polnische Soldaten unter deutscher, österreichischer oder russischer Fahne gegenüber.

Dank der russischen Oktoberrevolutionen gelangte die polnische Frage am Ende des Ersten Weltkriegs zurück auf die internationale politische Agenda. Die Westmächte dachten sich **Polen als Puffer,** als „Cordon Sanitaire" gegen das sich im Osten formierende Sowjetregime. Im **14-Punkte-Programm** des US-Präsidenten *Woodrow Wilson,* das Anfang 1918 die alliierten Kriegsziele verlautbar machte, wurde unter dem vorletzten Punkt die Errichtung eines **unabhängigen polnischen Staates** mit einem Zugang zur Ostsee vorgestellt.

Ermland und Masuren bis Ende des Ersten Weltkriegs

Im Windschatten der großen historischen Ereignisse änderte sich für das Ermland, seit 1772 unter der Krone Preußens, und das besonders rückständige Masuren wenig. Sie blieben **vergessene Regionen.** Trotz weiterer

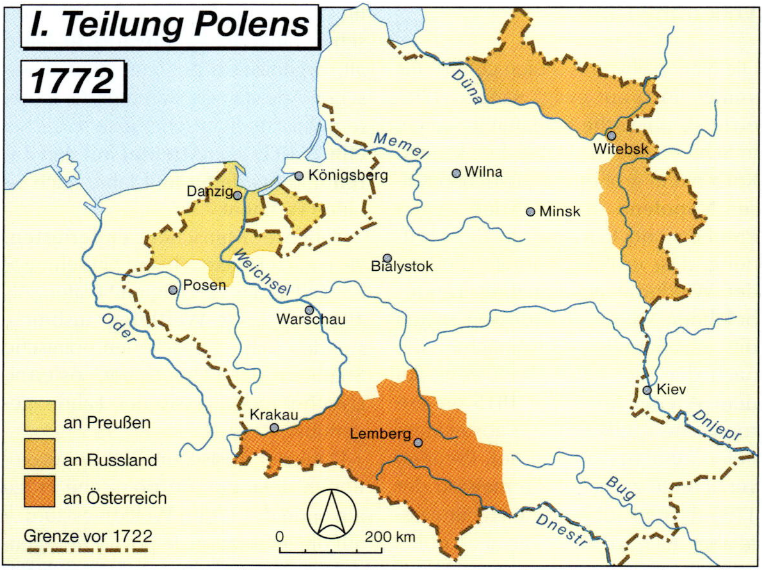
I. Teilung Polens
1772
Düna
Memel
Witebsk
Königsberg
Wilna
Danzig
Minsk
Weichsel
Bialystok
Posen
Warschau
Oder
Kiev
Krakau
Dnjepr
Lemberg
Bug
Dnestr
an Preußen
an Russland
an Österreich
Grenze vor 1722
0
200 km

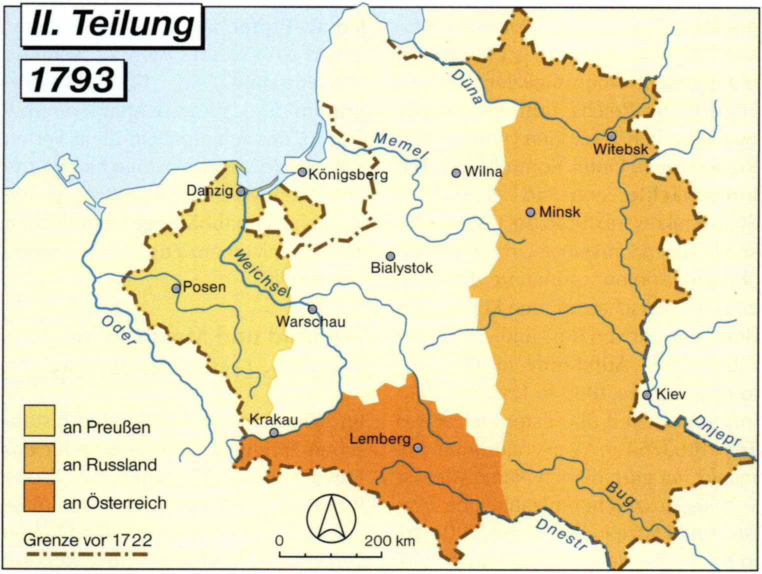
II. Teilung
1793
Düna
Memel
Witebsk
Königsberg
Wilna
Danzig
Minsk
Weichsel
Bialystok
Posen
Warschau
Oder
Kiev
Krakau
Dnjepr
Lemberg
Bug
Dnestr
an Preußen
an Russland
an Österreich
Grenze vor 1722
0
200 km

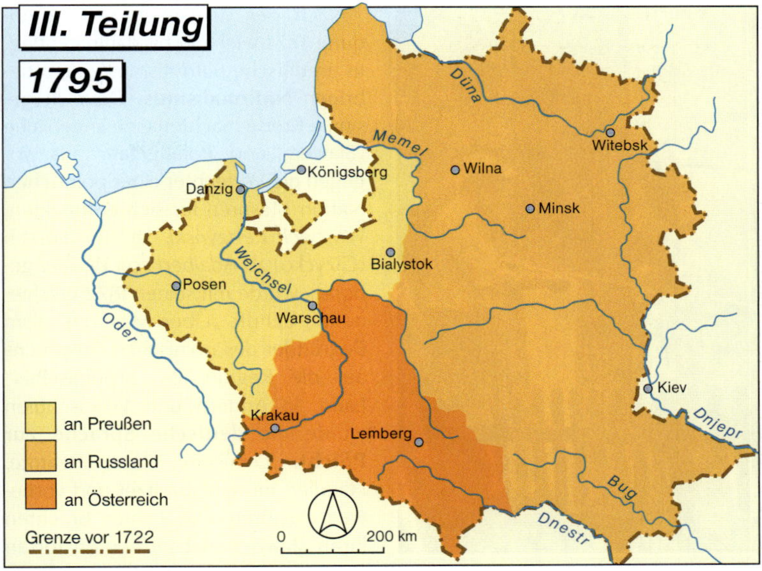
III. Teilung
1795
Düna
Memel
Witebsk
Königsberg
Wilna
Danzig
Minsk
Weichsel
Bialystok
Posen
Warschau
Oder
Kiev
Dnjepr
Krakau
Lemberg
Bug
Dnestr
an Preußen
an Russland
an Österreich
Grenze vor 1722
0
200 km

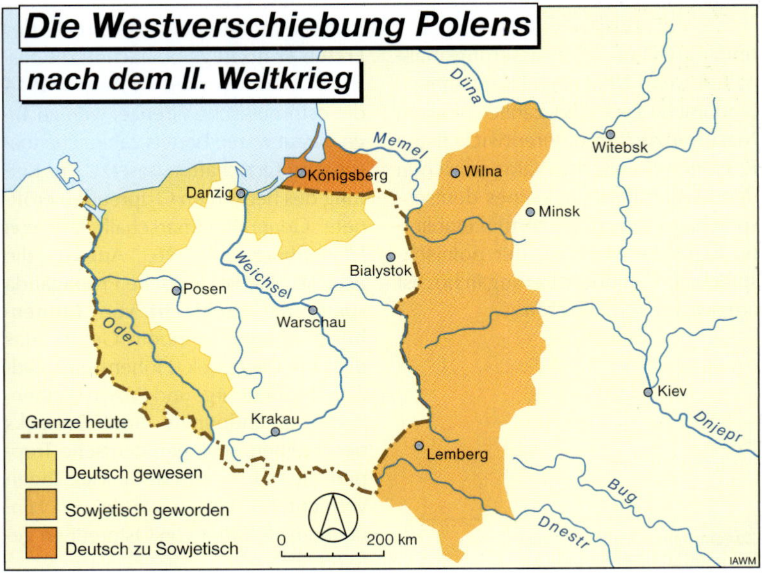
Die Westverschiebung Polens
nach dem II. Weltkrieg
Düna
Memel
Witebsk
Königsberg
Wilna
Danzig
Minsk
Bialystok
Weichsel
Posen
Warschau
Oder
Kiev
Dnjepr
Grenze heute
Krakau
Lemberg
Bug
Dnestr
Deutsch gewesen
Sowjetisch geworden
Deutsch zu Sowjetisch
0
200 km
IAWM

165po Foto: ki

umfangreicher Entwässerungsmaßnahmen und 1868 einer Eisenbahnverbindung bis Lyck (Ełk), zählte vor allem Masuren zu den unterentwickeltsten Regionen Preußens. Während sich in den Kleinstädten ein kleines deutschsprachiges Provinzbürgertum etablierte, lebte die Mehrheit der polnischsprachigen Landbevölkerung in höchst armseligen Verhältnissen.

Zu feierlichen Anlässen wird die polnische Fragge gehisst

Nach der deutschen Reichsgründung 1871 wich der bis dahin gepflegte preußische Patriotismus einem fiebrigen **Nationalismus.** Deutsch gesinnte Kreise machten eine angebliche „Slawen-" und „Polengefahr" aus, wogegen die Verfechter einer polnischen Nation Masuren für sich entdeckten. *Wojciech Kętrzyński,* 1838 in Lötzen (Giżycko) als *Adalbert von Winkler* geboren, wurde mit seiner 1872 erschienenen Schrift „Über Masuren" zum Begründer des polnischen Anspruchs auf die Region als „urpolnisches" Land. In Ämtern und Volksschulen wurde die **deutsche Sprache zur Pflicht.** Deutsche Räte, Beamte, Händler und Gutsbesitzer und vorneweg Pastoren und Lehrer brachten ihren slawischen Landsleuten fortan deutsches Wesen bei.

Einen Monat nach Ausbruch des **Ersten Weltkriegs** überschritt die russische Narew-Armee im August **1914** die ostpreußische Grenze, wenige Tage darauf waren bereits zahlreiche masurische Ortschaften besetzt. Zur Rettung des bedrohten Ostpreußen eröffnete Generalfeldmarschall *Paul von Hindenburg* am 26. August die Attacke, die die deutsche Propaganda später die **„Schlacht von Tannenberg"** nannte. In einem Gebiet, das die Orte Olsztynek (Hohenstein), Nidzica (Neidenburg) und Pasym (Passenheim) als Endpunkte eines Dreiecks beschreiben, schlugen deutsche Truppen die Narew-Armee in vier Tagen vernichtend. Fortan wurde *von Hindenburg* als Retter von Ostpreußen gefeiert.

Vier Jahre später hatte der Krieg das **Land in Trümmer** verwandelt. Ungezählte Menschen befanden sich auf der Flucht oder wurden nach Sibirien verschleppt. Es herrschte Hunger, da das Militär die Nahrungsmittel beschlagnahmte, im harten „Rübenwinter" 1916/17 sogar mit Waffengewalt.

1918 hatte das Deutsche Reich den Krieg verloren. Vor allem Ostpreußens Zukunft war ungewiss.

Die Zweite Republik

Am Tag der Waffenstillstandserklärung, dem **11. November 1918,** wurde Marschall *Piłsudski* der Oberbefehl über die polnischen Streitkräfte und die provisorische Staatsgewalt übertragen. Polen hatte seine Unabhängigkeit wiedererlangt – und seit der Wende 1989 wird der 11. November als Nationalfeiertag begangen. Am 22. November 1918 ernannte man **Józef Piłsudski** (1867–1935) zum vorläufigen Staatschef. Seine Idee war die Wiederherstellung des alten jagiellonischen Reichs als eine Art Bundesstaat, der sich weit nach Osten hinein, also auf Kosten Russlands erstrecken sollte. Sein nationaldemokratischer Gegenspieler *Roman Dmowski,* der vom Ausland her dem Polnischen Nationalrat und der Exilarmee vorgestanden hatte, bevorzugte dagegen die piastische Variante, also ein Polen, das bis zur Oder reichen und demgemäß die Feindschaft der Deutschen auf sich ziehen würde. Nicht zuletzt dank *Dmowskis* Engagement verfügten die Alliierten auf der **Versailler Friedenskonferenz** die Abtretung Pommerellens an Polen, das damit wieder einen Zugang zur Ostsee erhielt. Nur Danzig wurde entgegen der polnischen Wünsche zur „Freien Stadt" unter Aufsicht des Völkerbunds erklärt.

Die Bewohner Ostpreußens sprachen sich im Rahmen einer **Volksabstimmung 1920** über ihre künftige nationale Zugehörigkeit mit überwältigender Mehrheit für **Deutschland** aus. Dem waren Verleumdungen und Rufmordkampagnen, Störungen politischer Versammlungen durch rabiat auftretende Bürgerwehren und wüste Schlägertrupps vorangegangen, die das Klima nachhaltig vergiftet hatten. Wer für Polen votiert hatte, wechselte besser auf die andere Seite der neuen Grenze, und der junge polnische Nachbarstaat stieg schnell zum Feindbild auf.

Marschall *Piłsudski* erschütterte das nicht allzu sehr. Noch im selben Jahr entfesselte er den **Russisch-Polnischen Krieg,** der 1921 mit dem Friedensvertrag von Riga und einem beträchtlichen **Gebietsgewinn Polens** im Osten endete. Mit sechs Millionen Ukrainern und zwei Millionen Weißrussen sowie den im Versailler Vertrag gewonnenen Gebieten mit deutscher Bevölkerung war die junge polnische Republik zum **Vielvölkerstaat** geworden. Östlich waren Erhebungen und Revolten, westlich Empörung, Ablehnung und Schikanen die Folge.

Nach französischem Vorbild wurde **1921** eine polnische **Verfassung** konstituiert. Die Wahlen am 5. November entschieden die Nationaldemokraten für sich, woraufhin *Piłsudski* beleidigt zurücktrat und 14 Regierungen später, im Frühjahr 1926, mit Hilfe des Militärs putschte. Ein Sechstel der Bevölkerung war zu dieser Zeit arbeitslos, ein Viertel aller Erwachsenen konnte weder lesen noch schreiben. *Piłsudski* schloss einen **Nichtangriffspakt** mit Russland und Deutschland, Oppositionelle wurden verhaftet und die Verwaltung von Piłsudski-Gegnern „gesäubert". 1932 kam ein Ermächtigungsgesetz, und im April 1935 trat eine neue Verfassung in Kraft, die den Marschall zum **Alleinherrscher** machte. Einen Monat später war er tot und Polen eine Diktatur ohne Diktator. Sein Nachfolger wurde Armeechef *Edward Rydz-Śmigły*.

In Deutschland hatte mittlerweile **Adolf Hitler** die Macht ergriffen. Ab 1938 forderte der nationalsozialistische Führer immer lauter die Rückkehr der Freien Stadt Danzig ins Reich, deren Bewohner zu 90 Prozent Deutsche waren, sowie die Lösung des sogenannten „Korridor-Problems". Eine exterritoriale Autobahn sollte Pommern und Ostpreußen miteinander verbinden. Gegenleistung der Nazis: Verlängerung des Nichtangriffspaktes um 25 Jahre und die Anerkennung der neuen deutsch-polnischen Grenze. Doch spätestens seit dem Einmarsch in die Tschechoslowakei war klar, was von *Hitlers* Zusagen zu halten war.

Am 23. August 1939 wurde im Rahmen des **Hitler-Stalin-Pakts** per geheimem Zusatzprotokoll zwischen den Außenministern *Ribbentrop* und *Molotow* die **fünfte Aufteilung Polens** vereinbart. Am 1. September um 4.45 Uhr eröffnete der deutsche Panzerkreuzer „Schleswig-Holstein" das Feuer gegen die Danziger Westerplatte, womit der Zweite Weltkrieg begann.

Der Zweite Weltkrieg

Über kaum ein Land in der Welt wurde im schlimmsten Krieg aller Zeiten mehr Leid gebracht. Kein Land musste im Verhältnis zur Einwohnerzahl mehr Tote beklagen als Polen. Mehr als ein Fünftel der polnischen Bevölkerung verlor ihr Leben – **sechs Millionen Menschen.** In Konzentrations- und Vernichtungslagern wurde der größte Teil der **jüdischen Bevölkerung Europas** ermordet – sechs Millionen Menschen.

Polen verlor über die Hälfte seines Nationalvermögens. Ziel der nationalsozialistischen Politik war es, mit der Eroberung des **„Lebensraums im Osten"** die polnischen „Untermenschen" zu **versklaven.** Sie sollten die einfachsten Verrichtungen nicht mehr erlernen dürfen und nur noch den germanischen „Herrenmenschen" zu Diensten stehen. Die polnische Sprache wurde verboten, die Intelligenz und der Klerus wurden verfolgt und getötet.

Das Mahnmal an der Danziger Westerplatte erinnert an den Beginn des Zweiten Weltkriegs 1939

105po Foto: kj

Die westlichen Gebiete Pommerellen und Danzig gliederten die Nazis als „Reichsgau Danzig-Westpreußen", Großpolen und Kujawien als „Reichsgau Wartheland" unverzüglich in das Dritte Reich ein. Im Dreieck Warschau, Krakau und Lublin, das Zentralpolen und Westgalizien umfasste, entstand das berüchtigte „Generalgouvernement" unter der Leitung *Hans Franks*. Hier befanden sich die **Massenvernichtungslager:** Auschwitz (Oświęcim), Bełżec, Sobibór, Majdanek, Treblinka und Chełmno. In den größeren Städten wurden **Gettos** eingerichtet, in denen die jüdischen Einwohner unter menschenverachtenden Umständen eingepfercht wurden und auf ihren Abtransport in die Gaskammern warteten.

Wie kann man diesen Wahnsinn beschreiben? Wie von den 27 Tagen im **April 1943** erzählen, dem blutigen, hoffnungslosen **Aufstand im Warschauer Getto?**

In den Ostgebieten, welche die Sowjetunion besetzt hielt, wurden weitere 1,5 Millionen Menschen verschleppt. Die meisten kehrten nicht mehr zurück. Am **1. August 1944** rief die polnische Exilregierung in London zum **Aufstand in Warschau** auf. Ein Drittel der rund 25.000 Soldaten zählenden Polnischen Heimatarmee und über 150.000 Zivilisten verloren in den 63 Tagen des Aufstands gegen die deutsche Besatzungsmacht in Warschau ihr Leben. Anschließend legten deutsche Verbände die polnische Hauptstadt, die es bis dahin noch gab, in Schutt und Asche. Kein Stein blieb auf dem anderen. Auf Hilfe gegen die Nationalsozialisten hatten die Menschen bis zum letzten Moment vergeblich gewartet. Dafür rückten im Januar 1945 sowjetische „Befreiungskomitees" in das zerstörte Warschau ein.

In Jalta auf der Krim wurde auf der Konferenz der großen Drei, *Josef Stalin, Franklin D. Roosevelt* und *Winston Churchill,* im Februar **1945** die **Westverschiebung Polens** beschlossen. Für den Verlust seines östlichen Territoriums an die Sowjetunion, immerhin knapp die Hälfte des polnischen Staatsgebiets der Vorkriegszeit, erhielt Polen die deutschen Gebiete Schlesien, Neumark, Hinterpommern, das südliche Ostpreußen und Danzig.

Die **Vertreibung** begann. Aus den ehemals polnischen Ostgebieten zogen Hunderttausende Polen gegen Westen, um dort ihre neue Heimat zu finden, so wie sie die Deutschen gerade verlassen hatten. „Repatrianten" wurden die Zwangsumgesiedelten von der kommunistischen Propaganda genannt. 100 Złoty und 1000 Kilogramm (Stadtbewohner) bzw. 2000 Kilogramm (Landbewohner) Gepäck durften sie mitführen. Aus den ehemals deutschen Ostgebieten flohen die Deutschen mit Pferdewagen und zu Fuß Richtung Westen. Ein kleines Bündel mit dem Notwendigsten zusammengerafft, mussten sie sich in klirrender Kälte auf den langen Marsch über das Haff und die Grenzflüsse machen. Unzählige von ihnen kamen dabei ums Leben.

Volksrepublik und Wende

Einer der polnischen Kommunisten, die das Hitlerreich überlebt hatten, war **Władisław Gomułka.** 1905 in Krosno geboren, führte er während der deutschen Besatzung den kommunistischen Partisanenkampf an. 1943 übernahm er das Amt des Generalsekretärs der Polnischen Arbeiterpartei (PPR). Nachdem im Januar 1945 russische Truppen in Warschau einmarschiert waren, erklärte *Gomułka* dort die **Provisorische Polnische Regierung.** Schnell wurde die bürgerliche Heimatarmee ausgeschaltet. Man behinderte die Vertreter der bürgerlichen Parteien, wo es nur ging, und besetzte den Verwaltungs- und Sicherheitsapparat mit Moskaugetreuen. Bei den **Wahlen** zum verfassungsgebenden Sejm im **Januar 1947** erhielt der Demokratische Block mit mehrheitlich Sozialisten und Kommunisten 80 Prozent aller Stimmen. Und was lange Zeit nur hinter vorgehaltener Hand ausgesprochen werden durfte, ist mit dem heutigen Forschungsstand offiziell: Der neue polnische Staat erwuchs auf dem Fundament einer Wahlfälschung.

Es erfolgten Enteignungen, Verstaatlichungen und eine Bodenreform, die Wirtschafts- und Handelsbeziehungen wurden auf die Sowjetunion ausgerichtet. Im Juni 1948 verabschiedete man den ersten **Dreijahresplan** mit dem ehrgeizigen Ziel, dass die im Krieg völlig zerstörten neuen Westgebiete nach Dreijahresfrist ein Drittel (!) der gesamten industriellen Produktion liefern sollten. Noch im selben Jahr musste *Gomułka* wegen „Rechtsabweichung" zurücktreten und wurde verhaftet. Er hatte sowohl den Propaganda-Feldzug gegen *Tito* in Jugoslawien als auch die Zwangskollektivierung der polnischen Landwirtschaft abgelehnt. In der sich anschließenden Zeit zog sich die stalinsche Klammer immer enger zusammen. Im Würgegriff der **Staatssicherheit** wurden Tausende inhaftiert, darunter auch der Primas von Polen, Kardinal *Stefan Wyszyński.* Erst der Tod *Stalins* 1953 brachte eine gewisse Lockerung der Verhältnisse.

Bereits ein Jahr zuvor, **1952,** war Polen **Volksrepublik** geworden, eine „Volksdemokratie", in der alle Macht von den Werktätigen ausging. Während der **Streiks und Unruhen** im Sommer 1956, die nach einer „Erhöhung der Arbeitsnorm" ausbrachen, schoss die Armee allerdings auf sie. Offiziell fanden 53 Arbeiter den Tod. Das Politbüro holte *Gomułka* in das Amt des Parteichefs zurück.

1970 kam es abermals zu **Streiks,** diesmal aufgrund einer Erhöhung der Lebensmittelpreise bei gleichzeitig extremer Lebensmittelknappheit. 1165 Menschen wurden dabei verwundet, 48 getötet (heute spricht man von 70). *Edward Gierek* löste *Gomułka* als Parteichef ab.

Zahllose Haftstrafen bis zu zehn Jahren wurden nach den **Arbeiteraufständen 1976** verhängt. Zur Unterstützung der Inhaftierten bildete sich unter den Bürgerrechtlern *Adam Mischnik* und *Jacek Kuroń* das „Komi-

137po Foto: kj

Flaggen in Danzig

tee für gesellschaftliche Selbstverteidigung" (KOR) – der intellektuelle Wegbereiter der **Solidarność-Bewegung.**

Am 14. August 1980 traten die Arbeiter der **Danziger Leninwerft** in den Ausstand und verschanzten sich in ihrem Betrieb. Am Tor II strömten die Menschen zusammen, bald schon aus allen Teilen des Landes. An die Spitze der Streikbewegung stellte sich der Elektriker **Lech Wałęsa.** Nun befand sich ganz Polen im Ausstand. Zwei Wochen später unterzeichneten am 31. August der stellvertretende Ministerpräsident *Jagielski* und *Lech Wałęsa* die „Danziger Vereinbarung", welche die **Zulassung freier Gewerkschaften** garantierte. Am 24. Oktober wurde sie unter dem Namen „Solidarność" registriert, wenige Wochen später zählte sie über zehn Millionen Mitglieder. Die Warschauer-Pakt-Staaten beraumten eine Sondersitzung ein. Die amtliche sowjetische Nachrichtenagentur TASS empfahl eine „sozialistische Lösung", woraufhin die NATO den Kreml-Chef *Leonid Breschnew* vor einem Einmarsch der Warschauer Pakt-Armeen in Polen warnte. Ende Dezember 1981 verhängte General *Jaruzelski* das **Kriegsrecht.** Es wurde 1983 wieder aufgehoben, doch die Solidarność nach jahrelanger subversiver Tätigkeit erst im April 1989 wieder zugelassen. Bei den sich anschließenden Parlamentswahlen errang sie sämtliche Sitze, die den Unabhängigen überhaupt eingeräumt werden mussten. Im November 1990 vereidigte man **Lech Wałęsa** als den **ersten frei gewählten Staatschef** in der Geschichte Polens.

Republik Polen

45 Jahre nach Kriegsende erkannte die wiedervereinigte Bundesrepublik Deutschland im Grenzvertrag vom 14. November **1990** die **Oder-Neiße-Linie** als völkerrechtlich verbindliche polnische Westgrenze an. Am 17. Juni 1991 wurde zwischen Polen und Deutschland ein Vertrag über freundschaftliche Zusammenarbeit und Nachbarschaft geschlossen.

1993 wählten bei nur 52 Prozent Wahlbeteiligung 20,4 Prozent der polnischen Bevölkerung die **Ex-Kommunisten,** die sich als „Bündnis der demokratischen Linken" (SDL) neu formiert hatten, zur stärksten Partei im Sejm. Zwei Jahre später löste **Aleksander Kwaśniewski,** Ex-Kommunist und Mitbegründer der Sozialdemokratischen Partei, den konservativen Friedensnobelpreisträger *Wałęsa* als Staatspräsident ab. Hier bereits machte sich die sogenannte **„Solidarność-Paradoxie"** bemerkbar: Zwar hatte die industrielle Arbeiterschaft den Sozialismus gestürzt, dessen Bollwerk sie der reinen Lehre zufolge doch war. Zugleich aber fielen ihre Fabriken als Industrie-Dinosaurier als Erste marktwirtschaftlichen Reformen zum Opfer. 1993 betrug die **Arbeitslosenrate** stolze 16,4 Prozent, knapp drei Millionen Menschen waren ohne Lohn und Brot.

Im selben Jahr, 1993, trat Polens Vertrag mit den Ländern der Europäischen Freihandelszone **(EFTA)** in Kraft. **1994** wurde das Land mit der **EU** assoziiert, **1995** trat es der Welthandelsorganisation **(WTO)** bei, **1996** der Organisation für Wirtschaftliche Zusammenarbeit und Entwicklung **(OECD),** und im Frühjahr **1998** begannen die Beitrittsverhandlungen mit der **Europäischen Union.**

Mit Wirkung zum 17. Oktober 1997 war bereits die **neue Verfassung** in Kraft getreten. Sie löste die sogenannte „Kleine Verfassung" ab, die seit 1990 das ordnungsgemäße Funktionieren der polnischen Nachwende-Republik garantierte.

Bereits im September 1997 hatte das Mitte-Rechts-Bündnis „Wahlaktion Solidarność" (AWS) die Parlamentswahlen gewonnen und war als stärkste Kraft in die Regierungsverantwortung getreten. Ein gewaltiges **Reformprogramm** wurde angeschoben: Durch die Verwaltungsreform zum 1. Januar **1999** verringerte sich die Zahl der Woiwodschaften von 49 auf 16, eine Bildungs-, eine Renten- und eine Gesundheitsreform wurden auf den Weg gebracht und das Land außenpolitisch fit für die NATO und den EU-Beitritt gemacht. Im Hinblick auf die EU-Mitgliedschaft forcierte die Regierung unter Ministerpräsident *Jerzy Buzek* Polens Haushaltskonsolidierung und die wirtschaftliche Liberalisierung. Der Preis dafür waren zunehmende soziale Erschütterungen, die Arbeitslosigkeit stieg über die Fünf-Millionen-Marke. Am 12. Mai 1999 wurde Polen Mitglied im Nordatlantik-Pakt **(NATO).** Im Sommer **2000** beging man in Danzig feierlich den 20. Jahrestag der Gründung der Solidarność.

Polen im neuen Jahrtausend

Kirche, Konservative und Postsozialisten

Anfang Oktober 2000 gewann der Sozialdemokrat **Aleksander Kwaśniewski** zum zweiten Mal die Präsidentschaftswahl und wurde für die nächsten fünf Jahre im höchsten Staatsamt bestätigt. Durch nichts war die Talfahrt der konservativen **Wahlaktion Solidarność** (AWS) aufzuhalten, von der sich vor allem die einfachen Menschen mit großer Enttäuschung abgewandt hatten. Bei den Sejm-Wahlen im September 2001 scheiterte das Mitte-Rechts-Bündnis AWS an der gesetzlichen Acht-Prozent-Hürde für Wahlbündnisse, nicht ein einziger Vertreter der alten Regierungsfraktion zog ins neue Parlament ein. Ein einzigartiger Vorgang - wie es damals noch schien.

Aber nur vier Jahre später wurde die neue Regierungskoalition, bestehend aus dem Bündnis der Demokratischen Linken (SDL) mit der Union der Arbeit (UP) und der Polnischen Bauernpartei (PSL), ebenso rabiat abgestraft. Denn ausgerechnet die Postsozialisten verpassten dem Land 2001 bis 2005 eine marktradikale Rosskur von bis dahin ungeahntem Ausmaß, die Polen zwar einen enormen **wirtschaftlichen Aufschwung** eintrug, dem 38-Millionen-Volk aber auch acht Millionen **Arbeitslose** bescherte. Während die städtischen „Leuchttürme" prosperierten, allen voran die Hauptstadt Warschau, wurden die ländlichen Regionen zunehmend abgehängt, besonders im polnischen Osten. Von den Regionen Europas mit dem niedrigsten Bruttoinlandsprodukt rangierten 2002 gleich sechs Regionen Polens unter den schlechtesten zehn; darunter Warmińsko-Mazurskie mit einem Index von 34 (EU-Durchschnitt bei 100), untertroffen nur noch von Podkarpackie (33) und schließlich Lubelskie (32) auf dem untersten Rang aller Regionen Europas. Zum Vergleich: Inner London (315), Hamburg (188), Wien (174).

Am **1. Mai 2004** trat die Republik Polen der **Europäischen Union** bei. Mit dem Geldregen, der sich danach über die östlichen Grenzregionen ergoss, wurden Straßen asphaltiert, Ortskerne saniert und Beschäftigungsprogramme aufgelegt.

Doch nichts davon konnte bisher das **Auseinanderdriften der einzelnen Wirtschaftsregionen** stoppen. Polen zerfällt immer weiter in florierende Großstädte und in Gebiete, in denen Perspektivlosigkeit den Alltag bestimmt. In Ostpolen wissen die Armen oft nicht mehr, wovon sie noch leben sollen. Dörfer mit **100 Prozent Arbeitslosigkeit** sind keine Seltenheit. Wer jung und fit ist, zieht in die Stadt. Zurück bleiben die Alten, die in ihren Gärtchen wieder Kartoffeln anbauen und Subsistenzwirtschaft treiben. Das Tourismusgeschäft, wie es in Nordpolen über drei Sommermonate blüht, machen andere. Und was am Ende vom Tag übrig bleibt, ist oft nur noch Gottvertrauen.

Am 2. April 2005 verstarb *Karol Wojtyła* (1920–2005), Papst **Johannes Paul II.,** nach über einem Vierteljahrhundert Pontifikat. Im Juni 1987 hatten Tausende auf der Westerplatte bei Danzig die Heilige Messe mit ihm gefeiert. Im Jahr darauf waren die katholischen Arbeiter in den Streik getreten – Fanal für den Untergang des kommunistischen Ostblocks. So genießt kein anderer Mensch in Polen eine solche **Verehrung** wie der „berühmteste Pole der Welt". Bereits zu seinen Lebzeiten wurde der Papst wie ein Heiliger verehrt, gleichermaßen von Religiösen wie Säkularen. Über die Person *Karol Wojtyła* waren Glaube und Freiheit untrennbar miteinander verbunden. Mit seinem Tod verlor vor allem die Jugend ihr größtes Idol.

Rechtsruck in Polen

Die Parlamentswahlen im September 2005 gewann die nationalkonservative Partei **Recht und Gerechtigkeit** (PiS) unter ihrem Vorsitzenden *Jarosław Kaczyński.* Dem voran ging ein erbitterter Wahlkampf, wie ihn das Land bis dahin noch nicht gesehen hatte. Denn erklärtermaßen trat die PiS gegen den **„Uklad"** an, eine Art Krake, der in Gestalt der Postkommunisten, Liberalen und Antiklerikalen, der Homosexuellen und Feministinnen die Moral der polnischen Gesellschaft untergraben würde. Die „moralische Revolution" mit „Säuberungen" unter Kommunisten und vermeintlichen Vaterlandsverrätern sollte das Fundament einer künftigen, vierten polnischen Republik legen, für die das Parlament geschwächt, Polizei und Armee gestärkt und die Todesstrafe eingeführt werden müssten.

Mit diesem Programm gewann „Recht und Gerechtigkeit" die Wahl gegen die Linksparteien, die für viele zu Recht aus der Regierung fortgejagt wurden. Mit dem Votum 2005 erhielten die Linksparteien die Quittung für Günstlingswirtschaft und Korruptionsskandale, für Raffgier und Inkompetenz sowie die beharrliche Weigerung, zu Ungunsten der eigenen alten Seilschaften die kommunistische Geschichte des Landes endlich aufzuarbeiten.

Im Oktober 2005 folgten die **Präsidentschaftswahlen.** Kein Kandidat konnte sie für sich entscheiden, weshalb es zwei Wochen später zur Stichwahl kam. Gegen *Donald Tusk* von der konservativ-neoliberalen Bürgerplattform (PO) trug der Zwillingsbruder des PiS-Chefs, **Lech Kaczyński** (1949–2010), mit schrillen Tönen den Sieg davon und machte seit seiner Wahl ins höchste Staatsamt Formulierungen wie „antipolnisch zersetzend" nun auch landesweit politisch salonfähig.

Fortan zeichnete der Liberalismus verantwortlich für sämtliche sittlichen und sozialen Verwerfungen. In der Folge wurde die Kampfzone gegen eine unabhängige Presse ausgeweitet und überhaupt gegen alle gesellschaftlichen Errungenschaften, denen ein emanzipatorisches Odium anhaftet – ebenso simpel wie reaktionär. Die weltanschauliche, politische und personelle „Erneuerung", die die *Kaczyńs-*

ki-Brüder in Gang setzten, die „Säuberung" des Staatsapparats, der Justiz und der Vorstandsetagen, der Bildungseinrichtungen und Redaktionen von Andersdenkenden und politischen Gegnern, vertieften die Gräben im Land.

Ihren stärksten **Verbündeten** fand die PiS in Teilen der polnischen katholischen **Kirche,** die eine gottlose Gesellschaft als Teufelswerk geißelt. Bereits 2003 startete das nationalkonservative Lager zusammen mit dem Bauernanführer *Andrzej Lepper* sowie zahlreichen Geistlichen im Bunde eine demagogische **Anti-Europa-Kampagne.** Nur Papst *Wojtyła* konnte die Gesinnungstäter seinerzeit zur Räson rufen. Im Wahlkampf 2005 fehlte diese vatikanische Autorität, und der fundamentalistische **katholische Privatsender Maryja** berieselte fünf Millionen gläubige Hörer mit PiS-Propaganda.

Anfang Mai 2006 traten die rechtsradikale, antisemitische **Liga der polnischen Familien** (LPR) und *Leppers* rechtslinkspopulistische Bauernpartei **Selbstverteidigung** *(Samoobrona)* in die Regierung ein. Ganz oben auf der Agenda des neuen Pakts zwischen Nationalkonservativen, Populisten und Rechtsradikalen stand neben dem Schutz von Ehe, Familie und ungeborenem Leben der Aufbau eines „Zentralen Antikorruptionsbüros", einer Art Geheimpolizei, die das Land nach inneren Feinden durchstöberte.

Nach einer Regierungskrise im Juli 2006 musste Ministerpräsident *Marcinkiewicz* seinen Hut nehmen, und Staatschef *Lech Kaczyński* ernannte seinen Zwillingsbruder *Jarosław* zum neuen Premier. Fortan regierten die Zwillinge Polen im Doppelpack, begleitet von zahlreichen politischen Intrigen und Skandalen. Gut 60 Prozent der Bevölkerung wünschten sich im Herbst 2006 Neuwahlen, im August 2007 waren es knapp 90 Prozent.

Im Herzen Europas

Die Mehrheit im Land fühlte sich von der Rechtsaußen-Regierung ohnehin nicht repräsentiert. Von den über 28 Millionen Wahlberechtigten gaben bei den Parlamentswahlen 2005 nur noch 40 Prozent ihre Stimme ab. Das war die **niedrigste Wahlbeteiligung** seit Bestehen der Republik Polen. Und erwies sich die Stichwahl 1995 zwischen dem damals amtierenden katholisch-konservativen Staatspräsident *Wałęsa* und seinem Herausforderer, dem Linken *Kwaśniewski,* noch als Straßenfeger, schritt zur Präsidentschaftswahl zehn Jahre später nicht einmal mehr die Hälfte der Wähler.

Anfang August 2007 warf Premier *Jarosław Kaczyński* Bauernparteiführer und Vizepremier *Lepper* aus der Regierung. Es folgten weitere Demissionen, die darin gipfelten, dass der Inlandsgeheimdienst den kurz vorher entlassenen Innenminister vor laufenden Fernsehkameras verhaftete. Das Rechtsaußenbündnis, angetreten, um Polen zu „säubern", scheiterte an seinen unsauberen Machenschaften.

Anfang September stimmte das Parlament in Warschau mit großer Mehrheit seiner Selbstauflösung zu und

167po Foto: kj

machte damit den Weg für Neuwahlen frei. Mitte Oktober siegte die **Bürgerplattform** (PO) von **Donald Tusk** mit 41,5 Prozent der Stimmen. Als zweitstärkste Kraft, aber mit 32,1 Prozent abgeschlagen, zog die **PiS** wieder in den Sejm ein – im Unterschied zu den ehemaligen Koalitionspartnern Samoobrona und Liga der polnischen Familien, die beide an der Fünf-Prozent-Hürde scheiterten. Drittstärkste Kraft mit 13,2 Prozent wurde das Parteienbündnis **Linke und Demokraten** (LiD), als Nummer 4 ging die gemäßigte **Bauernpartei** PSL mit 8,9 Prozent aus den Wahlen hervor. Am 5. November des politisch turbulenten Jahres 2007 konstituierte sich der neue Sejm, in dem seither die wirtschaftsliberale, christlich-konservative **Regierungskoalition aus PO und PSL** unter dem neuen Premier *Donald Tusk* über eine großzügige Mehrheit verfügt.

Kurz vor Weihnachten 2007 fielen getreu den Buchstaben des **Schengen-Vertrags** die Schlagbäume zwischen den alten und neuen EU-Ländern. Die Grenzkontrollen zwischen Deutschland und Polen sind seitdem abgeschafft, die alten Grenzübergänge verwaisen.

Kommunikationsmittel der Großstädte

Geschichte im Überblick

- **966:** *Mieszko I.* nimmt das Christentum an. Gründung des Bistums Poznań.
- **992:** *Bolesław I. Chrobry* besteigt den Herrscherstuhl.
- **1000:** Akt von Gnesen: *Bolesław I.* wird „Bruder und Mitstreiter" im Heiligen Römischen Reich, Gniezno wird Erzbistum.
- **1025:** Krönung *Bolesławs I.* zum ersten König von Polen. Das Piasten-Reich umfasst ein Gebiet von der Odermündung über Danzig bis Ungarn und weit nach Russland hinein.
- **1226:** Herzog *Konrad von Masowien* ruft den Deutschen Orden ins Land.
- **1283:** Die Eroberung der prußischen Gebiete durch die Ordensritter ist abgeschlossen.
- **1308:** Die Ordensritter besetzen Danzig und Pommerellen.
- **1333:** *Kazimierz III. Wielki* besteigt den polnischen Thron. Mit seinem Tod 1370 erlischt die Piasten-Dynastie.
- **1364:** Gründung der Universität Kraków.
- **1384:** *Hedwig (Jadwiga) von Anjou* wird elfjährig zur Königin von Polen gekrönt.
- **1386:** Durch die Vermählung *Jadwigas* mit *Władisław Jagiełło II.*, Großfürst von Litauen, entsteht das polnisch-litauische Großreich. Das Paar begründet die Jagiellonen-Dynastie.
- **1410:** Siegreiche Schlacht des polnisch-litauischen Heeres gegen den Deutschen Orden bei Grunwald/Tannenberg.
- **1411:** Erster Thorner Frieden: Der Deutsche Orden verliert Ländereien und muss hohe Reparationen zahlen.
- **1440:** Gründung des Preußischen Bunds.
- **1454–1466:** Krieg des Preußischen Bunds gegen den Deutschen Orden.
- **1466:** Zweiter Thorner Frieden: Der Orden verliert Pommerellen mit Danzig, das Bistum Ermland, das Kulmer Land sowie die Gebiete von Marienburg und Elbing, die als „Preußen Königlich Polnischen Anteils" an die polnische Krone gehen. Der Ordenshochmeister leistete König *Kazimierz IV.* (reg. 1447–1492) den Treueid.
- **1525:** Der Ordensstaat wird säkularisiert u. Herzogtum unter polnischer Lehnshoheit.
- **16. Jh.:** Die Regierungszeit *Zygmunts I. Stary* und seines Nachfolgers *Zygmunt II. August* geht als „Goldenes Zeitalter" in die Geschichte ein. Das Polnisch-Litauische Reich dehnt sich vom Baltikum bis zum Schwarzen Meer aus. Mit dem Tod *Zygmunts II.* erlischt die Jagiellonen-Dynastie. Die Ära der Wahlkönige beginnt.
- **1654:** Russische Truppen fallen nach Polen ein, erobern Smolensk und große Teile Litauens.
- **1660:** Der Friede von Oliva beendet den Schwedisch-Polnischen Krieg, Preußen wird souveränes Herzogtum.
- **1700–1721:** Nordischer Krieg: Warschau wird von Schweden besetzt. Russland steigt zur europäischen Militärmacht auf.
- **1772:** Erste polnische Teilung.
- **1791:** Am 3. Mai tritt die polnische Verfassung in Kraft, die erste niedergeschriebene Verfassung Europas.
- **1793:** Zweite polnische Teilung.
- **1795:** Dritte polnische Teilung. Polen ist von der Landkarte verschwunden.
- **1815:** Wiener Kongress: Die Grenzen Europas werden neu gezogen. Die Regionen Posen und Westpreußen bleiben bei Preußen. Das südliche Polen um Kraków und Lwów (Lemberg/Lviv) wird unter dem Namen Galizien Teil des Habsburger Reiches, die ostpolnischen Territorien verleibt sich Russland ein. Unter Kontrolle der Teilungsmächte entstehen eine Freie Stadt Kraków (ab 1846 bei Österreich) und das „Kongresspolen" genannte Restherzogtum Warschau mit dem russischen Zaren als König.
- **Mitte 19. Jh. – Anfang 20. Jh.:** Zahlreiche Aufstände in den Teilungsgebieten werden blutig niedergeschlagen.
- **1914–1918:** Erster Weltkrieg.
- **1918:** Am 11.11. werden *Józef Piłsudski* der Oberbefehl über die polnischen Streitkräfte und die provisorische Staatsgewalt übertragen. Der Tag gilt als Gründungsdatum der zweiten polnischen Republik.
- **1920:** Nach einer Volksabstimmung verbleibt Ostpreußen bei Deutschland. Pom-

merellen wird polnisch und Danzig Freie Stadt unter Aufsicht des Völkerbunds. *Piłsudski* erweitert die Grenzen der jungen Republik kriegerisch Richtung Osten.

- **1934:** Polnisch-deutscher Nichtangriffspakt.
- **1935:** Eine auf *Piłsudski* zugeschnittene, autoritäre Verfassung tritt in Kraft. Im Monat darauf stirbt er.
- **23.8.1939:** Hitler-Stalin-Pakt. In einem geheimen Zusatzprotokoll wird die Aufteilung Polens zwischen dem Dritten Reich und der Sowjetunion vereinbart.
- **1939–1945:** Zweiter Weltkrieg.
- **1.9.1939:** Mit dem Angriff des deutschen Schlachtkreuzers „Schleswig-Holstein" auf die Danziger Westerplatte beginnt der Zweite Weltkrieg. Innerhalb eines Monats hat die deutsche Wehrmacht Polen besetzt.
- **1943:** Aufstand im Warschauer Getto.
- **1944:** Aufstand in Warschau gegen die deutschen Besatzer.
- **1945:** Einmarsch der Roten Armee in das von den Nazis zerstörte Warschau. Auf der Konferenz von Jalta vereinbaren *Stalin, Roosevelt* und *Churchill* die Westverschiebung Polens. Polen verliert knapp die Hälfte seines Territoriums an die Sowjetunion und erhält dafür die Gebiete Schlesien, Neumark, Hinterpommern, das südliche Ostpreußen und Danzig.
- **1952:** Polen wird Volksrepublik.
- **1956:** Schwere Streiks und Unruhen nach einer Erhöhung der Arbeitsnorm.
- **1970:** Schwere Unruhen. Staatschef *Gomułka* wird von *Edward Gierek* abgelöst.
- **1980:** Im August treten die Arbeiter der Danziger Lenin-Werft in den Streik, bald befindet sich ganz Polen im Ausstand. Am 31.8. unterzeichnen Arbeiterführer *Lech Wałęsa* und der stellvertretende Ministerpräsident *Jagielski* die „Danziger Vereinbarung", die freie Gewerkschaften zulässt. Am 24.10. wird die Solidarność als erste freie Gewerkschaft des Ostblocks registriert.
- **1981–1983:** Kriegsrecht in Polen. Bis 1989 ist die Solidarność verboten.
- **1989:** Bei den Parlamentswahlen erringt die Solidarność alle unabhängigen Sitze.
- **1990:** *Lech Wałęsa* wird der erste frei gewählte Staatspräsident in der polnischen Geschichte. Am 14. November erkennt die Bundesrepublik Deutschland die Oder-Neiße-Linie als völkerrechtlich verbindliche deutsch-polnische Grenze an.
- **1991:** Vertrag über freundschaftliche Zusammenarbeit und Nachbarschaft mit Deutschland.
- **1995:** Der sozialdemokratische *Aleksander Kwaśniewski* löst den konservativen *Wałęsa* als Staatspräsident ab.
- **1997:** Die neue Verfassung tritt in Kraft. Sie löst die sogenannte „Kleine Verfassung" von 1990 ab.
- **1999:** Polen wird NATO-Mitglied.
- **2004:** Polen wird Mitglied der EU.
- **2005:** Aus den Parlamentswahlen im September geht die nationalkonservative Partei „Recht und Gerechtigkeit" (PiS) unter *Jarosław Kaczyński* als Sieger hervor. Im Oktober gewinnt sein Bruder *Lech Kaczyński* die Stichwahl um das Staatspräsidentenamt.
- **2007:** Bei vorgezogenen Neuwahlen wird die Bürgerplattform (PO) stärkste Partei. Zusammen mit der gemäßigten Bauernpartei PSL bildet sie die neue Regierungskoalition unter Ministerpräsident *Donald Tusk.* Mit Inkrafttreten des Schengen-Abkommens am 21. Dezember in Polen entfallen an den polnischen EU-Binnengrenzen die Grenzkontrollen.
- **2009:** Bei den Europawahlen wird die PO als stärkste politische Kraft im Land bestätigt.
- **2010:** Am 7. April treffen zum 60. Jahrestag des Massakers von Katyn die Regierungschefs von Russland und Polen, *Putin* und *Tusk,* am Ort des Verbrechens zusammen, um erstmals in der Geschichte der beiden Länder gemeinsam der Opfer zu gedenken. Drei Tage später stürzt das Flugzeug mit Staatspräsident *Lech Kaczyński* an Bord in der Nähe von Katyn ab. Neben *Lech Kaczyński* und seiner Frau *Maria* finden zahlreiche weitere Angehörige der polnischen Elite den Tod. Die Wahl eines neuen Staatsoberhaupts findet Mitte Juni des Jahres statt.

Knapp zwei Jahre später unterzeichnete Polen im Oktober 2009 als vorletztes Land den **Lissabon-Vertrag,** der die EU-Institutionen modernisiert und in seinen Grundzügen darüber hinaus den Weg zu einer EU-Verfassung aufzeigt. Bis zum letztmöglichen Zeitpunkt hatte Staatspräsident *Lech Kaczyński,* von Amts wegen mit weitreichenden Kompetenzen und einem Veto-Recht gegen jedes Gesetzesvorhaben ausgestattet, seine Unterschrift unter das Reformwerk verweigert.

Am 10. April 2010 **stürzte die Maschine** mit dem Präsidentenehepaar an Bord, auf dem Weg zu einer Gedenkfeier im westrussischen Katyn, beim Landeanflug auf den Flughafen Smolensk im dichten Nebel ab. Neben *Lech* und *Maria Kaczyński* fanden 94 weitere Passagiere den Tod. Unter ihnen die Kranführerin und Heldin der Solidarność *Anna Walentynowicz,* der polnische Zentralbankchef, Staatssekretäre, Parlamentarier, Senatoren und ranghohe Geistliche sowie große Teile von Polens Armeeführung. Bedeutende Persönlichkeiten der polnischen Elite waren in den Flugzeugtrümmern ums Leben gekommen – ausgerechnet in der Nähe von Katyn, einem in der polnischen Geschichtsrezeption traumatischen Ort: 1940 hatte der sowjetische Geheimdienst dort 22.000 polnische Offiziere, Politiker, Priester und Intellektuelle ermordet. Die gesamte polnische Elite sollte ausgelöscht werden, im Westen durch *Hitler,* im Osten durch *Stalin.*

Drei Tage vor dem tragischen Flugzeugabsturz waren am 60. Jahrestag des Massakers erstmals die Regierungschefs von Russland und Polen, *Wladimir Putin* und *Donald Tusk,* in Katyn zusammengetroffen, um den Opfern dieses Verbrechens gemeinsam die Ehre zu erweisen. International und in großen Teilen der polnischen Bevölkerung wurde die Zusammenkunft als eine erste **Geste der Versöhnung** zwischen Polen und Russland gewertet.

Nach dem Absturz der Präsidenten-Maschine fiel das ganze Land in tiefe Trauer. Die Bestürzung über das Unglück war grenzenlos. Am 18. April 2010 fand das Ehepaar *Kaczyński* unter der Anteilnahme Zehntausender auf der Krakauer Wawel-Burg die letzte Ruhe, wo es nun – nicht unumstritten in Polen – neben Königen, Dichtern und Nationalhelden ruht.

Die Amtsgeschäfte des ums Leben gekommenen Staatschefs übernahm getreu den Buchstaben der Verfassung vorübergehend der Parlamentspräsident *Bronisław Komorowski.* Die **Wahl** eines neuen Staatspräsidenten, die turnusmäßig im Oktober 2010 stattgefunden hätte, wurde auf Juni 2010 vorverlegt.

Bei allen wechselvollen Ereignissen bereitet sich Polen gleichzeitig auf ein sportliches Großereignis vor: Im Jahr 2012 wird das Land gemeinsam mit der Ukraine Gastgeber der **Fußball-Europameisterschaft** sein.

Die Kluft zwischen Stadt- und Landbevölkerung ist groß in Polen

Staat und Verwaltung

Staatsgebiet, Verwaltungseinheiten und Bevölkerungszahlen

Das Territorium der Republik Polen beläuft sich auf **312.700 Quadratkilometer.** Die Landesgrenzen umfassen knapp 3600 Kilometer. **Nachbarn** sind von Nordost nach Nordwest im Uhrzeigersinn: Russland, Litauen, Weißrussland, die Ukraine, die Slowakei, Tschechien und Deutschland.

Das Staatsgebiet ist in **16 selbstverwaltete Verwaltungsgebiete/Provinzen (Woiwodschaften)** unterteilt, die von der Größe her etwa mit den deutschen Bundesländern vergleichbar sind. Verwaltungseinheiten in den Woiwodschaften sind die städtischen und die ländlichen Kreise sowie, als kleinste Beschluss- und Kontrollorgane der Selbstverwaltung, die Gemeinden. **38,12 Millionen Menschen** leben im Land, davon 38 Prozent in Dörfern und 62 Prozent in den Städten. Am dichtesten drängelt sich die Bevölkerung in den Ballungsräumen um Kattowitz (4 Mio.), Warschau (2,5 Mio.), Danzig (1,5 Mio.) und Posen (1,5 Mio.). Am dünnsten besiedelt sind die ländlichen Regionen im Nordwesten und Nordosten Polens.

Mit 1,6 Millionen zählt die Landeshauptstadt Warschau die meisten Einwohner, gefolgt von Lódż mit 804.000 und der Dreistadt Gdynia/Sopot/Gdańsk (Gdingen/Zoppot/Danzig) mit 800.000 Menschen. Krakau mit

Staat und Gesellschaft

168po Foto: kj

Staatssymbole

Am 30. Dezember 1989 wurde mit der Reformnovelle zur polnischen Verfassung der alte Name „Volksrepublik Polen" in „Republik Polen" geändert. Der **Adler im Staatswappen,** weiß auf rotem Grund, erhielt seine angestammte Krone zurück, die er nach dem Zweiten Weltkrieg hatte ablegen müssen.

In farbigen Abbildungen ist das Staatswappen bereits **seit 1241** bekannt. Der Adler selbst stammt sogar schon von 1228. Fürst *Leszek der Weiße* soll ihn als Erster im Siegel verwendet haben. Auch die Farben Weiß und Rot tauchen zuerst im 13. Jahrhundert auf, als Zeichen des Militärs.

Rot und weiß sind auch die **Farben der Nationalflagge,** die Polen seit der Gründung der Zweiten Republik 1918 hisst. Dabei versinnbildlicht **Weiß** Unschuld und moralische Integrität, **Rot** steht für die Unmengen an vergossenem Blut in den Kämpfen für die Freiheit und Unabhängigkeit der Nation.

Auf die Teilungszeit geht die *Mazurek Dąbrowskiego* zurück, die polnische **Nationalhymne.** Nach einer Dichtung *Józef Wybickis* (1747–1822) stimmten sie, als Polen auf keiner Landkarte mehr zu finden war, erstmals polnische Soldaten im Heer *Napoleons* in Norditalien an: „Noch ist Polen nicht verloren, in uns lebt sein Glück. Was an Obmacht ging verloren, bringt das Schwert zurück."

Seit 1997 sind Wappen, Flagge und Hymne in dieser Form in der polnischen Verfassung festgeschrieben.

104po Foto: kj

740.000, Breslau mit 637.000, Posen mit 577.500 sowie Stettin mit 410.000 Bewohnern schließen sich an.

Von den 38,12 Millionen polnischen Staatsbürgern rechnen sich geschätzte 1,5 Millionen zu **nationalen Minderheiten.** Unter ihnen bilden die größten Gruppen die Deutschen (ca. 400.000), Ukrainer (ca. 300.000) und Weißrussen (ca. 200.000).

14 bis 17 Millionen Menschen polnischer Herkunft leben auf alle fünf Kontinente verstreut in **anderen Ländern.**

Staatliche Konstitution

Konstitutive Grundlage der Republik Polen ist die am 17. Oktober 1997 in Kraft getretene **Verfassung.** Sie löste die sogenannte „Kleine Verfassung" ab, die von 1990 an bis zur Verabschiedung der neuen, umfassenden Konstitution das ordnungsgemäße Funktionieren des polnischen Staates garantierte. Den Buchstaben der Verfassung von 1997 gemäß ist Polen ein einheitlicher, demokratischer, freiheitlicher Rechtsstaat und eine parlamentarische Demokratie.

Die **Legislative** besteht aus einem **Zweikammer-Parlament:** dem Sejm mit 460 Abgeordneten und dem Senat mit 100 Mitgliedern. Der **Senat** als zweite Kammer wird in den Woiwodschaften gewählt und verfügt über eine beratende Funktion bei der Gesetzgebung. Erste Kammer und höchste gesetzgebende Instanz ist der **Sejm.** Beide Kammern des Parlaments werden alle vier Jahre in freien und geheimen Wahlen gewählt.

Die Abgeordneten im Sejm sind an der Regierungsbildung beteiligt, entweder indem sie den vom Staatspräsident berufenen Ministerrat (die Regierung) bestätigen oder auch selbst den Ministerpräsidenten und sein Kabinett wählen. Als oberstes Organ der Exekutive ist der Ministerrat dem Sejm gegenüber verantwortlich. Dem Ministerrat steht der **Ministerpräsident** als Regierungschef vor.

Staatsoberhaupt Polens ist der für eine Amtszeit von fünf Jahren direkt vom Volk gewählte **Staatspräsident.** Er ist der oberste Landesrepräsentant und verfügt über weitreichende Kompetenzen: So kann er unabhängig vom Parlament den Ministerpräsidenten benennen, das Parlament vorzeitig auflösen und mit seinem Vetorecht außerdem Einfluss auf die Gesetzgebung nehmen. Darüber hinaus ist er Oberbefehlshaber der Streitkräfte und kann im Verteidigungsfall die allgemeine Mobilmachung anordnen.

- **www.berlin.polemb.net:** Die Seite der polnischen Botschaft in Berlin mit vielen Information zu Land und Leuten, Wirtschaft und Politik, Wissenschaft und Kultur (Polnisch/Deutsch).
- **www.kprm.gov.pl:** Die Seite der polnischen Regierung (Polnisch/Englisch).
- **www.prezydent.pl:** Die Seite des polnischen Staatspräsidenten (Polnisch/Englisch).
- **www.sejm.gov.pl:** Die Seite des polnischen Parlaments (Polnisch/Englisch).

Medien

Radio und Fernsehen

Wie überall in Europa, ist die Flimmerkiste auch in Polen nicht wegzudenken. Über den Äther, das Kabel und, ganz besonders beliebt, die Satellitenschüssel lassen sich **mehr als 400 Programme** empfangen, über 50 davon in polnischer Sprache.

Die drei gebührenfinanzierten Programme des öffentlich-rechtlichen Senders **Telewizja Polska** (Polnisches Fernsehen) – TVP1, TVP2 sowie die dritten Regionalprogramme – erreichen 99 Prozent der Bevölkerung. Für die Auslandspolen strahlt **TV Polonia** Bilder aus der Heimat aus. Daneben hat sich eine Reihe kommerzieller **Privatsender** wie PolSat, TVN oder die digitale Plattform Cyfra etabliert, die mit Serien, Talkshows und bunter Nachrichtenwelt Quote machen. Nichtsdestotrotz hält das öffentlich-rechtliche Fernsehen immer noch gut die Hälfte des Marktes.

Ganz anders sieht es beim **Radio** aus. Nur noch ein Drittel der Bevölkerung lauscht den drei öffentlich-rechtlichen Rundfunkprogrammen von **Polskie Radio,** PR1, PR2 und PR3. Sie funken landesweit gegen 200 regionale oder lokale private und kirchliche Radioanstalten an, die sich bei über 70 Prozent der Polen großer Beliebtheit erfreuen. Die unangefochtenen Marktführer unter den **Dudelsendern,** RMF FM und Radio Zet, sind im Unterschied zur Konkurrenz außerdem polenweit zu empfangen, ebenso wie der umstrittene radikalklerikale Sender Radio Maryja.

Die Sendeerlaubnis erteilt der **Staatliche Rat für Hörfunk und Fernsehen** (Krajowa Rada Radiofonii i Telewizji, KRRiT). Seit 1993 lizensiert die staatliche Aufsichtsbehörde Funk- und TV-Anstalten und überwacht die Einhaltung der Mediengesetze. Seit der Öffnung des polnischen Medienmarkts für ausländische Investoren mit dem EU-Beitritt 2004 ist diese Arbeit nicht leichter geworden. Kapitalstarke Medienkonzerne wie Springer und Bertelsmann strömen ins Land.

Die Konzentration in der Funk- und TV-Welt **zuungunsten der Meinungsvielfalt** macht auch vor Polen nicht Halt. Dem Versuch der nationalkonservativen Regierungspartei „Recht und Gerechtigkeit" (PiS) 2006, den Nationalen Rundfunkrat mit einem neuen Mediengesetz unter ihre Kontrolle zu bringen, konnte das polnische Verfassungsgericht dagegen einen Riegel vorschieben.

Zeitungen und Zeitschriften

Wer im polnischen Blätterwald die Marktführerschaft innehat, lässt sich bereits an den in Großbuchstaben aufgemachten bunten Schlagzeilen auf den Titelseiten ablesen. Es ist die täglich überregional erscheinende **Boulevardzeitung „Fakt"**, die wie die polnische Schwester der deutschen „Bildzeitung" anmutet. Und tatsächlich stammt „Fakt" aus dem Springer-Verlag. Dass das ebenso schlichte wie populäre Kleine-Leute-Blatt gerne als Sprachrohr der PiS fungiert, daraus wird in den Redaktionsstuben in Warschau kein Hehl gemacht.

Da gibt sich **„Dziennik"** („Tageszeitung"), die Nummer 3 der überregionalen polnischen Tageszeitungen, schon einen seriöseren Anstrich. Weltanschaulich rechtskonservativ und in der Aufmachung an die deutsche „Welt" angelehnt, wird „Dziennik" ebenfalls im Hause Springer Polska produziert. Im April 2006 startete das Blatt mit der Ansage: Frontalangriff auf die unter dem Chefredakteur und Bürgerrechtler *Adam Mischnik* erscheinende, liberale „Gazeta Wyborcza" („Wahlzeitung").

Bereits 1989 wurde die kurz **„Gazeta"** genannte Tageszeitung gegründet, um die ersten freien Wahlen in Polen publizistisch zu unterstützen. Meinungsbildend, kritisch, debattenstark, stieg sie schnell zum auflagenstärksten Blatt im Land auf. Mit dem Erscheinen von „Fakt" auf dem polnischen Markt wurde sie jedoch auf Platz 2 verwiesen. Zusammen mit „Dziennik" erreicht der Springer-Verlag mittlerweile einen Marktanteil von über 40 Prozent im Zeitungssegment. Doch gilt die vom Medienkonzern Agora verlegte „Gazeta Wyborcza" nach wie vor als das wichtigste politische Blatt.

Weitere bedeutende überregionale Tageszeitungen sind die liberal-konservative **„Rzeczpospolita"** („Republik"), vergleichbar in etwa mit der deutschen „FAZ", und die aus dem ehemaligen Zentralorgan der kommunistischen Partei 1990 hervorgegangene, linksdemokratische **„Trybuna"** („Tribüne") sowie ferner die nationalkatholische **„Nasz Dziennik"** („Unsere Tageszeitung").

Zu den wichtigen **politischen Wochenzeitschriften** gehören das Magazin **„Polityka"** („Politik"), herausgegeben von *Adam Krzemiński,* einem der führenden polnischen Intellektuellen, und das Magazin **„Wprost"** („Direkt"), außerdem die liberal-katholische Wochenzeitung **„Tygodnik Powszechny"** („Allgemeine Wochenzeitung") sowie **„Newsweek Polska"**, Letztere einmal mehr aus dem Axel-Springer-Verlag.

Mit bald 20 täglich oder wöchentlich erscheinenden Publikationen und neuerdings einer 25-Prozent-Beteiligung an einem der größten privaten TV-Sender verfügt **Springer** inzwischen über eine geballte Medienmacht in Polen. Weitere internationale Konzerne wie **Murdoch** und **Bertelsmann** blasen mit bunten Hochglanzblättern für Modebewusste, Hobbygärtner, Autoschrauber und dergleichen Special-Interest-Publikationen zur Aufholjagd. Exoten wie intellektuelle Kunst- und Literaturzeitschriften oder gar die sozialkritischen Magazine **„Obywatel"** („Bürger") und **„Nowy Robotnik"** („Neuer Arbeiter") wird man dagegen nur noch schwerlich in den Geschäften finden.

Insgesamt werden in Polen **über 5000 Titel** verlegt: lokale und überregionale Tageszeitungen, Wochenzeitungen, Magazine und Zeitschriften.

110po Foto: ki

Werbung für Radio Maryja

Wirtschaft

Nach dem Fall des Eisernen Vorhangs waren die Probleme der polnischen Volkswirtschaft die aller postsozialistischen Länder. Jahrzehnte der **Planwirtschaft** und die Konzentration auf die **Schwerindustrie** hatten einen flexiblen Konsumgüter- und Dienstleistungssektor nicht aufkommen lassen. Mangelwirtschaft mit niedrigem Lebensstandard war der Normalzustand, man improvisierte. Darüber hinaus gingen die Exporte fast ausnahmslos in die sozialistischen Bruderländer, und mit dem Zusammenbruch des COMECON (Rat für gegenseitige Wirtschaftshilfe, unter Führung der Sowjetunion) waren dort die Absatzmärkte auf einmal verloren.

Schon 1989 schnürte die Regierung deshalb ein Maßnahmenpaket für den Übergang in die **Marktwirtschaft.** Nach dem damaligen Finanzminister *Leszek Balcerowicz* **„Balcerowicz-Plan"** genannt, war es an Radikalität kaum zu überbieten. Schocktherapieartig leitete es den Systemwandel ein. Durch nichts wurde er abgefedert und brachte neben sozial kaum flankierten Privatisierungen, Betriebsschließungen und Massenentlassungen zunächst eine galoppierende **Inflation.** In der zweiten Jahreshälfte 1989 belief sich der Preisauftrieb auf 1500 (!) Prozent, 1990 betrug er noch 600 Prozent, schrumpfte 1991 auf 70 Prozent, lag 2001 bei 7,5 Prozent und unterschritt 2003 die Einprozentmarke.

Trotz anhaltendem Wirtschaftswachstum entwickelte sich die **Arbeitslosigkeit** zum zentralen Problem. Freier Wettbewerb wuchs sich zu einem rüden **Manchesterkapitalismus** aus. Oder gehört etwa nicht alles, was die Firma erwirtschaftet, dem Chef? Mit dem verblassenden Stern der Solidarność-Bewegung verschwand zusehends auch die Idee der sozialen Verantwortung und Solidarität. Wohl hatte vor allem die großindustrielle Arbeiterschaft den Kommunismus hinweggefegt, aber nun fielen als Erstes ihre eigenen eingerosteten Betriebe den marktwirtschaftlichen Reformen zum Opfer.

Des ungeachtet erwies sich Polen bereits kurz nach der Wende als Musterschüler unter den ostmitteleuropäischen Ländern, die sich um eine **EU-Mitgliedschaft** bewarben. Mit jährlichen Wachstumsraten von sechs bis sieben Prozent Mitte der 1990er Jahre zog es den anderen Beitrittskandidaten davon. Aber um welchen Preis?

Die **Kluft zwischen Stadt und Land** vergrößerte sich. Während Warschau boomte und Finanzinvestoren aus aller Herren Länder anlockte, versanken ganze Landstriche in Armut. Und war ausnahmslos allen polnischen Regierungen an der Privatisierung von Banken und Unternehmen gelegen, hat bislang noch keine einzige einen tragfähigen Entwurf für den ländlichen Strukturwandel aus der Schublade gezogen.

Insbesondere die Situation der **Bauern** verschlechterte sich dramatisch. Hunderttausende Kleinbauern, die sich einst siegreich gegen die Kollektivierung stemmten, können sich mit ihren schmalen Parzellen dem internationalen Wettbewerb nicht mehr stellen. Die Mitgliedschaft in der Europäischen Union fordert vor allem im Agrarsektor ihren Tribut. Und das in einem Land, in dem die Bauern einen so hohen Anteil an der Bevölkerung stellen wie nirgends sonst in Europa.

Mehr als ein Viertel sämtlicher Erwerbstätigen in Polen ist in der Landwirtschaft beschäftigt, **zwei Drittel der Höfe** gelten als **unrentabel.** Sie sind zu klein und dienen überwiegend der Eigenversorgung. Insgesamt erwirtschaftet der Agrarsektor keine fünf Prozent des Bruttoinlandsprodukts. Er-

Die Situation der polnischen Bauern ist schwierig

go: Im Rahmen der EU-Mitgliedschaft musste der Beschäftigtenanteil in der Landwirtschaft bis 2010 um etwa 900.000 Personen abgebaut werden. Doch wohin mit einer weiteren knappen Million Arbeitsloser?

Im Januar 1999 kam es unter Anführung des Chefs der radikalen Bauernpartei Samoobrona („Selbstverteidigung"), *Andrzej Lepper,* zu **schweren Tumulten.** Tausende Landwirte folgten seinem Ruf und blockierten landesweit die Straßen, um für eine **höhere Subventionierung ihrer Produkte** sowie die stärkere Abschottung Polens vor billigen Lebensmitteleinfuhren aus der EU zu demonstrieren.

Nicht dass man als Bauer deshalb nun gleich Kommunist wäre ... Aber man verdiente im Sozialismus schließlich das Anderthalbfache des Städters, heute dagegen nur noch 40 Prozent. Und überhaupt war die Welt zur Zeit der Volksrepublik eindeutiger, selbst am schlechten Wetter hatten die Kommunisten Schuld.

Dass sich 2002, zwei Jahre vor dem Beitritt zur Europäischen Union, nur noch knapp die Hälfte der Polen für die Gemeinschaft aussprach – 1998 waren es immerhin 80 Prozent –, war gewiss auch der für den Beitritt erforderlichen rücksichtslosen Haushaltskonsolidierung und den damit zusammenhängenden ständig wachsenden **gesellschaftlichen Spannungen** zu verdanken. Die sozialen Härten, die der ökonomische Transformationsprozess mit sich brachte, schwächten die Europa-Begeisterung zunehmend.

Staat und Gesellschaft

169po Foto: kj

Die andere, **positive Seite des EU-Beitritts** 2004 zeigte sich spätestens 2007. Zig-Milliarden-Beträge flossen und fließen seither ins Land und tragen zum **Wirtschaftsboom** bei, in Form von EU-Fördermitteln ebenso wie durch kapitalgewaltige ausländische Investoren. Auf 6,5 Prozent belief sich 2007 die Wachstumsrate des Bruttoinlandsprodukts, damit lag Polen in der Spitzengruppe der Europäischen Union. In den Großstädten herrscht Mangel an qualifizierten Arbeitskräften. Das gut ausgebildete, liberale Stadtbürgertum lebt und verdient gut mit der Globalisierung.

Bis Ende 2008 sank die Erwerbsarbeitslosenquote auf 10,8 Prozent. Trotz internationaler Finanz- und Wirtschaftskrise wuchs das Bruttoinlandsprodukt im selben Jahr um 4,8 Prozent und 2009 um immer noch 1 Prozent – womit Polen einmal mehr **Musterschüler** unter allen EU-Ländern ist. Zur Stabilisierung der Wirtschaft und des Finanzsektors legten Regierung und Notenbank ein Anti-Krisenprogramm auf. Es umfasst Staatsgarantien, Leitzinssenkung und Steuererleichterungen, gewichtige Maßnahmen der Wirtschafts- und Arbeitsförderung sowie einen weiteren Abbau von Arbeitnehmerrechten.

Die mehrmals verschobene **Euro-Einführungen** wird nun für das Jahr 2014 anvisiert. Voraussetzung für den Beitritt zur Europäischen Währungsunion sind die Erfüllung der Maastricht-Kriterien und – für die Übertragung von Vollmachten von der Polnischen Zentralbank auf die Europäische Zentralbank – eine Verfassungsänderung. Dafür ist im Parlament eine Zwei-Drittel-Mehrheit notwendig, und sie gegen die nationalkonservativen Parteien zu organisieren, wird sicher nicht einfach werden.

Doch viele gute Argumente sprechen dafür. Eines davon: Polen würde mit der Gemeinschaftswährung endgültig nach Europa zurückkehren. So wie es ein alter kaschubischer Herr einmal ausdrückte: „Schauen Sie doch auf die Landkarte", sagte er, „durch unser Land führt der 15. Meridian östlicher Länge, nach dem die Mitteleuropäische Zeit eingestellt wird. Soll Polen also etwa im Osten liegen? Nein, Polen ist im Herzen Europas."

Tourismus

Dass Polen im Herzen Europas liegt, über zahllose herausragende Sehenswürdigkeiten und außerdem eine zauberhaft schöne Natur verfügt, hat sich mittlerweile unter mehr und mehr Touristen herumgesprochen. Längst ist das Land zwischen Ostsee und Hoher Tatra kein exotisches Reiseziel mehr. Im Gegenteil verzeichnet es kontinuierlich gut drei Prozent jährliche **Zuwachsraten** an ausländischen Besuchern. Nicht zuletzt auch dank der berühmten polnischen Gastfreundschaft.

2006 stieg Polen erstmals in die **Top Ten** der beliebtesten europäischen

Nicht nur Angler zieht es nach Polen

Reiseländer auf und rangiert seitdem im oberen Bereich. So hat sich der Tourismus in Polen zu einem gewichtigen **Wirtschaftsfaktor** entwickelt. Die Zahlen des Warschauer Instituts für Tourismus belegen dies: 15,7 Millionen touristische Ankünfte ermittelte es für 2006. Mit 15 Millionen Besuchern 2007 und 13 Millionen 2008 konnte man an den Erfolg anknüpfen, und erst im Zeichen der internationalen Finanz- und Wirtschaftskrise kam es 2009 zu größeren Einbußen.

Unter den Gästen bilden die **Deutschen** mit jährlich zwischen fünf und sechs Millionen Besuchern die stärkste Gruppe. Dabei reist die überwältigende Mehrheit von ihnen mit dem eigenen Auto ins Nachbarland, knapp 60 Prozent besonders gerne für einen **Kurzurlaub** zwischen zwei und vier Tagen, überwiegend zur Städtebesichtigung. Fast 30 Prozent Deutsche bleiben bis zu einer Woche in Polen, zehn Prozent noch einmal länger, um das Land von der Küste bis zum Gebirge zu erleben.

170po Foto: kj

Am spendierfreudigsten haben sich im Nationalitätenvergleich dagegen die Franzosen erwiesen. Durchschnittlich knapp 100 Dollar pro Tag ließen sie 2008 auf ihrem Urlaub in Polen, gefolgt von den Russen mit 98 Dollar am Tag. Geizhälse sind die Deutschen deshalb aber noch lange nicht. Mit 69 Dollar im Tagesschnitt saß ihnen das Geld immer noch relativ locker im Portemonnaie.

Insgesamt ist die Tourismusbranche schon zur **drittstärksten Wirtschaftskraft** in Polen herangewachsen. Fast jeder zehnte von 100 Złoty Steueraufkommen stammt direkt oder indirekt aus der Tourismuswirtschaft, jeder zwölfte Arbeitplatz ist vom Tourismus abhängig.

Und die Erfolgsgeschichte ist ausbaufähig. Folgt man den Verlautbarungen der chinesischen Regierung, wünschen sich rund 100 Millionen **Chinesen,** in den kommenden Jahren durch Europa zu reisen. So wird nach dem Tower von London, nach Eiffelturm, Vatikan und Neuschwanstein die eine oder andere Million sicherlich auch nach Polen gelangen. Und wer weiß? Vielleicht wird man an den masurischen Seen dann nicht mehr nur Polnisch, Deutsch, Englisch und zahlreiche weiteren europäischen Sprachen lauschen, sondern schon bald sogar Kantonesisch vernehmen.

279po Foto: kj

Menschen und Kultur

171po Foto: kj

300po Foto: kj

Unterwegs im Pferdewagen

Malerin in Danzig

Religion spielt im heutigen Polen noch eine sehr große Rolle

Menschen und Mentalitäten

38,12 Millionen Einwohner zählt das Land. Statistisch betrachtet leben durchschnittlich 123 Menschen auf einem Quadratkilometer, was etwa der **Bevölkerungsdichte** Dänemarks entspricht. Auch das Zahlenverhältnis von Frauen zu Männern bewegt sich im europäischen Durchschnitt. 51,7 Prozent Frauen und 48,3 Prozent Männer machen Polens Bevölkerung aus, nicht zuletzt, da Evas statistische **Lebenserwartung** (79,6 Jahre) die Adams um acht Jahre übertrifft.

Mehrheiten, Minderheiten

Über den längsten Zeitraum seiner Geschichte hinweg war Polen stets ein **Vielvölkerstaat.** Noch in der Zeit zwischen den Kriegen 1918 bis 1939 zählte mehr als ein Drittel der Menschen, die auf dem Territorium der Zweiten Republik lebten, zu nationalen, ethnischen oder religiösen Minderheiten. Durch die Schrecken des Zweiten Weltkriegs, durch die Judenvernichtung und schließlich Polens Westverschiebung mit Massenvertreibungen und Neuansiedlungen änderte sich dieses Bild.

Infolge der **Grenzverschiebung** nach Ende des Zweiten Weltkriegs fanden sich 6,5 Millionen Menschen im alten polnischen Osten zwangsweise als Neubürger der **Sowjetunion** wieder. Viele von ihnen flohen oder wurden vertrieben und von der polnischen Führung, zusammen mit den zahlreichen aus dem Exil Heimgekehrten, im südlichen Ostpreußen, in Westpreußen, Hinterpommern und Schlesien angesiedelt; Gebiete, aus denen zuvor viele Millionen **Deutsche** vertrieben worden waren.

Ukrainer, Weißrussen, Litauer und zahlreiche weitere Bevölkerungsgruppen wurden ebenfalls dazu gezwungen, das neue Polen zu verlassen. Wer dennoch blieb, sah seine **Sprache und Kultur unterdrückt.** Zuwiderhandlungen hatten Verbote und Repressionen bis hin zu langen Gefängnisstrafen zur Folge. Polen wurde homogen polnisch – zumindest der offiziellen Propaganda gemäß.

Nach dem Fall des Eisernen Vorhangs rückten die Minderheiten dann wieder ins Licht. Bereits seit 1991 ist etwa die Stellung der deutschen Minorität im Deutsch-Polnischen Nachbarschaftsvertrag völkerrechtsverbindlich geregelt, mit dem Recht auf eine eigene Vertretung im polnischen Parlament, der Möglichkeit, Vereine und Verbände zu gründen sowie eigene Publikationen herauszugeben. Anfang 2005 verabschiedete der Sejm, die gesetzgebende Kammer des polnischen Parlaments, nach jahrelangen Diskussionen schließlich ein **Minderheitengesetz.** Seither sind in Städten und Gemeinden mit einem nichtpolnischen Bevölkerungsanteil von mindestens 20 Prozent mehrsprachige Ortsschilder und Amtsbezeichnungen erlaubt, außerdem darf die Minderheitensprache bei Amtshandlungen als Hilfssprache benutzt werden.

Offiziell zählt man heute anderthalb Millionen polnische Staatsbürger, die insgesamt **acht nationalen Minderheiten** angehören: der deutschen, weißrussischen, ukrainischen, tschechischen, litauischen, armenischen, russischen und slowakischen. Dazu kommen **vier ethnische Minoritäten:** Karaimer, Lemken, Roma und Tataren.

Einen Sonderfall stellen die **Kaschuben** dar, die in Ostpommern leben und eine dem Polnischen sehr nahe verwandte Sprache sprechen. Von polnischer Seite her wurde das Kaschubische deshalb lange Zeit als polnischer Dialekt aufgefasst und die Kaschuben als eine polnische Volksgruppe. So war ihr rechtlicher Status über viele Jahre hinweg nicht eindeutig geregelt. Mit dem Minderheitengesetz 2005 fand das Kaschubische nun aus der rechtlichen Grauzone heraus und wurde in den Rang einer gesetzlich anerkannten Sprache gehoben.

Stereotypen und Klischees

Ob aber Kaschube, Masure oder Podlasier, Großpole, Kleinpole oder Kujawier, man kultiviert, wie überall in der zivilisierten Welt, liebevoll seine **Stereotypen.** Besonders gerne gepflegt werden sie in Bezug auf die Warschauer, die wie alle Hauptstädter auf der Welt als hochnäsig, laut und ruppig gescholten werden. Dagegen sagt man den Krakauern eine distinguierte Lebensart nach, während den Einwohnern von Poznań und der Woiwodschaft Großpolen der Ruf vorauseilt, tüchtig, diszipliniert und außerdem die „Schotten von Polen" zu sein. Die Masuren gelten - mit einem Augenzwinkern, versteht sich - als rückständig, und die Goralen in der südlichen Bergwelt als Hinterwäldler.

Nun sind das natürlich alles **Klischees.** Aber bleiben wir noch ein bisschen dabei. Denn selbst dem „Fremdling", wie man in Polen bisweilen noch altmodisch zu Ausländern sagt, bleibt nicht verborgen, dass sich in manchem Klischee auch ein winziges Körnchen Wahrheit versteckt.

Zum Beispiel wäre da das, was man neupolnisch **„Networking"** nennt, was aber gleichwohl auf eine lange Tradition zurückblicken kann: der Umstand, dass es garantiert niemals schaden kann, einen Bekannten oder Verwandten zu haben, der jemanden kennt, der einen Bruder oder Cousin hat, der eine Position innehat, über die man mit jemand in Kontakt treten kann, der an der Stelle arbeitet, bei der man eigentlich vorsprechen möchte. Zu Zeiten der Volksrepublik waren solche Bekanntschaften absolut unverzichtbar, heute sind sie noch viel mehr als das - nämlich eine Frage der Höflichkeit. Undenkbar, mit einem Anliegen direkt mit der Tür ins Haus zu fallen. Ohne eine Reihe kommunikativer Zwischenstationen unverblümt seine Sache voranzutreiben, wäre schlichtweg respektlos. „Bekanntschaft haben" ist dagegen die hohe Schule der zwischenmenschlichen Umgangsformen. Auf den persönlichen Kontakt kommt es an. Darauf, sich glänzend miteinander unterhalten zu können, wird sehr viel Wert gelegt.

● **Buchtipp:** „KulturSchock Polen", erschienen im Reise Know-How Verlag. Fundierte Informationen zur polnischen Kultur, zu Politik, Religion, Sitten, Traditionen und Tabus.

Aufgrund ihrer Lebendigkeit und großen Kontaktfreudigkeit gelten die Polen vielen als die **„Italiener des Nordens".** Fröhlich, großzügig, warmherzig, ein Völkchen eigensinniger **Individualisten,** das gleichwohl die Geselligkeit über alles liebt, das gerne und viel miteinander redet und debattiert und am liebsten mit der Familie und den Freunden zusammen ist.

Nur eines, das mag man nicht, auch wenn man dabei gewiss auf eine Reihe geschätzter Gesprächspartner träfe: diszipliniert in der **Schlange stehen.** Denn das hat man in den Jahren der sozialistischen Mangelwirtschaft schon zur Genüge getan, und nun heißt es, vor Einlasskontrollen, Ticketschaltern und Marktständen kommunikative Knäulchen zu bilden.

Verhaltenstipps

Der polnischen **Sprache** unkundige Fremdlinge dürfen in der Unterhaltung gerne Hände und Füße zu Hilfe nehmen. Schon das Beherrschen der einfachsten **Vokabeln** – *dziękuję* (danke), *proszę* (bitte), *dzień dobry* (guten Tag), *do widzenia* (auf Wiedersehen) – löst beim Gegenüber **freudige Anerkennung** aus. Denn den Polen ist durchaus bewusst, dass sie die mit Abstand schwierigste slawische Sprache sprechen. Auf den Versuch kommt es an! Selbst wenn sich gleich beim dritten Wort die Zunge verknotet.

Die am weitesten verbreitete Fremdsprache ist **Englisch,** insbesondere unter den jüngeren Leuten, in den touristischen Regionen außerdem häufig Deutsch. Russisch wird nicht so gerne gehört und sollte darum besser vermieden werden.

In ein weiteres **Fettnäpfchen** könnte man bei der Wahl der korrekten höflichen **Anrede** tappen. Im Unterschied zu den meisten europäischen Ländern spricht man sich in Polen nicht mit „Frau" *(Pani)* oder „Herr" *(Pan)* plus Nachname an – das wäre ausgesucht unhöflich –, sondern ganz altmodisch mit „Pani/Pan" und der **Berufsbezeichnung.** Sofern Unsicherheit darüber besteht, welche Position das Gegenüber in der Firmenhierarchie einnimmt, ob Bürobote oder Geschäftsführer, ist es in jedem Fall richtig, sie/ihn frohgemut mit „Frau/Herr Direktor" (Pani/Pan Dyrektor) anzureden. Diese Titulierung drückt grundsätzlich Hochachtung aus und ist deshalb niemals verkehrt.

Kommt man sich näher, aber noch nicht so nah, dass man vom Sie zum Du übergeht, spricht man sich mit **„Frau/Herr und Vorname"** an. Jemanden nur beim Vornamen zu nennen, ist auch in Polen Ausdruck von Vertrautheit und naher Bekanntschaft. Zur Begrüßung gibt man sich die Hand, Freundinnen hauchen sich einen Kuss auf die Wange, und selbst der gute alte **Handkuss,** mit dem Er Ihr Ehrerbietung erweist, ist noch nicht gänzlich aus der Mode geraten.

Religion und Gesellschaft

Nach wie vor ist Polen ein Land im Umbruch, bewegt sich im Spannungsfeld zwischen einer fest verankerten, traditionellen Normen- und Werteorientierung und einem radikalen Modernisierungsbestreben. Ein tiefer Riss durchzieht die Gesellschaft. Anders als in den Jahren nach dem Fall des Eisernen Vorhangs verläuft die Trennlinie heute aber nicht mehr zwischen Kommunisten und Solidarność-Anhängern, sondern geht als Auseinandersetzung – manche nennen es einen **Kulturkampf** – quer durch alle Gesellschaftsschichten.

Da sind die **Vertreter der traditionellen „drei Ks“** (Kirche, Küche, Kinder), die sich, konservativ-patriotisch, im örtlichen Taubenzüchterverein ebenso wie in den Vorstandsetagen international tätiger Unternehmen finden. Auf der anderen Seite stehen die Verfechter einer **offenen, pluralen Bürgergesellschaft,** in der eine Vielzahl an individuellen Lebensentwürfen gleichberechtigt nebeneinander existiert. Sie sind eher in den Großstädten als auf dem Land anzutreffen, eher in den westlichen als in den östlichen Landesteilen, und umfassen ein politisches Spektrum, das von der Vorstellung einer solidarischen Umverteilungsgesellschaft bis hin zur radikalen Marktfreiheit reicht.

Dann sind da noch die sogenannten **„Modernisierungsverlierer“,** zu denen der jugendliche Warschauer Punk ohne Ausbildungsplatz ebenso zählt wie der Kleinbauer an der weißrussischen Grenze, der dort im Nirgendwo keine Frau mehr zum Heiraten findet, und außerdem eine anwachsende Zahl katholisch-fundamentalistischer **Glaubenseiferer,** die sich auf der Suche nach der verlorenen Eindeutigkeit die Wiederkehr einer „starken Hand“ für die Zukunft wünscht.

Denn nichts ist mehr einfach, alles ist vieldeutig und verändert sich dauernd. Die Umwälzungen in Polen seit 1989 waren gewaltig, und auch in den Köpfen mussten seither enorme Kraftakte gemeistert werden. Selbst das altehrwürdige Sprichwort, das auf den berühmten polnischen Individualismus anspielt und besagt: „Wenn zwei Polen diskutieren, entstehen daraus drei Parteien“, bekommt im Zeichen der Globalisierung auf einmal einen anderen Sinn.

In zwei Dingen ist sich aber der Großteil der Menschen immer noch einig. Es ist die Angst vor der Arbeitslosigkeit. Und es ist der **katholische Glauben.** 96 Prozent der Menschen in Polen gehören der römisch-katholischen Kirche an, und viele von ihnen praktizieren ihre Religion. Vor allem die ältere Generation besucht oft noch täglich die Kirche, doch auch unter den Jüngeren gilt zumindest der sonntägliche Besuch eines Gotteshauses als eine elementare Glaubenspflicht. Die Sonntagsmessen sind voll, so voll, dass man zum Kirchportal hinaus ansteht und der Gottesdienst über Lautsprecher ins Freie übertragen wird. Nachdem der kirchliche Segen

280po Foto: kj

erteilt worden ist, hält am heiligen Ruhetag der Supermarkt gleich gegenüber in einem Eckchen Kondome parat. Das ist die Freiheit, sagen die einen. Schande!, rufen die anderen. Und man bekämpft sich erbittert.

Die oft prächtige Ausgestaltung der polnischen Gotteshäuser, hier Heilige Linde, sagt viel über den Stellenwert der Religion im Land

Die Stellung der Kirche

Der Richtungsstreit der jungen polnischen Republik resultiert nicht zuletzt aus der außergewöhnlich starken Stellung der katholischen Kirche; wobei die Wurzeln für ihren heute noch nahezu ungebrochenen Einfluss tief in der polnischen **Nationalgeschichte** liegen.

Bereits im 17. Jahrhundert entstand während der „Sintflut" die Gleichung „Pole = Katholik". Zur Zeit der Schwedeneinfälle hatte 1655 die wundertätige **Schwarze Muttergottes von Częstochowa** (Tschenstochau) ihr Kloster auf dem Jasna Góra (Leuchtenden Berg) vor den protestantischen skandinavischen Feinden gerettet und stieg zum Nationalheiligtum auf. 1683 bezwang **König Jan Sobieski** die Türken vor Wien und ging als Retter des christlichen Abendlands in die Annalen ein. Zwei unumstößliche Beweise für die richtige, die katholische Weltenlehre und für Polen als östliches Bollwerk der katholischen Christenheit.

Von dieser heute **„Messianismus"** genannten polnischen Geistesströmung wurden im 17. Jahrhundert große Teile der Gesellschaft ergriffen. Umso traumatischer waren im darauf folgenden Jahrhundert dann die drei Teilungen der Heimat. Zumal von den drei Großmächten, die Polen von der Landkarte fegten, zwei zu den Anhängern irriger Glaubenslehren zählten: das protestantische Preußen und das russisch-orthodoxe Zarenreich.

Während der Teilungszeit wurde der Mythos von Częstochowa, die wundersame Errettung durch die heilige Muttergottes, zum nationalen Erlösungsversprechen. Im westeuropäischen Exil vollendete *Adam Mickiewicz* 1834 sein Versdrama **„Pan Tadeusz"** („Herr Thaddäus"), das polnische Nationalepos und nach der Bibel meistgelesene Buch Polens. Wie in Deutschland am „Faust" oder in Italien an den „Promessi Sposi", kommt in Polen kein Oberschüler am „Pan Tadeusz" vorbei. *Mickiewicz* erblickte in seinem Heimatland Gottes auserwählte Nation, die den Kampf zur Erlösung der Welt führen sollte. Irgendwann, prophezeite er, würde aus seinem Volk ein von Gott gesandter Held hervorgehen und den europäischen Befreiungskampf anführen. In ihrem starken christlichen Sendungsbewusstsein blieben die Polen im Katholizismus **auch ohne ihr Land geeint.** Der Glaube versetzte hier nicht Berge, sondern ersetzte die Erde, die ihnen geraubt worden war. Beten bedeutete Kämpfen, der Heimatverlust war ein Martyrium. Spätestens mit *Mickiewicz* wurden im 19. Jahrhundert polnischer **Katholizismus, Patriotismus und Nationalismus** eins.

Während der deutschen Okkupation kamen im **Zweiten Weltkrieg** im Widerstand **2500 Geistliche ums Leben,** das war ein Fünftel des gesamten polnischen Klerus. Sie wurden verfolgt, auf offener Straße erschossen oder starben in Konzentrationslagern.

In der Nachkriegszeit wurde Parteichef *Władysław Gomułka,* wohl wissend, dass niemand gegen die polnische Kirche Staat machen konnte, infolge seines Versuchs, ein nationalkatholisch-kommunistisches Regime einzurichten, von Moskau abgesetzt und in Haft genommen. Auch *Stefan Wyszyński* (1901–1981), damals Primas von Polen, wurde 1953 verhaftet und ohne Gerichtsurteil hinter Klostermauern verbannt. Abermals entwickelte sich der katholische **Glaube** zum **Zeichen des Widerstands.** Gegen die Staatsdoktrin feierte man Messen, ließ sich kirchlich trauen, die Kinder taufen, lebte nach dem katholischen Moralkodex und demonstrierte nationalreligiöses Brauchtum, wo es nur möglich war.

Die Wahl von **Karol Wojtyła,** Erzbischof von Krakau, 1978 zum **Papst,** verlieh der bis dahin innerbefindlichen

Glaubensopposition eine ungemeine Dynamik und Leidenschaft. Der, der den heiligen Namen *Johannes Paul II.* annahm, war einer der wenigen in der Papstgeschichte, der kein Italiener war. Und dann gleich ein Pole! Der Heilige Vater und Stellvertreter Gottes auf Erden - ein Pole. Die Wahl *Wojtyłas* zum römischen Pontifex läutete den **Untergang des Kommunismus** nicht nur in Polen, sondern im gesamten Ostblock ein. Die Werftarbeiter, die sich 1980 hinter den Toren der Danziger Lenin-Werft verschanzten, stimmten neben politischen Parolen vor allem religiöse und patriotische Lieder an. In einer ihrer veröffentlichten Schriften aus dieser Zeit heißt es: „Die Streikenden haben jemanden zum Garanten, der sich nicht mit historischen (...) oder militärischen Argumenten zur Ordnung rufen lässt. Dieser Jemand ist Gott."

Weihnachten 1989, kurz vor der Verfassungsreform, beging man im Sejm mit Primas *Józef Glemp* das christliche Abendmahl. Das stelle man sich einmal im Bundestag vor ... Ohne öffentliche Debatte und trotz der verfassungsmäßigen **Trennung von Kirche und Staat** wurde gleich 1990 vom Kindergarten bis zum Gymnasium der verbindliche katholische Religionsunterricht eingeführt.

Nun kann man aber nicht sagen, dass von der katholischen Kirche besonders innovative Impulse für die Herausforderungen der Zukunft ausgingen. Das Gegenteil ist häufig der Fall, auch in Polen. 1991 hielten über 60 Prozent der Bevölkerung den Einfluss der Kirche für zu groß. Seitdem sind die christlichen Fundamentalisten nicht untätig geblieben. Ebenfalls seit 1991 funkt aus der Glaubenshochburg Toruń (Thorn) an der Weichsel der radikalkatholische, antisemitische Privatsender **Radio Maryja.** Bis zu fünf Millionen Hörer lauschen täglich der „katholischen Stimme in ihren Häusern", die mit eindeutigen Feindbildern ein Ventil schafft für alle, die mit der neuen Gesellschaft nicht klarkommen. Die Zensur der katholischen Presse, die einen nicht unbedeutenden Teil des polnischen Blätterwalds beherrscht, ist rigide, und es passiert leider auch, dass man in einem Gotteshaus einer unverhohlen antisemitischen Predigt lauscht.

1997 feierte die katholische Gewerkschaftsbewegung in Gestalt der erzkonservativen **Wahlaktion Solidarność** ihre Rückkehr an die Macht. „Immer Polen, Freiheit, Familie", lautete ihre Devise. Des ungeachtet wurde drei Jahre später der „Pornopräsident", wie christliche Politiker *Aleksander Kwaśniewski* titulierten, ins höchste Staatsamt wiedergewählt. Denn *Kwaśniewski* war es, der mit seinem Veto im Frühjahr 2000 ein Gesetz verhinderte, das Pornografie mit bis zu fünf Jahren Gefängnis bestrafen wollte. Einige tüchtige Abgeordnete hätten es seinerzeit sogar gern gesehen, wäre gleich noch das Küssen in der Öffentlichkeit mit unter Strafe gestellt worden.

Und sie haben ihre Versuche bis heute nicht aufgegeben. Im Frühjahr 2007 löste der Vorschlag eines nationalkatholischen Abgeordneten, das

297po Foto: kj

Tragen von Miniröcken als „Verlockung zum Sex" zu verbieten, eine heiße Debatte aus. Anfang Juni 2007 musste die Kinderbeauftragte der polnischen Regierung von ihrer Behauptung abrücken, dass von der Kindersendung „Teletubbies" eine „homosexuelle Propaganda" ausginge.

So herrscht zwischen den Befürwortern und Gegnern einer gesellschaftlichen Liberalisierung nach wie vor ein Glaubenskrieg. Viele, die einst als Oppositionelle Schutz unter dem Dach der Kirche fanden, haben sich mittlerweile zu ihren entschiedenen Gegenspielern entwickelt. Das Land ist tief gespalten, die Lager stehen sich unversöhnlich gegenüber.

Papstdenkmal bei der Wallfahrtskirche Heilige Linde

Sitten und Bräuche

Ob streng religiös oder ganz und gar ungläubig, unbestritten ist: **In Polen feiert man gerne,** und neben Namenstagen, Jubiläen und gesetzlichen Feiertagen bietet dazu die schönsten Gelegenheiten der traditionelle Kirchenkalender.

Wie fast überall im christlichen Abendland, wird auch in Polen mit Eintritt ins **neue Kirchenjahr am ersten Adventsonntag** die erste Kerze angezündet. Bunte, laute Weihnachtsmärkte mit viel Glitter, Kitsch und Kommerz wird man zwischen Oder und Bug dagegen nur wenige finden. Es ist eine stille Zeit der Besinnlichkeit und der Buße, um dann mit reinem Herzen dem Weihnachtsfest entgegenzusehen. Für viele ist der Advent außerdem **Fastenzeit,** wenngleich am 6. Dezember der **Nikolaus** (Św. Mikołaj) selbstverständlich auch den artigen polnischen Kindern die Schuhe mit Süßigkeiten füllt.

Weihnachten

An Heiligabend *(Wigilia),* dem wichtigsten polnischen Familienfest, stehen die Kleinen am Fenster und warten darauf, dass der erste Stern am Himmel aufleuchtet. Denn dann versammelt sich – längst ist der Baum geschmückt und das Festessen vorbereitet – die Familie um den Tisch, weshalb man Heiligabend in Polen auch das **„Sternfest"** *(Gwiazdka)* nennt. Es wird gesungen, gebetet und das Weih-

Menschen und Kultur

nachtsevangelium vorgelesen. Schließlich kommt der große Moment: das Teilen der geweihten Oblate. Von dieser bricht sich jeder ein Stückchen ab und wünscht dabei den anderen alles Gute. Den alten Brauch des **Oblatenbrechens** pflegt beinahe noch jede Familie, unabhängig von Glauben und Weltanschauung, als Zeichen der Liebe und der Versöhnung. Spätestens jetzt werden alte Streitereien begraben, erst danach werden die Geschenke ausgepackt, und man setzt sich zum **Festessen.**

Dieses besteht, den zwölf Aposteln gemäß, aus **zwölf Gängen.** Allerdings ohne die berühmten polnischen Weihnachtsgänse, die werden überwiegend für die ausländischen Märkte gestopft. Heiligabend in Polen ist **fleischlos,** als einzige nicht-vegetarische Speise kommt, gebraten, paniert oder auch auf jüdische Art mit Rosinen gespickt, meist ein Karpfen als Hauptgericht auf den Tisch. Dabei wird immer **ein Gedeck zusätzlich** aufgelegt, für einen Gast, der unvermutet noch vorbeischauen könnte. Denn niemand soll in Polen Heiligabend alleine sein! Unter dem Tischtuch liegt etwas Stroh, Symbol für das Stroh in der Krippe und gleichzeitig für das Glück, das man sich wünscht.

Die feierliche **Christmesse** kurz vor Mitternacht *(Pasterka)* beschließt für die meisten Menschen den Heiligen Abend.

Den ersten Weihnachtstag verbringt man im Kreis der **Familie,** den zweiten nutzt man in der Regel, um sich mit Freunden zu treffen.

Karneval und Fastenzeit

Silvester und Neujahr läuten mit lautem Knall gleich den Karneval ein, eine fröhliche, vergnügliche Zeit mit vielen Festen und Tanzveranstaltungen. **Faschingsdonnerstag** wird in Polen „Fetter Donnerstag" *(Tłusty Czwartek)* genannt, Auftakt zur letzten Woche vor Anbruch der **40-tägigen Fastenzeit,** zu dem das ganze Land mit Marmelade oder Eierlikör gefüllte Berliner Pfannkuchen *(pączki)* verspeist. Oder auch Liebesschleifen *(faworki),* in Fett ausgelassene, puderzuckerbestreute Teigstreifen, die den Pfannkuchen als Kalorienbomben keinesfalls nachstehen. In der Nacht von Faschingsdienstag zu Aschermittwoch wird auf der **„Heringsfeier"** noch einmal ausgelassen getanzt, dazu isst man Hering in allen nur denkbaren Variationen – Fanal der heraufziehenden Fastenzeit. Denn am Aschermittwoch ist ja bekanntlich alles vorbei.

Mit einer Ausnahme: Am vierten Sonntag der Fastenzeit, also am Frühlingsanfang, ertränkt man vergnügt die **„Marzanna".** Die arme Strohpuppe, die den Winter symbolisiert, wird dazu durch die Orte geschleift, mit Schimpf und Schande bedacht, ihrer Kleider beraubt und schließlich im Fluss, See, Teich oder Tümpel ertränkt. Falls nicht vorhanden, tut es sogar eine Pfütze. Das „Ertränken der Marzanna" ist bei Kindern und Jugendlichen ganz besonders beliebt, da mit dem Absaufen der Strohdame nicht nur der Frühlingsanfang, sondern auch der „Tag des Schuleschwänzens" gefeiert wird.

116po Foto: kj

Ostern

Palmsonntag, der an den Einzug Jesu Christi in Jerusalem erinnert, leitet die Feierlichkeiten der vorösterlichen Karwoche *(Wielki Tydzień)* ein. Hauptgegenstand dieses farbenfrohen Kirchenfests wären eigentlich Palmzweige, doch ist Polen nicht Palästina, und so greift man in Ermangelung einer subtropischen Vegetation auf Weiden- und Buchsbaumzweige zurück. Bis zu acht Meter hoch werden sie kunstvoll mit bunten Blumen, Bändern und Schleifen geschmückt, vom Priester geweiht und anschließend in einer **Prozession** feierlich durch den Ort getragen.

Unter der Karwoche finden zahlreiche **Mysterienspiele** statt, die das Leiden des Heilands auf dem Kreuzweg nachstellen. Berühmt sind die Mysterienspiele von Kalwaria Zebrzydowska südwestlich von Krakau oder auch im kaschubischen Wejherowo nahe der Danziger Bucht.

Karfreitag ist in Polen, anders als in Deutschland, **kein Feiertag.** Der Todestag Jesu wird nicht gefeiert, sondern mit großer Trauer und fastend begangen. Streng Gläubige nehmen außer Wasser und Brot nichts zu sich,

Religion muss nicht immer in der Kirche gelebt werden

nirgendwo erklingt Glockengeläut, und in den Kirchen wachen die Menschen am symbolischen Christusgrab.

Karsamstag ist die lange Fastenzeit bald endlich vorbei. Die traditionellen **Fastengerichte** Hering und Żur (Sauermehlsuppe) haben ausgedient; Fisch und Suppentopf finden sich in manchen Regionen als Dankeschön an einem Baum aufgehängt wieder. Daheim in den Küchen werden derweil die **Osterkörbchen** gerichtet, von den Kindern anschließend zur Kirche getragen und dort vom Priester gesegnet. Mindestens **sieben verschiedene Speisen** müssen die Körbchen beinhalten: Brot für den Leib Christi, bunte Ostereier als Zeichen der Auferstehung, Salz für das Leben, Wurst und Käse für Gesundheit und Wohlstand, Meerrettich, Rote Bete und außerdem Kuchen, am liebsten einen Napfkuchen, und nicht zu vergessen Mazurek, den köstlichen polnischen Osterkuchen.

Ostersonntag, der höchste christliche Feiertag, beginnt in Polen sehr früh. Bereits zu den Auferstehungsandachten in der Nacht von Samstag auf Sonntag sind die Gotteshäuser zum Bersten gefüllt, morgens um 5 Uhr begeht man dann die große Messe der Auferstehung. Das Osterfeuer bricht durch die Dunkelheit, immer mehr Lichter werden an der Osterkerze entzündet, Gesang und brausender Orgelklang erfüllen den Raum, während draußen von allen Kirchtürmen die Glocken läuten und fröhliches Böllerkrachen die Auferstehung des Gekreuzigten verkündet.

Nun ist sie endlich vorbei, die Fastenzeit, und die Familie eilt heim zum traditionellen **Osterfrühstück.** Die geweihten Speisen werden verputzt, aber auch eine Fülle anderer Köstlichkeiten. Die Tafeln biegen sich unter den Leckerbissen, weshalb von „Frühstück“ eigentlich keine Rede sein kann, sondern eher von Schlemmerei, zumal sie oft bis in die Nachmittagsstunden andauert. Eine besondere Rolle nehmen dabei die bunt bemalten, gesegneten Ostereier *(pisanki)* ein. Sie werden geteilt und gemeinsam gegessen, wobei man sich gegenseitig Glück und Segen ausspricht. Eine weitere besondere Rolle spielt natürlich auch in Polen der **Osterhase,** der für die Kinder viele leckere Süßigkeiten versteckt.

Ostermontag ist es vorbei mit der Festlichkeit, und es heißt aufgepasst! Denn es ist **Ostertaufe** *(Smigus Dyngus),* der Tag des Wassergießens, an dem selbst bei strahlendem Sonnenschein Gummijacke und Regenschirm angesagt sind. Aus Wasserpistolen, Beuteln, Kanistern und randvoll gefüllten Eimern prasselt das kühle Nass auf nichtsahnende arme Osterspaziergänger nieder. Ein Heidenspaß vor allem für die Jugendlichen. Woher dieser Brauch ursprünglich stammt, weiß man nicht. Möglicherweise geht er auf den ersten polnischen Herrscher, *Mieszko I.,* zurück, der sich im Jahre 966 taufen ließ. Vielleicht handelt es sich aber auch um einen noch viel älteren, heidnischen Fruchtbarkeitsritus, der sich in Form einer Wasserschlacht in die heutige Zeit hinübergerettet hat? Nur eines ist sicher: Smigus Dyngus ist der Tag mit dem jährlich höchsten Wasserverbrauch in ganz Polen.

Weitere Feiertage

Wie in allen katholischen Ländern, ist **Mariä Himmelfahrt am 15. August** auch in Polen ein hoher Feiertag. Allüberall werden Gottesdienste abgehalten, finden Prozessionen und **Wallfahrten** statt, darunter die berühmte zum polnischen Nationalheiligtum, dem Bildnis der **Schwarzen Madonna** im Paulinenkloster zu Częstochowa (Tschenstochau), das Millionen von Pilgern nach tagelanger Wanderung pünktlich am 15. August erreichen.

Erntedank *(Dożynki)* wird vor allem in den ländlichen Regionen oft noch mit bunten Trachtenumzügen und fröhlichen Volksfesten gefeiert, während am 1. November zu **Allerheiligen** *(Wszystkich Świętich)* dann wieder Stille und Besinnlichkeit einkehren. Man schmückt die Ruhestätten der verstorbenen Lieben mit Kerzen und Blumen, ebenso wie die Gräber der längst Vergessenen, um die sich sonst niemand mehr kümmert. Darüber hinaus hat Allerheiligen eine **große nationale Bedeutung.** Die Grabstätten der zahllosen Aufständischen, Hingerichteten und in den Kriegen Gefallenen werden geehrt, und an den wichtigsten nationalen Gedenkstätten finden Staatsakte statt. Der Besuch auf dem Friedhof ist erste Bürgerpflicht, ganz Polen ist unterwegs, weshalb es alljährlich zu Allerheiligen auch zum großen Verkehrschaos kommt.

Ein letztes Mal ausgelassen geht es am 30. November am **Andreastag** *(Andrzejki)* zu. In den Studentenclubs werden Partys gefeiert, und mithilfe von Sternzeichen, Orakelkärtchen und Wachsgießen sagt man sich gegenseitig die Zukunft voraus. Bevor man am ersten Advent wieder die erste Kerze anzündet und das neue Kirchenjahr seinen Anfang nimmt.

Die Frau in der Gesellschaft

Zwischen Marienkult und Avantgardekultur – viele Gegensätze bestimmen heute das gesellschaftliche Leben in Polen. Doch ob modern oder konservativ, fortschrittlich oder vergangenheitsverliebt, das **traditionelle polnische Frauenbild** bleibt davon merkwürdig **unberührt** – bei den Männern wie bei den Frauen. Zwar waren in den 1990er Jahren 80 Prozent der Frauen berufstätig, heute sind es immer noch gut die Hälfte, und auch etwa die Hälfte der Studenten ist weiblich. Doch selbst mit akademischen Weihen und beiden Beinen voll im Berufsleben bleibt das schönste Ziel die Hochzeit in Weiß. Die **Familie geht über alles,** und ein harmonisches Familienleben ist mehr wert als Geld und berufliche Stellung. Für die Frau zumindest. Das zeigen seit Jahren Meinungsumfragen mit stets gleichen Ergebnissen.

„Eine Frau ist in Polen Frau, wenn sie weiblich gekleidet ist, geschminkt und

174po Foto: kj

auf Absätzen herumläuft", so die führende polnische Feministin *Kazimiera Szczuka* in einem Zeitungsinterview 2007. „Frau wird in Polen mit Sexualität in Verbindung gebracht. Frau ist Frau, wenn sie erotisch ist, für Männer nett anzuschauen ist und damit zum Flirt einlädt. Meiner Ansicht nach geschieht das nicht freiwillig."

Die Einschätzung von *Kazimiera Szczuka* mag manchen recht rigoros erscheinen. Tatsache ist: Verglichen mit der Lage von Männern empfinden die meisten Frauen ihre Situation als relativ schwierig. Weiblichkeit, Berufstätigkeit, Haushalt und Kindererziehung müssen in der Regel unter einen Hut gebracht werden. Darüber hinaus sind die Frauen stärker von **Arbeitslosigkeit** betroffen, und auch in Polen verdienen sie, wie beinahe überall auf der Welt, für die gleiche Arbeit weniger Geld als ihre männlichen Kollegen. Und selbstverständlich bestehen die sogenannten Repräsentanten auch in der polnischen Gesellschaft überwiegend aus Männern – wenngleich die Frauen langsam und stetig immer mehr Ämter und Positionen erklimmen.

In Polen herrscht nach wie vor ein eher traditionelles Frauenbild vor

Ein **Feminismus** nach westeuropäischem Muster ist in Polen dennoch nicht sehr verbreitet. Man heiratet relativ jung (Mitte zwanzig) und gründet eine Familie mit statistisch 1,2 Kindern. Wobei die Faustregel gilt: Je höher ihre Ausbildung, desto später die Hochzeit. Ihre **Kinder** bringen die Polinnen mittlerweile ebenfalls später zur Welt. Wurden sie Anfang der 1990er Jahre durchschnittlich noch zwischen dem 20. und 24. Lebensjahr Mutter, ist es heute zwischen dem 25. und 29. Lebensjahr. Eine unverheiratete kinderlose Frau um die 30 gilt nach wie vor als eher ungewöhnlich.

Schwangerschaftsabbrüche sind in Polen seit 1993 nur noch nach Vergewaltigung und Inzest nicht unter Strafe gestellt, außerdem, wenn die Leibesfrucht schwer geschädigt ist oder, in extremen Ausnahmefällen, die Gesundheit der Mutter auf dem Spiel steht. Etwa 100 legale Abtreibungen werden jährlich in Polen gezählt, das damit zu den restriktivsten Ländern Europas gehört. Erklärtes Ziel der klerikal-konservativen politischen Kräfte ist es, die polnische Verfassung so zu ändern, dass Abtreibung grundsätzlich verboten wird.

Dazu steht nicht im Widerspruch, dass die polnische Frau in der Gesellschaft traditionell **hoch geachtet** wird. Im Umgang der Geschlechter miteinander herrschen Respekt und Höflichkeit. Mann ist ein Gentleman alter Schule, öffnet Ihr gerne die Tür, räumt für Sie den Platz in der Straßenbahn, und sogar der altehrwürdige Handkuss ist noch nicht gänzlich aus der Mode geraten. Dass der **Familienvorstand** natürlicherweise der **Mann** ist, wird dabei nicht in Frage gestellt, und auch die Familienkutsche lenkt in der Regel der Papa. Versuchen Sie einmal, als Beifahrerin auf einem Parkplatz dem Wächter die Gebühr in die Hand zu drücken. Er wird sie nicht annehmen und warten, bis Adam mit dem Abstellen des Gefährts fertig ist. Denn auch die Brieftasche zückt in der Regel der Mann, selbst wenn er arbeitslos ist und die Frau das Familieneinkommen nach Hause bringt.

Alltagskultur

Familienbande werden in Polen ganz groß geschrieben. Nichtsdestotrotz sinkt die **Geburtenrate** stetig, wie überall in den Industrieländern. Der Babyboomer-Jahrgang 1955, als man 532.000 kleine polnische Neubürger zählte, wird wohl nicht wieder erreicht. 1996 erblickten noch 428.200, im Jahr 2000 nur noch 378.000 und 2006 sogar nur noch 376.035 Kinder das Licht der Welt. Das beliebteste Familienmodell, auch dies in Europa nichts weiter Ungewöhnliches, ist „Eltern plus zwei Kinder", obwohl sich neuerdings immer mehr Paare in Polen für ein einziges Kind entscheiden.

Dem **Geburtstag** wird, anders als etwa in Deutschland, keine allzu große Bedeutung beigemessen. Das Wiegenfest eines Freundes zu verschwitzen, wird maximal als kleiner Fauxpas angesehen. Seinen **Namenstag** darf man dagegen auf keinen Fall vergessen! Dieser ist das wichtigste persönliche Fest. Man feiert es im Kreis der Familie und Freunde, schenkt Blumen, Bücher, CDs und andere schöne kleine Dinge. Und damit man Maryja und Jan und alle anderen Heiligennamen, die mehrmals im katholischen Kalenderjahr vorkommen, nicht gleich zweibis dreimal jährlich beschenken muss, wird der Namenstag an dem Tag begangen, der dem Geburtstag als nächster im Kirchenkalender folgt.

In letzter Zeit setzt sich aber mehr und mehr auch das Geburtstagfeiern durch. Vielleicht, weil man so oft wie möglich viele liebe Menschen um sich versammeln möchte? Ein offenes Haus gilt in Polen außerordentlich viel. „Gość w domu - Bóg w domu" („Gast im Haus - Gott im Haus") ist viel mehr als nur ein Sprichwort, es ist praktizierte Realität. Nicht umsonst rühmt man die Menschen zwischen Oder und Bug als außergewöhnlich herzlich und **gastfreundlich.**

Nun eilt den Polen aber gleichzeitig der Ruf voraus, sie würden bei Festen unglaubliche Mengen **Wodka** hinunterspülen. Um sofort mit diesem Klischee aufzuräumen: Die polnischen Nationalgetränke sind Kaffee und Tee. Ein kühles Blondes genehmigt man sich gelegentlich zum Feierabend, auf Partys werden Weine und Cocktails serviert, und ein Gläschen Wodka wird eisgekühlt zur Verdauung am Ende von üppigen Festessen gereicht.

Kaffee und Tee trinkt man dagegen rund um die Uhr; den Tee gerne mit Zitrone und viel Zucker, den Kaffee traditionell als grob gemahlene Bohne, einfach mit heißem Wasser aufgebrüht, oder, wenn es schnell gehen muss, was oft der Fall ist, als Nescafé.

Denn der **Arbeitstag** in Polen beginnt vergleichsweise früh, in der Regel um 7 Uhr morgens, egal ob in der Fabrik oder in der Bürostube. Mittagspausen sind eher unüblich, dafür kann man aber meist schon gegen 15 Uhr wieder nach Hause gehen. Dann ist spätestens auch die Schule aus, und man versammelt sich daheim zum warmen Essen rund um den Tisch. Abends wird kalt gegessen, am liebsten am Couchtisch zum Fernsehprogramm, und dazu gibt es Tee.

Durchschnittlich vier Stunden am Tag verbringt man in Polen vor der Flimmerkiste, damit ist **Fernsehen** mit Abstand die liebste **Freizeitbeschäftigung**. Es folgen Shopping und mit dem Hund Gassi gehen, Fitnesstraining, Kino, Theater und Konzerte. Und sogar Radfahren, das lange als kuriose Tätigkeit von Polen-Urlaubern galt, kommt allmählich in Mode.

König **Fußball** nicht zu vergessen! Egal ob aktiv gekickt oder passiv geguckt, das runde Leder spielt polenweit eine eminent wichtige Rolle. Nicht nur, dass die rotweiße Nationalelf seit je weltweit in der Liga der Besten mitmischt. 2012 richtet Polen, zusammen mit dem Nachbarland Ukraine, die **Fußball-Europameisterschaft** aus. Damit findet erstmals seit 1960 im ehemals sogenannten „Osten" Europas wieder eine Fußball-EM statt.

Polens Backsteingotik ist weltberühmt, hier Zugbrücke und Zwinger in der Marienburg

Architektur

So vielfältig die schöne Natur, so reich ist auch das kulturelle Erbe zwischen Oder und Bug. Zwar gingen im Feuersturm des Zweiten Weltkriegs ungezählte Kunst- und Architekturschätze verloren, aber eine Fülle an Kostbarkeiten überdauerte oder wurde rekonstruiert.

Herausragendes architekturhistorisches Erbe im nordöstlichen Polen sind die imposanten **Deutschordensburgen,** die backsteingemauerten, mittelalterlichen Klosterhochhäuser der Deutschordensritter, wie sie von der Weichsel bis nach Masuren zahlreiche Orte zieren. 1230 zog der Deutsche Orden an die untere Weichsel, gründete Thorn (Toruń) und warf von dort aus die Weichselniederung, Ostpreußen und das Baltikum nieder. So finden sich eine Reihe mächtiger Ordensburgen im Weichselland, darunter das Epizentrum des historischen Ordensstaats: die **Marienburg** (Malbork) an der Nogat, die größte Backsteinburg in Europa und UNESCO-deklariertes Weltkulturerbe der Menschheit.

Eng verknüpft mit der **Backsteingotik,** wie man sie von Lübeck bis ins Baltikum findet, sind auch die **Hansestädte,** allen voran das 1000-jährige **Danzig.** Das im niederländischen Manierismus errichtete Rechtstädtische Rathaus oder auch die gotische Marienkirche zählen zu den bedeutendsten Bauwerken dieser Art in der Welt. Einzigartige Renaissance- und Barockbauten, mit denen die reichen Patrizi-

282po Foto: ki

er ihre Hansestadt schmückten, der Königsweg, die Langgasse und der Lange Markt mit Artushof und Neptunbrunnen – das alles und noch viel mehr gehört zu den Wahrzeichen, die Danzig zu einer Perle der Architektur und zur Königin an der südlichen Ostsee machen.

Weithin sichtbar im flachen Land ragen die mächtigen **Backsteinkirchen** empor, die oft noch die kleinsten Landstädtchen zieren. Zu vielen dieser Sakralbauten wurde der Grundstein ebenfalls bereits im 13./14. Jahrhundert gelegt. Wehrhaft sind sie errichtet und im Inneren mit wundervollen **Sternengewölben** geschmückt; so die eindrucksvolle Kathedrale von Frombork (Frauenburg), die auf dem Domhügel über der Haffküste thront, die gotische Pfarrkirche in Lidzbark Warmiński (Heilsberg), die Basilika von Dobre Miasto (Guttstadt) oder St. Jakob in Olsztyn (Allenstein) und, alles überragend, die Marienkirche in Danzig, eine der größten Kirchen der Welt.

Seltener, dafür umso prachtvoller, zieren **barocke Gotteshäuser** Ermland-Masuren. Unmittelbar auf der historischen Glaubensgrenze zwischen dem ehemals protestantischen Masuren und dem katholischen Ermland ließen Jesuitenmönche Ende des 17. Jahrhunderts die Wallfahrtskirche **Święta Lipka** (Heilige Linde) errichten, eines der schönsten sakralen Bauwerke Nordpolens. Mit Heilige Linde entwickelte sich im Ermland der Typ einer von einem Laubengang umgebenen Wallfahrtskirche, wie man sie außerdem in Krosno nahe Orneta (Wormditt) und, in abgewandelter Form, im Kloster Stoczek bei Lidzbark Warmiński vorfindet.

Eine Rarität sind die hölzernen kleinen Gotteshäuser von Rożental und Rychowo südlich von Ostróda (Osterode) sowie von Ostrykół in der Nähe von Ełk (Lyck). Der Rożentaler Sakralbau im 18. Jahrhundert errichtet, die beiden anderen bereits im 17. Jahrhundert gebaut, handelt es sich um die **letzten Holzkirchen Masurens**. Eine weitere lässt sich noch in Olsztynek (Hohenstein) im sehenswerten **Masurischen Freilichtmuseum** besichtigen. Ebendort kann man masurische Höfe und Fischerkaten, Weichselländische Mühlen und Vorlaubenhäuser, ermländische Bauernhäuser und vieles mehr entdecken – kurz: historische dörfliche Architektur aus dem ganzen ehemaligen Ostpreußen.

In den größeren Ortschaften erinnern Backsteinbauten, Giebel- und Fachwerkarchitektur an die deutsche Vergangenheit. Gelegentlich haben sich noch die **mittelalterlichen preußischen Stadtanlagen** bewahrt. Typisch dafür dehnt sich im Zentrum ein weitläufiger Marktplatz aus, mitten darauf erhebt sich ein kleines, im Kern meistens gotisches Rathaus, umringt von hübschen zwei- bis dreigeschossigen Bürgerhäusern im schlichten barocken oder klassizistischen Gewand, während das backsteinrote große Gotteshaus sich vornehm im Hintergrund hält. Oft sind auch noch die gotischen Stadttore und manchmal sogar Reste der mittelalterlichen Stadtmauern erhalten.

283po Foto: kj

Von der Zeit Ostpreußens als Junkerland künden die **Herrenhäuser** der alten Adelsfamilien *von Lehnsdorff, Dohna, Dönhoff* und *Eulenburg,* um nur die berühmtesten zu nennen. Über 2100 Gutsbezirke zählte man Anfang des 20. Jahrhundert in Ostpreußen, und die meisten nannten ein Ensemble von – mal schlossähnlich großem, mal wieder kleinerem – Herrenhaus mit Nebengebäuden und Park ihr eigen. Viele wurden bereits im Ersten Weltkrieg zerstört, weitere fielen im Zweiten Weltkrieg in Schutt und Asche. Was erhalten blieb, wurde in der Volksrepublik in Schulen und Feierabendheime umfunktioniert, oder auch in Viehställe für die staatlichen Landwirtschaftsbetriebe PGR (Państwowe Gospodarstwo Rolne), die dann auch entsprechend herunterkamen.

Heute sind die meisten dieser altehrwürdigen Landsitze, die überdauert haben, sorgfältig restauriert. Sie beherbergen Institutionen und Stiftungen oder vornehme Hotels. Andere wiederum, wie das legendäre Schloss Steinort (Sztynort), „die große Wildnis am See", als das es *Marion Gräfin Dönhoff* beschrieb, warten noch auf ihre Rettung.

Im Masurischen Freilichtmuseum in Olsztynek

Literatur

Vier polnische Schriftsteller wurden bislang mit dem höchsten Preis geehrt, den ein Autor empfangen kann, dem **Nobelpreis** für Literatur. 1996 war es die Krakauer Lyrikerin *Wisława Szymborska,* 1980 der Dichter und Exil-Autor *Czesław Miłosz,* 1924 der Romancier *Władisław Reymont* und 1905, als Erster in der Geschichte der polnischen Literatur, **Henryk Sienkiewicz** – bis heute der am meisten übersetzte Schriftsteller Polens. *Sienkiewicz'* Roman **„Quo Vadis"**, der zur Zeit der Christenverfolgung im antiken Rom angesiedelt ist, erschien sogar auf Arabisch und Japanisch, und spätestens durch seine Verfilmung 1951 mit *Peter Ustinov* in der Rolle des verrückten römischen Kaisers *Nero* erlangte er auch unter Nichtbücherwürmern weltweit Bekanntheit.

Von den Anfängen bis zu den polnischen Teilungen

Zeugnisse der polnischen Schriftsprache finden sich bereits im **12. Jahrhundert.** Erste Werke, die nicht mehr in Latein, sondern in Polnisch niedergelegt werden, verfasst im 15. Jahrhundert *Biernat von Lublin* (um 1465–1529). Im 16. Jahrhundert schließlich wird **Jan Kochanowski** (1530–1584) zum Wegbereiter der Literatursprache. Mit seinen Klageliedern „Treny" übt der Humanist und bedeutende Dichter der polnischen Renaissance einen weitreichenden Einfluss auf die gesamte spätere polnische Lyrik aus.

Das **17. Jahrhundert,** so reich an Kriegen und religiösen Auseinandersetzungen, bringt in der Adelsrepublik besonders viele Tagebücher und politische Traktate hervor. Sie sind vom Geist des **Sarmatismus** geprägt, jener kuriosen Weltanschauung des polnischen Adels, der sich als Abkömmling der antiken Sarmaten wähnte. Herkunft, Tradition und seine umfassenden Privilegien führte der Adel auf dieses Volk zurück, das dem polnischen Mythos zufolge über außergewöhnlichen Mut, Ehre, Tugendhaftigkeit und Patriotismus verfügte – und damit die wahre, einzige, unumstößliche polnische Denk- und Lebensart repräsentierte. Die Aufklärer im 18. Jahrhundert schreiben dem Sarmatismus zumindest eine Mitverantwortung für den Niedergang Polens und die sich anschließenden Teilungen zu.

Gegen Mitte des **18. Jahrhunderts** erreicht die **Aufklärung** das Land. Unter dem umstrittenen russischen König *Stanislaus II. Poniatowksi* (1764–1795), Gönner und fürsorglicher Schutzpatron der schönen Künste, erlebt die Literatur eine bis dahin ungekannte Blüte. Als bedeutendster Literat jener Epoche geht **Ignacy Krasicki** (1735–1801), Bischof im ermländischen Lidzbark Warmiński (Heilsberg), in die Geschichte ein. Aus seiner Feder stammen Komödien, Gedichte, Märchen, Fabeln und Satiren voll mit subtilem Humor, und mit „Die Fälle des Mikołaj Doświadczyński" (1776) wird er zum Begründer des polnischen Romans.

Romantik und Messianismus

Nach der dritten Teilung 1795 ist Polen von der europäischen Landkarte verschwunden, und zusammen mit dem Katholizismus wird die **Literatur zur Bewahrerin der Sprache und der Nation.** Patriotische, religiöse und romantische Empfindungen verschmelzen miteinander und bringen „das lange 19. Jahrhundert" hervor, die literarische Epoche zwischen 1795 und der Neukonstituierung Polens am Ende des Ersten Weltkriegs.

Die Zeit der Heimat- und Staatenlosigkeit prägt bis in die Mitte des 19. Jahrhunderts hinein das „Dreigestirn der polnischen Romantik": *Adam Mickiewicz, Juliusz Słowacki* und *Zygmunt Krasiński.* Die drei Verkünder des polnischen „Messianismus" erkennen im Leidensweg Jesu Christi den **Leidensweg Polens** wieder und schreiben ihrem Land die herausragende Rolle im Kampf gegen Tyrannei und Unterdrückung zu. Vor allem **Adam Mickiewicz** (1798–1855) kleidet das Schicksal und die Gefühle eines ganzen Volks meisterhaft in Literatur. Er wird zum wichtigsten Vertreter der polnischen Romantik, zum Dichterfürsten der nichtexistierenden Nation, und sein 1834 erscheinendes Werk **„Pan Tadeusz"** zum **Nationalepos Polens.**

Geschichte als ein langsamer, zäher Prozess, der sich nichtsdestotrotz auf die Verwirklichung des Königreichs Gottes auf Erden zubewegt: Davon erzählen auch die messianischen Heldengeschichten von *Juliusz Słowacki* (1809–1849) und die vielrezitierten Werke von *Zygmunt Krasiński* (1812–1859). „Z szlachta polska polski lud" (das polnische Volk mit dem polnischen Adel), wie es der konservative *Krasiński* vertritt, und „Duch - wieczny rewolucjonista" (der Geist - ewiger Revolutionär) stehen sich aber selbst im Messianismus als hier restaurative und da demokratisch gesinnte Kraft gegenüber.

Eintritt in die Moderne

Nach dem gescheiterten Aufstand 1863 kommt es zur Abkehr von den romantischen Heilsvorstellungen. Der **Positivismus,** die Hinwendung zur beobachteten Wirklichkeit, entsteht als neue Strömung in der Literatur. Der Roman strebt neuen Glanzzeiten entgegen. **Henryk Sienkiewicz'** (1846–1916) Historienromane „Feuer und Schwert" (1884), „Die Sintflut" (1886) und „Oberst Wołodyjowski" (1888), „Quo Vadis" (1896) und auch „Die Kreuzritter" (1900) begeistern die ganze Welt. „Aufgrund seiner großartigen Verdienste als epischer Schriftsteller", so das Preis-Komitee, wird *Sienkiewicz* als erstem Polen 1905 der Nobelpreis für Literatur verliehen.

In der Tradition des Positivismus entstehen auch die Gesellschaftsromane von **Bolesław Prus** (1847–1912) und **Władisław Reymont** (1867–1925). Für sein umfangreiches vierbändiges Epos „Die Bauern" nimmt *Reymont* als zweiter Pole in der Literaturgeschichte 1924 den Nobelpreis in Empfang. Er gehört dem **Dichterkreis Młoda Pols-**

ka (Junges Polen) an, mit dem um 1890 die polnische literarische Moderne anbricht.

Genialer Vertreter des Jungen Polen ist der Dichter, Dramatiker, Maler und Zeichner, Grafiker, Designer, Regisseur und Nestor des modernen polnischen Theaters: **Stanisław Wyspiański** (1869–1907). Sein Drama „Die Hochzeit“ (1901), eine humorvolle Parabel über die nationalen Befindlichkeiten im geteilten Polen, avanciert zu einem der meistgespielten Bühnenwerke seiner Zeit.

Asche und Diamant

Mit Gründung der Zweiten Republik 1918 entfaltet sich eine Vielzahl literarischer Stile. Die Kunst, von der Verpflichtung zur Errettung der Nation befreit, wird zum Experimentierfeld. Die Warschauer Gruppe **Skamander** um *Julian Tuwim* (1894–1953) und *Stefan Żeromski* (1864–1925) propagiert eine Literatur um der Literatur willen. 1925 gründet *Żeromski* den polnischen PEN-Club.

Der Name der Krakauer Gruppe **Awandgarda** um *Witold Gombrowicz* (1904–1969), *Bruno Schulz* (1892–1942) und *Stanisław Ignacy Witkiewicz* (1885–1939) ist ihr Programm. Die drei zählen heute zu den wichtigsten Schriftstellern der polnischen Moderne. Wie vor ihm *Wyspiański,* ist auch *Witkiewicz,* der unter dem Künstlernamen **Witkacy** Berühmtheit erlangt, ein begnadetes Multitalent: Maler, Zeichner und Fotograf, Philosoph, Kunsttheoretiker, Dramatiker und Romancier, dessen umfangreiches Werk sich mit den Gefahren des Totalitarismus und der Freiheit der Menschen beschäftigt. Am Tag nach dem Einmarsch der Roten Armee in Ostpolen nimmt sich *Witkacy* 1939 aus Verzweiflung das Leben. *Bruno Schulz,* der in seinen Erzählungen „Die Zimtläden“ die Welt der jüdischen Schtetl unvergessen macht, wird 1942 im Getto von einem Nazi-Schergen erschossen.

Asche oder Diamant, in welcher Gestalt würde Polens Zukunft erscheinen? Kaum ein Land hatte im Zweiten Weltkrieg so entsetzlich gelitten wie Polen. **„Asche und Diamant“** heißt denn auch der **Klassiker** schlechthin der polnischen Nachkriegsliteratur. 1948 erscheint der Roman aus der Feder von *Jerzy Andrzejewski* (1909–1983). Ein Jahr später erhebt der polnische Schriftstellerverband den **Sozialistischen Realismus** zur künstlerischen Doktrin. *Andrzejewski* steigt zu einem seiner führenden Protagonisten auf. Doch des Dichters Begeisterung hält nicht allzu lange an. 1957 erscheint sein Roman „Finsternis bedeckt die Erde“ über die Schrecken der spanischen Inquisition – eine Abrechnung mit der Stalin-Ära und zugleich der Beginn der polnischen „Tauwetterliteratur“.

Die Stadt Danzig ist ein häufiges Sujet in der polnischen Literatur

Tauwetterliteratur

Das Tauwetter nach dem Tod *Stalins* bringt eine neue Autoren-Generation hervor, beispielsweise so unkonventionelle Querdenker wie **Stanisław Jerzy Lec** (1909–1966), dessen „Unfrisierte Gedanken" (1959) auch auf dem deutschen Buchmarkt Erfolge feiern. **Stanisław Lem** (1921–2006) ist zweifellos einer der ganz Großen in der Geschichte der Science-Fiction-Literatur. Den Dramatiker und Prosaschriftsteller **Tadeusz Różewicz** (*1921) halten nicht nur in Polen eine Vielzahl von Kritikern für einen der heißesten Kandidaten für den Literatur-Nobelpreis. Der Dramatiker und Satiriker **Sławomir Mrożek** (*1930) ist der beliebteste Prosaiker und meistgespielter zeitgenössischer Dramatiker Polens. **Zbigniew Herbert** (1924–1998), Lyriker, Dramatiker und Essayist, wird mit zahllosen nationalen und internationalen Literaturpreisen überschüttet und posthum als bester Nachkriegslyriker mit der höchsten polnischen Auszeichnung, dem Orden des Weißen Adlers, geehrt.

Noch unter der stalinistischen Knute verlässt 1951 **Czesław Miłosz** (1911–2004) das Land, lebt erst in Frankreich und lässt sich 1960 in den Vereinigten Staaten nieder. Im Anschluss an den das ganze Land in seinen Grundfesten erschütternden Streik-Sommer der Solidarność 1980 überreicht das Osloer Komitee *Miłosz,* „der mit kompromiss-

281po Foto: kj

115po Foto: kj

loser Klarsicht der Stellung des Menschen in einer Welt von schweren Konflikten Ausdruck verleiht", den **Nobelpreis** für Literatur. Noch bis zur Wende 1989 können seine Gedichte, Romane und Erzählungen nur illegal unter dem Ladentisch weitergereicht werden, ebenso wie die Romane von **Andrzej Szczypiorski** (1928–2000) oder die Gedichte *Wisława Szymborskas* (*1923). *Drugi brieg* (Zweiten Umlauf) nannte man diesen heimlichen Weg der Bücherverbreitung.

1996 nimmt die Lyrikerin **Wisława Szymborska** als jüngstes Mitglied im polnischen Dichter-Olymp den Literatur-Nobelpreis entgegen. In den 1980er Jahren im Solidarność-Untergrund aktiv, ehrt sie das Nobelpreis-Komitee „für ihr Werk, das ironisch-präzise den historischen und biologischen Zusammenhang in Fragmenten menschlicher Wirklichkeit hervortreten lässt."

Die polnische Volksmusik fand ihren Weg in viele klassische Kompositionen

Polnische Gegenwartsliteratur

Heute wird kein Schriftsteller mehr von der politischen Zensur bedroht und muss eine Sprache zwischen den Zeilen finden. Das bedeutet aber auch, eine neue Sprache zu finden. So hat sich die jüngste Autoren-Generation auf den Weg gemacht, z.B. **Olga Tokarczuk** (*1962). Gleich ihr Debütroman „Reise der Buchmenschen" (1993) bringt ihr große Aufmerksamkeit ein, und mit „Ur und andere Zeiten" (1996) gelingt ihr auch in der internationalen Lesegemeinde der Durchbruch.

Seit Anfang des dritten Jahrtausends wirbelt **Dorota Masłowska** (*1983) die polnische Literaturszene durcheinander. 2002 erscheint ihr Erstling „Schneeweiß und Russenrot", den das Schriftsteller-Küken bereits als 18-Jährige schrieb und den die Kritik als ein ebenso poetisches wie punkiges Subkulturporträt feierte. *Masłowskas* zweiter, im zynischen Hiphop-Stil vorgetragener Roman „Die Reiherkönigin" aus dem Jahr 2005, der sich mit der Warschauer Medien- und Konsumschickeria befasst, spaltet die Leserschaft in glühende Verehrer und entschiedene Gegner.

Als Pazifist und Armee-Deserteur kassierte **Andrzej Stasiuk** (*1960) sechs Monate Gefängnisaufenthalt. Seine Knast-Erlebnisse schildert er drastisch im Erzählband „Die Mauern von Hebron" (1992) und wird damit zum Star der jungen polnischen Literaturszene. **Pawel Huelle** (*1957) macht sich mit seinem Erstlingswerk „Weiser Dawidek" (1987) sofort einen Namen und wird in viele Sprachen übersetzt. Es folgen 1991 „Schnecken, Pfützen, Regen und andere Geschichten aus Danzig", die jenseits aller deutsch-polnischen Heimatduseleien die Beziehung der deutschen zur polnischen Geschichte der alten Hansestadt in ihrer Kontinuität wieder herstellen. **Stefan Chwin** (*1949) wird, wie *Pawel Huelle,* als poetischer Chronist der deutsch-polnischen Geschichte Danzigs bekannt. Sein Roman „Hanemann" (1995), auf Deutsch unter dem Titel „Tod in Danzig" erschienen, gilt als die schönste Liebeserklärung eines in Danzig aufgewachsenen Polen an die ehemals deutsche Hansestadt.

Kunst, Musik und Film

Fotografie und Plakatkunst

Noch viel mehr als die polnische Literatur war im „langen 19. Jahrhundert" die Malerei in den Dienst der von der Landkarte gefegten Nation gestellt. Die Palette umfasste nationalromantisch historische und heroische Themen, man malte im Auftrag der **patriotischen Mission.** Die Darstellung des Kościusczko-Aufstands 1794 von *Piotr Michałowski* (1800–1855) und das Monumentalgemälde „Schlacht bei Grunwald" des herausragenden polnischen Malers jener Epoche, *Jan Matejko* (1838–1893), erlangten weltweite Bekanntheit, ebenso wie der

Ausspruch *Matejkos,* dass die Kunst „gewissermaßen eine Waffe" sei und „die Trennung der Kunst von der Heimatliebe unzulässig!"

Der Matejko-Schüler, Schriftsteller, Dramatiker, Maler, Zeichner und Regisseur **Stanisław Wyspiański** (1869–1907) begründet die **Moderne** in der polnischen Kunst. Er revolutioniert das Theater, modernisiert die Gebrauchskunst und verknüpft in seinem bildnerischen Werk Ausdrucksformen des Jugendstils und des Symbolismus mit Elementen der polnischen Volkskunst. Seine Ausstattung der Krakauer Franziskanerkirche zählt zu den schönsten Beispielen der modernen Dekorationskunst.

Stanisław Ignacy Witkiewicz (1885–1939), **Witkacy** genannt, ist das zweite Multitalent dieser Zeit, Dramatiker, Kunsttheoretiker, Maler und Fotograf. Im Sinne seiner Theorie der „reinen Form" entstehen surreal-expressive Kompositionen und apokalyptische Visionen, nicht selten unter Rauschgifteinfluss. 1939 wählt er den Freitod und hinterlässt neben seinem bildnerischen und dramatischen Werk außerdem ein bedeutendes Œuvre experimenteller Fotografie.

Experimentelle Offenheit kennzeichnet dann wieder die Tauwetter-Periode ab Mitte der 1950er Jahre. In Polen bringt sie eine ganz eigene Symbiose von Gebrauchskunst und bildender Kunst hervor, die **Plakatkunst,** mit **Henryk Tomaszewski** (1914–2005) als Nestor und führendem Exponenten der polnischen Plakat-Schule. Dem internationalen Siegeszug dieser Kunstform tragen das 1968 in Warschau eröffnete Plakatmuseum und die bereits seit 1966 veranstaltete Plakat-Biennale Rechnung. Und auch manche Vertreter der jungen Künstler-Generation knüpfen daran an. So etwa *Piotr Młodożeniec* (*1956) und *Marek Sobczyk* (*1955), die unter dem Logo „Za Fryki" zusammen Plakate kreieren.

Weltruhm erlangte der Fotograf **Ryszard Horowitz** (*1939), Auschwitz-Überlebender und in den USA lebender polnischer Künstler, einer der wichtigsten Fotokünstler des 20. Jahrhunderts überhaupt und mehrmals zum besten Fotografen der Vereinigten Staaten gekürt. Internationale Erfolge feiert auch die Bildhauerin **Magdalena Abakanowicz** (*1930). Ihre Wandtextilien, Skulpturen und Installationen werden weltweit mit Auszeichnungen bedacht.

Musik – Patriotisches, Avantgardistisches, Jazz

Fryderyk Franciszek Szopen (1810–1849) ist es, der die Klänge seiner Heimat, die Volkstänze, Polonaisen und Mazurkas, in den europäischen Konzertsälen salonfähig macht. Besser bekannt als **Frédéric Chopin,** wird der große Komponist und Klaviervirtuose im Pariser Exil zum musikalischen Botschafter Polens.

Viele Elemente der polnischen Volksmusik verarbeitet auch der neun Jahre jüngere **Stanisław Moniuszko** (1819–1872) in seinem Werk. Es findet im Ausland kaum größere Beachtung, doch *Moniuszkos* Vertonungen von Gedichten *Adam Mickiewicz'* machen ihn in den Teilungsgebieten zum beliebtesten Komponisten. 1854 wird seine tragische Oper „Halka" uraufgeführt und avanciert sofort zur polnischen Nationaloper. Sein Begräbnis 1872 in Warschau gerät zur politischen Demonstration, und bis heute zählen die Arien aus „Halka" zum Repertoire jedes polnischen Opernsängers.

Die Verschmelzung von Tonkunst und Politik verkörpert **Ignacy Jan Paderewski** (1860–1941). Dem Einfluss des Komponisten und begnadeten Pianisten ist es mit zu verdanken, dass die Polen-Frage am Ende des Ersten Weltkriegs Eingang in US-Präsident *Wilsons* 14-Punkte-Plan fand. 1919 wird *Paderewski* polnischer Ministerpräsident, 1940 steht er als Präsident dem Exilparlament vor. Zu seinen bekanntesten Werken gehört die Oper „Manru" (1901), mehr noch wird er aber als Klavierkünstler berühmt. Nach *Franz Liszt* gilt er als der beste Pianist seiner Zeit.

Von polnischen Volksweisen inspiriert sind auch die Opern und Sinfonien von **Karol Szymanowski** (1882–1937), der, zugleich von der Kunst *Ravels* und *Strawinskis* beeinflusst, zum Vater der musikalischen Moderne in Polen wird.

Die Schrecken des Zweiten Weltkriegs, die Besatzung und der Holocaust prägen die polnische Musik in der Nachkriegszeit. Das Oratorium „Dies Irae" zum Gedenken an die Opfer von Auschwitz, das „Polnische Requiem" und „Threnos – für die Opfer von Hiroshima" finden weltweit Gehör. Sie stammen aus der Feder von **Krzysztof Penderecki** (*1933), der mit Clustern und Viertelton-Frequenzdifferenzen – klangliche Provokationen im Spannungsfeld zwischen Musik und Geräusch – bereits in den 1950er Jahren zum Shootingstar der internationalen musikalischen Avantgarde aufsteigt. Als einer der wenigen Avantgardisten findet *Pendereckis* unglaublich umfangreiches, vielfältiges Werk sogar bei einem breiten Publikum Gehör. Seine Kompositionen werden ebenso an der Met in New York wie an der Mailänder Scala und im Salzburger Festspielhaus aufgeführt.

Wenn man von Musik in Polen spricht, darf natürlich der **Jazz** nicht fehlen. Was in der Nachkriegszeit in Kellern und Hinterhofschuppen als musikalischer Aufstand gegen den von oben verordneten sozialistischen Gleichklang begann, entwickelte sich schnell zur musikalischen Volksbewegung. Bereits 1956 fand im Seebad Sopot an der Danziger Bucht ein erstes nationales Jazz-Festival statt, Vorläufer des legendären Warschauer „Jazz Jamboree", das heute zu den ältesten und renommiertesten Veranstaltungen dieser Art in Europa zählt.

Berühmte polnische **Jazz-Musiker** sind u.a. der Trompeter, Komponist und Dixielander *Henryk Majewski* (1936–2005) sowie der Free-Jazzer *Tomasz Stańko* (*1942). Leider sehr früh gestorben ist *Krzysztof Komeda* (1931–1969), der dem polnischen Jazz zahlreiche neue Impulse verlieh

175po Foto: kj

und in seinen Bands das Who is Who der polnischen Jazz-Szene versammelte: von *Zbigniew Namysłowski* und *Tomasz Stańko* über *Michał Urbaniak* bis *Jan Ptaszyn Wróblewski. Komeda* komponierte außerdem eine Reihe von Filmmusiken, darunter die zu *Roman Polanskis* Welterfolg „Rosemaries Baby".

Im polnischen Alltag fehlt es nicht an poetischen und skurrilen Elementen

Das jüngste Kapitel in der polnischen Jazzmusik hat die 1988 gegründete Gruppe **Miłość** um den Gitarristen *Ryszard Tymon Tymański* (*1968) aufgeschlagen. Sie machen „Yass", ein Crossover aus Rock, Neuer Welle und Free-Jazz, gemischt mit surrealistisch instrumentalem Theater und – das darf in Polen nicht fehlen – Poesie.

Polnischer Film – zwischen Łódź und Hollywood

Polnische Filmemacher arbeiten in der Liga der Weltbesten. *Roman Polanski, Andrzej Wajda, Krzysztof Zanussi* oder *Krzysztof Kieślowski,* um nur die bekanntesten zu nennen, begeistern Millionen von Kinofans auf der ganzen Welt. Sie alle absolvierten die berühmte Filmhochschule in Łódź (Lodz), wo 1899 im Kino „Iluzjon" auch die Bilder in Polen laufen lernten.

Roman Polanskis (*1933) erster Erfolg stellt sich 1958 mit „Zwei Männer und ein Schrank" in den nationalen Filmtheatern ein. Da ist er gerade mal 25 Jahre alt. Fünf Jahre später verlässt der Überlebende des Krakauer Gettos das Land wegen antisemitischen Schmähungen und der rigiden Zensur. Mit „Tanz der Vampire" und „Rosemaries Baby" gelingt ihm Ende der 1960er Jahre in Hollywood der Durchbruch. Er dreht zahlreiche Welterfolge, darunter „Chinatown", den die Film Academy gleich elf Mal für den Oscar nominiert. Angebote, die den Holocaust thematisieren, lehnt er dagegen ab, so etwa für die Regie zum Film

„Schindlers Liste“, den dann *Steven Spielberg* realisiert. Erst Anfang des neuen Jahrtausends kehrt *Polanski* nach Polen zurück, um das Leben des Pianisten *Władisław Szpilmann* im Warschauer Getto auf die Leinwand zu bannen. 2003 wird er für „Der Pianist“ mit dem Regie-Oscar ausgezeichnet.

Für sein umfangreiches Lebenswerk erhält im Jahr 2000 **Andrzej Wajda** (*1926) den Oscar. Sein erstes international gefeiertes Meisterwerk ist 1958 „Asche und Diamant“ nach dem Roman von *Jerzy Andrzejewski.* Und so viele internationale Produktion *Wajda* fortan dreht – darunter „Danton“ mit *Gérard Depardieu* in der Hauptrolle, „Die Dämonen“ nach Dostojewski mit *Isabelle Huppert* und *Omar Sharif,* „Eine Liebe in Deutschland“ mit *Hanna Schygulla* –, widmet er sich immer wieder auch der Verfilmung polnischer Literatur: 1973 „Die Hochzeit“ nach dem gleichnamigen Theaterstück *Stanisław Wyspiańskis,* 1995 „Das gelobte Land“ nach dem Roman von *Władisław Reymont,* die ihm zwei Oscar-Nominierungen einträgt, und 1998 schließlich die Monumentalverfilmung von *Adam Mickiewicz'* Nationalepos „Pan Tadeusz“ – weltweit kein Kassenschlager, aber in Polen schlägt das opulente Werk mehr als fünf Millionen Zuschauer in seinen Bann. Zuletzt thematisierte *Wajda* die Gräueltaten des sowjetischen Geheimdienstes an polnischen Offizieren und Zivilisten im Frühjahr 1940 in Katyn. Unter dem Titel „Das Massaker von Katyn“ kam der Film 2009 in die deutschen Kinos.

Zahlreiche Auszeichnungen werden auch **Krzysztof Zanussi** (*1939) für sein Werk zuteil, so die Goldenen Löwen der Filmfestspiele in Venedig 1984 für „Das Jahr der ruhigen Sonne“ und 2000 für „Das Leben als eine geschlechtlich übertragene tödliche Krankheit“.

Krzysztof Kieślowski (1941–1996) wird durch seinen „Dekalog“ weltbekannt, einen Zyklus von zehn Filmen, die thematisch um die zehn Gebote und ihre Bedeutung zur Zeit des Kriegsrechts und des Solidarność-Verbots in den 1980er Jahren kreisen. Der fünfte Teil dieser Reihe, „Ein kurzer Film über das Töten“, erschüttert 1988 in Cannes selbst die hartgesottene Filmkritik und führt zu *Kieślowskis* kometenhaftem Aufstieg nicht nur beim Publikum, sondern sogar in der Filmfachwelt. Seine Trilogie „Drei Farben“ zählt heute zu den wichtigsten Produktionen der europäischen Filmgeschichte. Ein Goldener Löwe 1993 für „Drei Farben: Blau“, ein Silberner Bär 1994 für „Drei Farben: Weiß“, eine Oscar-Nominierung 1994 für „Drei Farben: Rot“ gehören zu den unzähligen Ehrungen des Regisseurs, der 1996 leider viel zu früh starb.

204po Foto: kj

Trójmiasto (Dreistadt)

212po Foto: kj

211po Foto: kj

Danzigs Rechtstädtisches Rathaus in der ul. Długa

Details am Goldenen Tor in Danzig

Das Mottlau-Ufer mit Danzigs berühmtem Krantor

Überblick

Trójmiasto (Dreistadt) nennt man das mit insgesamt 800.000 Einwohnern **größte städtische Konglomerat** an der polnischen Ostseeküste: die drei Städte Gdynia (Gdingen), Sopot (Zoppot) und Gdańsk (Danzig). Auf 35 Kilometer Länge ballen sie sich zwischen den bewaldeten Anhöhen des Dreistädter Landschaftsparks (Trójmiejski Park Krajobrazowy) und der Westküste der Danziger Bucht (Zatoka Gdańska). Hier und da von kleinen Grünanlagen unterbrochen, lässt es sich in dem ausgedehnten Häusermeer oft nur schwer ausmachen, wo die eine Stadt endet und die nächste beginnt. Gdynia, Sopot und Danzig sind so gut wie zusammengewachsen und bilden das bedeutendste Wirtschaftszentrum im südöstlichen Ostseeraum.

Dabei könnten die drei Schwestern nicht unterschiedlicher sein: Gdynia, moderne Hafenstadt und mit dem Geburtsjahr 1926 die Jüngste im Bunde; Sopot, seit Ende des 19. Jahrhunderts mondänes Seebad und heute quirlige Partyhochburg; und schließlich Danzig, tausendjährige Perle der Ostsee und altehrwürdige, traditionsreiche Hansestadt.

Öffentlicher Personennahverkehr

Von Norden nach Süden sind Danzig, Sopot und Gdynia über eine sechsspurige Schnellstraße und auf dem Schienenweg durch die **S-Bahn SKM** (Szybka Kolej Miejska) miteinander verbunden. Um dem alltäglichen Verkehrskollaps mit nervenaufreibenden Autostaus zu entgehen, empfiehlt es sich für Besucher, den **Wagen** auf einem bewachten Parkplatz abzustellen und auf den öffentlichen Nahverkehr umzusteigen. Neben der SKM, die in den Hauptverkehrszeiten im Fünf-Minuten-Takt fährt, verfügen alle drei Städte mit Straßenbahnen, Omnibussen und Trolleybussen über ein **gut ausgebautes öffentliches Nahverkehrssystem.**

Ein Verkehrsverbund existiert in Trójmiasto zurzeit leider noch nicht, d.h. es müssen unterschiedliche Tickets für Tram und Busse in den drei Städten sowie für die SKM gelöst werden. Für Besucher bietet sich deshalb die unkomplizierte **Tourist Card** an. Sie gilt als Freifahrtschein für den öffentlichen Nahverkehr in der gesamten Dreistadt, bietet darüber hinaus freien Eintritt in den wichtigsten Museen und Preisnachlässe in zahlreichen Restaurants und Geschäften. Man erwirbt sie in den Touristeninformationen mit einer Gültigkeitsdauer von 24 Stunden oder 72 Stunden für umgerechnet etwa 8 Euro bzw. 15 Euro.

Einzelfahrscheine der **SKM** werden am Schalter der S-Bahn-Stationen, in größeren Stationen auch am Automaten gelöst und müssen vor Fahrtantritt in den Stempelkästen auf dem Bahnsteig entwertet werden. Sie gelten nicht für die jeweiligen Städtischen Verkehrsgesellschaften.

Einzelfahrscheine für **Tram** und **Busse** in Danzig kauft man in Form von Streifenkarten, die für 10-, 30- oder 60-minütige Fahrten gelten. Weniger kompliziert für Touristen ist die 24-Stunden-Fahrkarte *(bilet 24-godzinnego),* mit der man für rund 10 Złoty einen Tag lang den Danziger ÖPNV nutzen kann. Streifenkarten werden in Kiosken und von den Fahrern verkauft, 24-Stunden-Tickets nur in Kiosken.

Fahrscheine für die Busse des ÖPNV in Gdynia und Sopot kauft man ebenfalls entweder am Kiosk oder auch direkt beim Busfahrer.

Danzig (Gdańsk)

↗ II/B2

Von der **Herkunft des Namens** „Danzig" oder „Gdańsk" gibt es die unterschiedlichsten Erzählungen. Manche behaupten, er komme von dem Wort „Tanz", was in alter Schreibweise manchmal mit dem Buchstaben „D" beginnt. Andere sagen, er sei von einem dänischen Seeräuber hergeleitet, der in grauen Vorzeiten in dem Dorf Wiek nahe der Ostsee seine Schätze versteckte, weshalb man dem Ort den Namen „Danske-Wiek" verlieh.

Verbürgt ist dagegen die **erste schriftliche Erwähnung** der „Königin der Ostsee", und zwar im Jahr **997** während der Missionsfahrt des Bischofs *Adalbert* zu den heidnischen Prußen, und zwar in der Schreibweise „Gyddanszyc". 1997 feierte die stolze Hansestadt ihr 1000-jähriges Jubiläum.

Und welche **Persönlichkeiten, Institutionen** und **Ereignisse** verbinden sich mit diesem 1000-jährigen Namen! Glorreich: Fürst *Mieszko I.* (reg. um 960–992). Unbeliebt: der Deutsche Orden. Erfolgreich: König *Kazimierz IV. Jagiellończyk* (reg. 1447–1492). Stinkreich: die Hanse. Humanistisch: *Jan Dantyszek* (1485–1548). Barockschwer: *Martin Opitz* (1597–1639). Sterneschauend: *Johannes Hevelius* (1611–1687). Verzweifelt: *Arthur Schopenhauer* (1788–1860). Vernichtend: *Adolf Hitler* (1889–1945). Erzählend: *Günter Grass* (*1927). Und die sozialistische Volksrepublik in den Grundfesten erschütternd: *Lech Wałęsa* (*1943) und die Gewerkschaft Solidarność.

Heute zählt die größte Stadt der Trójmiasto und **Hauptstadt der Woiwodschaft Pommern** (Pomorze) ungefähr eine halbe Million Einwohner. Sie ist Zentrum der polnischen **Werftindustrie** und mit ihrem See-, Binnen-, Fährschiff- und Flughafen zugleich der wichtigste **Verkehrsknotenpunkt** an der südöstlichen Ostsee. In zahlreichen wissenschaftlichen Einrichtungen und nicht weniger als sechs **Hochschulen** wird der akademische Nachwuchs ausgebildet. Neben Theatern und Galerien der verschiedensten Art runden eine Philharmonie und bedeutende Museen das **Kulturangebot** ab.

In der nach 1945 wieder aufgebauten **historischen Innenstadt,** deren Viertel bis ins späte Mittelalter hinein eigenständige Städte waren, konzentrieren sich die berühmtesten Sehenswürdigkeiten Danzigs, besonders in der aus der ältesten Danziger Marktsiedlung hervorgegangenen **Altstadt (Stare Miasto)** am Radaune-Kanal und herausragend in der **Rechtstadt (Główne Miasto)** am Ufer der Mottlau (Motława).

Geschichte

Schon im 11. Jahrhundert befinden sich an der Mottlau eine befestigte **Siedlung** und eine **Burg,** die wahrscheinlich auf den ersten verbürgten polnischen Herrscher **Mieszko I.** zurückgeht. Dank der vorteilhaften Lage am Knotenpunkt wichtiger Handelswege wächst der Ort rasch. Als unter dem Pommerellen-Herzog **Swantopolk** (1220–1266) die **deutsche Ein-**

wanderung beginnt, zählt er fast 10.000 Einwohner, und bis zum Tod *Swantopolks* 1266 erlebt Danzig eine erste Blütezeit. Nach dem Ableben des weisen Herrschers entbrennt ein folgenschwerer Familienstreit um die Nachfolge. In der kriegerischen Auseinandersetzung mit zwei Onkeln und seinem eigenen Bruder ruft *Swantopolks* Sohn **Mestwin II.** den Markgrafen von Brandenburg zu Hilfe und unterstellt diesem den von ihm regierten Landesteil als Lehen. Das Resultat: Die **Brandenburger** rücken **1271** nach Danzig ein, okkupieren das Land, bleiben als **Besatzer** und leiten seitdem Ansprüche auf Danzig und Pommerellen ab. Der übervorteilte *Mestwin* verbündet sich daraufhin mit Herzog **Przemysław II. von Großpolen,** welcher nur wenig später, im Jahr 1295, zum polnischen König gekrönt werden wird. Gemeinsam gelingt es ihnen, Danzig zurückzuerobern, und *Mestwin* überträgt das gesamte Herzogtum der **polnischen Krone.**

Nachdem die przemyslidische Dynastie im Jahr 1306 erloschen ist, erklärt sich Herzog **Władisław Łokietek** („Ellenlang") zum rechtmäßigen Erben Danzigs und Pommerellens. **1307** besetzen seine Truppen die Stadt, und abermals rufen die Danziger den **Markgrafen von Brandenburg** zu Hilfe. **1308** marschieren zum zweiten Mal brandenburgische Soldaten nach Danzig ein. Doch die polnisch gehaltene Burg leistet erbitterten Widerstand. Im Einvernehmen mit Herzog *Władisław Łokietek* beauftragt der Hauptmann der Danziger Burg den Deutschen Orden, gegen Bezahlung Danzig und Pommerellen für Polen zurückzuerobern. Ein verhängnisvoller Fehler, wie sich bald darauf herausstellen wird.

Die **Ordensritter** kommen, siegen und annektieren das Land. Dabei beläuft sich die Geldsumme, die sie für ihre kriegerische Dienstleistung erheben, auf einen so unverschämt hohen Betrag, dass sie von Polen auf keinen Fall bezahlt werden kann. Vor einem päpstlichen Gericht klagt *Władisław Łokietek* (ab 1320 König von Polen) die Herausgabe Danzigs und Pommerellens zunächst zwar erfolgreich ein, doch wird der Schiedsspruch 1323 vom Papst wieder aufgehoben. Es bleibt dabei: Fortan unterstehen Danzig und Pommerellen der Herrschaft des Deutschen Ordens, und es kristallisiert sich die fatale geopolitische Situation heraus, die im 20. Jahrhundert schließlich als **„Korridorproblem"** in die Geschichte eingehen wird: das Streben Polens nach einem **Zugang zur Ostsee** gegen das Streben der deutschen Mächte nach einer **Landverbindung mit Ostpreußen.**

Vom Deutschen Orden erhält die Danziger Rechtstadt (das historische Zentrum am Ufer der Mottlau) **1343** die **Stadtrechte** verliehen. Der Danziger Altstadt am Radaune-Kanal, mit überwiegend slawischer Bevölkerung, werden diese Rechte erst **1375** zuteil. Auch nur die Rechtstadt, wo die wohlhabenden deutschen Kaufleute sitzen, wird 1361 Mitglied der **Hanse.** Das Regiment der Ordensritter sichert ihnen äußeren Frieden und innere Stabilität, sodass sie sich ganz der Mehrung ihrer Vermögen widmen können. Gewerbe und Handel blühen auf und Zünfte entstehen.

Aufgrund des erstarkenden Selbstbewusstseins der Danziger Bürger kommt es nun allerdings zunehmend zu Spannungen mit den streng absolutistisch organisierten Deutschordensrittern, und nach der verheerenden **Niederlage des Ordens** im Sommer **1410** bei Grunwald (Tannenberg) gegen das vereinte polnisch-litauische Heer ist es auch mit dem Ruf von seiner Unbesiegbarkeit vorbei. Die Danziger Patrizier schwören König **Kazimierz IV. von Polen** Gefolgschaft, denn er gewährt ihnen die eingeforderten Freiheiten und Privilegien.

1440 schließt sich Danzig mit 18 weiteren Städten und den preußischen Ständen zum **Preußischen Bund** zusammen mit dem Ziel, die Ordensherrschaft abzuschütteln. Bereits im zweiten Jahr des **Dreizehnjährigen Kriegs** 1453–1466, den der Bund gegen den Deutschorden führt, zieht König *Kazimierz IV.* unter Jubel in der Hansestadt ein. Ab Mai 1457 ist Danzig eine unabhängige **Stadtrepublik im Polnischen Reich,** und sie wird es bis zur Zweiten Teilung Polens 1793 über 300 Jahre lang bleiben.

Im April **1793** rücken **preußische Truppen** nach Danzig ein. Prominente Bürger, unter ihnen die Familie *Schopenhauer,* verlassen die Stadt, da sie nicht unter preußischer Herrschaft leben wollen. Von **1815** an gehört Danzig zum **Königreich Preußen,** ab **1871** zum **Deutschen Reich.**

Mit Inkrafttreten des **Versailler Vertrags** nach Ende des Ersten Weltkriegs wird Danzig am **28. Juli 1919** zum unabhängigen Stadtstaat unter Aufsicht des Völkerbunds – zur **Freien Stadt Danzig.** Ihr Territorium reicht von Zoppot zum Frischen Haff über die Weichselniederung bis südlich von Dirschau (Tczew). Pommerellen wird der neu gegründeten Republik Polen zugesprochen, der Danziger Hafen untersteht der gemeinsamen Verwaltung durch Danzig und Polen. Dem polnischen Staat wird das Recht eingeräumt, eigene Post-, Telefon- und Telegrafenanlagen zum Hafen auf dem Danziger Gebiet zu betreiben. Weiterhin wird die Eisenbahnverwaltung der Republik Polen unterstellt. Spannungen und **Auseinandersetzungen zwischen Deutschen und Polen** nehmen zu. Wird hier der Umschlag polnischer Güter über den Danziger Hafen behindert, werden dort selbst die Personenzüge aus Deutschland für die Durchfahrt durch den „Korridor" Richtung Ostpreußen verplombt.

Im Mai 1920 gewinnt die Deutschnationale Volkspartei die Wahlen in Danzig, **1933** erhält die **NSDAP** in der „Freien Stadt" die absolute Mehrheit.

Mit den Schüssen des deutschen Schlachtkreuzers „Schleswig-Holstein" auf die Danziger Westerplatte beginnt am **1. September 1939 der Zweite Weltkrieg.** Noch sieben Tage lang verteidigen sich die auf der Westerplatte stationierten polnischen Soldaten verzweifelt, danach müssen sie, wie vorher schon die Angestellten der Polnischen Post am Heveliusplatz, kapitulie-

200po Foto: ki

Das Danziger Werftarbeiter-Denkmal

ren. Die Gefangenen werden größtenteils hingerichtet. Danzig wird in das **Dritte Reich** eingegliedert. Nur wenige Tage später beginnt man mit dem Bau des **Konzentrationslagers Stutthof** 30 Kilometer östlich von Danzig, wo bis zur Befreiung 1945 viele Tausende Menschen ihr Leben verlieren.

Am **30. April 1945** marschieren Verbände der Polnischen und der Roten Armee in die Stadt ein. Bis zum letzten Moment, das heißt bis zur totalen **Zerstörung,** wird sie von den Deutschen verteidigt. Danzig, die einst so prachtvolle Stadt, die stolze Königin der Ostsee, liegt in Trümmern.

Nach Kriegsende wird Gdańsk von der polnischen Bevölkerung Stein für Stein mühevoll **wieder aufgebaut,** bis die Stadt im historischen Gewand des 16./17. Jahrhunderts wiedererstanden ist. Unzählige Handwerker und Restauratoren vollbringen über viele Jahre ein Wunder. Auch zahlreiche neue Wohnungen werden errichtet und Betriebe gegründet. Die Trójmiasto Gdynia-Sopot-Gdańsk entwickelt sich zum bedeutenden Wirtschaftszentrum.

Dennoch bestimmen **Misswirtschaft** und Fehlplanungen das Bild der sozialistischen Republik. Als die Polnische Vereinigte Arbeiterpartei im Dezember 1970 eine Preiserhöhung verordnet, kommt es in Gdańsk zum offenen **Aufstand,** in dessen Folge zahlreiche Tote und Verletzte zu beklagen sind. **1976** erschüttern abermals Streiks und Demonstrationen die Stadt. Am **14. August 1980** treten die **Arbeiter der Lenin-Werft** in den Ausstand und besetzen ihren Betrieb. Und dies ist ein **Streik,** der die gesamte polnische Gesellschaft nachhaltig verändern wird: Nur wenig mehr als zwei Wochen später, am **31. August 1980,** unterzeichnen der Elektriker **Lech Wałęsa** und der damalige stellvertretende Ministerpräsident *Jagielski* die **„Danziger Vereinbarung"** über grundlegende ökonomische und gesellschaftliche Reformen. Es ist die Geburtsstunde der **Gewerkschaft Solidarność** – der ersten freien Gewerkschaft in den Staaten des Ostblocks.

1997 feierte Danzig sein **1000-jähriges Jubiläum.** 2009 beging die Stadt mit vielen Feiern und Veranstaltungen den 20. Jahrestag der friedlichen Revolution.

Sehenswertes zwischen Kohlenmarkt und Mottlau-Ufer (Tour 1)

Den Spaziergang durch die **Rechtstadt (Główne Miasto)** beginnt man am besten am **Targ Węglowy (Kohlenmarkt).** Der Hauptbahnhof ist nicht weit entfernt, viele Straßenbahnlinien halten in der Nähe, und auch bewachte Parkplätze befinden sich nahebei. Ein kurzer Bummel führt zunächst Richtung Norden. Hinter dem Theater, das den Kohlenmarkt im Norden begrenzt, gucken als Teile der alten Rechtstadt-Befestigung vier **Türme** hervor, von denen der letzte den lustigen Namen **Kiek in de Kök** (Baszta Jacek) trägt. Von seinen Schießscharten aus soll man den Rittern in die Küche gesehen haben können.

Gegenüber dem alten Befestigungsturm kann man sich in der **Markthalle** mit Bekleidung und Lebensmitteln eindecken. Wo seit 1894 der überdachte Markt abgehalten wird, befand sich einst der Klosterkomplex des Dominikaner-Ordens. Während der Napoleonischen Kriege Anfang des 19. Jahrhunderts wurde er ein Opfer der Flammen. Die Ordenskirche **St. Nikolai** (Kościół św. Mikołaja), deren Bau von der zweiten Hälfte des 14. bis Ende des 15. Jahrhunderts dauerte, hat die Zeiten dagegen nahezu unversehrt überstanden. Sie ist zugleich das einzige Danziger Gotteshaus, das im Zweiten Weltkrieg nicht zerstört worden ist. Zu ihren schönsten Kostbarkeiten gehören eine Pietà von 1430 und ein Kruzifix, das um 1520 entstand.

Zurück am Kohlenmarkt, fällt gleich vor Kopf neben dem **Strohturm** (Brama Słoma) aus dem 15. Jahrhundert die Rückfront des **Großen Zeughauses** (Wielka Zbrojownia) ins Auge. Eine Fußgänger- und Einkaufspassage führt vom Kohlenmarkt durch das Zeughaus in die ul. Piwna (Jopengasse) hindurch, von wo der Renaissance-Bau seine ganze Pracht offenbart. Mit seiner reich verzierten Fassade, den anmutig ausgestalteten Giebeln und den vielen Skulpturen ist das ehemalige Waffenarsenal **eines der schönsten Renaissance-Gebäude** in Danzig. 1601–1609 wurde es, wie viele andere Danziger Bauwerke, von dem begnadeten Architekten *Anthony von Obbergen* geschaffen.

Den Hauptzugang an der einstigen Westumwallung der Rechtstadt bildet das **Hohe Tor** (Brama Wyżynna) südlich vom Kohlenmarkt. 1574–1576 wurde es als Backsteintor errichtet, erhielt seine heutige Form 1588 durch den Umbau von *Willem van den Blocke* und ist seitdem mit dem Wappen Danzigs, Polens und Königlich Preußens geschmückt. Es eröffnet den sogenannten **Königsweg** (Droga Królewska), auf dem einst – erst durch das Hohe Tor und danach durch das Goldene Tor – die polnischen Könige nach Danzig einzogen.

Nebenan fristeten währenddessen im Vortor mit **Peinkammer** (Katownia) und **Stockturm** (Wieża Więzienna) gefangengesetzte Bösewichte ihr Dasein. Die alten Zellen im Stockturm kann man besichtigen, außerdem ist in den alten Mauern das Danziger **Bern-**

201po Foto: kj

Das Große Zeughaus ist eines der schönsten Renaissance-Gebäude Danzigs

steinmuseum untergebracht, das historische und zeitgenössische Bernsteinkunstwerke, Schmuck und unbearbeitete Bernsteinfunde ausstellt.

Das **Goldene Tor** (Złota Brama), manchmal auch „Langgasser Tor" genannt, wurde 1612–1614 von Baumeister *Willems* Sohn *Abraham van den Blocke* errichtet. Als Spätrenaissancebau einem antiken Triumphbogen nachempfunden, bildet es einen würdigen Eingang zur ul. Długa, der prachtvollsten Danziger Gasse. Die das Tor krönenden allegorischen Figuren, die 1647/48 *Peter Ringering* schuf, stellen Frieden und Freiheit, Reichtum, Ruhm, Gerechtigkeit, Frömmigkeit, Weisheit und Eintracht dar. Die Inschrift über dem Torbogen lautet: „Es müsse wohlgehen denen, die Dich lieben. Es müsse Frieden sein inwendig in Deinen Mauern und Glück in Deinen Palästen."

Nach einem Blick auf die benachbarte spätgotische **St. Georgshalle** (Dwór Bractwa św. Jezergo), 1494 für die Danziger St.-Georgs-Gilde errichtet, öffnet sich östlich vom Goldenen Tor die Rechtstadt in all ihrer Pracht. Seit dem 14. Jahrhundert bilden die berühmte **ul. Długa (Langgasse)** und der **Długi Targ (Lange Markt)** das Herz Danzigs. In der Langgasse und rund um den Langen Markt ließen die wohlhabendsten und reputiertesten Danziger Bürger - Kaufleute, Reeder, Bankiers, Bürgermeister - ihre prunkvollen **Giebelhäuser** errichten, von deren stattlicher Anzahl hier nur die schönsten erwähnt werden können.

Das **Uphagen-Haus** (Kamienica Uphagena) in der ul. Długa 12, 1776–1779 von *Johann Benjamin Dreyer* erbaut, ist ein spätbarockes, typisches Danziger Patrizierhaus jener Epoche. Dem letzten Willen seines Bauherren, Ratsherr *Johannes Uphagen,* entsprechend, beließen es seine Erben über alle Zeiten unverändert. Die Kontore im Erdgeschoss und die aristokratisch ausgestatteten Wohnräume vermitteln eine eindrucksvolle Vorstellung von großbürgerlicher Lebensart im Danzig des ausgehenden 18. Jahrhunderts.

Das 1560 im Stil der niederländischen Renaissance errichtete **Ferbersche Haus** (Dom Ferberów, ul. Długa 28) diente als Wohnhaus der über Jahrhunderte reichsten und wichtigsten Danziger Familie. Durch Holzhandel zu Vermögen gelangt, stellten die *Ferbers* zahlreiche Bankiers und Bürgermeister.

Wenige Schritte weiter schmückt sich mit der Hausnummer 35 das **Löwenschloss** (Lwi Zamek) aus dem Jahr 1569. Lange Zeit war es Treffpunkt der Danziger Gelehrten und Künstler, und 1636 weilte daselbst König *Władisław IV. Wasa* in seinen Mauern. Im 1560 für die Bürgermeisterfamilie *Schumann* gebauten **Schumannhaus** (Dom Szumannów, ul. Duga 45) ist in der Diele die **PTTK-Touristeninformation** untergebracht.

Wo die Langgasse in den Langen Markt übergeht, erhebt sich als glanzvoller Mittelpunkt auf dem Königsweg das **Rechtstädtische Rathaus** (Ratusz Głównego Miasta). Der imponierende Backsteinbau entstand im Verlauf von beinahe 200 Jahren. Um 1380 wurden das Erdgeschoss und ein erstes Stockwerk errichtet, etwa 100 Jahre später folgten ein weiteres Stockwerk sowie der Turm. Nach einem Brand 1556 erhielt der Baukörper seine heutige Renaissance-Gestalt, und der Turm bekam eine prächtig verzierte Haube. Als krönenden Abschluss des nun 82 Meter hohen Rathausturms, von dem man eine herrliche Sicht über die Dächer von Danzig hat, setzte man ihm 1561 die vergoldete Statue von König *Zygmunt II. August* (1548–1572) auf. Aus demselben Jahr stammt auch das Glockenspiel, das seitdem immer zur vollen Stunde erklingt. Das barocke Eingangsportal mit den zwei Löwen und dem Danziger Stadtwappen wurde 1766–1768 von *Daniel Eggert* angefügt.

Die durchgängig fürstlichen Innenräume, mit deren Gestaltung man gegen 1600 begann, sind heute Teil des **Historischen Stadtmuseums.** Unter ihnen bildet der **Rote Saal,** in dem die Ratsherren tagten, das großartigste Beispiel für den Danziger Manierimus. Einmal mehr war der Flame *Anthony von Obbergen* der Meister, dem im 17. Jahrhundert dieser Wurf gelang. In sein aufwendig geschnitztes, stuckiertes und vergoldetes Deckenrelief sind Gemälde der niederländischen Meister *Hans Vredemann de Vries* und *Isaac van den Blocke* eingelassen. Sie stellen eine Allegorie des Danziger Handels dar. Der Kachelofen von 1593 stammt aus der Hand des Bildhauers *Willem van der Meer.*

Als seltene Ausnahme hat der Rote Saal den Zweiten Weltkrieg ohne allzu große Schäden überdauert. Denn während Hitler-Deutschland noch den „Endsieg" beschwor, machte sich der Danziger Konservator *Erich Volmar* bereits 1943 daran, die ganze Pracht abzumontieren und in der Nähe von Danzig sicher einzulagern. Bilder von der Zerstörung der Stadt im Jahr 1945 zeigt im Rathaus eine kleine **Foto-Ausstellung.**

Auf Höhe des Rechtstädtischen Rathauses eröffnet sich der **Długi Targ (Langer Markt),** von dem viele sagen, er sei einer der schönsten Plätze Europas. Mit strahlend weißer Fassade erhebt sich dort der **Artushof** (Dwór Artusa), der seit seiner Errichtung Mitte des 14. Jahrhunderts als Sitz der Danziger Kaufmannsbruderschaften diente. Nach dem sagenhaften König Artus und seiner Tafelrunde hatte man dem Gebäude seinen Namen gegeben. Und tatsächlich entwickelte sich in der großen Halle eine Art trinkfröhliche Bruderschaft, über die brave Bürger folgende und ähnliche Klagen führten: „Täglich sieht und hört man im Artushof das wilde, brutale und üble Benehmen mancher Personen. Einige Brüder verbringen dort nicht nur ihre Tage, sondern auch ihre Nächte auf Banketten. Dies erfüllt die anständigen, frommen Bürger und die Fremden, die sich in der Stadt aufhalten, in solchem Maße mit Ärger und Angst, dass sie lieber einen weiten Bogen um den Hof machen."

1476/77 durch Brände zerstört, wurde der Artushof im spätgotischen Stil wiedererrichtet und im Jahr 1481 neu eingeweiht. Seine aktuelle, manieristische Fassade erhielt der Hallenbau schließlich 1616/17 von *Abraham van den Blocke.* Heute fungiert er als Zweigstelle des **Historischen Stadtmuseums** und zeigt Gemälde, Rüstungen, Schiffsmodelle und einen zehn Meter hohen Kachelofen von 1545.

Davor plätschert seit 1633 der **Neptunbrunnen** (Fontanna Neptuna), ein weiteres der so zahlreichen Danziger Wahrzeichen. Er entstand auf Initiative des Bürgermeisters *Speymann,* mit Entwurf und Ausarbeitung wurde *Abraham van den Blocke* beauftragt. Der Künstler verstarb jedoch noch vor Vollendung des Brunnens, und sein Schüler *Wilhelm Richter* stellte ihn fertig. Eine **Sage** erzählt, der Meeresgott Neptun habe an dieser Stelle persönlich zur Erfindung des berühmten Danziger Kräuterlikörs „Goldwasser" beigetragen. Aufgebracht darüber, dass die Leute dauernd Münzen in seinen bildschönen Brunnen warfen, drosch er mit dem Dreizack so kräftig aufs Wasser ein, dass die Münzen in unzählige feine Goldplättchen zerbarsten. Der goldene Schimmer, den sie auf der Wasseroberfläche hinterließen, brachte die Danziger auf die Idee, damit ihr „Goldwasser" zu veredeln.

Ostwärts schließt sich an den Artushof das **Neue Schöffenhaus** (Dom Ławników) an. 1712–1806 diente es als Sitz des Stadtgerichts, weshalb den Giebel eine Allegorie der Gerechtigkeit ziert. Darunter öffnet sich täglich um 13 Uhr (im Sommer zusätzlich um 15 und um 17 Uhr) das goldblattverzierte runde Fenster, und **„Fräulein Hedwig"** schaut auf den Platz hinaus. Sie ist die Protagonistin des bekanntesten Romans von *Jadwiga Łuszczewska* (1843–1908), „Das Mädchen am Fenster", der von der armen Jungfrau Hedwig erzählt, die ihr Onkel im Haus am Langen Markt 43 eingesperrt hielt.

Zwei Gebäude weiter reiht sich, mit vielen allegorischen Figuren und Skulpturen historischer Persönlichkeiten geschmückt, das stuckverzierte **Goldene Haus** (Złota Kamienica) in das Defilee steinerner Danziger Schönheiten ein. Das 1609–1617 von *Abraham van den Blocke* für den Patrizier *Speymann* errichtete, einst goldfarbene Gebäude wird auch „Steffensches Haus" genannt, da es später in preußischer Zeit die Familie *Steffens* bewohnte.

Zur Mottlau hin wird der Lange Markt vom **Grünen Tor** (Zielona Brama) begrenzt. An dem 1564–1568 nach Plänen der Baumeister *Regnier* aus Amsterdam und *Kramer* aus Dresden errichteten Renaissance-Gebäude endet der Königsweg. Ursprünglich trug es einen grünen Anstrich, daher der Name, doch entschied man sich beim Wiederaufbau nach dem Zweiten Weltkrieg gegen diese Farbe. Heute dient es für Wechselausstellungen des Danziger Nationalmuseums.

Das Grüne Tor durchschreitend, gelangt man zum Uferkai an der Mottlau (Motława). Die Speicherinsel vor Augen, eröffnet sich von hier aus die wohl **berühmteste Danziger Vedute:** das Panorama mit zunächst dem Brotbänketor, dann dem Frauentor, dem Heilig-Geist-Tor und schließlich dem Krantor.

202po Foto: kj

Im prächtigen Artushof ging es einst oft hoch her. Davor plätschert der Neptunbrunnen

Sehenswertes zwischen Brotbänkegasse und Altstädtischem Graben (Tour 2)

Das auf 1454 datierende, älteste Wassertor Danzigs, das **Brotbänketor** (Brama Chlebnicka), führt gleich wieder in die Rechtstadt zurück. In der ul. Chlebnicka (Brotbänkegasse), die in die ul. Piwna (Jopengasse) übergeht und westlich von dem zuvor bereits erwähnten Großen Zeughaus abgeschlossen wird, boten seit dem 14. Jahrhundert die Bäcker auf Bänken ihre Teigwaren feil.

Wegen seines prächtigen Reliefschmucks verdient hier unter der Adresse ul. Chlebnicka 16 das **Englische Haus** (Dom Angielski) Aufmerksamkeit. Mit acht Stockwerken war es zur Zeit seiner Errichtung, 1570, das höchste Haus Danzigs.

Zwischen Großem Zeughaus und Brotbänketor thront majestätisch im Zentrum der Rechtstadt die gotische **Kirche St. Marien** (Kościół św. Mariacki), eine der **größten Kirchen der Welt.** Nach drei Bauphasen 1343–1361, 1379–1465 und schließlich ab 1484 konnte sie 1502 eingeweiht werden. 105 Meter lang, 66 Meter breit und im Gewölbe 29 Meter hoch, fasst sie zum Gottesdienst Tausende Gläubige. Ihr Innenraum birgt unter einem schönen Sternengewölbe zahlreiche wertvolle Schätze. Eine Kreuzigungsgruppe, 1517 von Meister *Paul* ge-

020po Foto: kj

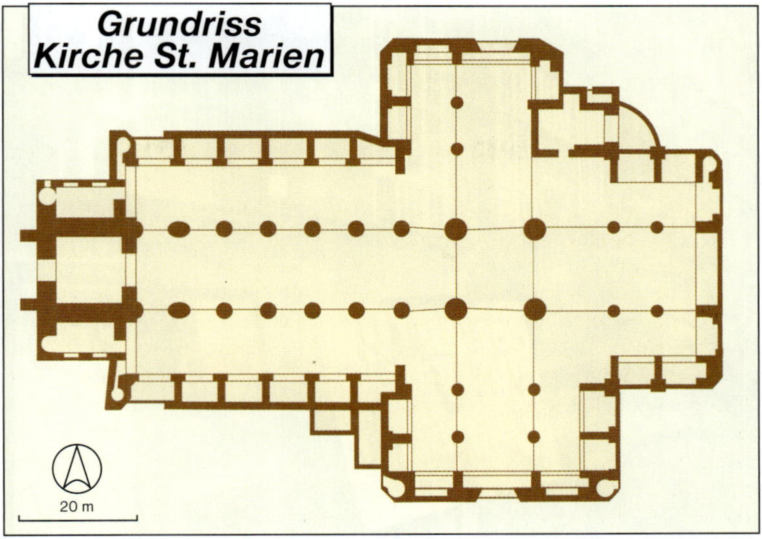

schaffen, wird von dem Querbalken hoch in der Öffnung des Presbyteriums getragen. Der fünfflügelige spätgotische Hochaltar (1510–1517) stammt von Hand des Meisters *Michael von Augsburg,* und auch die barocke Kanzel von 1617 verdient Aufmerksamkeit. Das bedeutendste Kunstwerk ist jedoch *Hans Memlings* Triptychon **„Das Jüngste Gericht".** Vom Papst in Auftrag gegeben, wurde es 1473 während seiner Verschiffung von Brügge nach Italien vom Piraten *Paul Benecke* für Danzig erbeutet. Bei dem Gemälde in der Reinhold-Kapelle handelt es sich allerdings um eine **Reproduktion.**

Die gotische Kirche St. Marien ist eines der größten Gotteshäuser der Welt

Das Original befindet sich im Danziger Nationalmuseum. In der Annen-Kapelle fällt der Blick auf ein um 1420 in Danzig geschaffenes, lebensgroßes Bildnis einer „Schönen Madonna". In der Heilig-Kreuz-Kapelle besticht der Adrians-Altar mit seinem vergoldeten Schnitzaufsatz aus einer Antwerpener Werkstatt (um 1515).

Ein Unikum ist die **Astronomische Uhr** im Nordschiff der Marienkirche. 1464–1470 wurde sie vom Thorner *Hans Düringer* gebaut. Sie zeigt neben Stunden, Tagen und Monaten auch Kalenderheilige, Mondphasen, Tierkreiszeichen und jeweils um 12 Uhr die Verkündigung Marias und die Anbetung der Heiligen Drei Könige an. Vom 80 Meter hohen **Kirchturm,** zu dem fast 400 Stufen hinaufführen,

203po Foto: kj

eröffnet sich eine herrliche Sicht über die Rechtstadt bis hin zum Danziger Hafen.

An der Nordflanke der riesigen Backsteinkirche duckt sich die von König *Jan III. Sobieski* für die seinerzeit kleine katholische Gemeinde gestiftete **Königskapelle.** Barock und kuppelgeschmückt, fällt ihr in der alten Hansestadt ungewöhnliches Erscheinungsbild sofort ins Auge.

Östlich des Gotteshauses schließt sich zur Mottlau die **ul. Mariacka (Frauengasse)** an, das schönste Beispiel einer ganz besonderen Danziger Eigenart, der sogenannten **„Beischläge".** Seit Ende des 16. Jahrhunderts baute man zum Schutz vor Überschwemmungen die Hauseingänge mindestens einen Meter über dem Straßenniveau, versah sie mit einer terrassenartigen Erhöhung und breiter Treppe. Auf diesen **Terrassen,** die „einem aufgeschlagenen Haus nebenbei geschlagen" wurden, verbrachte man während der Sommerzeit einen großen Teil seines bürgerlichen Privatlebens, plauderte, aß und trank und nickte den gesellschaftlich wichtigsten Vorbeigehenden zu. Denn, prunkvoll

Die Beischläge in der Frauengasse beherbergen heute Geschäfte und Galerien

Die Fähre zum Meeresmuseum, dahinter das Museumsschiff „Sołdek"

210po Foto: kj

stuckiert und ausgeschmückt, dienten die Beischläge zugleich auch als erstes Aushängeschild des Hauseigentümers. Unterhalb der Beischläge befanden sich im Souterrain Werkstätten und kleine Läden. Sie sind heute einer Reihe Shops und Galerien gewichen, wo man Kunsthandwerkliches und vor allem **Bernstein** in Hülle und Fülle und in allen nur denkbaren Formen erstehen kann.

Zum Uferkai schließen das spätgotische **Frauentor** (Brama Mariacka) und das **Haus der Naturforschenden Gesellschaft** (Dom Przyrodników) die Frauengasse ab. In Letzterem, 1599 von *Anthony van Obbergen* erbaut, ist das **Archäologische Museum** untergebracht, das größte seiner Art in Nordpolen, das u.a. eine Fülle an Exponaten aus der Prähistorie Pommerellens präsentiert.

Nur einen Steinwurf entfernt, folgen an der Mottlau das **Heilig-Geist-Tor** (Brama św. Ducha) - durch welches man in die gleichnamige Straße mit den Geburtshäusern von *Johanna* (1766–1838) und *Arthur Schopenhauer* (1788–1860) gelangt (Hausnummern 81 und 114) - und schließlich das berühmteste Wahrzeichen Danzigs: das **Krantor (Żuraw).** Mitte des 15. Jahrhunderts erbaut, hob der seinerzeit größte Lastenzug der Welt schwere Schiffsladungen oder setzte Schiffsmasten ein. Hinter seinen bis zu vier Meter dicken Rundmauern ist heute eine Abteilung des **Zentralen**

Meeresmuseums untergebracht, die sich der historischen Rolle des Krantors widmet. Im Nebengebäude werden traditionelle Ruder- und Segelboote aus aller Welt gezeigt, und draußen setzt eine Fußgänger-Pendelfähre über die Mottlau auf die Insel Ołowianka zu den **Drei Speichern** über. Diese beherbergen die Hauptabteilungen des Zentralen Meeresmuseums, das mit umfangreichen Sammlungen zu Schifffahrtstechnik und Meereskultur das größte seiner Art in Polen ist. Davor liegt das **Museumsschiff „Sołdek"** vor Anker, das erste Überseeschiff, das nach dem Zweiten Weltkrieg in Polen gebaut wurde.

Nördlich des Krantors beschließen das Johannes- und das Häkertor die historische Rechtstadt. Über den **Targ Rybny (Fischmarkt),** der sich während des traditionellen **„Dominikanermarkts"** in den ersten drei Augustwochen in einen kunterbunten Jahrmarkt verwandelt, gelangt man zum **Podwale Staromiejskie (Altstädtischer Graben).** Parallel zu Resten der gotischen Rechtstadt-Befestigung verläuft er als Grenze zur Altstadt.

Sehenswertes in der Altstadt (Tour 3)

Ein Muss für deutsche Besucher ist die **Polnische Post** am pl. Obrońców Poczty Polskiej (Heveliusplatz) in der Altstadt **(Stare Miasto).** Zu Beginn des Zweiten Weltkriegs kapitulierten hier nach 14 Stunden verzweifelter Gegenwehr die polnischen Angestellten vor der deutschen Wehrmacht. Alle, die nicht bereits während der Kämpfe umgekommen waren, wurden kurze Zeit später hingerichtet, und die Polnische Post wurde zu einem Symbol des polnischen Widerstands gegen das Nazi-Regime. Im Gebäude ist heute ein **Museum** untergebracht. Es erinnert an die Ereignisse Anfang September 1939, die auch *Günter Grass* in der „Blechtrommel" eindrücklich beschreibt. Das Denkmal am Platz für die Verteidiger der Polnischen Post wurde 1979 errichtet.

Am Radaune-Kanal erhebt sich der klotzige, barockhäubchengeschmückte Turm der **Kirche St. Katharina** (Kościół św. Katarzyny). Im frühen 13. Jahrhundert erbaut, ist die dreischiffige Hallenkirche das **älteste Gotteshaus** der Stadt. In dem von einem Netzgewölbe abgeschlossenen Innenraum waren Fragmente einer aus dem 15. Jahrhundert stammenden Ausmalung, ein spätgotischer Schnitzflügelaltar mit einer Darstellung der Marienkrönung (16. Jh.) sowie ein Kreuzigungsgemälde von *Anton Möller* (17. Jh.) zu sehen. Am 22. Mai 2006 ging das Gotteshaus in Flammen auf. Die wertvollsten Werke konnten zum Glück evakuiert werden, doch ein anderer Teil der alten Innenausstattung ist wohl für immer verloren. Auch die **37 Glocken** im Kirchturm sind seitdem abermals verstummt. Im Zweiten Weltkrieg hatten sie die Deutschen für Rüstungszwecke größtenteils eingeschmolzen, und dass das Glockenspiel später wieder erklang, war zahlreichen Spenden, auch vieler Deutscher, zu verdanken – ein Zeichen der deutsch-

205po Foto: ki

polnischen Aussöhnung. Für die Restaurierung von St. Katharinen bittet man nun wieder um Spenden.

Zum Symbol des polnischen Widerstands gegen das kommunistische Regime wurde die benachbarte **Kirche St. Brigitte** (Kościół św. Brygidy). Eine erste Kapelle am Ort geht auf das Jahr 1374 zurück, Baubeginn für das heutige Gotteshaus war 1396, und in den folgenden drei Jahrhunderten wurde es mehrfach umgebaut und erweitert. Nachdem mit Eintritt des Kriegsrechts die Gewerkschaft **Solidarność** Ende 1981 zur illegalen Opposition geworden war, hielt man in św. Brygidy die größten und wichtigsten **„Messen für das Vaterland"** ab. Eine Kapelle hinten im rechten Schiff der Solidarność-Kirche ist dem 1984 vom polnischen Sicherheitsdienst ermordeten Pater *Jerzy Popiełuszko* gewidmet, außerdem allen Opfern des Massakers von Katyn 1940, bei dem mehrere tausend polnische Offiziere und Zivilisten vom sowjetischen NKWD getötet wurden. Das kleinste Denkmal von św. Brygidy, eine nur 30 Zentimeter große Nachbildung des Danziger Werftarbeiter-Denkmals am Pfeiler nebenan, erinnert an die Opfer des Arbeiteraufstands von 1970. Zurzeit erhält das Gotteshaus eine neue, kostbare Attraktion. Ausschließlich aus Spenden finanziert, entsteht ein elf Meter hoher

Straßenmusiker

und sechs Meter breiter **Bernsteinaltar** mit einem Bildnis der Muttergottes von Częstochowa im Mittelpunkt.

Nahebei liegt auf der Radaune-Insel die sechs Stockwerke hohe, von einem eindrucksvollen Satteldach überwölbte **Große Mühle** (Wielki Młyn). Von Mitte des 14. Jahrhunderts bis 1945 wurden hier mit 18 riesigen Mühlrädern täglich bis zu 200 Tonnen Mehl gemahlen. Heute beherbergen die 120 Zentimeter dicken Mauern eine Einkaufspassage.

Von der Großen Mühle geht der Blick auf das kleine **Altstädtische Rathaus** (Ratusz Staromiejski), eine besondere Sehenswürdigkeit, denn es ist eines der wenigen in der **Renaissance** in Polen errichteten Rathäuser. In den Jahren 1587–1595 wurde es von *Anthony van Obbergen* geschaffen. Das **Denkmal** vor dem Altstädtischen Rathaus ist dem Danziger Bürgermeister, Bierbrauer und Astronomen *Johannes Hevelius* (1611–1687) gewidmet.

Kapelle und Presbyterium der nur wenige Schritte entfernten **Kirche St. Joseph** (Kościół św. Józefa) stammen von 1467–1494. Aus Finanznot konnten die Karmeliter-Mönche das Gotteshaus erst 1623 mit einem Anbau an das Presbyterium vollenden. Bis auf das Gestühl und einen Barockaltar ist die Einrichtung heute modern.

Der Spaziergang durch die Altstadt endet in der ul. Elżbietańska, wo sich die kleine, um 1400 einschiffig errichtete **Kirche St. Elisabeth** (Kościół św. Elżbiety) und das an sie angrenzende barocke **Hospital der heiligen Elisabeth** (Szpital św. Elżbiety) von 1753 befinden. Bevor man nun über die Radaune in die Rechtstadt zurückgelangt, lohnt am Ufer noch der Blick auf das **Haus der Pelpliner Äbte** (Dom Opatów Pelplińskich) von 1612. Ein Danziger Woiwode machte es 1648 den Pelpliner Zisterzienser-Mönchen zum Geschenk.

Über den **Targ Drzewny (Holzmarkt)** mit einem Reiterstandbild des Türkenbezwingers vor Wien, König *Jan III. Sobieski* (reg. 1674–1696), führt der Weg zum Kohlenmarkt zurück.

Sehenswertes außerhalb des historischen Zentrums

Wenige Minuten zu Fuß nördlich der Altstadt wurde auf dem Gelände der **Danziger Werft** (ehemals Lenin-Werft) Geschichte geschrieben. Im August 1980 traten die Werftarbeiter in den Streik, zwei Monate später wurde die erste freie Gewerkschaft des Ostblocks zugelassen und brachte das kommunistische Regime ins Wanken. Im Dezember 1980 folgte die Einweihung des **Werftarbeiter-Denkmals** am pl. Solidarności Robotniczej (Platz der Arbeitersolidarität) vor dem Tor der Danziger Werft. Die drei 40 Meter hoch aufragenden, mit Ankern versehenen Kreuze gedenken der Opfer der Streiks und Demonstrationen von 1956, 1970 und 1976. Um die Ecke in der Straße Wały Piastowskie erinnert die Ausstellung **„Wege zur Freiheit"** (Drogi do Wolności) an die dramatischen Jahre von 1980 bis 1989.

Ein zweiter Spaziergang führt vom Kohlenmarkt über den autolärmenden

206po Foto: kj

Detail des Werftarbeiter-Denkmals

Podwale Przedmiejskie (Vorstädtischen Graben) südlich von der Rechtstadt in die **Alte Vorstadt (Stare Przedmieście)** zum ehemaligen **Franziskanerkloster** mit der **Kirche St. Trinitatis** (Klasztor Franciszkanów und Kościół św. Trójcy). Drei Jahre, nachdem die franziskanischen Bettelmönche nach Danzig gekommen waren, begannen sie 1422 mit dem Bau ihres kleinen, einschiffigen Gotteshauses. Ende des 15. Jahrhunderts wurde die heute glanzvoll ausgestattete Kirche St. Trinitatis zu einer dreischiffigen Halle erweitert und ein bildschönes Sternengewölbe eingezogen. Auch die Bauarbeiten am Kloster wurden fortgesetzt, das, 1555 säkularisiert und anschließend Gymnasium, seit 1972 das **Nationalmuseum** beherbergt. Zu seinen umfangreichen Sammlungen zählen Silber- und Goldschmiedearbeiten aus dem 15. bis 19. Jahrhundert, liturgische Gewänder, historisches Mobiliar, Werke der Danziger und der flämischen Malerei ab dem 16. Jahrhundert sowie eine Galerie polnischer Malerei aus dem 19. und dem frühen 20. Jahrhundert. Wertvollstes Gemälde ist das Triptychon „Das Jüngste Gericht“ von *Hans Memling* (1433–1494), das 1473 für Danzig gekapert wurde.

Sehenswertes in der Umgebung

Oliwa

Fünf Kilometer nordwestlich vom historischen Zentrum schmiegt sich der grüne Stadtteil Oliwa **(Oliva)** an die Hänge des Trójmiasto-Landschaftsparks. 1186 gründeten Zisterziensermönche hier eine Abtei, eine erste Kirche wurde errichtet und brannte 1350 vollständig nieder. Anschließend begann man mit dem Bau der **gotischen Kathedrale** von Oliwa, so wie sie mit nur geringfügigen Veränderungen bis heute noch steht. 1660 wurde in den Klostermauern der Schwedisch-Polnische Krieg mit dem Vertrag von Oliwa beendet. Seit 1926 ist die mit 107 Metern längste Kirche Polens **Sitz des Bischofs von Danzig.** Ihr Inneres birgt eine Fülle an wertvollen Kunstschätzen überwiegend aus dem Barock: darunter der ehemalige Hauptaltar (frühes 17. Jh.), das kunstvoll geschnitzte Chorgestühl (spätes 16. Jh.) und der neue Hauptaltar (17. Jh.). Das angeschlossene **Diözesanmuseum** zeigt als Prunkstücke ein Reliquiarkreuz von 1405 und eine kostbare Handschriftensammlung.

Herausragende Sehenswürdigkeit im Gotteshaus ist die 1763–1788 von

Friedrich Dalitz und *Johann Wulf* geschaffene **Barockorgel,** auf der während des jährlich im Juli und August stattfindenden Internationalen Festivals der Orgelmusik Konzerte gegeben werden. Dem Zusammenspiel ihrer 7876 Pfeifen und 110 Register können die Besucher der Kathedrale außerdem mehrmals täglich zur vollen Stunde während 20-minütiger Orgelvorführungen lauschen.

Hinter dem Klosterkomplex, in dem heute ein Priesterseminar untergebracht ist, schließt sich im Adam-Mickiewicz-Park, im 18. Jahrhundert mit Palmgarten, Alpinarium und botanischem Garten angelegt, der **Palast der Äbte** (Pałacz Opatów) an. Das 1754–1756 erbaute dreiflügelige Rokoko-Schloss beherbergt die **Abteilung Moderne Kunst** des Danziger Nationalmuseums und bietet Raum für Wechselausstellungen. Im benachbarten bischöflichen Kornspeicher von 1743 befindet sich die **Volkskunst-Abteilung** des Nationalmuseums, die sich der historischen Volkskultur Pommerellens widmet.

Der Dom von Oliwa

Westerplatte

Auf der **Halbinsel** Westerplatte an der Mündung der Toten Weichsel (Martwa Wisła) in die Danziger Bucht erinnern Betonbunker, Kasernenruinen und vor allem das die gesamte Anlage überragende, monumentale **Mahnmal für die Verteidigung der Küste** (Pomnik Obrońców Wybrzeża) an den Beschuss der Westerplatte. Gemäß der Versailler Verträge wurde auf dem bis dahin als Badestrand genutzten Gelände 1920 ein Munitionsdepot eingerichtet und eine Einheit der polnischen Armee stationiert. Mit dem Angriff auf die Westerplatte durch den deutschen Schlachtkreuzer „Schleswig-Holstein" begann hier am 1. September 1939 der **Zweite Weltkrieg.** Eine kleine Ausstellung dazu ist im Wachhaus Nr. 1 gleich am Anfang des weitläufigen Areals untergebracht.

Nicht weit entfernt bewacht die **Festung Weichselmünde** (Twierdza Wisłoujście) seit Mitte des 16. Jahrhunderts die Einfahrt in den Danziger Hafen. Ein erster backsteinerner Leuchtturm wurde bereits 1482 errichtet, um den herum später das Fort mit starken

Bastionen Gestalt annahm. Mit der Verlagerung der Verteidigungslinie in preußischer Zeit auf die nördlich gelegene Westerplatte verlor die Festung ihre militärische Bedeutung.

Praktische Tipps

Information

- **Zentrale Touristeninformation,** ul. Heweliusza 13–17, 80-890 Gdańsk, Tel. (058) 301 4355 und 5268815, www.de.gdansk.gda.pl, tgl. 8.30–17.30 Uhr.
- **Gdańsk Touristeninformation,** Długi Targ 28/29, 80-830 Gdańsk, Tel. (058) 3014355 und 6835485, www.gdansk4u.pl, Juni–Aug. tgl. 8.30–18.30 Uhr, Sept.–Mai tgl. 9–17 Uhr.
- **PTTK-Touristeninformation,** ul. Długi 45 (gegenüber vom Rechtstädtischen Rathaus), 80-827 Gdańsk, Tel. (058) 3019151, Tel./Fax 3016096, www.pttk-gdansk.pl, Juli/Aug. tgl. 8–20 Uhr, sonst Mo–Fr 9–18 Uhr, Sa 10–18 Uhr.
- **Homepage der Stadt:** www.gdansk.pl.
- **Homepage von Trójmiasto (Dreistadt):** www.trojmiasto.pl.

Öffentliche Verkehrsmittel

- Die **S-Bahn SKM** (Szybka Kolej Miejska), die Danzig mit Sopot und Gdynia verbindet, wird von den Polnischen Staatsbahnen betrieben. Tickets kauft man am Schalter in den S-Bahn-Stationen oder dort am Automaten. Sie gelten nicht für Tram, Bus und Fähre.

Straßenbahnen, Buslinien und **Pendelfähren** werden in Danzig von der Verkehrsgesellschaft ZTM Gdańsk organisiert. Tickets für Busse und Bahnen kauft man im Kiosk oder direkt beim Fahrer. Es gilt ein Zeittarif, den man mit Streifenkarten einlöst, für Fahrten bis 10, 30 oder 60 Minuten. Einfacher geht es mit der 24-Stunden-Fahrkarte *(bilet 24-godzinnego),* mit der man für rund 10 Złoty einen Tag lang den Danziger ÖPNV nutzen kann (Verkauf nur in Kiosken).

207po Foto: ki

Blick auf das Goldene Tor

Die **Tourist Card** mit einer Gültigkeitsdauer von 24 Stunden bzw. 72 Stunden bietet freie Fahrt für den öffentlichen Nahverkehr in der gesamten Dreistadt sowie freien Eintritt in den wichtigsten Museen und Rabatt in zahlreichen Restaurants und Geschäften. Man kauft sie in den Touristeninformationen.

Unterkunft

- **Zimmervermittlung** in den Touristeninformationen.
- **Hotel Hanza**€€€€€, ul. Tokarska 6, 80-888 Gdańsk, Tel. (058) 3053427, www.hanza-hotel.com.pl. Am Ufer der Mottlau in Toplage nahe dem Krantor. Schickes Interieur, Spitzenservice, mit Kasino, Bar und empfehlenswertem Restaurant.
- **Hotel Królewski**€€€€€, ul. Ołowianka 1, 80-751 Gdańsk, Tel. (058) 3261111, www.hotelkrolewski.pl. Exklusive Unterkunft gegenüber der Rechtstadt, 2004 auf der Ołowianka-Insel in einem restaurierten historischen Speicher eröffnet.

Solidarność – Chronik einer Revolution

Nach Ende des Zweiten Weltkriegs entwickelte sich Trójmiasto zum bedeutenden Wirtschaftszentrum der Volksrepublik Polen. Dem Sechsjahresplan von 1952 sei Dank konnten der Aufbau einer **Schwerindustrie** in Angriff genommen werden sowie 200.000 neue Wohnungen und 150.000 neue Arbeitsplätze geschaffen werden. So ist es in der 1966 veröffentlichten **Erfolgsstory** über die „Nord- und Westgebiete Polens" von *Tadeusz Derlatka* und *Józef Libojański* nachzulesen, in der die Autoren weiter schlussfolgern, dass die „vielen Industriezweige der Nord- und Westgebiete fast gänzlich den Bedarf der polnischen Volkswirtschaft decken."

Tatsächlich aber prägte eine **chronische Mangelwirtschaft** das Bild der Volksrepublik, und auch die Produktivität ging kontinuierlich zurück. Bereits 1956 wurden die Werktätigen deshalb, durch Beschluss der Führung der Polnischen Vereinigten Arbeiterpartei, zum ersten Mal mit einer „Erhöhung der Arbeitsnorm" konfrontiert. Faktisch bedeutete das eine Lohnsenkung. In den Zispo-Werken in Poznań kam es zum **Streik,** dem sich kurz danach auch die Danziger Arbeiter anschlossen. Man legte die Arbeit nieder und **demonstrierte** öffentlich auf den Straßen, bis Soldaten der Volksarmee die Demonstrationen blutig niederschlugen.

An der **ökonomischen Dauerkrise** änderte sich nichts. 1956–1960 musste die Volksrepublik bereits acht Millionen Tonnen Getreide einführen, während die Produktivität weiter zurückging und die Geburtenrate gleichzeitig alle Rekorde brach.

1970 gab die Bevölkerung etwa die Hälfte ihres Monatseinkommens für Grundnahrungsmittel aus. Nach einer **Lebensmittelverknappung** und damit einhergehender Preiserhöhung kam es am **14. Dezember 1970** in Danzig erneut zu **Streiks.** 1165 Menschen wurden während der Unruhen verletzt, 48 getötet. Doch dies ist nur die damals offizielle Version. Heute spricht man von **70 Ermordeten.** Parteichef *Gomułka* musste gehen und wurde von *Edward Gierek* abgelöst.

1976 kam es abermals zu Arbeiterausständen, in deren Folge zahllose bis zu zehnjährige **Haftstrafen** wegen „Rowdytum" verhängt wurden. Zur politischen, juristischen und finanziellen Unterstützung der Inhaftierten schloss sich eine Gruppe unter den Bürgerrechtlern *Adam Michnik* und *Jacek Kuroń* zum **Komitee für gesellschaftliche Selbstverteidigung (KOR)** zusammen. Unter seinem Dach sammelten sich die verschiedensten Untergrundaktivisten, und mit vielen streitbaren Veröffentlichungen wurde das KOR zum intellektuellen Wegbereiter der Solidarność-Bewegung.

1980 unternahm die Regierung erneut den Versuch, die Lebensmittel-Subventionen herunterzufahren. Und wieder kam es zu Streiks. Anlässlich der Entlassung der Arbeiterin *Anna Walentynowicz,* einem Mitglied des Gründungskomitees freier Gewerkschaften von 1976, traten am **14. August 1980** die Beschäftigten der **Danziger Lenin-Werft** in den Ausstand. Doch anders als in den Jahren davor gingen sie diesmal nicht auf die Straße, wo sie bewaffneter Polizei und Armee gegenübergestanden hätten, sondern verschanzten sich in ihrem Betrieb. Patriotische und religiöse Lieder wurden gesungen, Messen gelesen und Streikkomitees gegründet. Vor dem Tor der besetzten Lenin-Werft strömten die Menschen zusammen, bald schon aus allen Teilen des Landes, schmückten es mit Blumen und zündeten Kerzen an. Bilder aus Danzig, die um die Welt gingen.

An die Spitze der Streikenden stellte sich der in einer Kleinbauernfamilie in Popowo geborene Elektriker **Lech Wałęsa.** Ebenfalls Mitglied des Gründungskomitees freier Gewerkschaften und bereits mehrfach verhaftet, gelang es dem begnadeten Redner, die allgemeine Empörung in zielgerichtete Bahnen zu lenken. In Windeseile weiteten sich die Streiks auf ganz Polen aus. Die Stimmung war explosiv, die Lage dramatisch. Das ganze Land wartete angespannt auf eine Entscheidung der politischen Führung.

Sie wurde zwei Wochen später gefällt. Am **31. August 1980** unterzeichneten Streikführer *Wałęsa* und der stellvertretende Ministerpräsident *Mieczysław Jagielski* die **Danziger Vereinbarung,** die u.a. die Zulassung unabhängiger Gewerkschaften gewährte – bis dahin ohne Beispiel in den Ländern des Ostblocks.

Am 24. Oktober 1980 wurde die **erste freie Gewerkschaft** hinter dem Eisernen Vorhang von den Behörden unter dem Namen **Solidarność** registriert. Wenige Wochen später zählte sie schon über zehn Millionen Mitglieder. Die besorgten Warschauer-Pakt-Staaten beraumten kurzfristig ein Sondertreffen ein, in dessen Anschluss die sowjetische Nachrichtenagentur TASS Anfang Dezember eine „sozialistische Lösung" für Polen empfahl. Im Gegenzug warnte die NATO den sowjetischen Staatschef *Leonid Breschnew* vor einem Einmarsch der Warschauer-Pakt-Truppen in ihren Bruderstaat. Die Situation spitzte sich zu, nun auch international.

Davon unberührt, erfolgte in Danzig vor den Toren der Werft am 16. Dezember 1980 die Enthüllung des **Werftarbeiter-Denkmals.** Drei 40 Meter hohe, jeweils mit einem Anker bestückte Stahlkreuze erinnern an die Aufstände 1956, 1970 und 1976. Im unteren Drittel des Monuments sind Szenen aus dem Arbeiterleben eingelassen und ein Gedicht von *Czesław Miłosz* (1911–2004), der 1980 den Literatur-Nobelpreis erhielt:

„Der du dem einfachen Menschen Unrecht getan
Und schallend gelacht hast über sein Leiden.
Fühl dich nicht sicher! Der Dichter bewahrt's im Gedächtnis.
Du kannst ihn ermorden – es wird ein neuer geboren.
Aufgezeichnet werden Taten und Worte als Vermächtnis."

Am 13. Dezember 1981, fast auf den Tag genau ein Jahr nach der Enthüllung des Denkmal, verhängte General *Jaruzelski* das **Kriegsrecht.** Mit dem Verbot der Solidarność und Tausenden Verhaftungen dauerte es bis Juli 1983, die Solidarność selbst wurde nach knapp sechs Jahren Untergrundarbeit erst im April 1989 wieder zugelassen. Bei den sich im Juni 1989 anschließenden **Parlamentswahlen** gewann die Gewerkschaft, die längst eine Volksbewegung war, sämtliche Sitze, die die Regierung den Unabhängigen überhaupt einräumen musste. Im November wurde der Solidarność-Führer *Lech Wałęsa* zum Präsidenten der Republik Polen ernannt – dem **ersten frei gewählten Staatspräsidenten** in der Geschichte des Landes.

208po Foto: kj

Am plac Solidarność

- **Dom Muzyka**€€€€€, ul. Łąkowa 1/2, 80-743 Gdańsk, Tel. (058) 3260600, www.dom-muzyka.pl. In einem schön renovierten ehemaligen Gebäude der Danziger Musikakademie, nur wenige Schritte östlich der Speicherinsel, die Zimmer in zeitgenössischer Eleganz.
- **Pensjonat Dom Aktora**€€€€, ul. Straganiarska 55/56, 80-837 Gdańsk, Tel. (058) 3015901, www.domaktora.pl. Ruhig und dennoch zentral in der Rechtstadt gelegene, gemütliche Pension; man spricht deutsch.
- **Kamienica Gotyk**€€€, ul.Mariacka 1, 80-833 Gdańsk, Tel. (058) 3018567, www.gotykhouse.eu. Reizende kleine Herberge in einem Mitte des 15. Jahrhunderts erbauten Patrizierhaus nahe der Marienkirche im Herzen der Rechtstadt.
- **Hostel przy Targu Rybnym**€€, ul. Grodzka 21, 80-841 Gdańsk, Tel. (058) 3015627, www.gdanskhostel.com.pl. Das Hostel am Fischmarkt bietet einfache Zimmer für den schmaleren Geldbeutel, mit Paddelboot- und Fahrradverleih. Das Bett im Schlafsaal um 55 Zł.
- **Baltic Hostel**€, ul. 3 Maja 25, 80-802 Gdańsk, Tel. (058) 7219657, www.baltichostel.com.pl. Fünf Minuten nördlich von Hauptbahnhof und zentraler Busstation; freundliche Atmosphäre, mit Fahrradverleih. Das Bett im Schlafsaal um 40 Zł.

Camping

- **Camping Nr. 218 Stogi,** ul. Wydmy 9, 80-656 Gdańsk (im Ortsteil Stogi etwa sechs Kilometer östlich vom Stadtzentrum), Tel. (058) 3073915, www.camping-gdansk.pl. Großer Platz im Kiefernwald, ca. 200 Meter vom Strand, mit Café-Bar und Campinghäuschen, an der Strandpromenade Buden und Restaurants; Ende April bis Anfang Okt. Eine Buslinie in die Innenstadt stoppt direkt vor dem Campingplatz, der erste Bus fährt morgens kurz vor 5 Uhr, der letzte 0.45 Uhr, in den Hauptverkehrszeiten alle fünf Minuten.

Jugendherberge

- **Jugendherberge,** ul. Wałowa 21, 80-858 Gdańsk, Tel. (058) 3012313, www.mokf.com.pl, ganzjährig.
- **Jugendherberge,** ul. Grundwaldzka 244, 80-314 Gdańsk, Tel. (058) 3414108, www.mokf.com.pl, ganzjährig.
- **Jugendherberge,** ul. Kartuska 245, 80-125 Gdańsk, Tel. (058) 3026044, www.mokf.com.pl, ganzjährig.

Gastronomie

- **Restaurant Pod Łososiem (Zum Lachs),** ul. Szeroka 54, Tel. (058) 3017652, www.podlososiem.pl. 1598 gegründetes Restaurant, das wohl traditionsreichste Danzigs. In der Likör-Destillerie im Keller wurde das berühmte Danziger Goldwasser hergestellt. Spezialität: alte Danziger Küche. Reservieren!
- **Restaurant Gdańska,** ul. Świętego Ducha 16, Tel. (058) 3057671, www.gdanska.pl. Traditionelle altpolnische und Danziger Küche in gediegenem Alt-Danziger Ambiente.
- **Restaurant Mestwin,** ul. Straganiarska 20/23, Tel. (058) 3017882, www.tawernamestwin.pl. Im nach dem letzten Pommerellen-Herzog *Mestwin* benannten Restaurant speist man nicht nur kaschubisch, etwa Hering mit Pellkartoffeln, Bratkartoffeln mit Buttermilch, Sauerkrautsuppe oder deftige Braten, sondern man hört und spricht auch Kaschubisch; das Restaurant Mestwin ist ein beliebter Treffpunkt der Kaschuben in Danzig.

Museen und andere Sehenswürdigkeiten

- **Abteilungen des Historischen Stadtmuseums:**

Rechtstädtisches Rathaus, ul. Długa 47, Mo 11–15 Uhr, Di–Sa 10–18 Uhr, So 11–18 Uhr, im Winterhalbjahr Di 10–15 Uhr, Mi–Sa 10–16 Uhr, So 11–16 Uhr.

Bernsteinmuseum, ul. Długa im Stockturm, Mo 11–15 Uhr, Di–Sa 10–18 Uhr, So 11–18 Uhr, im Winterhalbjahr Di 10–15 Uhr, Mi–Sa 10–16 Uhr, So 11–16 Uhr.

Uphagenhaus, ul. Długa 12, Mo 11–15 Uhr, Di–Sa 10–18 Uhr, So 11–18 Uhr, im Winterhalbjahr Di 10–15 Uhr, Mi–Sa 10–16 Uhr, So 11–16 Uhr.

Artushof, Długi Targ, Mo 11–15 Uhr, Di–Sa 10–18 Uhr, So 11–18 Uhr, im Winterhalbjahr Di 10–15 Uhr, Mi–Sa 10–16 Uhr, So 11–16 Uhr.

Museum Polnische Post, pl. Obrońców Poczty Polskiej 1/2, Di 10–15 Uhr, Mi–Fr 10–16 Uhr.

Museum Westerplatte, Haus 1 Westerplatte (am Parkplatz gegenüber der Kasse), Mai–Sept. tgl. 9–16 Uhr.

Festung Weichselmünde, ul. Stara Twierdza 1, Mai–Sept. tgl. 10–18 Uhr.

- **Abteilungen d. Nationalmuseums Danzig:**

Nationalmuseum, ul. Toruńska 1 (ehem. Franziskanerkloster), Mai–Sept. Di–So 10–17 Uhr (Do 12–19 Uhr), Okt.–April Di–Fr 9–16 Uhr, Sa/So 10–17 Uhr.

Grünes Tor, Długi Targ 24, Mai–Sept. Di–So 10–17 Uhr (Do 12–19 Uhr), Okt.–April Di–Fr 9–16 Uhr, Sa/So 10–17 Uhr.

Museum für Gegenwartskunst, ul. Cystersów 15a, Gdańsk-Oliwa (im Äbte-Palast), Mai–Sept. Di–So 10–17 Uhr (Do 12–19 Uhr), Okt.–April Di–Fr 9–16 Uhr, Sa/So 10–17 Uhr.

Volkskunstmuseum, ul. Cystersów 19, Gdańsk-Oliwa (im alten Kornspeicher), Mai–Sept. Di–So 10–17 Uhr (Do 12–19 Uhr), Okt.–April Di–Fr 9–16 Uhr, Sa/So 10–17 Uhr.

- **Abteilungen des Zentralen Meeresmuseums:**

Krantor, ul. Szeroka 67/68, tgl. 10–18 Uhr, im Winterhalbjahr Di–So 10–16 Uhr.

Meeres- und Schifffahrtsmuseum, ul. Ołowianka (in den Drei Speichern auf der Ołowianka-Insel), tgl. 10–18 Uhr, im Winterhalbjahr Di–So 10–16 Uhr.

Museumsschiff „Sołdek", am Kai vor den Drei Speichern, tgl. 10–18 Uhr, im Winterhalbjahr Di–So 10–16 Uhr.

- **Archäologisches Museum,** ul. Mariacka 25/26 (im Haus der Naturforschenden Gesellschaft), Di–So 10–17 Uhr, im Winterhalbjahr Di–Fr 8–16 Uhr, Sa/So 10–16 Uhr.
- **Ausstellung „Wege zur Freiheit"(Solidarność-Museum),** ul. Wały Piastowskie 24, Mai–Sept. Di–So 10–17 Uhr, Okt.–März Di–So 10–16 Uhr.
- **Kirche St. Marien,** Podkramarska 5, Kirche und Turm Mo–Sa 9–17.30, So 13–17.30 Uhr.
- **Diözesanmuseum** im Dom Oliwa, Di–Sa 9–17 Uhr, So 10–17 Uhr.

Kulturelle Veranstaltungen

- **Internationales Festival der Orgelmusik,** Juli/Aug. im Dom zu Oliwa.

209po Foto: kj

Die Astronomische Uhr in der Danziger Marienkirche

- **Dominikanermarkt,** kunterbunter Jahrmarkt mit Bühnenprogramm auf den Straßen und Plätzen der Danziger Rechtstadt und Altstadt, jedes Jahr drei Wochen von Ende Juli bis Mitte August.
- **Internationales Straßentheaterfestival „FETA",** im Juli.
- **Baltic Sail,** fünftägiges internationales Segeltreffen mit buntem Beiprogramm wie Drachenbootrennen, Seglerparade und vielem mehr, im Juli.

Aktivitäten

- **Hafenrundfahrten** und **Fahrten zur Westerplatte:** mit den Schiffen der Weißen Flotte Danzig, ab Długie Pobrzeże (Lange Brücke, am Grünen Tor); immer zur vollen Stunde Juli/Aug. 9–19 Uhr, April–Juni und Sept./Okt. 10–16 Uhr.
- **Ausflugsschifffahrten nach Sopot und Hel:** mit dem Tramwaj Wodny ab Mottlau-Kai vor dem Targ Rybny, Juni/Aug. Linie F1 nach Hel drei Mal tgl., Linie F4 nach Sobieszewo vier Mal tgl.
- **Badestrände** finden sich in den Stadtteilen Jelitkowo (bewachte Badeanstalt), Brzeżno, Stogi (bewachte Badeanstalt) und Sobieszewo.

Sopot ↗ II/B2

Als der Pommerellen-Herzog *Mściwój* im Jahr 1283 dem Zisterzienserkloster von Oliwa einige seiner Dörfer schenkte, wurde Sopot **(Zoppot)** zum ersten Mal urkundlich erwähnt. 300 Jahre später begannen sich die reichen Danziger Kaufleute für den kleinen Ort vor den Toren ihrer Stadt zu interessieren. Zwischen breitem Sandstrand und grünen Hügeln ließen sie ihre Sommerhäuser errichten, weshalb man fast sagen könnte, dass Zoppot bereits zu Renaissance-Zeiten ein Art „Sommerfrische" darstellte. Noch einmal 300 Jahre später wurde Zoppot offiziell **Seebad.** Ein ehemaliger Militärarzt in der napoleonischen Armee, Dr. *Johann Georg Haffner* (1777–1829), erbaute 1823 eine erste Badeanstalt. Und schnell stieg Zoppot, noch vor Heringsdorf, Ahlbeck und Misdroy, zum mondänsten aller Ostseebäder auf. 1902 wurden der schicken Adresse die **Stadtrechte** zuteil. Ab 1920 gehörte sie zum Territorium der Freien Stadt Danzig, doch anders als die große Hansestadt in der Nachbarschaft überstand Sopot den Zweiten Weltkrieg glücklicherweise relativ unbeschadet.

Die Bebauung der Fußgängerbummelmeile **Bohaterów Monte Cassino** – von den Sopotern kurz „Monciak" genannt – stammt größtenteils noch aus der zweiten Hälfte des 19. Jahrhunderts; mit einer Ausnahme: dem 2003 nach Plänen *Paul Dahlbergs* erbauten **Krummen Haus** (Krzywy Domek), das noch schiefer ist, als der Name schon sagt. Über die „Monciak" gelangt man hinab zum Skwer Kuracyjny mit vielen Straßencafés und daran anschließend der 1928 eröffneten, 511,50 Meter langen **Seebrücke.** Ausflugsschiffe nach Danzig oder Hel legen hier ab, und auch das seit seinem Bau 1926 beliebteste Sopoter Fotomotiv, das **Grand Hotel** unmittelbar am Strand nebenan, lässt sich in seinen stattlichen Ausmaßen am besten vom Wasser aus in die Linse bannen.

Nördlich schließen sich an die traditionsreiche Luxusherberge ein kleiner Küstenpark, Tennisplätze und auf einem Waldhügel an der ul. Haffnera das **Archäologische Freilichtmuseum Große Burg in Sopot (Grodzisko)** an. In der rekonstruierten hölzernen slawischen Burg aus dem frühen Mittelalter werden im Sommer historische Spiele veranstaltet.

Südlich der Seebrücke folgen an der Promenade das 1907 errichtete Südbad, heute mit chinesischer Gastronomie, weitere zehn Spazierminuten später das **Stadtmuseum,** das eine typische Wohneinrichtung des frühen 20. Jahrhunderts zeigt, und schließlich das kultige Fischlokal Przystań, das fangfrischen Fisch im rustikalen Ambiente serviert.

Ein Segel-, Surf- und Jacht-Club, eine Pferderennbahn und im Winter Skisport am Hügel Łysa Góra runden das Freizeitangebot ab. Zu den kulturellen Höhepunkten zählen die Musikaufführungen in der 1909 eröffneten **Waldoper** (Opera Leśna) *open air* hoch über der Stadt, darunter das **Sopot Festival,** ein Songcontest mit pol-

Sopot (Zoppot)
0 300 m
OSTSEE
Gdynia
Gdynia
Danzig
Danzig
Nordbad
Seebrücke
Südbad
Skwer Kuracyjny
Bahnhof
W. Budzysza
J. J. Haffnera
J. Goyki
Hełska
Powst. Warszway
M. Mokwy
dr. A. Majkowskiego
Morska
Boh. Monte Cassino
K. Pułaskiego
J. Pułaskiego
Grunwaldzka
A.Kordeckiego
F. Chopina
Jana Sobieskiego
Tadeusza Kościuszki
Podjazd
Al. Niepodległości
Armii Krajowej
Okrężna
23 Marca
A. Grottgera
1 Maja
Obrońców Westerplatte
J. Winieckiego
Alfonsa Chmielewskiego
Bolesława Chobrego
Kazimierza Wielkiego
Parkowa
Drzymały
Traugutta
Poniatowskiego
Książąt Pomorskich
Władysława IV
3 Maja
3 Maja
Kilińskiego
Karlikowska
Bitwy pod Płowcami
Na Wydmach
Emilii Plater
Jana z Kolna
Łokietka
Polna
Polna
1 Tennisplatz
2 Camping Nr. 19, Hotel Maryla
3 Archäologisches Freilichtmuseum
4 Waldoper
5 Touristeninformation
6 Fußgängerzone ul. Bohaterów Monte Cassino
7 Restaurants Pod Strzechą und Złota Rybka
8 Krummes Haus
9 Grand Hotel
10 Stadtmuseum
11 Bar Przystań

nischen und internationalen Stars, sowie das **Opernfestival,** das mit großem Erfolg an die Vorkriegstradition des „kleinen Bayreuth an der Ostsee" anknüpft.

Praktische Tipps

Information

- **Touristeninformation,** ul. Dworcowa 4, (wenige Schritte südöstlich vom Bahnhof), 81-704 Sopot, Tel. (058) 5503783, it@sopot.pl, Anfang Juni bis Mitte Sept. tgl. 9–20 Uhr, ansonsten tgl. 10–18 Uhr.
- **Homepage der Stadt:** www.sopot.pl.

Unterkunft

- **Zimmervermittlung** in der Touristeninformation.
- **Grand Hotel**€€€€€, ul. Powstańców Warszawy 12/14, 81-718 Sopot, Tel. (058) 520 6000, www.sofitel.com. Wohnen im Wahrzeichen von Sopot: geschichtsträchtig, luxuriös, neben der Seebrücke am Strand. Ab etwa 500 Zł., mit Meerblick ab etwa 600 Zł., zzgl. Frühstück um etwa 90 Zł. pro Person.
- **Hotel Maryla**€€, ul. Sępia 22, 81-713 Sopot, Tel. (058) 5510034, www.hotel.sopot.pl. Geschmackvolle, freundliche Villa am nördlichen Stadtende nahe Aquapark, 300 Meter zum Strand, 1500 Meter zur Seebrücke.

Camping

- **Camping Nr. 19 Kamienny Potok**, ul. Zamkowa Góra 25, 81-713 Sopot, Tel. (058) 550 0445, www.kemping19.cba.pl. Wiesenplatz am nördlichen Ortseingang neben dem Aquapark, mit Café-Bar und Campinghäuschen, fünf Minuten zum Strand, 20 Minuten ins Zentrum, Mai bis Sept.

014po Foto: ki

Gastronomie

- **Bar Przystań,** al. Wojska Polskiego 11, Tel. (058) 5500241, www.barprzystan.pl. Täglich Fisch vom Kutter frisch auf den Tisch in der Fischbraterei mit Kultstatus.
- **Restaurant Pod Strzecha,** ul. Bohaterów Monte Cassino 42, Tel. (058) 5512476, www.strzecha.strefa.pl. Traditionelle polnische Küche in gediegener Atmosphäre.
- **Restaurant Zlota Rybka,** ul. Bohaterów Monte Cassino 36/2, Tel. (058) 5557676. Gleich neben dem Pod Strzecha, serviert köstliche Fischspezialitäten in zeitgenössischem Interieur.

Museen und andere Sehenswürdigkeiten

- **Stadtmuseum,** ul. Poniatowskiego 8, Di–Fr 10–16 Uhr, Sa/So 11–16 Uhr.
- **Archäologisches Freilichtmuseum Grodzisko,** ul. Haffnera 63, tgl. 10–18 Uhr.

Kulturelle Veranstaltungen

- **Opernfestival,** Juni–Sept. in der Waldbühne (Opera Leśna), ul. Moniuszki 12, Tel. (058) 555 8400.
- **Sopot Festival,** im August in der Waldbühne (Opera Leśna), ul. Moniuszki 12, Tel. (058) 555 8400, Information unter www.bart.sopot.pl.

Aktivitäten

- **Ausflugsschifffahrten** ab Seebrücke mit der Tramwaj Wodny Linie F2 nach Hel, 20. Juni bis Ende Aug. drei Mal tgl.; ab Seebrücke Ende Juni bis Ende Aug. mit der Weißen Flotte Danzig mehrmals tgl. nach Danzig, Westerplatte und Hel.

Das Grand Hotel von Sopot

Gdynia

↗ II/B1-2

Die jüngste und nördlichste Stadt der Trójmiasto ist Gdynia **(Gdingen).** 1253 erstmals als „Gdina" erwähnt, entwickelte sich das kleine kaschubische Fischernest ab 1920 zur neben Chicago weltweit am schnellsten wachsenden Stadt. Zählte sie 1920 gerade einmal um 1300 Einwohner, waren es ein Jahrzehnt später bereits über 100.000.

Seinen rasanten Aufstieg verdankt Gdynia der Errichtung des Hafens 1924–1926. Der während der Friedenskonferenz 1919 in Versailles ausgehandelte Grenzentwurf garantierte der neu gegründeten Republik Polen zwar einen Zugang zur Ostsee über den Hafen der Freien Stadt Danzig. Doch die dortige deutsche Bevölkerung boykottierte an allen wichtigen Stellen und Schalthebeln die Versailler Vereinbarungen. Ein reibungsloser Umschlag von polnischen Gütern über den Danziger Hafen fand infolgedessen nicht statt. Vier Jahre nach Kriegsende beschloss der Sejm deshalb, in Gdynia einen eigenen, unbehindert zur polnischen Verfügung stehenden Hafen zu bauen. 1924 wurde das Projekt in Angriff genommen und 1926, als Gdynia die Stadtrechte erhielt, fertiggestellt. 1939 von den Nazis okkupiert und in den Namen „Gotenhafen" umgetauft, wurde die junge Stadt gegen Ende des Zweiten Weltkriegs vollkommen zerstört.

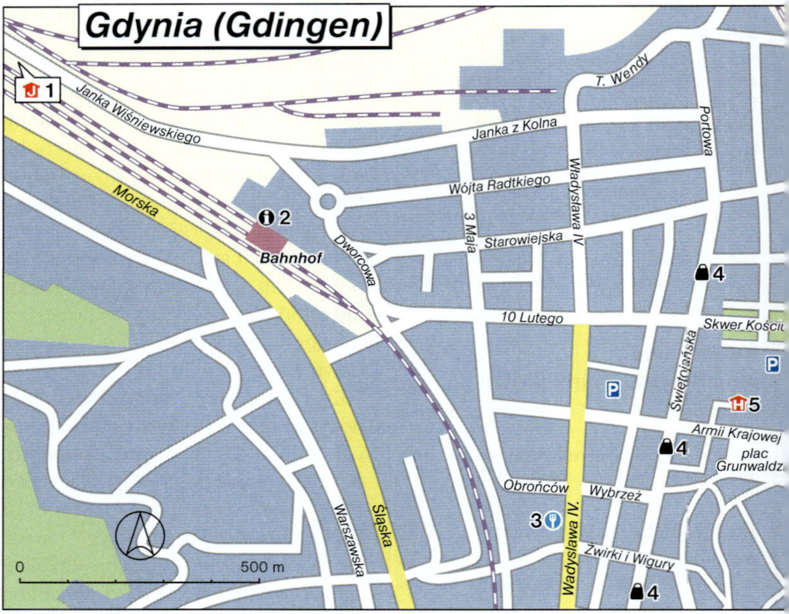

Sehenswertes

Heute zählt Gdynia rund 255.000 Einwohner. Im Fährhafen legen die Autofähren nach Skandinavien ab, und allerorts in den von modernen Hochhäusern und Plattenbauten umrahmten Straßenschluchten geht es geschäftig zu. Pulsierende Adern der Innenstadt sind die lebhafte **Shoppingmeile ul. Świętojańska** und die sie kreuzende ul. 10 Lutego, die den Hauptbahnhof, den weitläufigen Skwer Kościuszki und dahinter die große Mole miteinander verbindet.

Die bedeutendsten Sehenswürdigkeiten gruppieren sich rund um die **Mole.** Als schwimmendes Museum liegt dort das 1935/36 erbaute **Kriegsschiff „Błyskawica"** vor Anker, das im Zweiten Weltkrieg an vielen Seeschlachten teilgenommen hat. Dahinter ragen die drei Masten der Schifflegende **„Dar Pomorza"** in den Himmel hinauf. 1909 wurde das Segelschiff auf der Werft Blohm & Voss in Hamburg gebaut, geriet als deutsche Reparationszahlung nach dem Ersten Weltkrieg in französischen Besitz und wurde 1929 von Polen erworben. Finanzielle Mittel, ein Schiff zu bauen oder zu kaufen, hatte der junge polnische Staat damals nicht, die Gelder wurden von der pommerellischen Bevölke-

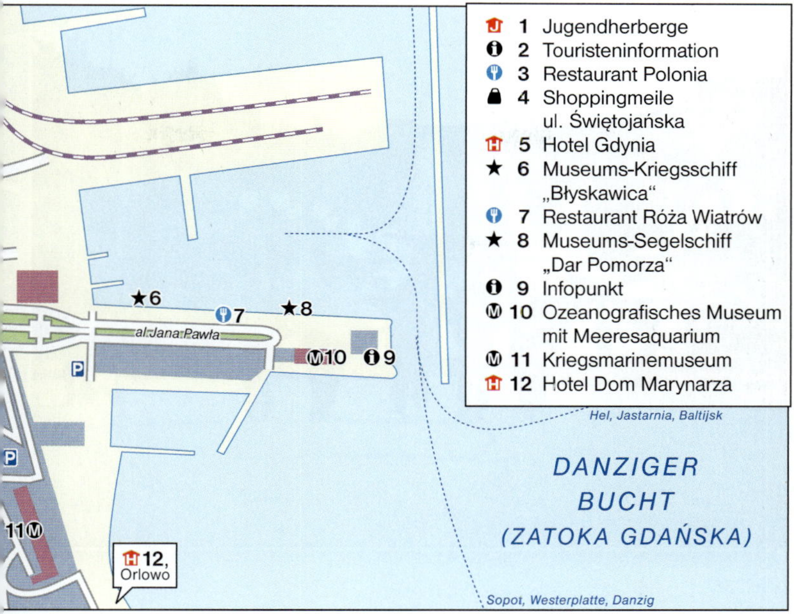

rung gespendet. Daher auch der Name „Dar Pomorza“, auf Deutsch „Geschenk der Pommern“.

Schräg gegenüber kann man einen Blick in das **Ozeanografische Museum** mit Meeresaquarium werfen, das Fauna und Flora der Ostsee und auch der tropischen Meere präsentiert. Am Ende der Mole, von wo aus man einen schönen Blick über das Meer bis zu den Kränen der Danziger Werften am Horizont genießt, befindet sich eine in der Sommerzeit geöffnete **Touristeninformation.** Südlich schließen sich an die Mole der Jachthafen, das **Kriegsmarinemuseum** mit Wissenswertem zum Seewaffenkampf vom 18. Jahrhundert bis heute, der **Stadtstrand** mit Café-Pavillons und schließlich die **Fußgängerpromenade Bulwar Nadmorski** an.

Praktische Tipps

Information

- **Touristeninformation,** plac Konstytucji 1 (Hauptbahnhof hinten rechts), 81-354 Gdynia, Tel. (058) 7212466, it@gdynia.pl, Mai–Sept. Mo–Fr 8–18 Uhr, Sa 9–16 Uhr, So 9–15 Uhr, sonst Mo–Fr 9–17 Uhr, Sa 9–15 Uhr.
- **Infopunkt,** al. Jana Pawła II. (am Ende der Mole), Tel. (058) 6207711, Mai–Sept. Mo–Fr 9–18 Uhr, Sa 10–17 Uhr, So 10–16 Uhr.
- **Homepage der Stadt:** www.gdynia.pl.

Im Zentrum von Gdynia

Unterkunft

- **Zimmervermittlung** in der Touristeninformation.
- **Hotel Gdynia**€€€€€, ul. Armii Krajowej 22, 81-372 Gdynia, Tel. (058) 6663040, www.orbis.pl. Hochhauskomplex mit knapp 300 Zimmern, im Zentrum nahe der Mole. Mit Pool, Sauna, Solarium und vielen Annehmlichkeiten mehr.
- **Hotel Dom Marynarza**€€€, ul. Marszałka Piłsudskiego 1, 81-406 Gdynia, Tel. (058) 6220025, www.dommarynarza.pl. Großes Mittelklassehotel mit leicht verblichenem Ostcharme, wenige Schritte von Bulwar Nadmorski und Ostsee entfernt.

Jugendherberge

- **Jugendherberge,** ul. Energetików 13a (nahe Container-Terminal), 81-184 Gdynia, Tel. (058) 6271005, ganzjährig.

Gastronomie

- **Restaurant Polonia,** ul. Swietojanska 92/94, Tel. (058) 6205848, www.polonia-gdynia.pl. Das älteste und traditionsreichste Restaurant Gdynias serviert polnische und pommersche Küche, z.B. Schweinekamm, in Kräutern gebeizt, oder Pommersches Eisbein.
- **Róża Wiatrów,** al. Jana Pawla II 2, Tel. (058) 6200648, www.rozawiatrow.com.pl.

176po Foto: kj

Auf der Mole, gegenüber der „Dar Pomorza", schmaust man im Restaurant „Windrose" Fisch-, Wild- und Fleischspezialitäten, zubereitet nach traditioneller polnischer Art.

Museen und andere Sehenswürdigkeiten

- **Museums-Segelschiff „Dar Pomorza",** al. Jana Pawła II. (nördlich an der Mole), März–Juni und Sept./Okt. tgl. 10–16 Uhr, Juli/Aug. tgl. 9–18 Uhr, sonst tgl. 10–15 Uhr.
- **Museums-Kriegsschiff „Błyskawica",** al. Jana Pawła II. (nördlich an der Mole), Juni–Okt. Di–So 10–12.30 Uhr und 14–17 Uhr.
- **Ozeanografisches Museum und Meeresaquarium,** al. Jana Pawła II. (südlich an der Mole), April/Mai und Sept. tgl. 9–19 Uhr, Juni–Aug. tgl. 9–20 Uhr, sonst Di–So 10–17 Uhr.
- **Kriegsmarinemuseum,** ul. Sędzickiego 3/ Bulwar Nadmorski, Di–So 10–17 Uhr.

Aktivitäten

- **Hafenrundfahrten** sowie **Ausflugsfahrten nach Hel** ab Passagieranlegestelle an der Mole, Ende Juni bis Ende Aug. mehrmals tgl.

Die Mole in Gdynia, im Hintergrund die Masten der „Dar Pomorza"

118po Foto: kj

Frische Nehrung und Weichsel-niederung

143po Foto: kj

224po Foto: kj

Strandleben in Stegna

Frisches Grün mit Blick aufs Frische Haff

UNESCO-Weltkulturerbe:
die Marienburg in Malbork

Überblick

Östlich von Gdańsk mündet bei Mikoszewo der Hauptarm der **Weichsel (Wisla)** in die Ostsee. Nach einer 1047 Kilometer langen Reise ist der **längste Fluss Polens** an seinem Ziel angelangt. Saftige grüne Weiden und fette schwarze Böden, auf denen üppig Getreide und Gemüse gedeihen, prägen die Weichselniederung **(Żuławy Wiślane)**, die zu den **fruchtbarsten Regionen** Nordpolens zählt. Ab dem 16. Jahrhundert entwässerten mennonitische Glaubensflüchtlinge aus Holland das sumpfige Weichseldelta, weshalb man heute gelegentlich noch auf eine – meist leider verfallene – **Windmühle** stößt. Ebenfalls charakteristisch für das von zahllosen kleinen Kanälen durchzogene Niederungsland sind die fachwerkgeschmückten **Vorlaubenhäuser**, die einst die reichen Weichselbauern errichteten. Die Eigenart dieser historischen Bauernhäuser ist ein über dem Erdgeschoss von Stützpfeilern getragener, weit ausladender Vorbau. Hoch gefüllte Erntewagen fuhren unter ihm ein, sodass das Korn direkt durch eine Luke hindurch in den Speichervorbau geschaufelt werden konnte.

Weiter südlich im Land ragen die monumentalen Backsteinbauwerke der Deutschordensritter auf, allen voran bei **Malbork** (Marienburg) an der Nogat die imposante **Marienburg**, die größte Backsteinburg in Europa und Weltkulturerbe der Menschheit.

Im Osten der **Nogat**, dem östlichen Weichsel-Mündungsarm, der sich ins Frische Haff ergießt, verläuft die Grenze zur Woiwodschaft **Warmia-Mazury (Ermland-Masuren)**. Von 1920 bis zum Ausbruch des Zweiten Weltkriegs verlief dort die Grenze zwischen Deutschland und der Freien Stadt Danzig und südlich der Nogat, am Weichselstrom, die Grenze zwischen Deutschland und Polen. Eine der traurigen Hinterlassenschaften aus deutscher Zeit ist das **Konzentrationslager Stutthof** am Anfang der Frischen Nehrung, heute eine Gedenkstätte.

Geografisch wird das Tiefland von der Nogat in ein **Großes Werder** und ein **Kleines Werder** unterteilt. Und noch eine weitere Grenze soll nicht unerwähnt bleiben: Durch den östlichen Zipfel der **Frischen Nehrung** (Mierzeja Wiślana), die als schmaler Sandstreifen die Danziger Bucht vom **Frischen Haff** (Zalew Wiślany) trennt, verläuft die Grenze zum **russischen Bezirk Königsberg** (Oblast Kaliningrad). Im Badeörtchen Piaski endet die Straße, und kurz danach gibt es kein Weiterkommen mehr auf den russischen Teil der Nehrung. **Achtung:** Grenzübertritte zu Fuß durch den Wald oder über den Strand werden von russischer Seite strengstens bestraft.

Der Jantar-Ekspres verbindet die Badeorte am Scheitel der Danziger Bucht miteinander

Von der Weichselmündung zur Frischen Nehrung

↗ IV/A1

Auf dem Weg von Danzig zur Frischen Nehrung über die Küstenstraße 501 muss zwei Mal die Weichsel (Wiśla) überquert werden. Beim Örtchen **Sobieszewo (Neufähr)** führt eine Ponton-Brücke über die Tote Weichsel (Martwa Wisła), und kurz nach dieser Wackelpartie folgt hinter **Świbno (Schievenhorst)** bereits die nächste Flussüberquerung. In majestätischer Breite zieht der Strom hier seinem Ende entgegen. Doch was heute als Hauptarm der Weichsel gilt, ist tatsächlich eine künstlich geschaffene Einmündung. 1895 wurde der Durchstich fertiggestellt. Zum gegenüberliegenden Ufer nach **Mikoszewo** pendelt eine **Auto- und Personenfähre** (tgl. 5.20–22 Uhr), die ablegt, sobald sie ausgelastet ist – und das ist sie eigentlich immer.

Der Küstenstreifen bis zur Frischen Nehrung trägt dank der vielen Anspülungen des dunkelgelb funkelnden Ostseegolds den Namen **„Bernsteinküste"** (Bursztynowe Wybrzeże). Zwischen kiefernbestandenen Dünenwällen liegen die Badeorte Jantar und Stegna gleich hinter dem Strand. In **Jantar (Pasewark)** finden alljährlich an einem Juli-Wochenende, begleitet von einem bunten Rahmenprogramm, Weltmeisterschaften im Bernsteinfischen statt, und in **Stegna (Steegen)** kommt im Fachwerkkirchlein von 1681

025po Foto: kj

im Rahmen des Internationalen Festivals der Orgelmusik Elbląg/Frombork/Stegna im Juli und August die reich verzierte Barockorgel zum Klingen. Nicht weit von der Touristeninformation an der Hauptstraße entfernt, wartet ein kleines **Bernsteinmuseum** (Muzeum Bursztynu) auf einen Besuch.

Eine Attraktion auf schmalem Gleis ist der **Jantar-Ekspres.** Von Mikoszewo über Jantar und Stegna bis Sztutowo schuckelt die putzige **Schmalspurbahn** von Ende Juni bis Anfang September und verbindet die Badeorte am Scheitel der Danziger Bucht miteinander.

Praktische Tipps

Information

- **Touristeninformation,** ul. Gdańska 36a, 82-103 Stegna, Tel. (055) 2478692, Juni–Sept. Mo–Sa 8–20 Uhr, So 10–20 Uhr, Okt.–Mai Mo–Fr 8–16 Uhr.
- **Homepage von Stegna:** www.stegna.ug.gov.pl.

Camping

- **Camping Nr. 180,** ul. Morska 15, 82-103 Stegna, Tel. (055) 2478294, www.camp180.mierzeja.pl. Großzügiger Platz unter Kiefern direkt hinter dem Strand, mit Café-Bar, kleinem Laden, Campinghäuschen und Kinderbad, Anfang Mai bis Ende Sept.

Museen und andere Sehenswürdigkeiten

- **Bernsteinmuseum** in Stegna, ul. Gdańska 64, Mai–Sept. tgl. 10–19 Uhr.

Kulturelle Veranstaltungen

- **Internationales Festival der Orgelmusik,** Juli/Aug. in Stegna.

Aktivitäten

- **Schmalspurbahn Jantar-Ekspres.** Ende Juni bis Anfang Sept. mehrmals tgl. ab den Bahnhöfen Mikoszewo, Jantar, Stegna und Sztutowo.

Konzentrationslager Stutthof

↗ IV/A1

Am Eingang zur Frischen Nehrung liegt der Badeort **Sztutowo** (Stutthof), und er ist zu trauriger Berühmtheit gelangt. Unmittelbar nach dem Überfall Nazi-Deutschlands auf Polen am 1. September 1939 begannen die Arbeiten zur Errichtung des Konzentrationslagers Stutthof. 110.000 Menschen wurden während der Nazityrannei in dem Lager interniert, etwa 65.000 Häftlinge wurden hingerichtet oder kamen infolge der menschenverachtenden Bedingungen ums Leben.

Auf dem Gelände der **Gedenkstätte Sztutowo,** das heute nur einen Teil der einstigen Todesanlage umfasst, sind die SS-Lagerbereiche, die Häftlingsbaracken, die Gaskammer und das Krematorium zu besichtigen. Es ist ein Ort voller furchtbarer Geister, die dunkle deutsche Vergangenheit wird in Stutthof erschreckend greifbar. Der Eintritt ist frei, doch bittet man um Spenden für den Erhalt der Gedenkstätte. Kindern unter 13 Jahren ist die Besichtigung aus Gründen der Fürsorgepflicht nicht erlaubt.

- **Museum Konzentrationslager Stutthof,** Mai–Sept. tgl. 8–18 Uhr, Okt.–April tgl. 8–15 Uhr, Kinder unter 13 Jahren haben keinen Zutritt, montags finden keine Führungen statt.

Frische Nehrung

↗ IV/B1, V/C1

Wegen ihrer gebogenen Form wird die **Weichsel-Nehrung (Mierzeja Wiślana)** in Polen gelegentlich auch „Sichel" genannt. Der auf Deutsch gebräuchliche Name ist Frische Nehrung; und von diesem berichtet 1684 der preußische Gelehrte *Christoph Hartknoch* (1644–1687), dass er von einem Ankerplatz namens „Frischingshafen" herstamme, der hier einmal gewesen sein soll. Bisher konnte er aber nicht nachgewiesen werden.

Mit Inbesitznahme der Region 1308 durch den Deutschen Orden wurde auch die Frische Nehrung Ordensrittergebiet. Im Verlauf der nächsten beiden Jahrhunderte entwickelte sie sich zum wichtigen **Handelsweg,** über den man Waren bis ins Baltikum hinauf transportierte. Zahlreiche Wirtshäuser säumten die Straße. Der alte deutsche Name der Ortschaft Piaski, „Neukrug", erinnert noch daran.

Bereits Mitte des 19. Jahrhunderts wurden die feinen Sandstrände, breiten Dünenwälle und würzig duftenden Kiefernwäldchen zwischen Ostseewellen und Frischem Haff als **Sommerfrische** entdeckt. Seit 1985 ist die zwischen 500 und 2000 Meter schmale, sich über insgesamt 70 Kilometer erstreckende Frische Nehrung auf ihrem 50 Kilometer langen polnischen Teil Landschaftspark.

Kąty Rybackie ↗ IV/B1

Gleich am Anfang der Nehrung liegt Kąty Rybackie **(Bodenwinkel),** ein 1643 erstmals erwähntes Fischerdorf und dank seines herrlichen Sandstrands heute beliebter Urlaubsort. Am kleinen Fischerhafen zeigt das **Museum des Frischen Haffs** eine Schiffbauerwerkstatt und eine zehn Meter lange Barkasse, die noch Mitte des letzten Jahrhunderts zum Fischen diente.

Information

- **Homepage des Verbands „Frisches Haff":** www.mierzeja.pl.

Museen und andere Sehenswürdigkeiten

- **Museum des Frischen Haffs,** ul. Rybacka 64, Juni–Sept. tgl. 9–18 Uhr.

Krynica Morska ↗ IV/B1

Östlich von Kąty Rybackie liegt mit 865 ständigen Einwohnern, zahlreichen Pensionen und noch mehr Ferienzimmern, Freiluftlokalen und Imbissbuden, Badespaß und Freizeitvergnügen Krynica Morska **(Kahlberg-Liep),** der Hauptbadestrand und Fähranleger der Nehrung. Ausflugsdampfer kreuzen vom Haffufer aus über das Frische Haff nach Elbląg (Elbing) und Frombork (Frauenburg). Vom ursprünglich 1894 erbauten, 1951 rekonstruierten, 26,5 Meter hohen **Leuchtturm** bietet sich eine fantastische Sicht von der Weichselniederung über die Danziger Bucht und das Frische Haff bis nach Russland.

Information

- **Homepage des Verbands „Frisches Haff“:** www.mierzeja.pl.
- **Homepage der Gemeinde Krynica Morska:** www.krynicamorska.pl.

Unterkunft

- **Hotel Kahlberg**€€€€, ul. Bosmańska 1, 82-120 Krynica Morska, Tel. (055) 2476017, www.kahlberg.mierzeja.pl. Sorgfältig restauriertes und um einen schmucken Neubau erweitertes Traditionshotel an der Haffseite am kleinen Fischerhafen. Moderner Mittelklassekomfort, mit Bar und Restaurant.
- **Hotel Krynica**€€€, ul. Orzechowa 4, 82-120 Krynica Morska, Tel (055) 2476200, www.krynica.website.pl. Gepflegtes Mittelklassehotel auf der Haffseite am westlichen Ortseingang, mit Restaurant, Fitnessstudio und Spa-Angeboten.

Camping

- **Camping Nr. 71 Gallus,** ul. Marynarzy 2, 82-120 Krynica Morska, Tel. (055) 2476126, www.camp71.mierzeja.pl. Weitläufiger, zum Strand abfallender Platz im Kiefernwald, mit Laden, Café, Campinghäuschen, Anfang Mai bis Ende Sept.

Museen und andere Sehenswürdigkeiten

- **Leuchtturm,** ul. Żołnierzy 1b, Juli/Aug. tgl. 9–14 Uhr und 15–19 Uhr, Juni/Sept. tgl. 10–14 Uhr und 15–18 Uhr.

Aktivitäten

- **Ausflugsschiffe** nach Frombork sowie Kreuzfahrten über das Frische Haff: ab Hafen Krynica Morska, Ende Juni bis Ende Aug. je drei Mal tgl.

Piaski

V/C1

Ein schmales Asphaltband führt durch Kiefernwald zum Weiler Piaski **(Neukrug)** kurz vor der 1945 gezogenen Grenze zum russischen Teil der Nehrung. Seine Anfänge gehen auf ein Wirtshaus zurück, das, an dem stark frequentierten Handelsweg Richtung Livland gelegen, im Jahr 1429 das Schankrecht erhielt. Piaskis Sandstrände sind in der Hochsaison gut besucht, auf Höhe des Ortseingangs ist sehr zur Freude der „Naturisten“ ein Abschnitt als **FKK-Badestrand** ausgewiesen.

Auf den russischen Teil der Mierzeja Wiślana weiterzureisen, ist nicht möglich. Kleinen Grenzverkehr von hüben nach drüben unternehmen nur **Wildschweinfamilien,** die in Piaski am Straßenrand Urlaubsgäste um Leckereien anbetteln.

Information

- **Homepage des Verbands „Frisches Haff“:** www.mierzeja.pl.

Camping

- **Camping Nr. 182 Piaski,** ul. Słoneczna 4a (in Piaski unmittelbar am Haff), 82-120 Krynica Morska, Tel. (055) 2476113, www.campingpiaski.pl. Schöner, ebener Wiesenplatz mit Blick über das Haff bis nach Frombork, einfach ausgestattet, 800 Meter zum Ostseestrand, mit Campinghäuschen und Tretbootverleih, Anfang Juni bis Ende Aug.

Malbork und die Marienburg ⇗ IV/A3

Wer den nach dem Prager Hradschin und Moskauer Kreml drittgrößten Burgkomplex in Europa bewundern möchte, wer das **größte Backsteinbauwerk Europas** besichtigen möchte, muss nach Malbork **(Marienburg)** in die Weichselniederung fahren. Dort steht am Nogat-Ufer die im 13./14. Jahrhundert vom Deutschen Orden (⇗ Exkurs) erbaute **Marienburg.** Um die 1997 zum Weltkulturerbe erklärte, imposante Burganlage in ihrem gesamten Ausmaß ins Auge zu fassen, empfiehlt es sich, zunächst einen Blick vom Westufer der Nogat aus auf sie zu werfen. Über dem Fluss erheben sich von Norden nach Süden auf 600 Meter Länge Türme, Tore und Ringmauern, in deren Zentrum das Hochschloss und das Mittelschloss mit dem Hochmeister-Palast thronen. Am Nogat-Westufer befinden sich außerdem große bewachte Bezahlparkplätze, und über einen Fußgängersteg gelangt man rasch über den östlichen Mündungsarm der Weichsel hinweg zum Kassen- und Eingangsbereich der Marienburg.

Weitere kleinere Parkmöglichkeiten stehen im überschaubaren Ortszentrum Malborks rund um die Hauptstraße ul. Kościuszki (dort liegt auch die Touristeninformation) zur Verfügung. Sie sind ebenfalls gebührenpflichtig; im näheren Umkreis der Marienburg wird man keine kostenlosen Parkplätze finden.

Für die Besichtigung der Burganlage sollte man einen ganzen Tag einplanen und sich überdies darauf einstellen, nicht allein durch die altehrwürdigen Hallen zu wandeln. Die Marienburg ist eines der herausragenden historischen Bauwerke Polens und zugleich eine Art Nationalheiligtum. Es ist obligatorisch, sich einer **Führung** anzuschließen, und ohnehin ist eine geführte Besichtigung unbedingt anzuraten. Zum einen, um sich in dem gut 20 Hektar großen Backsteinkomplex nicht zu verlaufen, und zum anderen, weil die sachkundigen Fremdenführer nicht nur alles architektonisch, kunst- und kulturhistorisch Wissenswerte anschaulich darlegen, sondern weil sie zudem ihre Erzählungen mit amüsanten Histörchen ausschmücken und die Ritterzeit so wieder aufleben lassen.

Die Marienburg

Die mittelalterliche Burganlage gliedert sich in drei große Komplexe: das Vorschloss, das Mittelschloss sowie als ältester Teil und Kern der Anlage das **Hochschloss.** Der erste Spatenstich zu dessen Bau erfolgte um das Jahr 1270. Anfänglich nur als Sitz des Ordenskomturs geplant, wuchs das Backsteingebäude im Verlauf von drei Jahrzehnten in Form eines Würfels mit mehreren Stockwerken hoch in den Himmel hinauf. Eine Art Klosterhochhaus, das man unter den Dachkronen mit einem Wehrgang versah und mit den für Ordensburgen typischen kleinen Ecktürmchen sowie einem mäch-

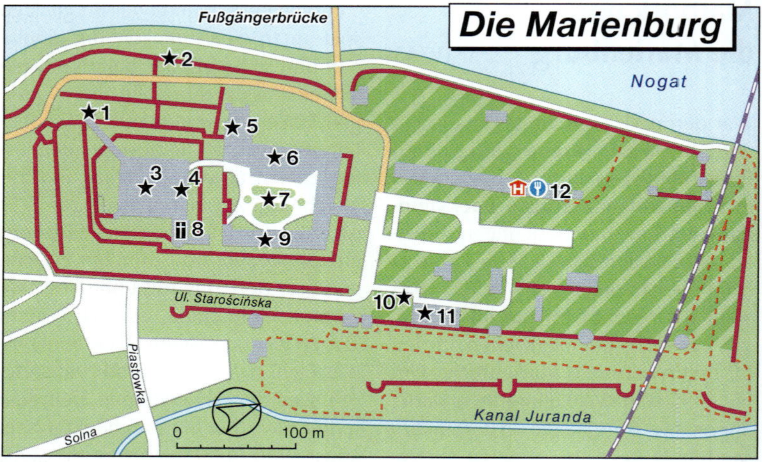

★ 1 Dansker (Aborttturm)
★ 2 Brückentor
★ 3 Hochschloss
★ 4 Kapitelsaal
★ 5 Hochmeisterpalast
★ 6 Großer Remter
★ 7 Mittelschloss
8 Marienkirche
★ 9 Bernsteinausstellung
★ 10 Kasse
★ 11 Karwan (das damalige Waffenlager und Wagenremise)
12 Hotel und Restaurant Zamek

Vorschloss

tigen Wachturm befestigte. Noch während der Bauarbeiten zogen die Deutschordensritter um 1280 in das auf quadratischem Grundriss errichtete Konventhaus ein. Und da sie sich mittlerweile wohl an das ständige Hämmern und Klopfen gewöhnt hatten, nahm man gleich nach der Fertigstellung auch noch seinen Ausbau in Angriff.

Im Innenhof wurden die vier Gebäudeflügel über zwei Etagen hinweg mit einer eindrucksvollen Galerie umzogen – dem **Kreuzgang** des Ordenshochschlosses. Der Nordflügel mit einer kleinen Kapelle wurde 1331–1344 in östliche Richtung zur großen **Schlosskirche St. Marien** erweitert. Ein prächtig verziertes Spitzbogenportal, die „Goldene Pforte", führt in den stark beschädigten Kirchenraum hinein. St. Marien gehört zu den wenigen Gebäudeteilen, die nach der Zerstörung der Marienburg im Zweiten Weltkrieg und dem anschließenden Wiederaufbau ab 1961 noch nicht vollständig rekonstruiert wurden.

In der ersten Etage im Nordflügel befindet sich außerdem der große **Kapitelsaal,** die oberste politische Versammlungsstätte des Ordensstaats. An den Westflügel mit Gemächern und Schatzkammer schließt sich ein 64 Meter langer Gang zur Nogat hin an. Er führt zum **Dansker,** einem gewaltigen Wehr- und Wachturm, der den Ordensrittern zugleich als Austritt diente. Süd- und Ostflügel bergen die Dormitorien (Schlafsäle). Im zweiten Stockwerk liegen Lagerräume, die Konventsstube und der **Konventsremter,** der Versammlungs- und Speisesaal der Ordensritter, der heute eine **Ausstellung** über die Marienburg präsentiert. Im Erdgeschoss waren Wirtschaftsräume untergebracht.

Nördlich des Hauptschlosses breitete sich mit Ringmauern und Wirtschaftsgebäuden allmählich eine erste Vorburg aus. 1309, als der Hochmeistersitz von Venedig an die Nogat verlegt wurde, musste sie dem Neubau des majestätischen **Mittelschlosses** weichen. Um 1330 fertiggestellt und von Festungsgräben und trutzigen Wehrmauern umgeben, sicherte man den Eingangsbereich durch Zugbrücke, Torturm und einen mit dicken Mauern und Fallgattern ausgestatteten Zwinger. Berühmtester Saal im Mittelschloss ist der **Große Remter.** Mit 30 Metern Länge und 15 Metern Breite ist er der größte Repräsentationssaal in der Marienburg. Glanzvolle Bankette mit bis zu 400 Gästen, wie sie unter dem kunstvoll aufgefächerten Sternengewölbe veranstaltet wurden, ließen weltliche Herrscher vor Neid erblassen.

In den letzten beiden Jahrzehnten des 14. Jahrhunderts entstand dann das prunkvollste Bauwerk der Marienburg: der **Hochmeisterpalast.** Achtung gebietend schiebt er sich aus einer Flucht des Mittelschlosses der Nogat entgegen. Im Gebäude befinden sich die mit bildschönen floralen Ornamenten verzierten Gemächer des Ordenshochmeisters sowie zwei weitere Kleinode der Marienburg: der Sommer- und der Winterremter. Im **Sommerremter** pflegte der Hochmeister zur warmen Jahreszeit mit seinem Gefolge fürstlich zu speisen. Darüber hinaus wurden in dem quadratischen Repräsentationsraum, dessen einziger, zierlicher Granitpfeiler ein kunstvolles Rippengewölbe stützt, die offiziellen Würdenträger empfangen. Zur kühleren Jahreszeit zog man in den kleineren **Winterremter** nach nebenan, der sich mit einem ausgeklügelten Heizsystem aufwärmen ließ.

An den Hochmeisterpalast und das Mittelschloss schließt sich mit der Kapelle St. Lorenz, Wirtschaftsgebäuden, Schanzen, Basteien und Bollwerken im Norden das **Vorschloss** an. An seiner Flanke finden sich der Eintrittskartenverkauf und die Sammelstelle für die Führungen durch die riesige Anlage.

Einmal jährlich an einem Wochenende im Juli fühlt man sich ins Mittelalter zurückversetzt. Geharnischte Rittersleute zu Fuß und zu Pferde schärfen

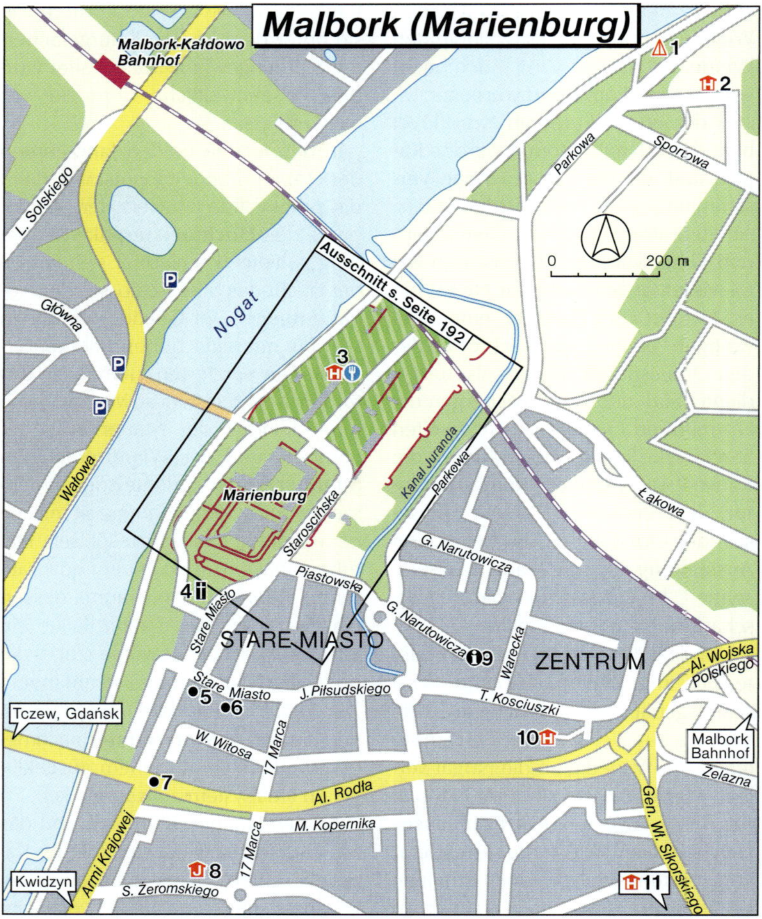

- 1 Camping Nr. 197
- 2 Hotel Parkowy
- 3 Hotel und Restaurant Zamek
- 4 Kirche des hl. Johannes
- 5 Altstadtrathaus
- 6 Töpfertor
- 7 Marientor
- 8 Jugendherberge
- 9 Touristeninformation
- 10 Grot Hotel
- 11 Hotel Dedal

während der **Belagerung der Marienburg** ihre Klingen und warten auf die Erstürmung. Reiterturniere, Armbrust- und Bogenschießen sowie ein bunter mittelalterlicher Markt kürzen die Wartezeit ab, bis in der Abenddämmerung der Sturmruf ertönt und die Schlacht um die Burg beginnt. Den Abschluss der großartigen Show bildet um Mitternacht ein Feuerwerk, anschließend wird bis zur Morgenröte getanzt.

Der Ort

Malbork selbst verfügt kaum noch über historische Sehenswürdigkeiten. 80 Prozent der alten Bausubstanz fielen den schweren Kämpfen kurz vor Ende des Zweiten Weltkriegs zum Opfer. Einen Blick lohnen das um 1380 mit spätgotischem Giebel errichtete, mehrfach umgebaute **Altstadtrathaus,** das im 15. Jahrhundert aus den Befestigungsanlagen emporgewachsene **Töpfertor** (Brama Garncarska) sowie die **Kirche des hl. Johannes** (Kościół św. Jana Chrzciciela) aus dem späten 13. Jahrhundert, die mit einem Umbau 1468 ihre gegenwärtige Gestalt annahm. Alle drei Bauwerke liegen im südlichen Schatten der Marienburg. Zusammen mit der Ruine der Lateinschule am Flussufer und dem **Marientor** (Brama Mariacka) aus der zweiten Hälfte des 14. Jahrhunderts, das sich kurz vor der Autobrücke über die Nogat erhebt, bilden sie die verbliebenen Reste der Altstadt.

028po Foto: kj

Das Mittelschloss der Marienburg

Praktische Tipps

Information

- **Touristeninformation,** ul. Kościuszki 54, 82-200 Malbork, Tel. (055) 6474747, www.visitmalbork.pl, Juli–Sept. Mo 8–16 Uhr Di–Fr 8–18 Uhr, Sa/So 10–15 Uhr, Okt.–Juni Mo–Fr 8–16 Uhr.
- **Homepage der Gemeinde Malbork:** www.malbork.pl.
- **Die Marienburg virtuell:** www.zamek.malbork.pl.

Unterkunft und Gastronomie

- **Hotel Zamek**€€€€, ul. Starościńska 14, 82-200 Malbork, Tel. (055) 2723367 und 272 2738, www.zlotehotele.pl/zamek. Wohnen wie die alten Rittersleut' im Geschmack und Komfort des 21. Jahrhunderts, im Vorhof der Marienburg im ehemaligen Ordensritterhospital. Mit empfehlenswertem Restaurant.

027po Foto: kj

•Grot Hotel€€€€, ul. Kościuski 22, 82-200 Malbork, Tel. (055) 6469660, www.grothotel.pl. Neu erbautes, innen schickes Haus, im Ortszentrum zwischen der kleinen Einkaufsstraße Kościuszki und der stark befahren Hauptverkehrsader Rodła, die Zimmer trotzdem sehr ruhig.

•Hotel Dedal€€€, ul. Gen. de Gaulle 5, 82-000 Malbork, Tel. (055) 2723137, www.dedal.malbork.msi.pl. Dreigeschossiger Flachbau aus sozialistischer Zeit. Ostcharme-Interieur mit zeitgemäßen Annehmlichkeiten wie Radio, TV, Telefon, im Südosten der Stadt an der Straße Richtung Iława.

Camping

•Camping Nr. 197 und Hotel Parkowy, ul. Parkowa 3, 82-200 Malbork, Tel. (055) 2722413, www.osirmalbork.pl. Großer, stark frequentierter Wiesenplatz etwa 1,5 Kilometer nördlich der Burg fast an der Nogat, mit Tennisplätzen, Imbissstube, Campinghäuschen und angeschlossenem schlichten Hotel€€ (etwa 160 Zł.), ganzjährig geöffnet.

Jugendherberge

•Jugendherberge, ul. Żeromskiego 45, 82-200 Malbork, Tel. (055) 2722408, ganzjährig.

Museen und andere Sehenswürdigkeiten

•Schloss und Museum Marienburg, 15. April bis 15. Sept. Di–So 9–19 Uhr, Anfang bis Mitte April/Mitte bis Ende Sept. Di–So 10–17 Uhr, Okt.–März Di–So 10–15 Uhr. Montags besteht ebenfalls Zugang, aber es können dann nur die Außenanlagen und Höfe besichtigt werden. Führungen auf Deutsch starten am Sammelpunkt bei den Kassenhäuschen gegen 10.30, 12, 13.30 und 15 Uhr.

Kulturelle Veranstaltungen

•Belagerung der Marienburg, im Juli.

Giebel und Turm an der Marienburg

Im Inneren der Burg

214po Foto: kj

Der Deutsche Orden

Auf eine mehr als **800-jährige Geschichte** blickt der Deutsche Orden mittlerweile zurück. Fernab vom Baltischen Meer beginnt sie im Nahen Osten in der Stadt **Akko** im heutigen Israel. In den Jahren des dritten **Kreuzzugs** (1189–1192) der Christenheit gegen die muslimische Welt, an dem so hohe mittelalterliche Persönlichkeiten wie Kaiser *Friedrich I. Barbarossa* und *Richard Löwenherz* teilnahmen, diente Akko bis zur Eroberung 1291 als letztes Bollwerk der abendländischen Kreuzfahrer. Ordensbruderschaften waren für die **Pflege verletzter und kranker Ritter** zuständig, zum Beispiel im Feldlazarett des „Ordens der Brüder vom Deutschen Haus St. Marien in Jerusalem", der während der Belagerung von Akko ab 1190 alle Hände voll zu tun bekam. 1198 wurde die Krankenpfleger-Bruderschaft, kurz „Deutscher Orden" genannt, in einen **geistlichen Ritterorden** umgewandelt. In den folgenden 200 Jahren entwickelte er sich zu einer der bedeutendsten **Militärmächte** Mitteleuropas.

In den Orden eintreten und nach sechsmonatiger Novizenschaft das Gelübde ablegen durften ausschließlich Männer von **blauem Geblüt.** Ritter-Brüder, also kämpfende Mönche, und Priester-Brüder standen im Rang zwar gleichberechtigt nebeneinander, doch faktisch bekleideten die Kämpfer schnell alle wichtigen Positionen. An der Spitze der Hierarchie stand der Ordenshochmeister und ihm zur Seite fünf Großgebieter, namentlich der Komtur, der den Hochmeister in Abwesenheit vertrat, der Marschall, dem das Heer unterstand, der Spittler, der für die Gesundheit zuständig war, der Trappier für die Kleiderkammer und der Tressler für die Finanzen. Die alltägliche Wirtschaft verrichteten Laien-Brüder, auch „Halbbrüder" genannt, aus niederen Ständen. Die **Ordenstracht** – ein weißer Mantel mit schwarzem Kreuz und dem Reichsadler, den Kaiser *Friedrich II.* (reg. 1212–1250) den Rittern verlieh – ging später in das Wappen von Preußen ein.

Doch zurück zu den Anfängen: Mit der Eroberung Akkos 1291 war der Deutsche Orden seiner Aufgaben im Heiligen Land verlustig gegangen. Willkommen war da der Ruf des Königs von Ungarn, *Andreas II.*, der 1211 die Ritter zu sich ins Burzenland (Siebenbürgen) bestellte, um seine östliche Reichsgrenze zu sichern. Und schon hier zeigte sich, dass der Orden nicht nur eine Art mittelalterliche Weltpolizei war, sondern mehr noch eine **aufstrebende Landmacht,** deren einziger Nachteil darin bestand, dass sie noch keinen Flecken Erde besaß. Und den wollten die Deutschritter haben. Sie gründeten Kronstadt und etablierten dort eine Herrschaft, woraufhin sie der erboste König von Ungarn 1225 aus seinem Land jagte.

Viel weiter nördlich, in den polnischen Teilherzogtümern Kujawien und Masowien, litt die Bevölkerung währenddessen zunehmend unter den Einfällen der heidnischen **Prußen.** Herzog *Konrad von Masowien,* alleine nicht stark genug für einen militärischen Sieg, ersuchte **Beistand** beim Deutschen Orden. Dessen Hochmeister *Hermann von Salza* hatte allerdings aus dem ungarischen Debakel gelernt und ließ sich, bevor seine christlichen Ritter zum ersten Schwertstreich gegen die Prußen ausholten, diese Kriegsdienstleistung mit dem Kulmer Land belohnen und außerdem „allem Land, das er mit Gottes Zutun in Preußen erobern" konnte – **vertraglich abgesichert** von höchster Stelle: 1226 in der Goldenen Bulle von Rimini durch Kaiser *Friedrich II.,* und 1234 in der Goldenen Bulle von Rieti durch Papst *Gregor IX.*

1230 zog ein erster Ordens-Konvent an die **untere Weichsel.** Unter dem Landesmeister von Preußen, *Hermann von Balk,* begann die **Eroberung der Region.** 1231 wurde Thorn gegründet, 1232 Kulm, 1237 Elbing und 1255 die Burg Königsberg. 1283 war die Eroberung des alten Prußenlands abgeschlossen. Der Ordensstaat dehnte sich von der Weichsel bis nördlich zur Memel und östlich bis zu den Großen Masurischen Seen aus. Man rief deutsche Siedler ins Land, die sich im Schutz der Ordensburgen niederließen, die Wälder rodeten, die Erde urbar machten und den Zehnten entrichteten. Der schlagkräftige Ordensstaat stieg zur **Finanzmacht** auf.

1308 **annektierte** er **Danzig** und **Pommerellen.** Die von brandenburgischen Truppen belagerte polnische Danziger Burg hatte zur Hilfe gerufen, und nach erfolgreichem Waffengang blieben die Deutschritter gleich selbst in der Stadt. Für ihren militärischen „Service" forderten sie von der polnischen Krone eine so hohe Summe, dass auf der Hand lag, dass sie nicht bezahlt werden konnte. Die diesbezügliche Klage, die *Władisław Łoktietek,* ab 1320 König von Polen, vor der römischen Kurie vortrug, verhallte ungehört. Danzig und Pommerellen blieben Ordensland. Fortan standen sich Deutschritter und polnische Krone feindlich gegenüber.

1309 wurde der **Hochmeistersitz** von Venedig in die **Marienburg** an der Nogat verlegt, deren großartiger Ausbau damit begann. Es folgte die Zeit der größten **Blüte des Ordens.** Etwa 3000 Ritter gehörten ihm an – die höchste Zahl, über die er jemals verfügte. Unter *Konrad von Jungingen,* 1393 zum Hochmeister gewählt, wurde Gotland erobert, 1402 die Neumark und 1404 Schamaiten (das spätere nördliche Ostpreußen, heute die russische Enklave Kaliningrad) erworben. Das Ordensgebiet erstreckte sich schließlich von Thorn im Süden bis nördlich zum Rigaer Meerbusen und im Osten bis östlich der Großen Masurischen Seen.

Zwischenzeitlich war durch die Heirat *Jagiełłos* von Litauen mit *Jadwiga* von Polen das riesige **polnisch-litauische Doppelreich** entstanden. Erstmals stand dem Deutschen Orden eine Großmacht gegenüber. 1409 kam es zum Krieg, der am 15. Juli 1410 in der legendären **Schlacht bei Tannenberg** gipfelte (in Polen nach dem Nachbarort „Schlacht bei Grunwald" genannt). Zwischen 12.000 und 15.000 Ordensritter und Söldner stießen auf ein 20.000 Mann starkes polnisch-litauisches Heer zur größten Schlacht des Mittelalters auf mitteleuropäischem Boden. Der Orden erlitt eine verheerende **Niederlage.** Großmeister *Ulrich von Jungingen,* sämtliche Großgebieter und zahlreiche Ritter fielen.

Der Erste Thorner Frieden 1411 trug dem Orden neben kleineren Gebietsverlusten eine gewaltige Summe an Reparationszahlungen ein, die er zu leisten hatte. Man stand vor dem **finanziellen Ruin.** 1440 schlossen sich darüber hinaus Danzig, 18 weitere Städte und die preußischen Stände gegen die Ordensherrschaft zum Preußischen Bund zusammen. 1453 unterstellte sich das Bündnis dem Schutz Polens, und noch im selben Jahr brach der **Dreizehnjährige Krieg** gegen den Orden aus. Er trieb ihn vollends in den Bankrott. Insgesamt 21 Burgen mussten die Deutschritter an ihre Söldner verpfänden, darunter auch die Marienburg, die die Söldner sogleich an die polnische Krone verkauften. Das Geld dafür stellte der Preußische Bund zur Verfügung.

Mit dem **Zweiten Thorner Frieden** 1466 gingen Pommerellen, das Kulmer Land sowie die Regionen Elbing und Marienburg an Polen, und der Ordenshochmeister musste dem polnischen König den Treueid und die Heeresgefolgschaft schwören. 1525 folgte die Umwandlung des verbliebenen Ordenslands in das protestantische Herzogtum Preußen. Und seitdem hat man nichts Weltbewegendes mehr vom Deutschen Orden gehört.

Allerdings gibt es ihn noch. Mit der Zentrale im bayerischen Weyarn betreibt er in Deutschland und Ländern Ostmitteleuropas eine Reihe von **Senioren- und Pflegeheimen,** ist in der **Jugendhilfe** und im **Antidrogenkampf** tätig. Ende 2000 geriet er zuletzt in die Schlagzeilen, als er einmal mehr pleite war und seinen über 5000 Angestellten und etwa 1000 Ordensmitgliedern das Gehalt schuldig blieb. Der Sitz des Ordenshochmeisters ist Wien, wo gegenwärtig Abt Dr. *Bruno Plattner* als 65. Hochmeister in der Geschichte des Deutschen Ordens amtiert.

218po Foto: kj

Frisches Haff und Oberländische Seenplatte

225po Foto: kj

226po Foto: kj

Landpartie auf dem Oberland-Kanal

Bötchen im Hafen von Iława

Die Kirche von Kwitainy

Überblick

Vom Frischen Haff (Zalew Wiślany) und der ehemaligen Hansestadt Elbląg (Elbing) im Norden bis südlich zur Oberländischen Seenplatte (Pojezierze Iławskie) erstreckt sich das sanfte Hügelland, das den historischen Namen **„Oberland"** trägt. Wie ein Dreieck dehnt es sich von der Haffküste südwärts aus. Seine Schenkel erweitern sich dabei zwischen Zalewo im Westen und Morąg im Osten bis Iława (Deutsch Eylau) und Ostróda (Osterode), die das Oberland im Süden begrenzen.

Der alte **deutsche Name** geht möglicherweise bereits auf den Priesterbruder des Deutschen Ordens *Peter von Dusburg* zurück. In seinem 1326 verfassten Werk „Chronicon Terrae Prussiae" unterschied er das von den Prußen bewohnte Land in „partes inferiores" und „partes superiores" (untere und obere Teile). Vor der Eroberung durch die Deutschordensritter war das Oberland vom prußischen Stamm der Pogesanier besiedelt, nach dem es den Namen „Pogesanien" erhielt, und noch bis ins 18./19. Jahrhundert hinein war außerdem die Bezeichnung „Hockerland" üblich. Geologisch gehört die reizvolle eiszeitliche Moränenlandschaft zum Baltischen Höhenrücken, der das nordöstliche Polen mit Erhebungen von bis zu 300 Metern Höhe durchzieht.

Im Norden am Frischen Haff bilden **Frombork** (Frauenburg) und **Braniewo** (Braunsberg) kurz vor der Grenze zur russischen Enklave Kaliningrad (Königsberg) den nordwestlichsten Zipfel des **Ermlands** (Warmia), welches mit seinem Namen an den prußischen Stamm der Warmier erinnert. Berühmtester Sohn Fromborks ist der Astronom *Nikolaus Kopernikus,* der Anfang des 16. Jahrhunderts vom Frauenburger Kathedralhügel aus der Menschen Sicht auf die Himmelskörper revolutionierte. Als bedeutender oberländischer Abkomme wird der 1744 in **Morąg** (Mohrungen) gebürtige Dichter, Weltbürger und Humanist *Johann Gottfried Herder* gefeiert, dessen Lebenswerk das dortige Herder-Museum würdigt.

Im Osten beschreibt in etwa der Fluss Pasłeka (Passarge) die Grenze des Oberlands, dieser stillen Landschaft, die sich im gemächlichen Auf und Ab grüner Hügel mit sonnendurchfluteten Buchenwäldern und südlich einem Mosaik zahlloser kleiner und größerer Seen schmückt. Seit dem letzten Drittel des 19. Jahrhunderts sind die Gewässer durch den **Oberländischen Kanal** (Elbląg-Ostróda-Kanal) miteinander verbunden, einer in der Welt einzigartigen technischen Kuriosität, denn die Schiffspartien auf dem Kanal führen sowohl über Wasser als auch auf „Geneigten Ebenen" über das Land.

Den südlichen Teil des historischen Oberlands umfasst das Gebiet der **Oberländischen bzw. Iława-Seenplatte** (Pojezierze Iławskie). Mit dem längsten See Polens, dem Jeziorak-See (Geserich-See) im Mittelpunkt, sind die Gewässer durch viele Kanäle und kleine Flüsschen kreuz und quer miteinander verbunden: ein Paradies für Paddler, Kanuten und Segler. Zwischen ausgedehnten Wiesen und Feldern erstrecken sich über das Hügelland und rund um die Seeufer schöne Buchenmischwälder, die erst im Osten allmählich dunkleren Kiefern und Tannen weichen. Touristisch wird die Iława-Seenplatte auch als „westmasurische Seenplatte" und die Landschaft als „Westmasuren" bezeichnet, was richtig ist und wieder nicht, da eine Region Masuren weder politisch noch geografisch klar umgrenzt werden kann. So hat sich im Lauf der Zeit die Auffassung eingebürgert, dass die 312 Meter hohe Dylewska Góra (Kernsdorfer Höhe), 20 Kilometer südlich von Ostróda, als höchste Erhebung des Ostpreußischen Landrückens der Anfang von Masuren sein soll.

Elbląg

↗ IV/B2

Am Flüsschen Elbląg, an den Westhängen des Naturparks Elbinger Höhen (Wzniesienia Elbląskie) kurz vor dem Frischen Haff (Zalew Wiślany), liegt die 127.000 Einwohner große Stadt Elbląg. Ihr alter Name **Elbing** drang seinerzeit weit über die Grenzen Deutschlands hinaus. Ausdrücklich war der Klang mit Tabak, Schiff- und Lokomotivbau verbunden. *Ferdinand Schichau* (1814–1896) gründete 1837 in Elbing die Schichau-Werft, die schon bald über Ableger in Danzig und Königsberg verfügte. 1889 kam ein Lokomotivbaubetrieb dazu, aus dessen Hallen bis 1912 rund 2000 Dampfloks stampften. Auch die in jenen Tagen bedeutendste deutsche Tabakfabrik, Loeser & Wolff, hatte hier ihren Sitz, und Elbing entwickelte sich nach Königsberg zur **zweitgrößten Stadt Ostpreußens.**

Wegen ihrer strategisch wichtigen Lage wurde sie gegen Ende des Zweiten Weltkriegs 19 Tage lang grimmig umkämpft und dabei **restlos zerstört.** In Zahlen ausgedrückt: zwischen 98 und 100 Prozent der historischen Bausubstanz fielen den Kämpfen zum Opfer. Noch Jahre danach lag die einst prächtige Hansestadt in Trümmern, zumal ihre Ziegel zum Wiederaufbau Warschaus verwendet wurden. Mit der Rekonstruktion begann man erst Anfang der 1980er Jahre, und sie dauert bis heute an.

Auch mit der Bedeutung als traditionelle **Hafen- und Seehandelsstadt** war es nach 1945 für die folgenden vier Jahrzehnte vorbei, da Elbląg durch die mit dem Lineal gezogene neue Grenze zur Sowjetunion plötzlich von seinem natürlichen Zugang zur Ostsee abgeschnitten war. Zwar garantierten die Herren im Kreml nach der rabiaten Teilung von Haff und Nehrung dem Bruderstaat Polen die freie Durchfahrt, aber – wie es mit Verträgen oft leider ist – war auch dieser nicht das Papier wert, auf dem er niedergeschrieben worden war. Im Gegenteil wurde die Passage vom sowjetischen Flottenstützpunkt beim ehemaligen Pillau aus militärisch abgeriegelt. Im Zuge von Perestroika und Glasnost und nach den gesellschaftli-

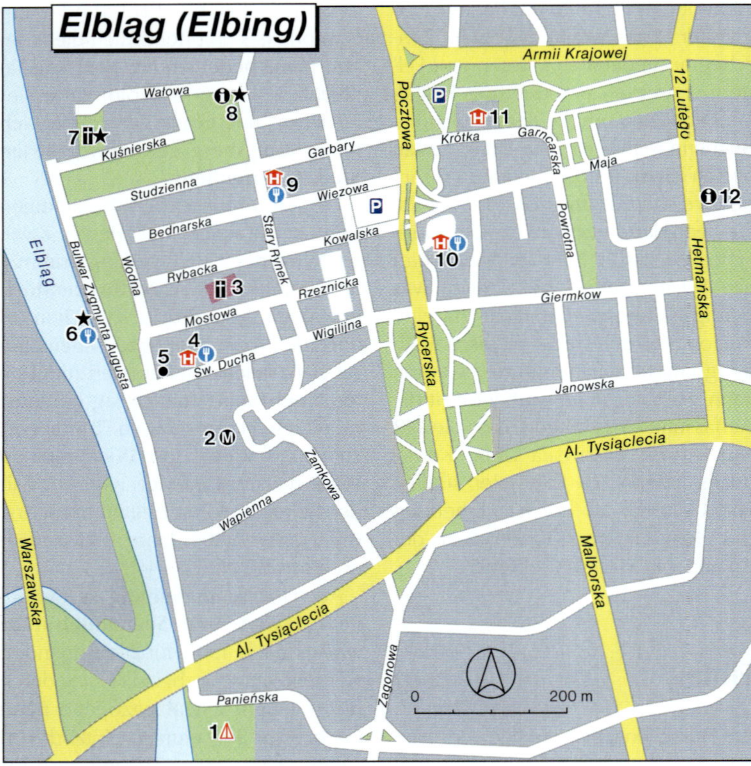

⚠	1	Campingplatz Nr. 61 Elbląg	★	8	Markttor mit
Ⓜ	2	Elbląg-Museum	ℹ		Infopunkt
	3	Kirche St. Nikolai	H	9	Hotel und
H	4	Hotel und Restaurant MF			Restaurant Viwaldi
•	5	Büro der Weißen Flotte Elbląg-Ostróda	H	10	Hotel Gromada, Restaurants Europejska und Rattanowa
★	6	Passagierhafen und Restaurant Admiral	H	11	Hotel Galeona
	7	Kirche St. Marien mit Galerie El	ℹ	12	Touristeninformation

chen Umwälzungen in Polen kreuzte im Sommer 1990 dann ein mutiger Sejm-Abgeordneter mit seiner Jacht einfach über die Demarkationslinie hinweg, winkte den verblüfften Soldaten der sowjetischen Kriegsmarine zu und segelte in die Danziger Bucht hinaus. Wenig später durfte erstmals auch ein polnisch geflaggter Frachter passieren. Seitdem ist Elbląg bemüht, wieder Anschluss an den internationalen Seehandel zu finden.

Geschichte

Im **9. Jahrhundert** ist Elbląg zwar noch nicht erwähnt, aber dafür der sagenhafte prußische Handelsplatz **Truso,** das „Troja des Nordens". Lange Zeit glaubte man, dass es sich bei der angeblich blühenden Stadt Truso um nichts weiter als ein Wikingermärchen handele, bis man sie nach fast 400-jähriger Sucharbeit 1982 südöstlich von Elbląg, bei dem Flecken Janowo am Druzno-See (Drausen-See), aus der Erde grub.

In der günstigen Lage vor der Mündung des Flüsschens Elbing und damals auch der Weichsel ins Frische Haff gründet der Deutsche Orden **1237** eine **Burg.** Schnell lassen sich in ihrem Schutz Ackerbauern und Handwerker nieder. Bereits **1246** erhält die Ansiedlung **Stadtrechte,** und als **Hansemitglied** steigt sie zum bedeutendsten Seehafen des Ordenslands auf.

Doch **1370** ändert die wankelmütige **Weichsel** plötzlich ihren Lauf und sucht sich ihre neue Mündung bei Danzig, womit die „Königin der Ostsee" Elbing den Rang abläuft. Des ungeachtet sind die Elbinger Handelsleute ebenso aufmüpfig wie die Danziger. Nach der Niederlage der deutschen Ordensritter gegen das polnisch-litauische Heer **1410** bei Grunwald schließen auch sie sich der **polnischen Krone** an. 1440 wird in Elbing der Preußische Bund gegen den Deutschen Orden gegründet. 1453 zerstören die Elbinger ihre Deutschordensburg und huldigen ein Jahr später König *Kazimierz IV.* von Polen (reg. 1447–1492). Ab **1454** ist Elbing eine **eigenständige Stadtrepublik** unter dem Schutz der polnischen Krone und bleibt dies bis 1772, als es im Zuge der Ersten Teilung Polens an das Königreich Preußen fällt.

Im **Zweiten Weltkrieg** vollkommen zerstört, befindet sich das historische Zentrum von Elbląg bis heute im Wiederaufbau. Von 1975 bis 1998 war die Stadt Hauptstadt der gleichnamigen Woiwodschaft Elbląg, die im Zuge der Verwaltungsreform 1999 schließlich in der Großwoiwodschaft Warmia-Mazury aufging.

Sehenswertes

Von dem historischen „Schmuckkästchen", wie man die Stadt einmal nannte, ist nur wenig im Original erhalten geblieben. Manch einen werden jedoch gewiss die Rekonstruktionsarbeiten in Bann ziehen, die mittlerweile stark vorangeschritten sind. Die **Altstadt** am Ostufer des Flüsschens Elbląg ist so gut wie wiedererstanden. Rund um die gotische Kirche St. Nikolai wurden auf den freigelegten Originalfundamenten ganze Straßenzüge nach historischen Plänen wiedererrichtet. Links und rechts des Kopfsteinpflasters erheben sich fachwerk- und backsteingeschmückte Giebelhäuser neben Gebäuden im postmodernen historisierenden Stil. Kaum noch erblickt man irgendwo größere Brachen und Baugruben, die über ein Vierteljahrhundert lang die Elbląger Altstadt prägten. Kleine Cafés, Pubs, Restaurants und Boutiquen laden zum Bummeln ein, und auch die wiedererbaute **Kirche St. Nikolai** (Kościół św. Mikołaja) lohnt einen Blick. Ihre Anfänge reichen bis in die zweite Hälfte des 13. Jahrhunderts zurück. Zur Inneneinrichtung zählen an wertvollen Stücken ein bronzenes Taufbecken von 1387 und der reich geschnitzte Hauptaltar von 1510, der die Anbetung der heiligen drei Könige darstellt. Seit 1992 fungiert das Gotteshaus als Kathedrale des im selben Jahr gegründeten Bistums Elbląg.

Nördlich der 95 Meter hohen Kirchturmspitze ragt das ursprünglich 1319 errichtete **Markttor** (Brama Targowa) empor. Als letzter verbliebener Rest der alten Stadtmauern wurde es bereits 1950 rekonstruiert, seit 2006 steht es nach einer umfassenden Renovierung für Besucher offen. Im ersten Geschoss finden sie einen kleinen touristischen Infopunkt vor, vom obersten Stockwerk aus lässt sich in 25 Metern Höhe eine schöne Aussicht über Elblągs neue Altstadt genießen. Am Turmfuß steht ebenfalls seit 2006 das von *Waldemar Grabowiecki* geschaffene, bronzene **Bäcker-Denkmal.** Es erinnert an das beherzte Eingreifen eines jungen Bäckergesellen, von dem die Sage erzählt, er habe die Stadt am 8. März 1521 vor dem Einmarsch der Deutschordensritter bewahrt. Die Bronzenase des Bäckerjungen zu reiben soll Glück bringen, weshalb sie stets schön poliert im Sonnenlicht glänzt.

Wenige Schritte entfernt dient die kleine ehemalige Dominikanerkirche St. Marien den Musen. In ihren Backsteinmauern aus dem 13. Jahrhundert ist die renommierte **Galerie El** untergebracht, die zeitgenössische Kunst präsentiert.

Das auf den Grundmauern der geschleiften Ordensburg fußende ehemalige Gymnasium nahebei beherbergt seit 1954 das **Elbląg-Museum** (Muzeum Elbląskie). Neben Ausstellungen zur Stadtgeschichte vom Mittelalter bis heute, Sakralkunst vom 13. bis 18. Jahrhundert, historischen Möbeln und Delfter Kacheln zeigt es zahlreiche Artefakte, die die Ausgrabungen von Truso zu Tage gebracht haben.

Elbląg ist darüber hinaus Ausgangspunkt für die vergnüglichen **Dampferpartien über die „Geneigten Ebenen“** des Elbląg-Ostróda-Kanals (Oberländischer Kanal) – eine Schifffahrt zu Wasser und auch zu Land! Von der Anlegestelle der Weißen Flotte am Bulwar Zygmunta Augusta starten die Ausflugsdampfer von Mai bis September immer morgens um 8 Uhr (⇗ Exkurs „Eine Schiffs- und Landpartie auf dem Elbląg-Ostróda-Kanal“).

215po Foto: ki

Praktische Tipps

Information

- **Touristeninformation,** ul. Czerwonego Krzyża 2, 82-300 Elbląg, Tel. (055) 2324234, www.ielblag.pl, Mo–Fr 7.30–15.30 Uhr.
- **Infopunkt im Markttor,** ul. Stary Rynek, Tel. (055) 6110820, www.ielblag.pl, Juli/Aug. tgl. 10–18 Uhr, sonst Mo–Fr 8–18 Uhr.
- **Homepage** der Stadt Elbląg: www.umelblag.pl.

Unterkunft und Gastronomie

- **Hotel Viwaldi**€€€€, Stary Rynek 16, 82-300 Elbląg, Tel. (055) 2362542, www.viwaldi.com.pl. Komfort-Hotel in einem postmodernen Neubau in der Altstadt, mit Pub und Restaurant.
- **Hotel Gromada**€€€€, pl. Słowiański 2, 82-300 Elbląg, Tel. (055) 2306191, www.gromada.pl. Eines der ersten Häuser am Platz, mit weit über hundert Zimmern, die es an Stil und Bequemlichkeit nicht missen lassen. Am Rand der Altstadt; die angeschlossenen stillvollen Restaurants Europejska und Rattanowa warten mit leichter europäischer Küche und regionalen Spezialitäten auf.
- **Hotel MF**€€€, ul. Św. Ducha 26, 82-300 Elbląg, Tel. (055) 6412610, www.pensjonatmf.pl. 2005 in der Altstadt eröffnetes kleines Hotel, wenige Schritte vom Flussufer entfernt, freundlich und geschmackvoll, mit Pub und Sommergärtchen sowie elegantem kleinen Restaurant, das verfeinerte polnische Küche, aber auch leckere Pizza und Pasta serviert.
- **Hotel Galeona**€€, ul. Krótka 5, 82-300 Elbląg, Tel. (055) 2352288, www.galeona.com.pl. Zentral zwischen Altstadt und Neustadt, 2005 grundlegend modernisiert, freundlich, preiswert, gut.

Blick auf die Kirche St. Nikolai

216po Foto: kj

•**Restaurant Admiral,** Bulwar Zygmunta Augusta, Tel. (055) 6423031, www.admiral.elblag.pl. Im beliebten Restaurant-Schiff kommen, mit Blick auf die Altstadt, open air auf dem Oberdeck Kotelett, Schnitzel, Pommes und gebratener Fisch auf den Tisch; dazu spielt dann und wann live eine Kapelle auf (bei kühlem Wetter auch unter Deck).

Camping

•**Camping Nr. 61 Elbląg,** ul. Panieńska 14, 82-300 Elbląg, Tel. (055) 6418666, www.camping61.com.pl. Gepflegter kleiner Rasenplatz südlich der Altstadt direkt am Flussufer, mit Campinghütten. Anfang Mai–Ende Sept.

Museen und andere Sehenswürdigkeiten

•**Elbląg-Museum**, Bulwar Zygmunta Augusta 11, Di–Sa 9–17 Uhr, So 9–19 Uhr.

•**Galerie El,** ul. Kuśnierska 6 (in der Marienkirche), Kunstgalerie mit wechselnden Ausstellungen, Mo–Sa 10–18 Uhr, So 10–17 Uhr.

Aktivitäten

•**Schifffahrten auf dem Elbląg-Ostróda-Kanal,** Info, Reservierung und Tickets im Büro der Elbląg-Ostróda-Reederei, ul. Wodna 1b, 82-300 Elbląg, Tel. (055) 2324307, www.zegluga.com.pl. Abfahrt ist stets morgens 8 Uhr vom Passagieranleger am Bulwar Zygmunta Augusta: Juli/Aug. täglich, im Mai, Juni und September hängt die Frequenz von der Zahl der verkauften Fahrkarten ab (Okt. bis April Winterpause). Räder dürfen nach Extrabezahlung mit auf das Schiff.

Rücktransport nach Elbląg: ab der letzten Schleuse Buczyniec (Ankunft gegen 13 Uhr) retour mit dem Schiff oder mit dem Taxi (ca. 120 Zł.); ab Małdyty (Ankunft gegen 14.30 Uhr) mit dem Zug um 15.26 Uhr (ca. 45 Minuten bis Elbląg, wegen zweimaligem Fahrplanwechsel pro Jahr bitte vorher sicherheitshalber noch einmal nachfragen!).

Nach historischem Vorbild rekonstruierte Altstadtzeile in Elbląg

177po Foto: ki

Kadyny

IV/B1-2

Von Elbląg Richtung Braniewo kurz vor der Grenze zum Oblast (Verwaltungsbezirk) Kaliningrad bieten sich mehrere Wege an. Die schönsten sind die teils noch kopfsteingepflasterten, von uralten Bäumen überwölbten Sträßlein durch den Naturpark **Elbinger Höhen** (Wzniesienie Elbląnskie), die den Besucher bis auf knapp 200 Meter über dem Meeresspiegel hinaufführen, und die Küstenstraße am Haff. Doch ob man nun quer durch den Naturpark hindurch fährt oder mit wundervollen Aussichten auf die Frische Nehrung am Haffufer entlang – allemal gelangt man zunächst nach Kadyny **(Cadinen),** dem Gut, das einst Kaiser *Wilhelm II.* erstand und wo Prinz *Louis Ferdinand* wohnte, bis man ihn 1945 vor die Tür setzte. Im Gut Kadyny ist heute ein luxuriöses Hotel untergebracht. Mit zum Gut gehört ein **staatliches Gestüt,** das sich seit 1951 der in der Region traditionsreichen Pferdezucht widmet. 200 edle Pferde der Großpolnischen Rasse (eine Mischung aus Trakehner, Hannoveraner

Das Gut Kadyny

Eine Schiffs- und Landpartie auf dem Elbląg-Ostróda-Kanal

Morgens um halb acht herrscht an der Elbląg (Elbing) noch tiefe Stille. Friedlich reihen sich Angler an ihren Ufern, und nur von der Anlegestelle am Bulwar Zygmunta Augusta dringen Laute hierher. Dort reden und gestikulieren auf dem schmalen Oberdeck eines Ausflugsschiffs polnische und deutsche Stimmen aufgeregt durcheinander. Ein jeder möchte den besten Sitz- und Aussichtsplatz finden, denn der erste Höhepunkt der Schiffs- und Landpartie auf dem Elbląg-Ostróda-Kanal, früher Oberländischer Kanal, ist der **Druzno- oder Drausen-See,** auch „das dicke Ende der Elbing“ genannt, gleich im Süden der Stadt.

Als Relikt einer vor ungefähr 9000 Jahren verlandeten Ostseebucht sind seine nur zwei Meter tiefen, stehenden Wasser von weißen und gelben Teichrosen betupft und mit dichten Schilfgürteln umgeben. Von verlandenden Flächen und schlingpflanzengewebten kleinen Inseln aus beobachten Fischreiher das an ihnen vorübergleitende Boot. In der Luft kreisen Fischadler, die, sobald die Beute geschlagen ist, wieder in den Wäldern verschwinden. Mehr als 180 Vogelarten sind im Naturschutzgebiet Druzno-See bisher gezählt worden. Und mit einem Mal redet an Deck niemand mehr. Zu übermächtig ist das Schweigen ringsum.

Erst nachdem das Boot am Ende des Druzno-Sees in den Elbląg-Ostróda-Kanal eingefahren ist, regt man sich wieder. Zwischen den dicht bewachsenen Ufern ist vom Wasser nicht viel zu erkennen, denn mit einer oberen Breite von etwa drei Metern erreicht

217po Foto: kj

das Schiff fast die Ausmaße des Kanals. Im Oktober 1844, als der erste Spatenstich zu der künstlichen Wasserstraße erfolgte, dachte man eben noch in bescheideneren Dimensionen.

Der Gedanke zum **Kanalbau** ging damals dahin, den Transportweg von Holz aus den oberländischen Wäldern an die Ostseehäfen um das Fünffache abzukürzen, indem man Elbing (Elbląg) über einen Wasserweg mit Osterode (Ostróda) verband. Die Überlegung stammte schon aus dem 18. Jahrhundert, aber man nahm davon zunächst wieder Abstand. Hätte man doch sieben Seen auf einer Länge von 80 Kilometern um insgesamt 104 Meter absenken müssen, um eine schiffbare Verbindung zwischen den Städten herstellen zu können. Oder man hätte Schleusensysteme mit insgesamt 32 Kammern einbauen müssen, was viel zu kostspielig war.

So kam der Königsberger Ingenieur *Georg Steenke* auf die Idee, die Boote auf Rutschen über Land rollern zu lassen. Ökologisch, dynamisch und klimaschützend. Denn die Energie, mit der die Schiffe auf den **Geneigten Ebenen** zu trockener Erde die Höhenunterschiede überwinden, entspringt natürlicher Wasserkraft. Dabei ist das Prinzip der Geneigten Ebenen ebenso einfach wie genial. Auf ein Signal fließt Kanalwasser über eine Rohrleitung in einen speziellen Tank und setzt damit ein Schaufelrad in Bewegung, das wiederum eine achträdrige Lore an einem Stahlseil antreibt. Während diese Lore nun, huckepack mit einem Schiff obenauf, über Schienen den trockenen Berg hinunterkarriolt, zieht sie mit ihrer Kraft gleichzeitig einen anderen Plattformwagen die Anhöhe hinauf.

Keine Handbreit Wasser unterm Kiel ...

Nach einer Fahrt von etwa 20 Kilometern drosselt das ohnehin gemächlich dahintuckernde Schiff noch einmal sein Tempo. Am Horizont hebt sich das Land, und ein grüner Teppich von Algen und Entenflott kündigt an, dass man sich der ersten Schiffsrutsche nähert. 13 Meter Fallhöhe müssen auf der 450 Meter langen Rutsche **Caluny Nowe** überwunden werden. Am Stoß von Kanalbett und Geneigter Ebene manövriert der Kapitän sein Boot vorsichtig in die unter Wasser liegende Transportlore hinein. Als Orientierung dienen ihm dabei die Seitengestänge des abenteuerlich anmutenden Vehikels, die einen knappen Meter aus dem Wasser hervorlugen. Der Motor wird abgestellt und der Schiffsjunge schlägt den Gong, der Signal gibt, dass die Landpartie losgehen kann. Das Schaufelrad setzt sich knirschend in Gang. Ein kleiner Ruck – schon wird der Karren mit dem Boot aus dem Wasser gezogen und steigt die Erhebung hinauf. Was für ein Spektakel! Während die Stahlseile stöhnen und ächzen, laufen die Passagiere wie aufgescheuchte Hühner auf dem Deck hin und her, um auch ja nicht einen einzigen Augenblick zu verpassen. Leibhaftige Hühner, Gänse und Enten hüpfen aufgeregt zwischen den Gleisen herum. Hurtig picken sie, was das Gefährt aus dem Wasser für sie mitgebracht hat.

Auf der Bergkuppe taucht die zweite Lore auf. Sie ist mit einem Segelboot, einem Schlauchboot und zwei Kanus beladen, die Richtung Elbląg landabwärts wollen. Auf halbem Weg begegnet man sich. „Dzień dobry /Hallöchen!" – „Jak się masz/Wie geht's?" – „Do widzenia und tschüss!" – weiter geht's. Denn auf den folgenden neun Kilometern und vier weiteren Rutschen müssen noch einmal 85 Meter Höhenunterschied überwunden werden.

An der letzten Geneigten Ebene bei **Buszyniec (Buchwald)** ist für die meisten Gäste gegen 13 Uhr der Ausflug zu Ende. Bis Ostróda, das das Schiff abends um 19 Uhr erreicht, würden sie ohnehin „nur" noch ei-

ne Fahrt durch die märchenhafte Natur der westmasurischen Seenplatte erleben, und von Buszyniec gelangt man mit dem Boot gleich wieder retour Richtung Elbląg (weitere Rückkehrmöglichkeit nach Elbląg: mit dem Zug von Małdyty). Außerdem gibt es an der Buchwalder Rutsche ein sehenswertes kleines Kanalmuseum und obendrein noch Imbissbuden! Nebenan thront auf dem Parkplatz ein luxuriöser deutscher Reisebus. Denn selbstverständlich lassen sich die Schiffspartien über die geneigten Ebenen auch vom Land aus beobachten. Sämtliche Rutschen kann man mit dem Auto anfahren.

Bevor nach Ende der Bootspartie die Reise hierhin und dorthin weitergeht, tauscht man schnell noch Adressen aus, plauscht ein bisschen und lädt sich nach Eckernförde oder Siedlce ein, sodass kaum jemandem der kleine Gedenkstein auffällt, der sich an der Rutsche von Buszyniez bescheiden hinter ein paar Büschen versteckt und auf dem geschrieben steht: „Dem Erbauer des oberländischen Canals und der geneigten Ebenen, dem königlichen Baurath Steenke am fünfzigjährigen Dienstjubiläum, dem 15. Juli 1872, zu dauernder Anerkennung - die dankbaren Landwirthe."

Information, Tickets und Reservierung:

- **in Elbląg:** Büro der Elbląg-Ostróda-Reederei, ul. Wodna 1b, 82-300 Elbląg, Tel. (055) 2324307, www.zegluga.com.pl.
- **in Ostróda:** Büro der Elbląg-Ostróda-Reederei, ul. Mickiewicza 9a, 14-100 Ostróda, Tel. (089) 6463871, www.zegluga.com.pl.

und arabischem Vollblut) tummeln sich auf den hügeligen, sattgrünen Koppeln. Das Gestüt selbst bietet Kutschfahrten und Ausritte an.

Das Gut Kadyny gehört zum beschaulichen Örtchen **Tolkmicko** (Tolkemit). Von seiner kleinen Seebrücke aus genießt man einen schönen Blick über das Haff.

Unterkunft und Gastronomie

- **Hotel Kadyny Country Club** €€€€€, 82-340 Tolkmicko (Kadyny), Tel. (055) 2316120, www.kadyny.com.pl. „Noblesse oblige" lautet das Motto des erlesenen Luxushotels in den Räumlichkeiten der Sommerresidenz Kaiser *Wilhelms. II.* Mit Tennis, Sauna, Pool, Kutschfahrten und Reitmöglichkeit, Bar und vorzüglichem Restaurant. Etwa 440 Zł., Wochenende etwa 350 Zł./Tag.

Frombork

↗ V/C1

Frombork **(Frauenburg)** am Frischen Haff ist ein reizvoller kleiner Ort. Eine Mole, die zum schilfwogenden Wasser hinausgeht, ein winziger Passagierhafen, wo Boote nach Krynica Morska ablegen, eine nur wenige Schritte umspannende Puppenstuben-Fußgängerzone mit Cafés und Imbissbuden in historisch nachempfundenen Gebäuden, ein paar wenige Dachgiebel, unter denen die 2600 Einwohner leben, zwei kleine Kirchlein. Und darüber thront auf einer Anhöhe über dem Haff, von mächtigen Mauern umzogen und mit Festungstürmen bewehrt, der Fromborker **Kathedralkomplex.** Im 16. Jahrhundert wirkte hier als Domherr *Nikolaus Kopernikus* (1473–1543), der mit seiner Betrachtung über die Himmelskörper die Welt aus den Angeln hob.

Nachdem bei dem großen Prußenaufstand 1260–1272 der erste Sitz des Ermländischen Domkapitels im nahen Braunsberg (Braniewo) zerstört worden war, wurde er 1278 nach Frauenburg verlegt. Wenige Jahre später war ein erstes hölzernes Gotteshaus fertiggestellt, 1310 wurden der kleinen Siedlung „Unser Vrowen Burk" die Stadtrechte verliehen. Im Jahr 1329 folgte der erste Spatenstich zur Errichtung der **Kathedrale,** wie sie heute noch steht – eines der schönsten sakralen Bauwerke im ehemaligen Ostpreußen. 1388 waren die Bauarbeiten mit der Vollendung der reich mit Blendarkaden verzierten Westfassade abgeschlossen, und das Gotteshaus wurde „Unserer allerheiligsten Jungfrau Maria Himmelfahrt und Apostel Andreas" geweiht.

Die hohen Gewölbe des fast hundert Meter langen, dreischiffigen gotischen Hallenbaus sind durchflutet von Licht, welches die wertvolle Innenausstattung in eine feierliche Atmosphäre taucht. Eindrucksvoll präsentiert sich der barocke Orgelprospekt mit der 1683/84 vom Danziger *Daniel Nitrowski* geschaffenen **Orgel.** Nach der Zerstörung Frauenburgs im Zweiten Weltkrieg und dem Wiederaufbau von Ort und Domhügel ab Ende der 1960er Jahre wurde abschließend auch die Orgel wieder zum Klingen gebracht. Jedes Jahr im Juli und August konzertieren seither die weltweit besten Organisten während des Inter-

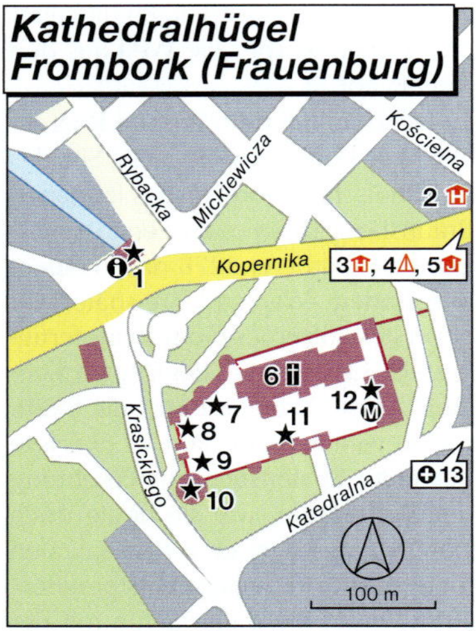

- 1 Touristeninformation, Wasserturm
- 2 Hotel Kopernik
- 3 Dom Familijny Rheticus
- 4 Camping
- 5 Jugendherberge
- 6 Kathedrale
- 7 Domherrenhäuser
- 8 Kopernikusturm
- 9 Planetarium
- 10 Ehemaliger Glockenturm der Kathedrale
- 11 Domherrenhäuser
- 12 Bischofspalast, Kopernikus-Museum
- 13 Heilig-Geist-Spital

nationalen Fromborker Festivals der Orgelmusik auf dem Instrument, dessen Klang Weltruhm genießt.

Kaum weniger prachtvoll erscheint der Hauptaltar aus der ersten Hälfte des 18. Jahrhunderts, hinter dem das kostbarste Einrichtungsstück beinahe ins Hintertreffen gerät: der kleine **spätgotische Flügelaltar** im Nordschiff des Langhauses, den 1504 Bischof *Lukas Watzenrode* dem Gotteshaus stiftete.

Zahlreiche Grabmale zieren die Pfeiler und Mauern, darunter auf dem ersten Pfeiler des Hauptschiffs das 1735 gefertigte **Epitaph für Nikolaus Kopernikus.** Von 1510 bis zu seinem Tod 1543 arbeitete der Weltenbeweger als Domherr in Frauenburg an seinem bahnbrechenden Werk „De revolutionibus orbium coelestium", mit dem er bewies, dass die Erde nicht im Zentrum des Universums steht, sondern sich wie die anderen Planeten unseres Sonnensystems um die Sonne dreht. Irgendwo im Dom sollte sich auch die Grabstätte des berühmten Astronomen befinden. 200 Jahre lang suchte man vergeblich danach und stieß 2005 bei Ausgrabungen auf die Gebeine von 13 Verstorbenen, unter ihnen der Schädel eines 70-jährigen Mannes. Nach umfassenden wissenschaftlichen Untersuchungen steht seit 2008 fest: Es handelt sich um den Schädel des *Kopernikus*. Das Grab des berühmten Domherrn zu Frauenburg war gefunden. Seine sterblichen Überreste wurden am 22. Mai 2010 – dieses Mal mit einer Grabtafel – in der Kathedrale feierlich beigesetzt (↗ auch Exkurs „Nikolaus Kopernikus").

Lange Zeit nahm man auch an, dass *Kopernikus* seinen Wohnsitz in dem nach ihm benannten, ältesten Wehrturm (14. Jh.) des Kathedralkomplexes hatte. Vielleicht, weil man vom **Kopernikusturm** aus so schön in die Sterne über dem Haff schauen kann. Der Forscher wohnte jedoch in einem der Domherrenhäuser zu Füßen der Burgmauern. Im Turm selbst ist heute im Erdgeschoss ein Gelehrten-Arbeitszimmer der Renaissancezeit ausgestellt, das veranschaulicht, wie *Kopernikus'* Wirkungsstätte ausgesehen haben mag. Den weitreichendsten Ausblick hätte der Sterngucker ohnehin vom ehemaligen **Glockenturm** aus gehabt. In 70 Meter Höhe über dem Meeresspiegel verläuft rund um den Turmhelm eine Aussichtsterrasse, und von dieser Höhe reicht bis zum Plafond ein Foucaultsches Pendel herab. Die Erfindung des französischen Physikers *Jean Foucault* (1819–1868) weist mit ihrer Pendelbewegung die Rotation der Erdkugel um ihre eigene Achse nach. Ein **Planetarium** im Erdgeschoss, das Sonne, Planeten, Kometen und über 6000 Sterne unter der Kuppel präsentiert, rundet die astronomische Vorstellung im Glockenturm ab.

Gegenüber werden den Besuchern im ehemaligen **Bischofspalast** Leben und Wirken von *Kopernikus* näher gebracht. 1530 erbaut, 1727 barock umgestaltet und nach der Zerstörung im Zweiten Weltkrieg 1965–1970 rekonstruiert, beherbergt das Gebäude die Hauptausstellungen des **Nikolaus-Kopernikus-Museums.** Neben den Errungenschaften des berühmten Domherren widmen sich weitere Ausstellungen Fernrohren sowie Fromborker Kulturdenkmälern und Glasmalereien.

Keine fünf Spazierminuten vom Kathedralhügel entfernt ist im **Heilig-Geist-Spital** (17. Jh.) in der ul. Stara eine Dependance des Nikolaus-Kopernikus-Museums untergebracht. Hier lassen sich ermländische Malereien, sakrale Schnitzereien (17./18. Jh.) sowie medizinische Schriften, Rezepte und Apothekengefäße aus dem 16. bis 18. Jahrhundert betrachten. In der Sankt-Annen-Kapelle ist eine Wandmalerei (15. Jh.) mit der Darstellung des Jüngsten Gerichts sehenswert.

Einen nicht weniger schönen Blick in den Himmel bietet die Aussichtsterrasse des **Wasserturms** (16. Jh.) zwischen Domhügel und Haffküste. 1571 wurde in seinen Mauern ein Schöpfwerk installiert, das noch bis ins 18. Jahrhundert hinein Wasser auf den Hügel leitete. Im Turm sind außerdem eine Touristeninformation mit Souvenirshop und ein Café untergebracht.

Information

- **Touristeninformation**, ul. Elbląska 2, 14-530 Frombork, Tel. (055) 2437500, Juli/Aug. tgl. 9.30–19.30 Uhr, Mai/Juni und Sept. tgl. 10–16.30 Uhr.
- **Homepage** der Stadt Frombork: www.frombork.pl.

Unterkunft und Gastronomie

- **Hotel Kopernik**€€, ul. Kościelna 2, 14-530 Frombork, Tel. (055) 2437285, www.hotelkopernik.com.pl. Direkt zu Füßen der Kathedrale liegt das 2005 umfangreich renovierte Mittelklassehotel, freundlicher Service, mit empfehlenswertem Restaurant.

178po Foto: kj

Der Fromborker Kathedralhügel

● **Dom Familijny Rheticus€**, ul. Kopernika 10, 14-530 Frombork, Tel. (055) 2437800, www.domfamilijny.pl. Wenige Schritte östlich vom Kathedralhügel gleich an der Hauptstraße, familienfreundliche Unterkunft, die neben DZ auch Apartments mit Drei- und Vierbettzimmern anbietet, neben Duschbad alle mit abgetrennter Kochmöglichkeit. DZ etwa 120 Zł., Apartments ab 140 Zł.

Camping

● **Camping Nr. 12 Copernicus,** ul. Braniewska 14, 14-530 Frombork, Tel. (055) 2437368. Wiesenplatz mit kleiner Gaststätte am nördlichen Ortseingang Richtung Braniewo, mit Campinghütten. Mitte Mai–Ende Sept.

Jugendherberge

● **JH,** ul. Braniewska 11, 14-530 Frombork, Tel. (055) 2437193, Juli/Aug.

Museen und andere Sehenswürdigkeiten

● **Kathedrale,** Mai–Aug. Mo–Sa 9.30–18 Uhr, sonst Mo–Sa 9–16 Uhr.

● **Nikolaus-Kopernikus-Museum,** Mai–Aug. Di–So 9–17 Uhr, sonst Di–So 9–16 Uhr.

● **Glockenturm,** Mai–Aug. tgl. 9.30–18 Uhr, sonst tgl. 9–16 Uhr.

● **Heilig-Geist-Spital,** Mai–Aug. Di–Sa 9–17 Uhr, sonst Di–Sa 9–16 Uhr.

Kulturelle Veranstaltungen

● **Internationales Festival der Orgelmusik,** Ende Juni bis Ende Aug., immer sonntags in der Kathedrale; Info bei: Fundacja im. Mikołaja Kopernika (Nikolaus-Kopernikus-Stiftung), Tel. (0603) 289294, www.fromborkfestiwal.pl.

Aktivitäten

● **Ausflugsschiffe** über das Frische Haff nach Krynica Morska, Ende Juni bis Ende Aug. drei Mal tgl. von der Hafenmole.

Braniewo

V/D1

17.000 Einwohner groß ist Braniewo **(Braunsberg).** Es verweist stolz auf den kleinsten Zoo Polens (zwei Himalaja-Bären, drei Löwen, zwei Esel, zwei Hunde und ein Dingo; geöffnet Mai–Okt. tgl. 10–18 Uhr), das ehemals evangelische Gotteshaus **St. Anton** (Kościół św. Antoniego), das 1830–1837 nach Plänen von *Karl Friedrich Schinkel* entstand, sowie die zentrale Pfarrkirche **St. Katharinen** (Kościół św. Katarzyny), die zwischen 1342 und 1442 Gestalt annahm.

Bereits um 1240 hatte der Deutsche Orden am Ufer der Passarge (Pasłęka) eine hölzerne Festung gebaut, in deren Schatten sich eine Marktsiedlung entwickelte. 1250 wurde das ermländische Domkapitel eingerichtet, 1254 erhielt „Brusebergue" die Stadtrechte. Seine Zerstörung im Zuge der Prußenaufstände 1260–1272 veranlasste Bischof *Heinrich I.*, das Domkapitel 1278 nach Frauenburg zu verlegen. Dank Ostseehafen und seit Mitte des 14. Jahrhunderts der Hanse-Mitgliedschaft blühte die Stadt dennoch auf. Das 1565 gegründete Collegium Hosianum machte sie als Ausbildungsstätte für katholische Geistliche und darüber hinaus als Hort der Gegenreformation bekannt. Die bedeutende Bibliothek des Jesuitenkollegs raubten schwedische Truppen im Dreißigjährigen Krieg. Sie befindet sich bis heute in der Universitätsbibliothek Uppsala.

Nach wochenlangen schweren Kämpfen lag Braunsberg am Ende des Zweiten Weltkriegs zu mehr als drei Vierteln in Trümmern. Der Wiederaufbau der Ortschaft und der mächtigen backsteingotischen Katharinenkirche begannen. Wegen ihres weithin sichtbaren Glockenturms von der abrückenden Deutschen Wehrmacht in den letzten Kriegstagen gesprengt, konnte St. Katharinen 1983 neu eingeweiht werden und zeigt sich seitdem wieder mit einem schönen Sternengewölbe.

Trotzdem verirren sich nur wenige Besucher in die verschlafene Kleinstadt. Allzu nah ist die Grenze nach Russland. Der sechs Kilometer nördlich von Braniewo liegende Grenzübergang Gronowo – Mamonowo ist zwar seit 1997 für Güter und Personen mit Visum uneingeschränkt passierbar, aber ein Blick auf die Landkarte zeigt, dass fast alle anderen Straßen kurz vor dem roten, wie mit dem Lineal gezogenen Strich, der den Nordosten Polens beschließt, im Nirgendwo enden. Bereits 2007 sollte der Grenzübergang bei Grzechotki wenige Kilometer östlich an der Schnellstraße 22 von Elbląg nach Kaliningrad geöffnet werden. Doch bei der Recherche zu diesem Reiseführer im Sommer 2009 war dem noch nicht so. Der Ausbau der in Jahrzehnten mit Gras und Gestrüpp überwucherten alten Reichsautobahn Berlin – Königsberg zur modernen Transitstrecke war zwar längst fertiggestellt, aber dank des geschlossenen Grenzübergangs glich die „Berlinka", wie die Einwohner der Enklave Kaliningrad das vierspurige Asphaltband nennen, immer noch einer Geisterbahn.

Nikolaus Kopernikus

„Doch unter allen Entdeckungen und Überzeugungen möchte nichts eine größere Wirkung auf den menschlichen Geist hervorgebracht haben, als die Lehre des Copernicus. Kaum war die Welt als rund erkannt und in sich selbst abgeschlossen, da sollte sie auf das ungeheure Vorrecht Verzicht thun, der Mittelpunkt des Weltalls zu seyn." So rühmte *Johann Wolfgang Goethe* den großen Astronomen und Domherren zu Frauenburg am Frischen Haff, der mit seinem Werk „De revolutionibus orbium coelestium" die Welt aus den Angeln hob – *Nikolaus Kopernikus.* Oder heißt er vielleicht *Mikołaj Kopernik?* Generationen polnischer und deutscher Historiker zankten bitterlich um die Nationalitätenzugehörigkeit dieser herausragenden Persönlichkeit am Ausklang des Mittelalters zur Neuzeit, dessen Name bereits zu seinen Lebzeiten auf 36 (!) verschiedene Art geschrieben wurde. *Kopernikus* selbst unterzeichnete u.a. mit Copernik, Coppernic, Copperning und schließlich mit der latinisierten Form Copernicus, wie es bei Angehörigen der europäischen Bildungselite seinerzeit üblich war.

Geboren wurde er am 19. Februar 1473 in Thorn. Als *Kopernikus* zehn Jahre alt war, verstarb der Vater, und Onkel *Lukas Watzenrode,* Domherr zu Frauenburg, übernahm seine Erziehung. *Watzenrode,* der 1489 zum Fürstbischof von Ermland gewählt wurde, ermöglichte seinem Neffen die beste Ausbildung, die damals nur denkbar war: ab 1491 das **Studium** der Astronomie, Mathematik, aristotelischen Philosophie und lateinischen Literatur in Krakau, ab 1496 Studium des geistlichen und weltlichen Rechts in Bologna, ab 1501 Studium der Medizin in Padua. 1503 erwarb *Kopernikus* in Ferrara den **Doktortitel** im kanonischen Recht. Zwischenzeitlich kehrte er immer wieder ins Ermland zurück, denn dort hatte man ihn schon 1495 zum **Domherren** gewählt.

Doch seine Leidenschaft galt der **Astronomie.** Schon in Padua wurde er auf einen Text des Griechen *Hicetas* aufmerksam, der behauptete, dass sich außer der Erde im Universum kein Weltkörper bewege. Grundlage des christlichen Abendlands aber war ab dem 11. Jahrhundert die Philosophie des *Aristoteles.* Arabische Gelehrte hatten dessen Schriften im 8. Jahrhundert wiederentdeckt und ins Arabische übersetzt. Aus dem Arabischen wurden sie wiederum ins Lateinische übertragen und in dieser mehrfach „überarbeiteten" Form zur verbindlichen europäischen Auffassung. Um die Originaltexte lesen zu können, erlernte *Kopernikus* Griechisch.

Nach **Aristoteles** war das Weltall eine abgeschlossene Kugel, in deren Zentrum sich die Erde befand. Sie war von den sphärischen Hüllen Wasser, Luft und Feuer umgeben. Um die Feuersphäre schlossen sich kristallene Sphären, in denen jeweils ein Planet die Erde umlief. Das waren mit zunehmendem Abstand zur Erde Mond, Merkur, Venus, Sonne, Mars, Jupiter und Saturn. Mehr Planeten kannte man nicht. Der Mond beschrieb die Trennlinie zwischen irdischer und himmlischer Sphäre, die Fixsternsphäre war die absolute Grenze der Weltallkugel. In der Kugel hatte jede Erscheinung seinen natürlichen Platz, und jedes Ding vollzog in Bezug auf seinen Platz eine regelmäßige, gleichförmige Kreisbewegung.

Das **Kugelsystem** und die mathematische Naturwissenschaft waren auch für *Claudius Ptolemäus* (ca. 85–160 n.Chr.) maßgeblich. Seine Zusammenfassung und seine Berechnungen der Planetenbahnen, die wir heute „ptolemäisches Weltbild" nennen, besaßen weit über ein Jahrtausend, eben bis zu *Kopernikus,* Gültigkeit.

Dieser trat 1504 zunächst eine Tätigkeit als Leibarzt seines Onkels an der bischöflichen Residenz in Heilsberg (Lidzbark Warmiński) an. Inzwischen hatte man längst beobachtet, dass die Gestirne gar nicht so regelmäßig verliefen, ja ganz im Gegenteil von ihrer normalen, ostwärts gerichteten Bahn zeitweilig nach Westen „ausschlugen". Ebenso wenig konnte man sich erklären, warum Merkur und Venus immer brav bei der Sonne blieben, während Mars, Jupiter und Saturn regelrechte Abenteuerreisen unternahmen. Immer kompliziertere Berechnungen waren die Folge, um die Planeten mathematisch wieder ins Lot zu bringen. Auch *Kopernikus* hatten es die Unregelmäßigkeiten angetan. Er konstatierte die „Unsicherheit der mathematischen Überlieferung" in diesem „vom besten und gesetzmäßigsten aller Meister gebauten Weltall." Seine Beobachtungen führten ihn dazu, „eine Bewegung der Erde und eine andere Ableitungsart anzunehmen, bei welcher die Gleichmäßigkeit und die Grundlage der Wissenschaft und die Ursache der Unregelmäßigkeit in der Erscheinung zuverlässiger gestaltet wird."

1510 siedelte er nach Frauenburg über. Man nimmt an, dass in dieser Zeit die erste Niederschrift seiner Überlegungen zu einem **heliozentrischen Weltbild,** der „Commentariolus", erfolgte. In dieser Frühfassung seiner Lehre war im Grunde genommen bereits alles enthalten:

- Für alle Himmelskörper oder Sphären gibt es nicht nur einen Mittelpunkt.
- Der Erdmittelpunkt ist nicht der Mittelpunkt der Welt.
- Alle Bahnkreise umgeben die Sonne.
- Das Verhältnis der Entfernung Sonne – Erde zur Höhe des Fixsternhimmels ist kleiner als das vom Erdhalbmesser zur Sonnenentfernung.
- Alles, was am Fixsternhimmel sichtbar wird, ist nicht von sich aus so, sondern von der Erde aus gesehen.
- Die Erde dreht sich in ihrer täglichen Bewegung einmal ganz um ihre unveränderlichen Pole.

War das nun die Revolution? Würde *Kopernikus* wegen dieser Schrift, wie später *Giordano Bruno,* auf dem Scheiterhaufen verbrennen? Oder wie *Galileo Galilei* unter dem Druck des Vatikans widerrufen? Das Gegenteil war der Fall. *Kopernikus'* „Vorabveröffentlichung" wurde viel beachtet und diskutiert. Schließlich handelte es sich um eine „Hypothese", wobei „Hypothese", wie der Begriff damals aufgefasst wurde, eher unserem heutigen Wort „Fiktion" entspricht. *Kopernikus'* Sorge galt vielmehr dem Umstand, in der wissenschaftlichen Welt verlacht zu werden, weshalb er fortan seine mathematische Beweisführung zu perfektionieren versuchte. 1516, so nimmt man an, begann er mit der Arbeit zu seinem **Hauptwerk** „De revolutionibus orbium coelistium – Über die Kreisbewegung der Himmelskörper". Im selben Jahr wurde er Kapiteladministrator in Allenstein (Olsztyn), wo er mit Unterbrechungen bis 1521 weilte. Anschließend kehrte er für immer nach Frauenburg zurück und widmete sich der intensiven Beobachtung der Planeten. Im Herbst 1537, er war inzwischen 64 Jahre alt, zweifelte er endgültig an der Zuverlässigkeit der antiken Messwerte.

1540 machte sein Schüler *Joachim Rhetikus* unter dem Titel „Narratio prima" in einer Zusammenfassung die neue Lehre einer breiteren Öffentlichkeit bekannt. Zwei Jahre später folgte die Drucklegung der „Revolutiones". *Kopernikus* hatte sie mit einem Vorwort an Papst *Paul III.* versehen. Es lautete: „Heiliger Vater, ich kann mir zur Genüge denken, dass gewisse Leute (...) sogleich erklären möchten, ich sei mit solcher Meinung zu verwerfen. Ich bin mit meiner Arbeit nicht in dem Maße zufrieden, dass ich nicht wohl erwägen sollte, wie andere über sie urteilen werden. (...) So war ich lange unschlüssig, ob ich meine Kommentare (...) herausgeben sollte."

Der Druck wurde vom protestantischen Geistlichen *Andreas Osiander* überwacht. Ohne Autorisierung stellte er *Kopernikus'* Werk eine anonyme Rede voran, die das **heliozentrische Weltbild als „Hypothese"** bezeichnete. Außerdem änderte er den Titel von „Kreisbewegung der Weltkörper", der immerhin die wissenschaftliche Trennung der Sphären Himmel und Erde ankündigte, in „Kreisbewegung der Himmelskörper" um. *Kopernikus* konnte dagegen nichts einwenden. Nach einem schweren Schlaganfall verstarb er in Frauenburg am 24. Mai 1543 mit einem ersten gedruckten Exemplar seines Werks in der Hand.

Information

- **Touristeninformation,** ul. Katedralna 7 (am Platz vor der Katharinenkirche), 14-500 Braniewo, Tel. (055) 6443303, Mo/Di und Do/Fr 9 -17 Uhr, Mi 9-15 Uhr, Sa 8-14 Uhr.
- **Homepage von Braniewo:** www.braniewo.pl.

Unterkunft

- **Hotel Warmia**€€, ul. Gdańska 18, 14-500 Braniewo, Tel. (055) 2439353, www.hotel-warmia.pl. An der Hauptstraße nicht weit vom Kirchplatz, angenehmer Mittelklassekomfort; in der ul. Kościuszki 100 befindet sich die Dependance, **Hotel Warmia II.**

Von Elbląg zur Oberländischen Seenplatte

V/C-D2-3

Pasłęk

V/C3

Über die Straße 7 respektive E 77 gelangt man von Elbląg auf schnellem Weg in den Süden nach Ostróda, dem End- oder auch Ausgangspunkt der lustigen Schiffspartien auf dem Elbląg-Ostróda-Kanal. Unterwegs lohnt sich ein Abstecher in das von holländischen Siedlern gegründete Städtchen Pasłęk **(Preußisch Holland).** Ende des 13. Jahrhunderts waren die Nordseeanrainer ins Land gekommen, um für den Deutschen Orden das Weichseldelta einzudämmen und die sumpfigen Böden zu entwässern. Ein Teil von ihnen ließ sich bei der eroberten Prußenburg Passlock nieder; 1297 wurde dem neuen Flecken bereits das Stadtrecht zuteil. Der Bau der backsteinernen **Ordensritterburg** 1319-1340 und der starken, die Stadt fest umgürtenden Wehrmauern schlossen sich an. Teile der alten Befestigungsanlage sind noch erhalten, darunter das 1330 errichtete gotische **Steintor** (Brama Kamienna), das von der Hauptverkehrsstraße aus Einlass in die Altstadt gewährt, und am Schlossplatz das kleinere, aus derselben Zeit stammende **Mühlentor** (Brama Młynska).

Pasłęks historisches Zentrum ist schnell durchschritten, nur wenige hundert Meter trennen die Reste der alten Stadtumwallung vom gotischen **Rathaus,** im 14. Jahrhundert erbaut, und der **Pfarrkirche St. Bartholomäus** (Kościół św. Bartłomieja), die ebenfalls aus dem 14. Jahrhundert stammt. Das Kircheninnere birgt neben einem schönen Taufbecken und einer Kanzel aus dem späten 16. Jahrhundert als wertvollsten Schmuck einen 1687 vom Königsberger Bildhauer *Isaak Riga* geschaffenen vergoldeten Hauptaltar. Die dreiflügelige Ordensburg in der Nachbarschaft bietet Raum für die Stadtverwaltung, die Stadtbücherei, ein Kulturzentrum und ein Kino.

Jüngsten Datums ist der 2009 bei Pasłek eröffnete **18-Loch-Golfplatz** „Sand Valley Golf & Country Club". Zur 82 Hektar großen Anlage gehören außerdem eine Golf-Akademie, eine Driving Range und ein Putting Green (www.sandvalley.pl).

Kwitajny

V/D3

Knapp 10 Kilometer südöstlich von Pasłek liegt an der Straße 527 der Weiler Kwitajny **(Quittainen).** Das malerische Ensemble aus Schloss, Park, Teichen, Kirche und Gutsdorf befand sich bis zum Ende des Zweiten Weltkriegs in Besitz der Grafen *von Dönhoff.* Als Letzte ihrer Familie verwaltete die Publizistin und „Zeit"-Herausgeberin *Marion Gräfin Dönhoff* (1909–2002) das Gut. Ihre Flucht zu Pferde aus Quittainen in den Westen im Winter 1945 verarbeitete sie literarisch in ihren Erinnerungen an Ostpreußen „Namen, die keiner mehr kennt". Das 1699 nach einem Entwurf von *Jean de Bodt* erbaute **Schloss** diente in sozialistischer Zeit als Schule, Wohnung und Verwaltungssitz und ist heute wieder in privater Hand. In der 1714–1719 errichteten, hübsch renovierten Gutskirche finden wieder Gottesdienste statt.

Słobity

V/D2-3

Zehn Kilometer nordöstlich von Pasłek steht bei Słobity **(Schlobitten)** die **Ruine von Schloss Schlobitten.** Von 1525 bis 1945 war hier der Stammsitz der bedeutenden preußischen Adelsfamilie *Dohna.* In den Räumen des 1621–1624 erbauten, 1696–1736 zur prächtigen Barockanlage erweiterten Schlosses wandelten so unterschiedliche Persönlichkeiten wie der Philosoph *Friedrich Schleiermacher* (1786–1834), der in jungen Jahren als Hauslehrer der *Dohnas* seine Brötchen verdiente, oder auch Kaiser *Wilhelm II.* Vom kriegszerstörten Schloss ist nur noch die Ruine des Hauptflügels vorhanden, von den einst zahlreichen Wirtschaftsgebäuden existiert noch das Anfang des 18. Jahrhunderts gebaute Branntweinhaus.

Morąg

XV/D1

Wie die meisten Orte im ehemaligen Ostpreußen ist auch das 15.000 Einwohner kleine, verschlafene Landstädtchen Morąg **(Mohrungen)** eine Gründung des Deutschen Ordens. Um 1280 erbauten die Ordensritter an der Stelle einer prußischen Siedlung eine Burg. Anfang des 14. Jahrhunderts folgte die gotische Pfarrkirche St. Peter und Paul, 1327 wurden der Ortschaft, die Burg und Kirche umgab, die Stadtrechte verliehen, und 1444 war schließlich das kleine gotische Rathaus am Markt fertiggestellt. Eine Feuersbrunst Ende des 17. Jahrhunderts richtete schwere Schäden an. Auch das Geburtshaus des berühmtesten Sohnes der Stadt fiel ihr zum Opfer: **Johann Gottfried Herder** (1744–1803), der 1744 als Spross des Kantors und Dorfschullehrers in Mohrungen das Licht der Welt erblickte.

„Sollte jede Torheit, die im angenommenen Glauben der Nationen herrscht, auch durchgängig geübt werden", schrieb der große Dichter, Weltbürger und Humanist in seinen „Ideen zur Geschichte der Philosophie der Menschheit", „welch ein Unglück!" Und in der Tat, wie viel Leid und wie viele Gräuel wären den Menschen erspart geblieben, hätten sie

219po Foto: kj

diesen Satz *Herders* zu ihrer Maxime gemacht und wären nicht dem nationalsozialistischen Wahnsinn erlegen. Im letzten Winter des Zweiten Weltkriegs wurde Mohrungen Anfang 1945 völlig zerstört.

Am Haus in der ul. Herdera, das man 1961 an der Stelle von *Herders* Geburtshaus errichtete, prangt eine Gedenktafel, die an den Dichter und Denker erinnert.

Wenige Schritte entfernt erhebt sich die 1305–1312 erbaute **Kirche St. Peter und Paul** (Kościół św. Apostołów Piotra i Pawła). Ihr Inneres schmücken ein großes Kruzifix aus dem späten 14. Jahrhundert, im Chor Wandfresken aus dem 15. Jahrhundert, ein barocker Hauptaltar von 1690 und eine reich verzierte Barockorgel von 1705.

Unterhalb, zum Ufer des kleinen Morąskie-Sees hin, liegen die Reste der **Ordensritterburg.** Im 15. Jahrhundert diente sie als Sitz des Großmeisters *Heinrich von Plauen,* im 19. Jahrhundert wurde ihr einzig noch verbliebener Gebäudeteil bis zur Unkenntlichkeit umgebaut. Er befindet sich heute in Privatbesitz und wird von den Eigentümern Stück für Stück eigenhändig mühevoll restauriert. Auf Wunsch führen die freundlichen neuen Burgherren durch die mit zahlreichen Antiquitäten und Trödelkram ausgestatteten Räumlichkeiten, die ihnen zugleich als Wohnräume dienen. Klingeln (bitte nicht vor 9 Uhr morgens) genügt.

In der Nachbarschaft wartet das **Dohna-Schlösschen** (Pałac Dohnów)

Das Dohna-Schlösschen

auf einen Besuch. 1562–1571 ließ die preußische Adelsfamilie *Dohna* unterhalb des Ortskerns ihr „stattliches Haus" errichten, Anfang 1945 ging es in Flammen auf und brannte bis auf die Grundmauern aus. Der letzte in die Weltgeschichte eingegangene Vertreter der Familie Dohna, Graf *Heinrich zu Dohna-Schlobitten* (1882–1944), war am Attentat auf *Adolf Hitler* beteiligt und wurde nach dem 20. Juli 1944 in Berlin-Plötzensee hingerichtet.

1976–1985 wurde das Dohna-Barockschlösschen wieder aufgebaut. Heute ist dort eine **Dependance des Museums Ermland und Masuren** von Olsztyn untergebracht, das seine Ausstellungen dem Leben und Wirken *Herders* widmet und außerdem holländische Malerei des 16. und 17. Jahrhunderts, höfische Kunst der Neuzeit, historische Räumlichkeiten verschiedener Epochen sowie die Geschichte und Kultur der Region zeigt.

Mit vielen kleinen Buchten und 19 Inseln schmückt sich der **Narie-See** wenige Kilometer östlich von Morąg. Sein 44 Meter tiefes, glasklares Wasser gehört zu den saubersten Polens. Es ist reich an Plötzen, Hechten, Aalen und Maränen, lädt somit zum Angeln und Tauchen ein. Traumhaft schön liegt das Dorf **Kretowiny** auf einer Halbinsel südlich im Narie-See. Im hohen Kiefernwald hinter dem Seeufer verstecken sich Ferienhaussiedlungen, gefolgt von Bootsanlegern und einem Badestrand. Für Speis' und Trank sorgt in der Sommerzeit eine Budenzeile mit Schnellrestaurants, alternativ bieten Spaziergänge durch den Wald Stille und Einsamkeit.

Information

- **Touristeninformation,** pl. Jana Pawła II. (im Rathaus), 14-300 Morąg, Tel. (089) 7573826, im Sommer Mo–Fr 8–18 Uhr, Sa 9–16 Uhr, sonst Mo–Fr 9–16 Uhr.
- **Homepage** von Morąg: www.morag.pl.

Unterkunft und Gastronomie

- **Hotel Irena**€€, ul. Wróblewskiego 4, 14-300 Morąg, Tel. (089) 7575430, www.hotelirena.pl. Freundlicher Neubau mit Mittelklassekomfort, ca. 1 Kilometer südöstlich vom Ortskern (Straße 527 Richtung Olsztyn) gleich hinter dem Kreisverkehr, dennoch sehr ruhig gelegen.
- **Pensjonat Vertigo Narie**€€, Kretowiny 29, 14-300 Morąg, Tel. (089) 7573694, www.narie.pl. Schöne Anlage auf einer Halbinsel bei Kretowiny am Ufer des Narie-Sees, mit Restaurant und angeschlossener Tauchstation.

Camping

- **Camping Nr. 247 Kretowiny,** 14-331 Żabi Róg. Grün eingewachsener, in die Jahre gekommener, terrassierter Platz bei Kretowiny am Narie-See (in Nachbarschaft zum Pensjonat Vertigo Narie), schlichte Sanitärausstattung, mit Pizza-Bar und kleiner Badestelle. Mitte Mai bis Mitte Sept.

Museen und andere Sehenswürdigkeiten

- **Museum Ermland und Masuren,** im Pałac Dohnów, ul. Dąbrowskiego 54, Mitte Juni bis Mitte Sept. Di–So 9–17 Uhr, sonst Di–So 10–16 Uhr.

Aktivitäten

- **Baden,** Sandstrand bei Kretowiny am Narie-See.
- **Tauchen,** ⇗„Unterkunft", Pensjonat Vertigo Narie.

Frisches Haff und Oberländische Seenplatte

Ostróda

↗ XVI/A2

Zwölf Seen umgeben die Kreisstadt Ostróda (**Osterode**), mit 35.000 Einwohnern die viertgrößte Stadt der Woiwodschaft und zugleich das touristische Zentrum in der Region. Allein fünf Seen liegen im Stadtgebiet, und über die Kanäle Ostróda - Elbląg, Ostróda - Stare Jablonski und Ostróda - Iława ist der Wassersportverkehrsknotenpunkt an der Nahtstelle zwischen Oberland und Masuren nach Norden mit dem Frischen Haff und westlich mit der Iława-Seenplatte verbunden. Schiffspartien und Paddeltouren gehören zum Freizeitprogramm.

Eine bei Wassersportlern beliebte **Paddelroute** ist die 48 Kilometer lange Ostróda-Miłomłyn-Iława-Tour. Ab Miłomłyn führt sie über den Ostróda-Iława-Kanal und die wundervolle Natur des Jeziorak-Sees (Geserich-See), des längsten Sees in Polen, nach Iława. Kanuten mit Ausdauer haben zudem Gelegenheit, von Ostróda aus über das Flüsschen Drwęca (Drewenz) in zehn bis zwölf Tagen 214 Paddel-Kilometer nach Toruń zurückzulegen.

Die Stadt ist Anlegestelle der Weißen Flotte Elbląg - Ostróda, deren Schiffe über den Drwęckie-See und den **Elbląg-Ostróda-Kanal** (Oberländischer Kanal) entweder zur **Schleuse Miłomłyn (Liebemühl)** und nach Iława führen oder noch weiter, über die kuriosen **Geneigten Ebenen,** auf denen das Schiff trockenen Kiels über das Land rollt, bis nach Elbląg. Um diese Bootspartie über Wasser und Land zu unternehmen, empfiehlt sich als Startpunkt jedoch besser Elbląg, da von Ostróda aus die Entfernung zu den Geneigten Ebenen und zum Endpunkt der Ausflugsfahrt, eben Elbląg, 80 Kilometer beträgt und man ihn erst in den Abendstunden erreicht (zu Ausflugspartien über die „Geneigten Ebenen" ↗ Exkurs „Eine Schiffs- und Landpartie auf dem Elbląg-Ostróda-Kanal").

Ausgangspunkt für die Schifffahrten ebenso wie Mittelpunkt des quirligen kleinstädtischen Lebens sind der neue **Seesteg** und die **Uferpromenade** am Drwęckie-See im Herzen Ostródas. Eine Reihe Lokale säumen die Bummelmeile, von der aus sich die Sportler an der **Wasserskilift-Anlage** und auf der Kajak-Strecke gut beobachten lassen.

Architekturhistorische Sehenswürdigkeiten wird man in Ostróda dagegen nur wenige finden. Die Mitte des 14. Jahrhunderts errichtete, nach der Zerstörung im Zweiten Weltkrieg ab 1974 rekonstruierte **Deutschordensburg** beherbergt in ihren Backsteinmauern heute eine Kunstgalerie sowie das **Regionalmuseum,** welches die Geschichte von Stadt und Land aufzeigt. Bereits gegen 1270 hatten die Deutschordensritter an der Mündung der Drewenz in den gleichnamigen See eine erste hölzerne Burg gebaut. 1329 wurden der Siedlung, die sich mittlerweile gebildet hatte, vom Christburger Komtur *Luther* die Stadtrechte verliehen. 1340–1370 folgte der Bau der Backsteinburg. Berühmtester Gast in ihren Mauern war 1807 Kaiser *Napoleon,* der während des Vierten Koalitionskriegs für fünf Wochen dort sein Quartier aufschlug.

- 1 Panorama Hotel
- 2 Schloss Hotel und Restaurant Karnity
- 3 Camping Nr. 13 Piławki
- 4 Wasserski
- 5 PTTK-Camping Stare Jabłonki
- 6 Reiterhof und Pensjonat Wiking
- 7 Deutschordensburg mit Kunstgalerie und Regionalmuseum
- 8 Touristeninformation
- 9 Kirche des hl. Dominik Flavio
- 10 Evangelische Kirche
- 11 Jugendherberge
- 12 Restaurant Oberża Młyn pod Mariaszkiem
- 13 Kirche der unbefleckten Empfängnis
- 14 Hotel Promenada
- 15 Restaurant Romantyczna und Hotel SPA Dr. Irena Eris Wzgórze Dylewskie
- 16 Segelclub
- 17 Wassersportzentrum LOK
- 18 Wassersportklub Sokół

Nahebei steht an der Ostflanke des weitläufigen 1000-lecia-Platzes die **Kirche des hl. Dominik Flavio** (Kościół św. Dominika Savio). Ursprünglich im 14. Jahrhundert errichtet und nach ihrem Wiederaufbau 1980 neu eingeweiht, ist von ihrer mittelalterlichen Einrichtung noch ein steinernes Taufbecken erhalten.

Einen schönen Blick auf Stadt und See genießt man vom Turm der **Evangelischen Kirche** (Kościół Ewangelicko-Metodystyczne). 1907–1909 entstand sie im neugotischen Stil, 105 Stufen führen zur schönen Aussicht hinauf, und unterwegs lassen sich das Uhrwerk und die drei Glocken im Kirchturm in Augenschein nehmen.

Wenige Schritte entfernt erhebt sich die **Kirche der unbefleckten Empfängnis** (Kościół Niepokalanego Poczęcia Naświętszej NMP) von 1856/57. Das 1910 noch um einen Kirchturm bereicherte Gotteshaus birgt eine Pietà aus dem 14. Jahrhundert.

Praktische Tipps

Information

- **Touristeninformation,** pl. 1000-lecia 1a (im Pavillon), 14-100 Ostróda, Tel. (089) 642 3000, www.mazury-zachodnie.pl, Mai–Sept. Mo–Fr 9–18 Uhr, Sa 10–16 Uhr, So 10–14 Uhr, außerhalb der Saison Mo–Fr 8–15 Uhr.
- **Homepages** von Ostróda: www.ostroda.pl und www.mazury.ostroda.pl.

Unterkunft

- **Hotel Promenada**€€, ul. Mickiewicza 3, 14-100 Ostróda, Tel. (089) 6428100, www.hotelpromenada.com.pl. Komforthotel zwischen Hauptstraße und Promenade, die Zimmer nach hinten mit Seeblick.
- **Panorama Hotel**€€, ul. 3 Maja 2?, 14-100 Ostróda, Tel. (089) 6462227, www.hotelpanorama.ostroda.pl. Großes Haus mit Mittelklasse-Komfort, ruhig am Ufer des Drwęckie-Sees gelegen, mit Blick über das Wasser auf die Silhouette der Stadt.
- **Schloss Hotel Karnity**€€€, 14-140 Miłomłyn, Tel. (089) 6473465, www.karnity.pl. Nobel wohnen im 1855 von Familie *Albedyhll* errichteten neugotischen Backsteinschloss, 10 Kilometer nordwestlich von Ostróda beim Weiler Karnity (anzufahren über Miłomłyn) in herrlicher Alleinlage am See. 1995 wurde das denkmalgeschützte Gebäude sorgfältig restauriert und modernisiert. Neben behaglich ausgestatteten Zimmern stehen im Park Sommerhäuser und Stellplätze für Caravans zur Verfügung; das Restaurant bereitet polnische und internationale Gerichte zu; mit Badestrand und Bootsverleih. DZ etwa 240 Zł. Cottage für vier Personen etwa 160 Zł.
- **Reiterhof und Pensjonat Wiking**€, ul. Szklarnia 1, Kątno, 14-133 Stare Jabłonki (8 Kilometer östlich von Ostróda Richtung Olsztyn), Tel. (089) 6411427, www.turysta.net.pl/pensjt/wiking. Mitten im Wald unweit vom Ostufer des Szeląg-Wielki-Sees (Schilling-See); die Pension ist in einer Türmchenvilla untergebracht, im angeschlossenen Gestüt warten 30 Trakehner auf Pferdefreunde. Der Reiterhof ist außerdem Sitz der „Masurischen Wikinger", denen man in der Holzwerkstatt beim Drachenbootbauen zuschauen kann.

Camping

- **Camping Nr. 13 Piławki,** Piławki, 14-140 Miłomłyn, Tel. (089) 6473007. Kleiner Wiesenplatz 8 Kilometer nordwestlich von Ostróda am Nordufer des Drwęckie-Sees, unmittelbar an der Schnellstraße 7, deshalb leider nicht leise, mit Restaurant. Juli/Aug.
- **PTTK-Camping Stare Jabłonki,** ul. Turystyczna 5, 14-133 Stare Jabłonki, Tel./Fax (089) 6411422, www.stanica.mazury.pl. Traumhaft schön auf dem Gelände der PTTK-Wasserstation in Stare Jabłonki am Mały-Szeląg-See, 7 Kilometer östlich von Ostróda (Straße Richtung Olsztyn), mit Bar-Restaurant, Ferienhütten, Bootsverleih und Badestrand. Juni–Sept.

Jugendherberge

- **JH,** ul. Kościuszki 14, 14-100 Ostróda, Tel. (089) 6465563, Juli/Aug.

Gastronomie

- **Oberża Młyn pod Mariaszkiem,** Idzbark 2 (7 Kilometer südlich von Ostróda an der Straße 7), Tel. (089) 6460355, www.mariaszek.pl. Das rustikale Wirtshaus in einer Mühle aus dem 19. Jahrhundert serviert drinnen und draußen am Flüsschen Drwęca traditionelle Gerichte der Region aus Bioprodukten.
- **Weitere Restaurants** ↗ „Unterkunft".

Museen und andere Sehenswürdigkeiten

- **Regionalmuseum,** in der Ordensburg, Juli/Aug. Di–Fr 9–17 Uhr, Sa/So 10–16 Uhr, sonst Di–Fr 9–16 Uhr, Sa/So 10–14 Uhr.

Kulturelle Veranstaltungen

- **Ostróda Reggae Festival,** größtes Reggae-Festival Polens, drei Tage im August, Info unter www.ostrodareggae.com.

Aktivitäten

- **Schiffsfahrten** über die Seen und den Elbląg-Ostróda-Kanal: Anlegestelle, Info und Kartenverkauf an der Uferpromenade, ul. Mickiewicza 9a, Tel. (089) 6463871, www.zegluga.com.pl; Abfahrt Richtung Elbląg Juli/Aug. tgl. 8 Uhr, im Mai, Juni und Sept. hängt die Frequenz von der Zahl der verkauften Fahrkarten ab; zweistündige Kreuzfahrten über Drwęckie- und Pauzeńskie-See April–Okt. vier Mal tgl. ab 10 Uhr.
- **Wassersportgeräte-Verleih** im Wassersportzentrum LOK (Przystań Ośrodka Sportów Wodnych LOK), ul. Słowackiego 38a, im Wassersportklub Sokół in der ul. Słowackiego 40 und beim Segelclub (Klub Żeglarskie Ostóda), ul. Sowińskiego 12, alle westlich vom Bahnhof am See.
- **Baden,** in Ostróda: Strandbad am nördlichen Drwęckie-Seeufer (15 Minuten Spazierweg vom Ortszentrum über die Seepromenade), Stadtstrand am Nordufer des Sajmino-Sees an der südlichen Stadtgrenze; Badestrand in Karnity am Schlosshotel (10 Kilometer nordwestlich von Ostróda, anzufahren über Miłomłyn).
- **Wasserski,** an der Uferpromenade am Drwęckie-See im Stadtzentrum von Ostróda.
- **Reiten, Kutschfahrten** im Reiterhof Wiking (↗ „Unterkunft").

Südlich von Ostróda ↗ XVI/A3

Irgendwo südlich von Ostróda beginnt Masuren. Weil das Land ohne Eile, wie man es früher nannte, niemals politische Grenzen hatte, weil deshalb niemand je genau sagen konnte, wo Masuren nun eigentlich anfangen sollte, einigte man sich irgendwann auf die **Dylewska Góra (Kernsdorfer Höhe)** im Süden Ostródas. Oder sollte es besser heißen, man hat sie sich ausgeguckt? Mit 312 Meter über dem Meeresspiegel war die Kernsdorfer Höhe der höchste Gipfel ganz Ostpreußens.

Seit 1994 sind diese letzten Ausläufer des Baltischen Höhenrückens als **Landschaftspark** unter Naturschutz gestellt. Wanderwege und im Winter Loipen für Skilangläufer führen durch Wald und Wiesen, und am Czubatka-Hügel besteht dank Schlepplift sogar die Möglichkeit, sich einmal im alpinen Skisport zu versuchen. Den Dylewska-Berg selbst zieren Sendemasten und auf dem höchsten Punkt ein Feuerwachturm mit einem hübsch angelegten Picknickplatz wenige Schritte unterhalb auf einer Waldlichtung.

An der Schnellstraße 7 wartet auf halber Strecke zwischen Ostróda und Olsztynek der Weiler **Rychnowo (Rei-**

220po Foto: ki

chenau) mit einer besonderen Sehenswürdigkeit auf. Nahe dem südlichen Ortseingang verbirgt sich auf dem Gelände eines Nonnenklosters hinter einer kleinen Baumgruppe eine der **letzten masurischen Holzkirchen.** Das achteckige hölzerne Gotteshaus von 1713 schmücken im Innenraum Wandmalereien aus jener Zeit sowie ein Deckengemälde mit der Darstellung des Sündenfalls, das 1714 wahrscheinlich von Händen des Königsbergers *Georg Hintz* entstand; der spätgotische Flügelaltar stammt aus dem Jahr 1518. Die kleine Kirche diente als Vorbild für das traditionelle, typisch masurische Gotteshaus vergangener Zeiten, so wie man es im Masurischen Freilichtmuseum im nahen Olsztynek aufbaute und besichtigen kann (⇗„Ermland und südliches Masuren, Südlich von Olsztyn - in Masuren“).

Unterkunft und Gastronomie

● **Hotel SPA Dr. Irena Eris Wzgórze Dylewskie**€€€€€, Wysoka Wieś 22, 14-100 Ostróda, Tel. (089) 6471111, www.hotelspa.pl. Große neue Luxusanlage der polnischen Kosmetik-

Bei Rychnowo steht eine der letzten masurischen Holzkirchen

Königin *Irena Eris* am Góra Dylewska und erstes Fünf-Sterne-Haus in Masuren, mit zwei Pools, mehreren Saunen, Kosmetik- und Spa-Bereich, Reiten und Tennis. Das angeschlossene, von Slow Food Polska empfohlene Restaurant Romantyczna bietet leichte, elegante Küche der Region, polnische Spezialitäten und europäische Gerichte.

- **Dwór Kraplewo** (Gutshaus Kraplau)€€, Kraplewo (7 Kilometer südlich von Ostróda), 14-100 Ostróda, Tel. (089) 6476860, www.dworkraplewo.pl. Restauriertes kleines Gutshaus mit großem Garten, das Interieur von gediegener Eleganz.

Grunwald

⇗ XXV/C2

Grunwald ist ein winziges Dorf etwa 20 Kilometer südlich von Ostróda, und zugleich ist es ein polnisches Nationalheiligtum - ein Mythos, eine Legende, für alle Zeiten mit dem Jahr 1410 verknüpft, in welchem am 15. Juli das vereinigte polnisch-litauische Heer unter König *Władisław II. Jagiełło* auf einem Feld bei Grunwald **(Grünfelde)** den Deutschen Orden besiegte. Diesem Waffengang, einem der größten des Mittelalters auf mitteleuropäischem Boden, widmet sich am Ort des Geschehens das **Museum der Schlacht von Grunwald** (Muzeum Pole Bitwy Grunwaldem).

In der deutschen Geschichtsschreibung wird das Ereignis nach dem Nachbardorf Stębark (Tannenberg) **Schlacht bei Tannenberg** genannt. Und auch die Kriegshandlung 1914, mit der Generalfeldmarschall *Paul von Hindenburg* (1847–1934) die russische Armee aus Ostpreußen verjagte, ging als „Schlacht bei Tannenberg" in die deutsche Geschichte ein - ein Mythos, eine Legende vor allem für Ewiggestrige.

Tatsächlich fand die Schlacht 1914 unter der Leitung der feindlichen Generäle *Hindenburg* und *Samsanow,* bei der viele Tausende Soldaten ihr Leben verloren, überhaupt nicht bei Tannenberg statt, sondern in dem Gebiet, das die Orte Olsztynek (Hohenstein), Nidzica (Neidenburg) und Pasym (Passenheim) als Endpunkte eines Dreiecks beschreiben. Man nannte die blutige Auseinandersetzung **der Propaganda halber** „Schlacht bei Tannenberg", um die Scharte von 1410 wieder auszuwetzen. So schreibt es Generalstabschef *Erich Ludendorff* in seinen „Kriegserinnerungen": „Die Schlacht wurde auf meinen Vorschlag die Schlacht von Tannenberg genannt, als Erinnerung an jenen Kampf, in dem der Deutsche Ritterorden den vereinigten polnischen und litauischen Heeren unterlag." Ebenso wenig führte dieser Waffengang zum Sieg über die russische Armee, wie manche deutschen Geschichtsbücher weismachen wollen. Der letzte Kampf in Masuren, der zur Befreiung Ostpreußens von russischen Truppen führte, fand im Februar 1915 statt.

Aber was zählen historische Fakten gegen Symbole? Ein Volk braucht Helden, und so setzten die Deutschen ihrem greisen Krieger und Reichspräsidenten *Hindenburg* 1927 im Gedenken an die „entscheidende Schlacht bei Tannenberg" in der Nähe von Hohenstein (Olsztynek, ⇗„Ermland und südliches Masuren, Südlich von Olsztyn - in Masuren") ein monumentales Denkmal, das Reichsehrenmal Tannenberg. 1934, im Jahr nach *Hitlers* Machtergreifung, wurde *Hindenburg* zu Füßen seines Ehrenmals beigesetzt, elf Jahre später grub man den Mann, der *Hitler* zum Kanzler gemacht hatte, wieder aus. Anstatt die Bevölkerung zu evakuieren, hielten es die Nazi-Schergen 1945 für wichtiger, die Gebeine *Hindenburgs* vor der Roten Armee in Sicherheit zu bringen.

Was bis heute blieb, ist ein Geschichtsunterricht an leider nicht wenigen deutschen Schulen, der unter dem irrigen Stichwort „Schlacht bei Tannenberg" abgehalten wird, sowie einige Reiseführer, die Touristen auf die stundenlange Suche nach einem Reichsehrenmal schicken, das, kaum noch auszumachen, als unbedeutender grasüberwachsener Steinhaufen - auch nicht bei Grunwald, sondern an anderem Ort - in einer Wiese liegt.

Wer sich als polnischer Staatsbürger auf eine nationale Wallfahrt nach Grunwald begibt, mag sich womöglich ebenfalls verwundert die Augen reiben. Denn auf dem **Museums-Freilichtgelände** gibt es nicht viel zu sehen. Nur einige breit in das weite Ackerland betonierte Marschwege, Treppen und gepflasterte Inseln und im Zentrum ein hoher, dreistämmiger Fahnenmast mit einer im realsozialistischen Geschmack gestalteten Steinsäule in der Nachbarschaft. Dennoch erschließt sich die Anlage beim genaueren Hinsehen: 1960 zum 550. Jahrestag der siegreichen Schlacht gegen die Deutschordensritter als „Zeugnis ewigen Kults der nationalen Vergangenheit" feierlich eingeweiht, zeichnet sie die Kampfanordnung von 1410 nach. Der 30 Meter hohe Dreimast symbolisiert die Banner des siegreichen polnisch-litauischen Heeres; das in Granit gehauene, kleinere Denkmal nebenan zeigt übereinandergestülpt die geharnischten Köpfe zweier zu allem entschlossener Recken. Unmittelbar hinter der Denkmalgruppe lässt eine Terrasse tiefer das **Museumsgebäude** in Schrift und Bild die Schlacht bei Grunwald noch einmal aufleben.

Persönlich mitverfolgen kann man das Kampfgetümmel immer zum Jahrestag des legendären Gefechts. Am Wochenende um den 15. Juli spielen zur Freude der Zuschauerscharen rund 1000 gerüstete Recken von Rittervereinen aus ganz Europa den mittelalterlichen Schlachtengang nach - begleitet von tüchtig Dschingderassabumm, Konzerten und Volksfesten.

Museen und andere Sehenswürdigkeiten

- **Museum der Schlacht von Grunwald** (Muzeum Pole Bitwy Grunwaldem), Stębark 1, 14-108 Grunwald, das Freilichtgelände ist das ganze Jahr über zugänglich, das Museum Anfang Mai–Mitte Okt. tgl. 8–18 Uhr.

Kulturelle Veranstaltungen

- **Tage von Grunwald,** großes Spektakel am Wochenende um den 15. Juli, mit Ritterfeldlagern und Ritterturnieren und zum Höhepunkt der Inszenierung der Schlacht von 1410 des polnisch-litauischen Heeres gegen den Deutschen Orden.

Kleiner Seglerhafen in Iława

Iława

XXIV/A1

Seit 1862 ist Iława (**Deutsch Eylau**) an den Elbląg-Ostróda-Kanal angeschlossen. Seit den 1920er Jahren verkehren Ausflugsdampfer auf dem malerischen Geserich-See (Jeziorak-See), und Deutsch Eylau, „die Perle des Oberlands", wurde mit ihren Wäldern ringsum zur beliebten Sommerfrische. Doch dann „wurde diese sechs Kilometer von der früheren polnischen Grenze gelegene Stadt zwei Mal hintereinander, in kurzen Zeitabschnitten, von totalitären Systemen heimgesucht. Zunächst das Hitler-Abenteuer und als Folge dessen der Aufbau einer riesigen Armee-Infrastruktur. Kasernen, Eisenbahn etc. Später die bolschewistische Hölle", schrieb 1994 der damalige Bürgermeister Iławas, *Adam Żyliński,* über seine Stadt, und weiter: „Iława soll eine moderne, europäische Stadt werden, in der man modern denkt."

Und das ist sie heute tatsächlich! Europäisch, modern und ein bedeutendes **Wassersportzentrum** an der westmasurischen Seenplatte. Historische Bausubstanz ist in der 32.000 Einwohner zählenden Stadt kaum erhalten. Gegen Ende des Zweiten Weltkriegs wurde sie zu großen Teilen zerstört und teilte damit das Schicksal von so vielen Städten in der Region.

Wie die meisten anderen, ist auch Iława eine Gründung des Deutschen Ordens, der 1305 am Ufer des Geserich-Sees ein festes Haus errichtete. 1317 wird es erstmals als „Ylavia" in einer Urkunde erwähnt.

221po Foto: ki

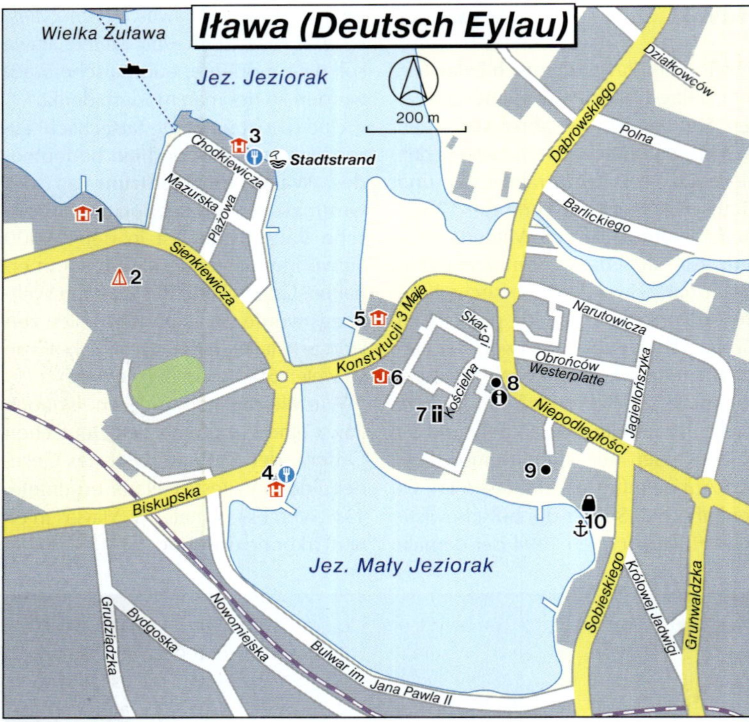

- 1 Seglerhotel Pod Omegą
- 2 Camping Nr. 14 Leśna
- 3 Hotel und Restaurant Kormoran
- 4 Hotel und Restaurant Stary Tartak
- 5 Hotel im Wassersportzentrum Perkoz
- 6 Jugendherberge
- 7 Verklärungskirche
- 8 Rathaus mit Touristeninformation
- 9 Amphitheater
- 10 Einkaufszentrum, Bootsanleger der Weißen Flotte

Als einziges Relikt jener Epoche überdauerte die backsteingotische **Verklärungskirche** (Kościół Przemienienia Pańskiego). Ursprünglich im 14. Jahrhundert errichtet und mehrmals umgestaltet, erhebt sie sich zwischen Nachkriegsbauten über dem Nordufer des Jezioro Mały Jeziorak (Kleiner Geserich-See). Nur einen Steinwurf entfernt finden sich zwischen der Hauptstraße ul. Niepodległości und der Uferpromenade das Anfang des 20. Jahrhunderts erbaute **Rathaus** mit der Touristeninformation,

222po Foto: kj

ein Amphitheater, der Bootsanleger der Weißen Flotte sowie ein funkelnagelneues Einkaufszentrum. Die Wassersporteinrichtungen liegen am Südufer des Jezioro Wielki Jeziorak (Großer Geserich-See), den eine brückenüberspannte Landenge von seinem kleinen Bruder, dem Mały-Jeziorak-See, trennt.

Und wenn Iława auch über keine besonderen Sehenswürdigkeiten verfügt, glänzt es doch durch seine schöne Umgebung. Der Jeziorak-See, mit 27 Kilometern der längste See Polens, lädt zum Segeln und Paddeln ein. Zahlreiche **Wanderwege** führen in die grüne Natur. So man denn möchte, kann man auf markierten Pfaden bis nach Toruń spazieren. Ein anderer Wanderweg führt bis nach Kwidzyn (Marienwerder) in der Weichselniederung, und ein dritter lässt sich tatsächlich hin und zurück mit einem Tagesausflug bewerkstelligen. Er führt von Iława aus zehn Kilometer nordwestlich am Silm-See und dem Dorf Kamionka

Auch als Ruine noch sehenswert: die Burg Schönberg in Szymbark vorbei zum Weiler **Szymbark (Schönberg)**, wo die imposante **Ruine der Burg Schönberg** steht. Auf einer Anhöhe über dem Haus-See (Szymbarskie-See) hatten die Domherren von Marienwerder im 14. Jahrhundert ein Domizil für den pomesanischen Domprobst errichteten lassen. 1699 ging der Besitz nach mehreren Verkäufen seit der Reformation in die Hände der vornehmen Familie *Finck von Finckenstein* über. Diese ließ die Gemäuer zu einem weitläufigen vierflügeligen Backsteinschloss ausbauen. 1945 zerstört, blieben dennoch eine ganze Reihe von Mauern, Türmen und Bastionen erhalten, deren Anblick immer noch einen ausgezeichneten Eindruck von der einst größten Burg der Region vermitteln.

Gut 15 Kilometer östlich von Iława verdient in **Rożental (Rosenthal)** die im 18. Jahrhundert erbaute barocke **Holzkirche** Aufmerksamkeit.

223po Foto: kj

Praktische Tipps

Information

- **Touristeninformation** im Rathaus, ul. Niepodległości 13, 14-200 Iława, Tel. (089) 648 5800, www.it.ilawa.pl, Mo–Fr 8–19 Uhr, Sa 11–15 Uhr.
- **Homepage** der Gemeinde Iława: www.ilawa.pl.

Unterkunft und Gastronomie

- **Zimmervermittlung** in der Touristeninformation.
- **Hotel Stary Tartak**€€€€, ul. Biskupska 4, 14-200 Iława, Tel. (089) 6401313, www.starytartak.com.pl. Im Sommer 2009 eröffnetes, gehobenes Komforthotel am Westufer des Mały-Jeziorak-Sees, außen im rustikalen Fachwerkstil gehalten, innen in stilvoller Eleganz. Im Restaurant, elegant im Landhausstil, speist man köstliche altpolnische Küche, Fischgerichte und Zubereitungen nach italienischer Art.
- **Hotel Kormoran**€€, ul. Chodkiewicza 3, 14-200 Iława, Tel./Fax (089) 6482677. Gepflegtes Mittelklassehotel direkt am Ufer des Großen Jeziorak-Sees hinter dem Stadtstrand, mit Sauna, Restaurant und eigenem Bootsanleger.
- **Hotel im Wassersportzentrum Perkoz**€, ul. Konstytucji 3 Maja 7, 14-200 Iława, Tel. (089) 6773317, www.ow-perkoz.pogodzinach.net. Gebäude noch aus sozialistischer Zeit, frisch angemalt und mit einfachen Zimmern, zentral am Ufer des Großen Jeziorak-Sees gelegen, keine fünf Minuten vom Stadtzentrum entfernt.
- **Seglerhotel Pod Omegą**€, ul. Sienkiewicza 24, 14-200 Iława, Tel. (089) 6484093, www.podomega.pl. Beliebter Seglerstützpunkt mit urigem kleinen Hotel, Gaststätte, Grill-Bar, Bootsanleger, Kajak- und Segelbootverleih, natürlich direkt am Ufer des Großen Jeziorak-Sees, geöffnet Anfang Juni bis Ende Aug.

Camping

- **Camping Nr. 14 Leśna,** ul. Sienkiewicza 9, 14-200 Iława, Tel. (089) 6488188, www.lesna-ilawa.pl. Platz unter Bäumen in leichter Hanglage, vom Großen Jeziorak-See durch die Straße getrennt, mit angeschlossener Gaststätte und einer einfachen Herberge. Anfang Mai–Ende Sept.

Jugendherberge

- **JH,** ul. Mirosławskiego 10a, 14-200 Iława, Tel. (089) 6486464, ganzjährig.

Kulturelle Veranstaltungen

- **Jazz Festival „Złota Tarka“** (Goldenes Waschbrett), viel Dixie und *good old* Jazz während des internationalen Jazz-Fests im Amphitheater jährlich im August; Info unter www.zlotatarka.pl.

Aktivitäten

- **Schiffspartien** über den Jeziorak-See, Anlegestelle und Kartenverkauf am Ostufer des Mały-Jeziorak-Sees, Mai–Okt. stdl. 10–17 Uhr.
- **Wassersportgeräteverleih** auf dem Campingplatz; im Wassersportzentrum Perkoz, ul. Konstytucji 3 Maja 7; im Wassersportzentrum „Pod Omega“, ul. Sienkiewicza 24.
- **Baden** kann man am Stadtstrand beim Hotel Kormoran.

My castle is my home – stolzer Anwohner der Ruine von Burg Schönberg

179po Foto: kj

Ermland und südliches Masuren

237po Foto: kj

Bei Gietrzwałd

238po Foto: kj

Am Stadtstrand von Olsztyn

Die Kirche Święta Lipka (Heilige Linde)

Überblick

Ermland – so lautet der alte deutsche Name für die Landschaft **Warmia,** die sich, westlich vom Fluss Pasłęka (Passarge) begrenzt, in sanft gewellten Wiesen und Feldern von Frombork und Braniewo am Frischen Haff nach Osten bis Reszel und im Süden bis zur Woiwodschaftshauptstadt Olsztyn erstreckt. Bis zur Eroberung durch die Ritter des Deutschen Ordens lebten prußische Stämme im Land: im südlichen Teil Galinder, in der Mitte Barten und nördlich **Warmier,** nach denen das Ermland seinen polnischen Namen erhielt.

1243 teilte der päpstliche Legat *Wilhelm von Modena* das unterworfene Prußenland in die Bistümer Kulm, Pomesanien, Samland und Ermland ein. Dabei war das Ermland die größte der vier Diözesen, reichte vom Pregel im Norden bis hinunter zum Omulew-Fluss, vom Frischen Haff bis zur Grenze nach Litauen, und war direkt dem Stuhl Petri in Rom unterstellt. 1260 gründete der erste Bischof *Anselm* das Domkapitel, das seinen Sitz zunächst in Braniewo (Braunsberg) und ab 1278 in Frombork (Frauenburg) nahm. Erster Bischofssitz wurde bis 1350 Wormditt (Orneta), anschließend residierten die mächtigen Ermländischen **Fürstbischöfe** im Schloss von Heilsberg (Lidzbark Warmiński).

In der Goldenen Bulle 1356 hatte Kaiser *Karl IV.* (reg. 1355–1378) die souveräne Stellung der Fürstbischöfe anerkannt, die demzufolge nicht nur als geistliche Oberhirten agierten, sondern das Ermland auch politisch regierten. Anders als es in den Bistümern Kulm, Pomesanien und Samland üblich war, wurden die Bischöfe und die Mitglieder des Domkapitels auch nicht aus dem Personal des Deutschen Ordens rekrutiert. Das Ermland ging vielmehr einen Sonderweg. **Bischofsburgen** entstanden, die den Deutschordensburgen zwar zum Verwechseln ähnlich sehen, aber in ihrer Funktion auf eine andere Geschichte zurückblicken. Die Burgschlösser von **Lidzbark Warmiński, Reszel** und **Olsztyn** gehören heute zu Warmias herausragenden Sehenswürdigkeiten.

Zahlreiche **Bauerndörfer** wurden gegründet und mit deutschsprachigen, vorwiegend aus Schlesien stammenden Kolonisten sowie polnischsprachigen Einwanderern hauptsächlich aus dem südlichen Masowien besiedelt. Fruchtbare Krume gegen die Waffendienste vornehmer Ritter zu tauschen – diese Notwendigkeit bestand für die Fürstbischöfe dagegen nicht; weshalb sich Großgrundbesitz im Ermland vergleichsweise spät entwickelte.

Im Dreizehnjährigen Krieg, den die preußischen Städte unter der Führung von Danzig 1454–1466 gegen den Deutschen Orden führten, schloss sich das ermländische Domkapitel dem Preußischen Bund an. Im Zweiten Thorner Frieden 1466, der den Niedergang des Deutschen Ordens besiegelte, kam das Ermland unter die Lehnshoheit der **polnischen Krone** und blieb deshalb – während der Ordensstaat in der Reformationszeit 1525 aufhörte zu existieren und zum protestantischen Fürstentum wurde – katholisches Land. Mehr noch, es entwickelte sich zu einer Bastion der Gegenreformation.

Der **Marienkult** wurde Programm. Marienwunder ereigneten sich an den Grenzen zum protestantischen Land: in **Święta Lipka (Heilige Linde)** bei Reszel, woraufhin dort eine der schönsten Barockkirchen des Ermlands entstand, und in **Gietrzwałd** nahe Olsztyn, wo die heilige Jungfrau zwei Mädchen erschien. Beide Orte gehören heute zu den bedeutendsten Wallfahrtsstätten im nördlichen Polen.

Zahlreiche weitere Marienheiligtümer, darunter bei Orneta die „kleinen Schwester" der Heiligen Linde in **Krosno,** sind Zeugen des bis heute ungebrochenen Gottesglauben im Land. Eine herausragende politische Bedeutung kommt darüber hinaus **Kloster Stoczek** bei Lidzbark Warmiński zu, wo das kommunistische Regime 1953/54 den damaligen Primas von Polen, Kardinal **Stefan Wyszyński,** interniert hatte.

Als das Ermland 1772 mit der Ersten Teilung Polens vom protestantischen Königreich Preußen einverleibt wurde, hielten die Menschen weiter am katholischen Glauben fest. So blieb es die einzige Region im ehemaligen Ostpreußen, die über alle Zeiten hinweg der römischen Kirche verbunden war. Bis heute spiegelt sich diese Geschichte im Land: Wo in Mazury zuvorderst die schöne Natur ins Auge fällt, überwiegen in Warmia die **kirchenhistorischen Sehenswürdigkeiten.** Es herrscht vorwiegend Tages- und Ausflugstourismus, weshalb die touristische Infrastruktur nicht in dem Ausmaß entwickelt ist, wie man sie beispielsweise rund um die Großen Masurischen Seen vorfindet.

An der Nahtstelle von Warmia und südlich Mazury laufen die touristischen Wege aus allen vier Himmelsrichtungen in der historischen Hauptstadt des Ermlands und heutigen **Woiwodschaftshauptstadt Olsztyn** zusammen. Eingebettet in eine herrliche Seenlandschaft, schmückt sich die Metropole von Warmia-Mazury mit einer hübschen kleinen Altstadt und einer sehenswerten Bischofsburg.

Auf den ausgedehnten Sandergebieten südlich von Olsztyn beginnen, von Niedermooren und Sümpfen durchsetzt und von zahllosen Gewässern durchzogen, die **masurischen Wälder.** „Land der dunklen Wälder und kristall'nen Seen" wird Masuren genannt, das sich zwischen den beiden historischen Grenzmarken Dylewska Góra (Kernsdorfer Höhe) südlich von Ostróda bis zur Szeska Góra (Seesker Höhe) bei Gołdap im nordöstlichsten Winkel Polens erstreckt. Neben der schönen Natur wartet als besondere Attraktion das Städtchen **Olsztynek** mit dem **Masurischen Freilichtmuseum** auf. Im südlichsten Zipfel Masurens lohnt die Ordensburg von **Nidzica** einen Besuch.

Im nördlichen Ermland

Pieniężno VI/A2

Gut dreißig Kilometer südöstlich von Braniewo liegt der 3000-Einwohner-Ort Pieniężno **(Mehlsack)** mitten im weiten Ackerland. Seinen kuriosen deutschen Namen verdankt er der prußischen Burg Malcekuke, die hier zur Zeit der Eroberung durch den Deutschen Ritterorden stand. Kolonisten, die sich rund um die Burg niederließen, verballhornten „Malcekuke" zu „Melzak", woraus schließlich „Mehlsack" entstand. Der polnische Name Pieniężno erinnert an den Journalisten und Herausgeber der „Gazeta Olsztyńska", *Seweryn Pieniężny* (1890–1940), der von Nazi-Schergen im Konzentrationslager Hohenbruch ermordet wurde.

1284 als Ort erstmals urkundlich erwähnt, begannen in der ersten Hälfte des 14. Jahrhunderts die Bauarbeiten zum Rathaus und zum Schloss für das ermländische Domkapitel. Beide Bauwerke wurden in zahlreichen Kriegen niedergebrannt, wieder aufgebaut und abermals zerstört, zuletzt im Zweiten Weltkrieg. Im Zuge der städtischen Rekonstruktionsarbeiten seit den 1980er Jahren konnten die Rathausruine sowie die beiden verbliebenen Flügel des einstigen Kapitelschlosses gesichert werden. Einen Blick lohnt die ebenfalls im 14. Jahrhundert errichtete **Kirche Peter und Paul** (Kościół św. Piotra i Pawła). Kostbarster Schatz unter dem Sternengewölbe ist der Hauptaltar mit den beiden Schnitzfiguren des hl. Petrus und des hl. Paulus, 1688 vom Königsberger Bildhauer *Isaak Riga* geschaffen, sowie eine Silbermonstranz, die auf das Jahr 1643 datiert.

Einen Anziehungspunkt bildet außerdem das etwa zwei Kilometer südwestlich von Pieniężno gelegene **Priesterseminar und Missionshaus St. Adalbert.** Seit 1920 gehört es den Steyler Missionaren, einer 1875 gegründeten Missionsgesellschaft, die in rund 60 Ländern der Erde tätig ist. Von dort brachten die Priester zahlreiche Erinnerungsstücke mit in die Heimat zurück. Über 6000 Artefakte aus Papua-Neuguinea, China und anderen Ländern mehr sind heute im Religionsethnografischen Museum im Missionshaus St. Adalbert ausgestellt.

Information

- **Touristeninformation,** ul. Generalska 8 (im Stadtamt), 14-520 Pieniężno, Tel. (055) 243 6235, www.pieniezno.pl, Mo–Fr 9–15 Uhr, Sa 10–14 Uhr.
- **Homepage** von Pieniężno: www.pieniezno.pl.

Unterkunft/Museum

- **Missionshaus St. Adalbert**€, Kolonia 19, 14-520 Pieniężno, Tel. (055) 2429100, www.seminarium.org.pl. Das Priesterseminar bietet schlichte, preiswerte Übernachtungsplätze; das Religionsethnografische Museum hat geöffnet Mitte April bis Mitte Okt. Mo–Sa 8–17, So 11–17 Uhr, sonst Mo–Sa 9–15, So 12–15 Uhr.

Die Wallfahrtskirche von Krosno

Orneta

↗ VI/A3

Das reizende kleine Landstädtchen Orneta **(Wormditt)** hatte Glück. Die Feuerwalze, unter der die Region gegen Ende des Zweiten Weltkriegs in Schutt und Asche versank, verlief wenige Kilometer nördlich. So blieb viel historische Bausubstanz erhalten und konnte sich, wenn auch überwiegend noch unsaniert, über die Zeit retten.

Bereits 1308 wurde die Siedlung zu Füßen der vom Deutschen Orden eroberten Prußenfeste Orneta erstmals schriftlich erwähnt. Von der um 1320 erbauten Backsteinburg - von 1341 bis 1350 Bischofsresidenz, bevor diese nach Heilsberg verlegt wurde - sind allerdings nur die Fundamente übrig geblieben. 1806 riss man die Burg zusammen mit der Stadtmauer und den Stadttoren ab, und auf den Überresten steht seither eine Schule.

Den **Markt** im Ortszentrum zieren giebelständige, teils mit Laubengängen versehene Bürgerhäuser aus dem 18. und 19. Jahrhundert. Mitten auf dem Platz erhebt sich das gotische, 1373 vollendete und später mehrmals umgestaltete **Rathaus** mit einem Info-Punkt für die Besucher des Städtchens.

Herausragendes Bauwerk am Ort ist die Kirche des hl. Johannes des Täufers und Johannes des Evangelisten (Kościół św. Jana Chrzciciela i św. Jana Ewangelista), kurz **Johanniskirche,** nach dem Dom in Frombork das ältes-

227po Foto: ki

te ermländische Gotteshaus. Im Jahr 1379 wurde die chorlose dreischiffige Backsteinbasilika eingeweiht, die durch ihre kostbare Innenausstattung besticht: den 1738–1744 geschaffenen barocken Hauptaltar, die Orgel von 1738, die Kanzel von 1744 und die zahlreichen Altäre an den Pfeilern und in den Seitenkapellen. Unter ihnen ist der Rosenkranzaltar mit einer Marienkrönung und Schnitzfiguren des Tiroler Bildhauers *Christoph Perwanger* (1700–1767) ein besonderer Schatz. Aufmerksamkeit verdienen außerdem die mittelalterlichen Fresken, die zum Teil noch aus der Entstehungszeit der Kirche herrühren.

Knapp drei Kilometer nordöstlich steht einsam auf weiter Flur die 1715–1720 errichtete **Wallfahrtskirche** von **Krosno (Krossen).** Mit ihrer doppeltürmigen barocken Westfassade, dem hervorspringenden Chor und dem Kreuzgang, der den eindrucksvollen Sakralbau umzieht, erscheint die der heiligen Muttergottes geweihte Kirche wie die kleine Schwester der berühmten, weiter östlich bei Reszel gelegenen Święta Lipka (Heilige Linde). Eine kleine wundertätige Marienstatue löste im 17. Jahrhundert die Marienwallfahrt nach Krossen aus. Seit 1991 bemüht sich die Deutsch-Polnische Stiftung um die Restaurierung der bildschönen Anlage.

Information

- **Touristeninformation** im Rathaus am Markt, plac Wolności 26, 11-130 Orneta, Tel. (055) 2210209, Juni–Sept. Mo–Fr 10–18 Uhr, Sa 11–15 Uhr, So 11–13 Uhr.

Dobre Miasto

↗ VI/B3

Auf einer Anhöhe über der Łyna (Alle) liegt das 10.000 Einwohner große, fast 700-jährige Dobre Miasto **(Guttstadt).** 1329 verlieh der ermländische Bischof dem Flecken das Stadtrecht, und von 1347 bis 1811 bildete das Guttstädter Kollegiatstift den Mittelpunkt des geistlichen Lebens in der Region. 1960 rief es Kardinal *Stefan Wyszyński* wieder ins Leben. Die höchsten Ehren aber wurden Dobre Miasto zuteil, als Papst *Johannes Paul II.* 1989 der **Erlöser- und Allerheiligenkirche** (Kościół św. Najświętszego Zbawiciela i Wszystkich Świętych) den Rang einer Basilika Minor verlieh.

Die nach dem Fromborker Dom **zweitgrößte Kirche Warmias** wurde 1357–1389 als dreischiffige Hallenkirche errichtet und birgt im Inneren noch wertvolle Teile ihrer historischen Einrichtung; darunter den barocken Hochaltar von Mitte des 18. Jahrhunderts, eine reich verzierte Kanzel, die 1693 Meister *Johann Christoph Döbel* aus Königsberg schnitzte, sowie den auf etwa 1430 geschätzten Rosenkranzaltar im rechten Seitenschiff, der älteste Altar im Gotteshaus. Im an die Kirche angeschlossenen, über seine drei Flügel von einem Kreuzgang umzogenen Stiftsgebäude ist heute ein **Priesterseminar** untergebracht.

Gleich am Stadteingang über die Łyna-Brücke begrüßt einen rechter Hand der trutzige **Storchenturm (Baszta Bocianią),** ein Rest der alten Befestigung. Unter seinem spitzen Dach mit einem Storchennest obenauf hat eine kleine Kunstgalerie ihr Zuhause gefunden.

Vier Kilometer südwestlich von Dobre Miasto zieht das Dorf **Głotowo (Glottau)** seit Jahrhunderten Pilger an. Vor der Eroberung durch den Deutschen Orden befand sich an diesem Ort wahrscheinlich ein prußisches Heiligtum, und die **Legende** erzählt, dass ein Glottauer Priester 1290 zum Schutz vor den Überfällen der heidnischen Prußen die geweihten Hostien auf einem Feld vergrub. Eine andere Sage berichtet, dass Kirchenräuber diese kostbaren Weihegaben verscharrten. Und wie dem auch sei – lange Zeit hielt man sie für verloren, bis eines Tages auf dem Feld weidende Ochsen niederknieten und die im Gras leuchtenden, wiedergefundenen Hostien priesen. Von da an pilgerten immer mehr Menschen nach Glottau, um das allerheiligste Sakrament zu verehren. 1722–1726 entstand für die zahlreichen Gläubigen anstelle eines älteren Baus ein größeres Gotteshaus. Im 19. Jahrhundert noch mehrmals umgebaut und 1854 mit einer neubarocken Turmhaube versehen, zeigt sich die **Wallfahrtskirche des heiligsten Erlösers** (Kościół Najświętszego Zbawiciela) seitdem so, wie wir sie heute sehen. Nebenan wurde 1878–1894 ein Kalvarienberg angelegt, der sich bei den Gläubigen seitdem großer Verehrung erfreut.

Fünf Kilometer nordöstlich von Dobre Miasto befindet sich bei dem Örtchen **Smolajny (Schmolainen)** ein kleines **Barockschlösschen der Bischöfe von Ermland,** das insofern erwähnenswert ist, als es ein beliebter Aufenthaltsort *Ignacy Krasickis* (1735–1801) war, Bischof von Ermland und in die Literaturgeschichte eingegangener Begründer des polnischen Romans, Poet der Aufklärung und gar nicht so gottesfürchtiger Satiriker, wie man seinen folgenden Versen entnehmen kann:

„Holder Sinn! Mach mich zufrieden!
Wärst du immer bei mir, treuer!
Sei's im Kriege, sei's im Frieden,
ob sie voll, ob leer die Scheuer,
Mir ist jede Plage klein,
Wenn ich dein bin und du mein!"

Die Räumlichkeiten beherbergen seit den 1970er Jahren eine Landwirtschaftsschule mit Internat.

Lidzbark Warmiński

↗ **VII/C2**

Auch die 16.000 Einwohner große Kreisstadt Lidzbark Warmiński **(Heilsberg)** ist eine Gründung des Deutschen Ordens. 1240 eroberten die Ordensritter die am Zusammenfluss von Łyna (Alle) und Symsarna (Simser) gelegene prußische Burg Lecbarg. 1308 erhielt Heilsberg das Stadtprivileg, 1350 wurde es Residenz der ermländischen Bischöfe und Sitz der zentralen Verwaltung der Diözese.

Um 1350 begann auch der achtungsgebietende Ausbau des Bischofsdomizils. Auf quadratischem Grundriss entstand im nächsten halben Jahrhundert der **Palast der Bischöfe von Ermland** – ein mächtiges, wehrhaftes

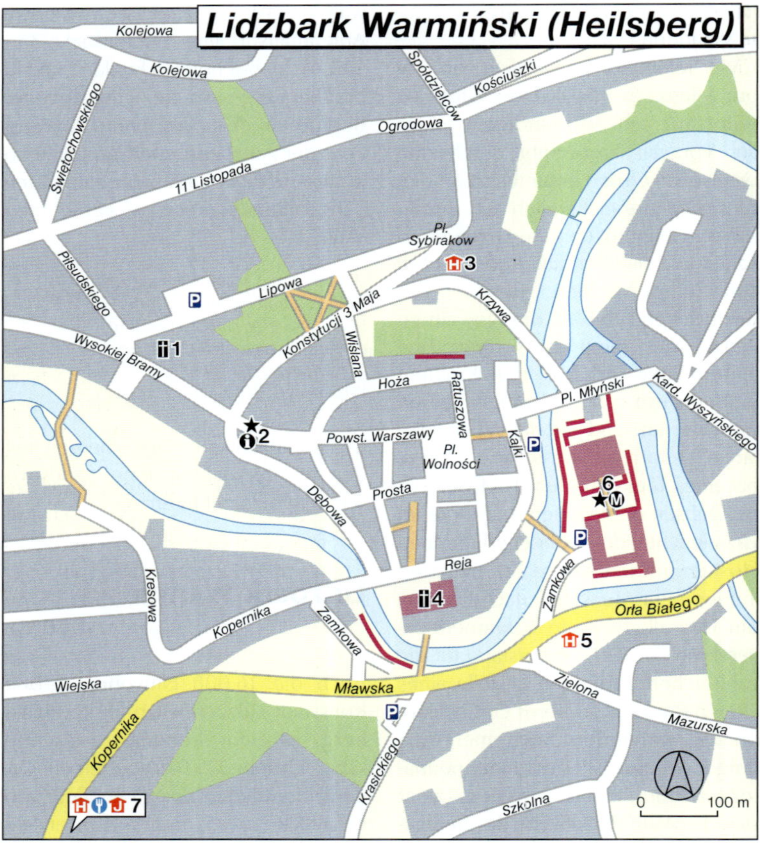

1 Kirche der russisch-orthodoxen Gemeinde
2 Hohes Tor mit Touristeninformation
3 Hotel Gościniec Myśliwski
4 Kirche St. Peter und Paul
5 Hotel Kopernik
6 Palast der Bischöfe von Ermland mit Ermländischem Museum
7 Hotel und Restaurant Pod Kłobukiem und Jugendherberge

Backsteinkastell mit massigem Bergfried und drei weiteren, zierlichen Ecktürmchen sowie Vorschloss, Verteidigungsmauern und Wassergräben. Den Innenhof des vierflügeligen Bischofspalasts säumen über zwei Stockwerke führende Laubengänge. Über diese wandelte *Nikolaus Kopernikus,* als er 1504–1510 im Palast seines bischöflichen Onkels *Lukas Watzenrode* astronomische Studien betrieb. Von der einst prachtvollen repräsentativen Ausmalung konnten sich wesentliche Teile erhalten, so in der Schlosskapelle, im Großen Remter, im Kleinen Remter und im Audienzsaal. Bis zur Ersten Teilung Polens 1772 und damit einhergehend der Eingliederung des Ermlands ins Königreich Preußen war Heilsberg die Machtzentrale der Fürstbischöfe. Als letzter bischöflicher Bewohner im Schloss ging der bedeutende Humanist und Literat *Ignacy Krasicki* (1735–1801) in die Geschichte ein. Nach seiner Ernennung zum Erzbischof von Gnesen 1795 verwaiste die Anlage.

Heute dienen die altehrwürdigen Backsteingemäuer dem **Ermländischen Museum.** Wieder freigelegte Ausmalungen verdienen im Sommerremter und in der Burgkapelle einen Augenblick des Verweilens. In der prächtigen Rokoko-Kapelle befinden sich darüber hinaus vielerlei Exponate der mittelalterlichen Holzschnitzkunst Ermlands und Masurens. In weiteren Räumen sind Sammlungen weltlicher und geistlicher Kunst ausgestellt, unter denen die kostbaren Ikonen aus dem masurischen Altgläubigenkloster in Wojnowo (⇗„Die Großen Masurischen Seen, Im Masurischen Landschaftspark“) einen Höhepunkt darstellen. Weiter wird der, der sich für die Kirchengeschichte Warmias interessiert, sehr gut informiert, und für Freunde historischer Militaria steht in den Kellergewölben eine Sammlung gusseiserner Kanonen parat.

Nur durch das Flüsschen Łyna getrennt, erhebt sich nahebei die gotische **Pfarrkirche St. Peter und Paul** (Kościół św. Piotra i Pawła). Nach einem Stadtbrand 1497 wurde sie anstelle eines zerstörten Vorgängerbaus als dreischiffige Halle mit einem Sterngewölbe errichtet. Eine um 1420 geschaffene Skulpturengruppe, die die Geschehnisse um Christus am Ölberg darstellt, ist das wertvollste Ausstattungsstück im Gotteshaus.

Von den einstmals drei Stadttoren von Mitte des 14. Jahrhunderts blieb das wuchtige **Hohe Tor** (Wysoka Brama) erhalten. Im Erdgeschoss befindet sich eine Touristeninformation. Die vor dem Tor liegende ehemals evangelische Kirche, 1821–1823 nach dem Schinkelschen Generalentwurf erbaut, dient heute der russisch-orthodoxen Gemeinde.

Praktische Tipps

Information

- **Touristeninformation,** ul. Wysokiej Bramy 2, 11-100 Lidzbark Warmiński, Tel. (089) 767 4148, Juli/Aug., Mo–Fr 9–17 Uhr, Sa 10–16 Uhr, So 11–15 Uhr, Sept.–Juni Mo–Fr 8–16 Uhr, Sa 10–14 Uhr.
- **Homepage** von Lidzbark Warmiński: www.lidzbarkwarminski.pl.

180po Foto: kj

Unterkunft und Gastronomie

• **Hotel Pod Kłobukiem**€€, ul. Olsztyńska 4, 11-100 Lidzbark Warmiński, Tel. (089) 767 3292, www.klobukhotel.pl. Einziges großes Hotel in der Umgebung, behaglicher Mittelklassekomfort, mit Restaurant, Sauna und Swimmingpool; an der Ausfallstraße Richtung Olsztyn.

• **Hotel Kopernik**€€, ul. Zielona 1, 11-100 Lidzbark Warmiński, Tel. (089) 7675010, www.kopernikhotel.pl. Gepflegtes Haus im Ortszentrum gegenüber vom Bischofschloss.

• **Gościniec Myśliwski**€ (Jägerhäuschen), ul. Spółdzilców 2b, 11-100 Lidzbark Warmiński, Tel. (089) 7675259. Nett, klein, urig, 10 Minuten Spazierweg vom Schloss entfernt, mit gemütlichem Pub.

Jugendherberge

• **JH,** in 11-107 Kłebowo, 7 Kilometer südlich, Tel. (089) 7662360, ganzjährig.

Museen und andere Sehenswürdigkeiten

• **Museum im Palast der Bischöfe von Ermland,** plac Zamkowy 1, Juni–Sept. Di–So 9–17 Uhr, außerhalb der touristischen Saison Di–So 10–16 Uhr.

Die Ordensburg von Lidzbark Warmiński

Das Kloster Stoczek

181po Foto: ki

Kloster Stoczek ⇗ VII/C2

Elf Kilometer östlich von Lidzbark Warmiński gründete Bischof *Hermann von Prag* 1349 das Örtchen **Springborn (Stoczek).** Wunderbare Erscheinungen einer kleinen Marienstatue aus Elfenbein machten es bald bekannt, seit dem 17. Jahrhundert ist die Verehrung der Springborner Muttergottes im Kloster Stoczek in Dokumenten belegt. In den Wirren des Dreißigjährigen Kriegs, in dem das katholische Ermland unter den Verheerungen des protestantischen Schweden litt, rief Bischof *Nikolaus Szyszkowski* die Gläubigen auf, für die Erlangung des Friedens eine Kirche zu bauen. 1639–1641 entstanden Kloster und Gotteshaus als „Friedenstempel der allerseligsten Jungfrau Maria zu Springborn" zunächst aus Holz, ab 1666 dann aus Ziegelstein. Der Kreuzgang mit seinen Eckkapellen sowie die Erweiterung der Kirche zu ihrer heutigen Gestalt schlossen sich 1708–1717 an.

1952 wurde die Anlage von der polnischen Regierung beschlagnahmt und diente während der inoffiziellen Herrschaft des von Moskau eingesetzten Verteidigungsministers und Armeechefs in Polen, *Konstantin Rokossowski,* von 1953 bis 1954 als Gefängnis für den polnischen Primas, Kardinal

Stefan Wyszyński (1901–1981). 1956 erhielt die Diözese das Kloster zurück, und im Jahr darauf wurde der Marianer-Orden mit der Pflege des Klosters und der bedeutenden **Marienwallfahrt** von Stoczek betraut. 1983 krönte *Johannes Paul II.* das Gnadenbild in der Kirche und erhob sie vier Jahre später in den Rang einer Basilika Minor.

Das Kloster der Marianer-Mönche steht mit Kirche, Kreuzgang, der Zelle von Kardinal *Wyszyński* sowie dem rekonstruierten Barockgarten Pilgern und Touristen zur Besichtigung offen. Ein einfaches Pilgerheim bietet Übernachtungsmöglichkeit.

• **Kloster Stoczek,** Księża Marianie, Stoczek Klasztorny 30, 11-106 Kiwity, Tel. (089) 766 0911, www.stoczek.pl.

Bisztynek

↗ VII/D3

Anders als die anderen Orte in der Region ging das 2500 Einwohner kleine Bisztynek **(Bischofstein)** aus einer burglosen dörflichen Siedlung hervor. 1385 erhielt es das Stadtprivileg, bereits 15 Jahre später wurde die **Kirche St. Mathias** (Kościół św. Macieja i Przenajświętszej Krwi Chrystusa) mit dem Sanktuarium des teuersten Bluts des Herrn Jesu geweiht. Denn auch in Bischofstein – das seinen Ortsnamen einem imposanten Findling verdankt, den, wie es heißt, der Teufel aus Afrika hierher gewuchtet haben soll – ereigneten sich Wunder: Eine blutende Hostie initiierte die Wallfahrt nach Bischofstein. Infolge des stets anwachsenden Pilgerstroms zum heiligen Blut begannen im 18. Jahrhundert die Erweiterungsarbeiten am Kirchenraum. Bis 1739 war das nördliche, bis 1781 das südliche Seitenschiff fertiggestellt. Dem markanten Glockenturm von 1509 setzte man 1791 eine barocke Haube auf. Die barocke Inneneinrichtung blieb zu großen Teilen erhalten, darunter der Hochaltar von 1780 und der Marienaltar mit der Muttergottes im Silberkleid von 1726.

Zehn Kilometer nördlich bilden Schloss, Gut und Dorf **Galiny (Gallingen)** ein schönes Beispiel für die heute nur noch selten als komplette Ensembles erhaltenen historischen ostpreußischen Landgüter. Ab 1589 ließen die Grafen *zu Eulenburg* wohl unter Einbeziehung von Vorgängerbauten ihr prachtvolles Herrenhaus errichten und von einem Wassergraben umziehen. Seitengebäude, Orangerie, Einfahrttor mit Uhrturm, Wagenremise, Speicher und Pferdeställe entstanden im Lauf der Zeit. Im 19. Jahrhundert wurde der Graben zugeschüttet und ein Landschaftspark angelegt. So kamen das Schloss, der Gutshof mit Vorwerk, das Dorf und die bereits 1350 erbaute Kirche relativ unbeschadet durch den Zweiten Weltkrieg. In sozialistischer Zeit Staatsbetrieb, verfiel die Anlage dann zusehends, gelangte 1995 in Privatbesitz und wurde anschließend sorgfältig restauriert. Der große Backsteinspeicher von 1889 beherbergt heute ein elegantes Drei-Sterne-Hotel und Restaurant. Dem Komplex angeschlossen ist ein Gestüt, das Reitunterricht, Ausflüge im Sattel und in der Kutsche anbietet.

Praktische Tipps

Unterkunft und Gastronomie

- **Galiny Palast Pensjon Gallingen**€€€€, 11-214 Galiny 110, Tel. (089) 7612167, www.palac-galiny.pl. Im restaurierten historischen Speicher von Gut Galiny, die Zimmer im eleganten Landhausstil, das Restaurant serviert Spezialitäten der polnischen Küche.

Aktivitäten

- **Reiten, Kutschfahrten:** Stadnina Koni Galiny (Pferdegestüt Galiny), 11-214 Galiny, Tel. (089) 7612174, www.palac-galiny.pl.

Reszel

↗ VIII/A3

Ein hübsches, verschlafenes Landstädtchen mit nicht mehr als 4000 Einwohnern ist Reszel **(Rößel)**, eine Idylle im weiten Ackerland, an der der Zweite Weltkrieg vorübergezogen ist. So stehen die adretten Bürgerhäuschen rund um den großen Marktplatz noch immer wie vor 100, 200 oder manchmal sogar 300 Jahren da, heute bereichert um eine Reihe von kleinen Läden und Speiselokalen. Der Name Reszel geht auf die Prußensiedlung Resel zurück, die, bevor 1241 der Deutsche Orden ins Land kam, nahebei lag.

Um 1350–1371 entstand Rößels **Ordensburg.** Behäbig hebt sich das quadratische Backstein-Bauwerk mit einem gemütlichen Bergfried über die Dächer der Kleinstadt und wirkt alles in allem wie die Miniaturausgabe des großen Bruders in Lidzbark Warmiński. Die Restaurierungsarbeiten, mit denen der Bildhauer und Burgherr *Bolesław Marschall* bereits in den 1980er Jahren begann, sind nach einer letzten großzügigen Modernisierung seit 2001 abgeschlossen. Seitdem beherbergen die mittelalterlichen Gemäuer ein schönes Hotel, ein Restaurant und eine renommierte Kunstgalerie, in der zeitgenössische polnische und internationale Künstler von Rang ihr Werk präsentieren (Mitte Mai–Sept. tgl. 10–17 Uhr, sonst tgl. 10–16 Uhr).

Als zweites dominantes Gebäude fällt die 1360–1381 errichtete **Pfarrkirche St. Peter und Paul** (Kościół św. Piotra i Pawła) ins Auge. Nach ihrer Zerstörung bei einem Stadtbrand 1806 wurde sie bis 1817 wieder aufgebaut. Die Innenausstattung stammt aus jener Epoche: eine Kanzel von 1823, der Hochaltar, den ab 1820 in dreijähriger Arbeit *Wilhelm Biereichel* schuf, oder das Taufbecken, das der Bildhauer 1833 vollendete. Aus der Zeit vor der Feuersbrunst stammen ein Tabernakel von 1767 sowie in der Vorhalle ein mittelalterliches steinernes Weihwasserbecken.

Für den Brand, der 1806 das Städtchen heimsuchte, wurde die Magd *Barbara Zdunk* (1769–1811) verantwortlich gemacht, der man Hexenkräfte nachsagte. Man verbrannte sie, nachdem man ihr den Prozess gemacht hatte, 1811 auf dem Scheiterhaufen. Formaljuristisch war „Hexerei" im Königreich Preußen zwar kein Straftatbestand, und man klagte *Barbara Zdunk* wegen Brandstiftung an. Doch tatsächlich handelte es sich bei ihrer Hinrichtung um die letzte „Hexen"verbrennung Europas.

229po Foto: kj

Praktische Tipps

Information

- Eine kleine **Informationsstelle** ist im Sommer im Rathaus am Markt untergebracht, Mo–Fr 10–18 Uhr, Sa 9–15 Uhr.
- **Homepage** von Reszel: www.reszel.pl.

Unterkunft und Gastronomie

- **Hotel Zamek**€€€, ul. Podzamcze 3, 11-440 Reszel, Tel. (089) 7550109, www.zamek-reszel.com. Logieren wie die Rittersleut' im stilvollen Hotel in der ehemaligen Bischofsburg. Im Restaurant werden köstliche regionale und polnische Spezialitäten serviert.

Die Ordensburg von Reszel

Święta Lipka

↗ VIII/A3

Unmittelbar jenseits der historischen Grenze des Ermlands erhebt sich vier Kilometer südöstlich von Reszel eine der herausragenden Marienwallfahrten in der Woiwodschaft Warmia-Mazury, zugleich ein polenweit bedeutender Ort der **Marienverehrung.** Kaum ein Sakralbau im nördlichen Polen ist schöner, prächtiger und prunkvoller als die barocke **Wallfahrtskirche** Święta Lipka **(Heilige Linde).** Die mit ganzem Namen eigentlich Marienheimsuchungs-Basilika heißende Kirche ist die bedeutendste Pilgerstätte in der Woiwodschaft Warmia-Mazury und eine der wichtigsten Orte der Marienverehrung in Polen.

Unter einer Linde mit einer Muttergottes-Figur sollen sich seit dem Jahr 1300 so viele wundersame Dinge zugetragen haben, dass die Pilgerscharen bald strömten: Blinde erhielten ihre Sehkraft zurück, Taube ihr Gehör, Siechende wurden geheilt. Alle Wunder, die sich bis 1659 zutrugen, sind im Buch des Jesuiten-Superiors *Thomas Clagius* festgehalten, die späteren Wunder kann man auf den Malereien an den Wänden, Pfeilern und Bögen des Sanktuariums nachlesen.

Erstmals erwähnt wurde die Wunderstätte 1473, als der Domherr von Płock, ohne davon allzu begeistert zu sein, feststellen musste, dass das Bildnis der „Madonna in Lipki" von überall her Pilgerfahrer anzog, obwohl dieser Ort keine Ablassrechte besaß.

Eine erste Kapelle stand hier wohl schon im späten 15. Jahrhundert. Doch dann überzog die Reformation die Region, das Deutschordensland wurde in ein protestantisches Fürstentum umgewandelt, und anstelle der Kapelle richtete man zur Abschreckung gegen die romgetreuen Papisten von Heilige Linde einen Galgen auf. Der Wunderglaube erfuhr dadurch eine weitere Stärkung. Im Jahr 1619 konnten die Katholiken eine zweite Kapelle einweihen und sie 1631 der Obhut des Jesuitenordens anempfehlen.

Ein halbes Jahrhundert später veranlassten die Jesuiten den Neubau der Wallfahrtskirche. 1687 begannen die Arbeiten zur Errichtung der dreischiffigen Emporenbasilika, 1690 wurde in ihren Mauern die erste Messe gefeiert, 1694 war der Bau fertiggestellt. Fast sah das Gotteshaus schon wie heute aus, nur allerlei Erweiterungsbauten sowie auch die Arbeiten an der glanzvollen Innenausschmückung dauerten noch bis weit ins 18. Jahrhundert an.

Da der Pilgerstrom immer größer wurde, umgab man die Kirche zusätzlich mit Kreuzgängen und Kapellen an ihren Eckpunkten (1694–1708), wodurch Święta Lipka noch einmal mehr Gläubige aufnehmen konnte.

All die Pracht und die Herrlichkeit der Marienheimsuchungs-Basilika ist mit wenigen Worten nur schwer zu beschreiben. Unter den wundervollen Freskomalereien verdient das Deckengemälde, das die Verherrlichung Marias darstellt, besondere Aufmerksamkeit. Der vom Königsberger *Christoph Peucker* 1712–1714 geschaffene Hochaltar, der die gesamte Höhe und Breite des Presbyteriums einnimmt, zeigt im Zentrum das Bildnis der Muttergottes von Heilige Linde. Am ersten Pfeiler im Nordschiff links steht das allerheiligste Heiligtum, die berühmte Linde mit der von schmiedeeisernem Blattwerk umrankten Madonna mit Kind. Sie soll sich an dem Platz befinden, an dem einst die große Linde mit dem wundertätigen Marienbild stand.

Eine Augenweide und das wertvollste Stück der gesamten Kircheneinrichtung ist die Orgel von Heilige Linde. Ein einzigartiges Schauspiel ist es, wenn ihre 4965 Pfeifen erklingen und sich, sobald das Gebläse in Gang gesetzt ist, die Engelstatuetten auf dem Orgelprospekt je nach gezogenen Registern in Bewegung setzen. Das Meisterwerk im Dienst der Sakralmusik

Grundriss Wallfahrtskirche Święta Lipka

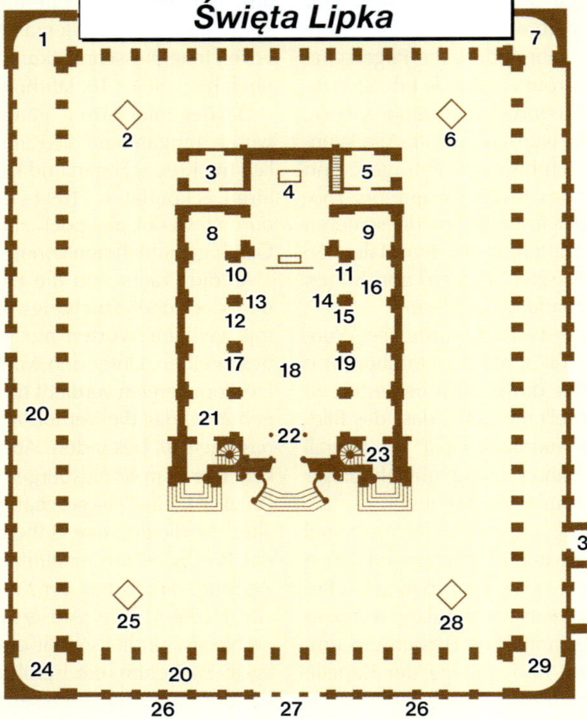

- **1** Kapelle der hl. Drei Könige
- **2** Skulptur der hl. Anna
- **3** Alte Sakristei
- **4** Presbyterium, Hochaltar
- **5** Neue Sakristei
- **6** Skulptur Josephs mit Jesuskind
- **7** Andreas-Kapelle
- **8** Ignatius-Kapelle
- **9** Franziskus-Xaverius-Kapelle
- **10** Altar der Schmerzensmutter
- **11** Altar Heiliges Kreuz
- **12** Josephs-Altar
- **13** Gottesmutterfigur Heilige Linde
- **14** Kanzel
- **15** Anna-Altar
- **16** Südschiff
- **17** Altar Stanisław Kostka
- **18** Hauptschiff
- **19** Altar des Erzengels Michael
- **20** Kreuzgang
- **21** Nordschiff
- **22** Orgel
- **23** Eingang Kirchentor und Emporen
- **24** Kapelle der hl. Dreifaltigkeit
- **25** Kreuzigungsskulptur
- **26** Figurengalerie Christusgenealogie
- **27** Hoftor
- **28** Statue der Unbefleckten Empfängnis
- **29** Kapelle St. Adalbert
- **30** Kloster

stammt aus der Werkstatt *Johann Josua Mosengels* aus Königsberg, es wurde 1719–1721 erbaut. Wer ihrem gewaltigen Klang lauschen möchte, hat dazu während der Orgelpräsentationen (⇗ unten) Gelegenheit.

Alljährlich pilgern Hunderttausende Gläubige nach Święta Lipka, um in dem 1983 von Papst *Johannes Paul II.* in den Rang einer Basilika Minor erhobenen Gotteshaus um Ablass zu bitten. Maria Heimsuchung am letzten Sonntag im Mai ist der Hauptablass. Weitere Höhepunkte sind das Fest der Heiligen Linde am 11. August und vier Tage später Maria Himmelfahrt.

Praktische Tipps

Information

- Eine **Touristeninformation** ohne feste Öffnungszeiten befindet sich vor der Kirche.

Unterkunft

- **Hotel Taurus**€€€, św. Lipka 16, 11-440 Reszel, Tel. (089) 7553737, www.hotel-taurus.pl. 2004 eröffneter Neubau im Fachwerkstil, gepflegte Mittelklasse, in der Nachbarschaft zum Sanktuarium.
- **Pilgerhaus (Dom Pielgrzyma)**€ des Jesuitenordens (neben der Kirche gelegen), Parafia Rzym. Kat. p.w. Nawiedzenia NMP, św. Lipka 29, 11-440 Reszel, Tel. (089) 7551481, www.swlipka.pl.

Besichtigung und Orgelvorführung

- Für Touristen steht die Basilika außerhalb der Gottesdienste tgl. 8–18 Uhr zur **Besichtigung** offen.
- **Heilige Messen und Andachten:** Mai–Sept. Mo–Sa 7, 9.50, 12, 18 Uhr, So 7, 9, 11, 14, 17 Uhr; April und Okt. Mo–Sa 7 und 17 Uhr, So 7, 9, 11, 14, 17 Uhr, im Winter Mo–Sa 7 und 17 Uhr, So 7, 9, 11, 14, 17 Uhr.
- **Orgelvorführungen:** Mai–Sept. Mo–Sa stdl. 9.30–11.30 und 13.30–17.30 Uhr (wenn samstags eine Hochzeit stattfindet, fällt die Vorführung aus), So 10.30, 12.30, 13.30, 15.30, 16.30 Uhr; April und Okt. Mo–Sa 10, 12 und 14 Uhr, So 10.30, 12.30, 13.30 und 15.30 Uhr (im April zusätzlich 16.30 Uhr). Im Winter finden die Präsentationen auf Wunsch nach einer Opfergabe von mindestens 100 Złoty statt.

Olsztyn

⇗ XVI/B2, XVII/C2

Mit knapp 175.000 Einwohnern ist die historische Hauptstadt des Ermlands und Woiwodschaftshauptstadt von Warmia-Mazury nach Białystok die größte Stadt im Nordosten Polens. Zugleich bildet Olsztyn **(Allenstein)** das kulturelle, wirtschaftliche und touristische Zentrum der gesamten Region. Gegen Ende des Zweiten Weltkriegs etwa zur Hälfte zerstört, wurde der überschaubare historische Stadtkern später wieder aufgebaut. Anschließend nahm die Einwohnerzahl Olsztyns, das vorher nie mehr als eine kleine Provinzhauptstadt war, so rasant zu – sie vervierfachte sich beinahe –, dass heute zahlreiche Bettenburgen im Plattenbaustil den Gesamteindruck prägen. Während der modernisierungsfreudigen 1960er und 1970er Jahre riss man weitere alte Bausubstanz ab und umzog die kleine Altstadt mit einem breiten Straßenring. Eine Autoreifenfabrik sowie Unternehmen der Möbelindustrie und Lebensmittelverarbeitung zählen heute zu den größten Arbeitgebern in der Stadt an der Łyna (Alle). Sie ist Sitz der Ermländisch-Masurischen Universität, die

Von der prußischen Eiche zur Marienverehrung von Heilige Linde

Vor der Eroberung durch den Deutschen Orden im 13. Jahrhundert lebten die **Prußen** im Land. Schriftlich wurden sie erstmals in der zweiten Hälfte des 9. Jahrhunderts vom „Bayerischen Geographen" als „Bruzi" erwähnt. Sie unterteilten sich in verschiedene **Stämme,** die die nach ihnen benannten Landschaften Pomesanien, Pogesanien, Warmien, Sassen, Barten, Natangen, Nadraunen, Samland, Schalauen, Galinden und Sudauen bewohnten, und bezeichneten sich selbst mit dem Oberbegriff „Prusai". Die prußische Sprache existierte noch bis in die Anfänge des 17. Jahrhunderts, ist in zahlreichen polnischen Städtenamen der Regionen erhalten geblieben, und auch in einigen ehemaligen deutschen Namen meist kleinerer Ortschaften wie Golbitten, Pollwitten, Paulehen, Trakehnen oder Nikolaiken klingt sie noch an.

Der Himmel der Prußen war von zahlreichen **Gottheiten** bevölkert. Gleich dem Wechsel der vier Jahreszeiten bestimmte sich ihr Pantheon durch die Naturereignisse. Sie folgten einer magischen Religion, das heißt einem Glauben, der das Unbegreifliche in Bildnisse kleidete, es personifizierte und in viele Zuständigkeitsbereiche unterteilte – was zwar nicht unbedingt rational, aber für die menschliche Seele sehr praktisch war, weil man gleich wusste, bei wem für welche Misere Beschwerde einzureichen war.

An der Spitze des Dienstwegs standen die drei allgewaltigen Chefgötter Perkunos, Patrimpe und Pekollos – jeder ein Aspekt auch des anderen. Perkunos war der Gott des Regens und der Sonne, des Blitzes, des Donners und des Feuers, kurz der Naturgewalten. Er wohnte am heiligen Ort Romowe und wurde in Eichengestalt verehrt. Und da die prußischen Urwälder voller Eichen waren, war Romowe überall. Dorfnamen wie „Perkuiken", die es gleich viermal in Ostpreußen gab, erinnerten an diese alte prußische Gottheit. Patrimpe war der gefürchtete, kinderfressende Kriegsgott, der aber andererseits den Feldern Fruchtbarkeit schenkte, und Perkollos fungierte als der finstere Aspekt der dreifaltigen Gottheit, welcher Tod und Verderben verkörperte.

Eine Stufe darunter stand der nette Gott Kurche, der die Teller mit Fisch und Fleisch füllte, die Krüge mit Met, und für volle Honig- und Mehltöpfe sorgte. Neben und unter ihm tummelten sich so viele weitere Gottheiten, dass die Prußen sie wahrscheinlich selbst alle erst einmal auswendig lernen mussten. Der Geschlechtergerechtigkeit halber seien hier noch zwei weibliche Gottheiten erwähnt: die dem friedliebenden Waldgott Puskaitis zur Seite gestellte Jawinne, die Fruchttragende, und Melletele, die segensreiche Göttin der Gärten und Auen.

Was nach dem ersten Auftritt des **Deutschen Ordens** 1226 im Prußenland geschah, ist bekannt. Mit Feuer und Schwert brachten die Ordensritter den Prußen das **Christentum** bei. Wer sich nicht taufen ließ, wurde niedergemetzelt. Die Prußen antworteten ihrerseits mit blutigen Aufständen, und ihre Gefangenen opferten sie der göttlichen Dreifaltigkeit Perkunos-Patrimpe-Perkollos.

Etwa um 1300, während das furchtbare Gemetzel noch mitten im Gang war, ereignete es sich – dieses Datum ist zumindest auf einer Tafel an der Vorderseite links vom Haupteingang von Heilige Linde (Święta Lipka) vermerkt –, dass im Kerker des Rastenburger Schlosses ein zum Tode Verurteilter die heilige Muttergottes um Gnade anflehte. Diese gab ihm ein Stückchen Holz und einen Speitel zur Hand, trug ihm auf, ein Abbild von ihr zu schnitzen und es an der ersten Linde aufzustellen, die er zwischen Rastenburg (Kętrzyn) und Rößel (Reszel) erblickte. Der Verurteilte machte sich also ans Werk, wurde am nächsten Tag freigesprochen, ging hin und erfüllte sein Versprechen – woraufhin sich an dem Standbild unter der Linde sofort

Wunder und unerklärliche Heilungen ereigneten. Selbst eine in der Nähe weidende Schafherde fiel vor dem Bild in der Linde auf die Knie, weshalb Święta Lipka recht bald ein Wallfahrtsort wurde.

Nun muss die Frage erlaubt sein, wieso der Mann vier Tage umherirrte, wie die Sage berichtet, und dabei von Rastenburg aus fast 20 Kilometer marschierte, bevor er auf eine **Linde** stieß? War eine Linde damals so schwierig zu finden? Und wenn ja, weshalb durfte er dann nicht eine Tanne, Eibe, Birke oder auch Eiche nehmen? Auf einmal schweigt sich die Sage aus, und andere Dinge müssen zu Rate gezogen werden:

Von Nordwesteuropa bis nach Nordosteuropa wurden zu Heidenzeiten, wie es auch bei den Prußen der Fall war, gewaltige Gottheiten in Gestalt von Bäumen verehrt. Selbst nach dem Siegeszug des Christentums ging der alte Glaube nicht gänzlich verloren. In Überlieferungen, Volkssagen, Sitten und Bräuchen lebte er weiter. Manches hat sich sogar bis heute bewahrt, auch wenn Ursprung, Erzählung und festliches Begängnis in keinem offenkundigen Zusammenhang mehr stehen. Als Beispiel dafür sei nur die Tanne genannt, die man zum Fest der Geburt Jesu Christi feierlich schmückt. Die Heiden verehrten sie als den Baum der Geburt ihres göttlichen Kindes. Die Birke war der Baum der erwachenden Triebe – der Frühlingsbaum, und noch immer wird sie, mit bunten Bändern geschmückt, als Maibaum aufgestellt; während die Eibe, die für die nordeuropäischen vorchristlichen Völker der „Todesbaum" war, heute hauptsächlich auf Friedhöfen zu finden ist.

Den Inbegriff von Freiheit und Manneskraft stellte in heidnischen Zeiten die mächtige **Eiche** dar. „Unter den stampfenden Füßen der schnellen Eiche dröhnten Himmel und Erde; mannhafter Wächter der Pforte heißt ihr Name in allen Sprachen", wird im keltischen Gedicht vom „Kampf der Bäume" berichtet. Und so nimmt es nicht Wunder, dass die Eiche auch der heilige Baum der gewaltigen dreifaltigen prußischen Gottheit Perkunos-Patrimpe-Perkollos war.

Ganz anders dagegen die zartgrüne Linde: Sie beschützte die Menschen von alters her gegen jedwede Anfälle von Leidenschaft, war Trostspenderin und nahm überdies die verschiedenartigsten Krankheiten an, die man ihr auflud – ein vollkommenes Gegenbild zur athletischen Eiche. Hier Emporwallen, Wille und Leidenschaft, da Demut, Beschränkung, Bescheidenheit; hier Zorn und Verletzung, da Trost und Heilung. So liegt auf der Hand, dass eine Eiche im eroberten Prußenland für ein Marienheiligtum ganz und gar nicht in Frage kam. Der Machtwechsel von den heidnischen Prußen zur Herrschaft der christlichen Deutschordensritter wird – wie mit dem Aufrichten neuer Pilgerstätten buchstäblich untermauert – durch einen **Wechsel von der heiligen Eiche zur heiligen Linde** zugleich symbolhaft legitimiert.

Tatsächlich zeigt ein Blick in die Geschichte, dass es in der Zeit großer Umbrüche, insbesondere an überlieferten Glaubensgrenzen, stets zu eklatanten Anhäufungen von Wundern kam. Und wenn man den zahlreichen Zeugnissen Glauben schenkt, haben sich auch bei der Heiligen Linde bei Rößel/Reszel jede Menge wunderbarer Ereignisse zugetragen. Die in Święta Lipka überall an den Pfeilern und Rundbögen der Seitenschiffe zu sehenden Votivmalereien benennen die vielen Personen, denen Wunder geschahen, ihre Herkunft, die Art ihrer Krankheit sowie das Datum der Heilung: „Balthasar Limen aus Heilsberg, der erblindet war, erlangte 1700 den vollen Gebrauch der Augen wieder. – Die Herrin Johanna Grikowski gesundete nach einer schweren Geburt 1655. – Die an einer Seuche erkrankten Pferde des Edelmanns Krakowski aus Polen wurden durch ein Gelübde sofort geheilt 1668. – Gregorius Scurbowski wurde gesund von Schwellungen an den Füßen und am Unterleib und von Asthma 1654."

Von der Reformation im Jahr 1525 an bis zur Auflösung Preußens 1945 lag die katholische Marienwallfahrt Heilige Linde (Święta Lipka) exakt wenige hundert Meter hinter der Konfessionsgrenze bereits in protestantischen Landen. Und was immer die Anhänger *Luthers* auch unternahmen, es gelang ihnen nicht, den Strom der Gläubigen fernzuhalten. Selbst der Abriss der ersten Kapelle der Anbetung, an deren Stelle man einen scheußlichen Galgen aufrichtete, konnte die katholischen Pilgerscharen nicht einschüchtern.

So ist Święta Lipka von der ersten wunderbaren Begebenheit an stets eine herausragende Marienwallfahrt geblieben. Und hierfür hat auch die Sage wieder eine Erklärung: „Die Kunde verbreitete sich in der ganzen Umgegend. Die Bewohner der Nachbarstädte Rößel und Rastenburg beschlossen darauf, einen so wertvollen Schatz in ihre Stadt zu holen. Die Rastenburger siegten, begaben sich in feierlicher Prozession zur Linde und trugen das Gnadenbild freudig heim in ihre Pfarrkirche. Am nächsten Tag stellten sie aber mit Erstaunen fest, dass das Heiligtum von dort verschwunden war – und fanden es schließlich am alten Platz unter dem Lindenbaum wieder."

231po Foto: kj

Das Marienbildnis von Heilige Linde

rund 30.000 Studenten besuchen, und bildet mit verschiedenen Akademien, einem Theater mit drei Bühnen, einer Philharmonie und zahlreichen Galerien den geistigen und kulturellen Mittelpunkt der Woiwodschaft. Landschaftlich sehr schön gelegen – allein elf Seen befinden sich im Stadtgebiet, das etwa zur Hälfte aus Wald und Grünanlagen besteht –, gehören die rekonstruierten Altstadtgassen, die Kirche St. Jakob und vor allem das Burgschloss an der Łyna zu Olsztyns besonderen Sehenswürdigkeiten.

Geschichte

Die erste urkundliche Erwähnung stammt aus dem Jahr 1348, als der ermländische Bischofsvogt *Heinrich von Luther* an einer Schleife der Alle (Łyna) eine hölzerne Wehrburg errichten lässt. In ihrem Schutz lassen sich Siedler nieder, wahrscheinlich schon 1346 beginnen im Auftrag des Ermländischen Domkapitels die Bauarbeiten zum backsteinernen Burgschloss. 1353, als der erste Schlossflügel fertiggestellt ist, werden Allenstein die Stadtrechte verliehen. Im Frieden von Thorn 1466, der den Dreizehnjährigen Krieg der preußischen Städte gegen den Deutschen Orden beendet, gelangt der Ort an der Alle mit dem Ermland an die polnische Krone. Im Reiterkrieg von 1519 bis 1521, den der Hochmeister des Deutschen Ordens, *Albrecht von Brandenburg-Hohenzollern* (1490–1568) gegen seinen Onkel, König *Zygmunt I. Stary* von Polen (1467–1548), führt, verteidigt der da-

232po Foto: kj

mals amtierende Verwalter des Domkapitels in Allenstein, *Nikolaus Kopernikus,* erfolgreich die Burg und die Stadt gegen die Deutschordensritter.

Im Zuge der Ersten Polnischen Teilung 1772 ins Königreich Preußen inkorporiert und 1807 während der Napoleonischen Kriege abgebrannt, zählt Allenstein noch Mitte des 19. Jahrhunderts nicht mehr als 4000 Einwohner. Erst mit dem Eisenbahnanschluss 1873 zieht der Fortschritt ins Land. Anfang des 20. Jahrhunderts ist die Stadt auf rund 25.000 Menschen angewachsen, 1905 wird sie Hauptstadt des neu eingerichteten, dritten ostpreußischen Regierungsbezirks. Gleichzeitig entwickelt sie sich zu einem regionalen Brennpunkt der polnischen Bewegung im südlichen Ostpreußen. Des ungeachtet votieren fast 98 Prozent der Allensteiner bei der Volksabstimmung über ihren nationalen Verbleib 1920 für Deutschland.

Im Januar 1945 besetzten sowjetische Truppen die Stadt, die kurz danach in Flammen aufgeht. Dabei wird fast die Hälfte der alten Bausubstanz zerstört. Anschließend beginnt in Olsztyn der Wiederaufbau. Die Stadt wächst rasant, Plattenbauten werden

Blick auf das Hohe Tor in Olsztyn

Olsztyn (Allenstein)
0
300 m
Rybaki
Al Przyjaciół
Kasztanowa
Grabowa
Klonowa
Dębowa
Morska
Bałtycka
Jez. Długie
Leśna
Łyna
Żeglarska
2
Jez. Krzywe (Ukiel)
Jeziorna
Stadtstrand
Artyleryjska
Konopnickiej
Roberta Schumana
Grunwaldzka
Szeregów
Królowej Jadwigi
Smętka
Szarych
Sielska
Armii Krajowej
Kazimierza
Kortówka
Jez. Kortowskie
1 Hotel-Restaurant/ Camping Pirat
2 Restaurant Przystań
3 Camping Nr. 173 Dywity
4 Hotel pod Zamkiem
5 Schloss des Ermländischen Domkapitels mit Ermländisch-Masurischem Museum
6 Evangelische Kirche
7 Haus der Gazeta Olsztyńska und Restaurant W Kolorze Sepii
8 Parkplätze
9 Hohes Tor und Touristeninformation, Hotel Wysoka Brama

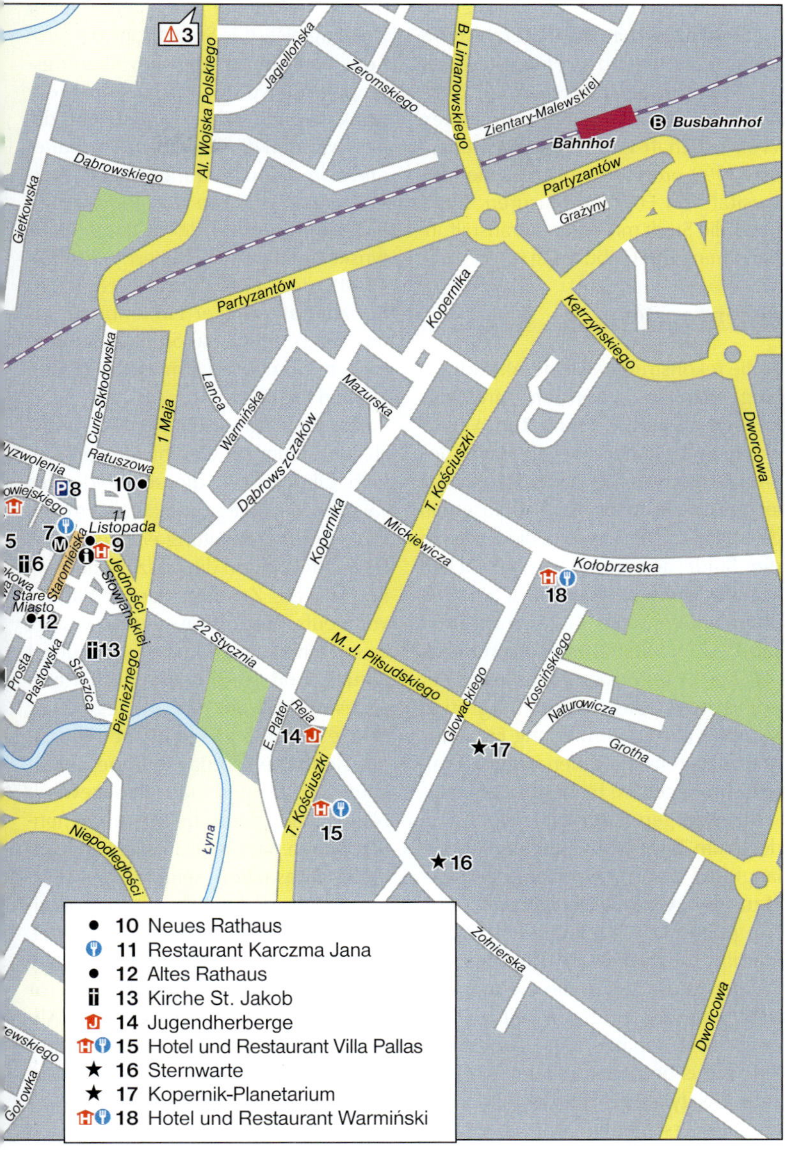
3
Jagiellońska
Żeromskiego
B. Limanowskiego
Zientary-Malewskiej
Busbahnhof
Bahnhof
Dąbrowskiego
Al. Wojska Polskiego
Gietkowska
Partyzantów
Grażyny
Partyzantów
Kopernika
Kętrzyńskiego
Curie-Skłodowska
Lanca
Warmińska
Mazurska
1 Maja
Dąbrowszczaków
T. Kościuszki
Dworcowa
Ratuszowa
10
8
11
Listopada
9
7
5
6
Staromiejska
Jedności Słowiańskiej
Kopernika
Mickiewicza
Kołobrzeska
18
Stare Miasto
12
22 Stycznia
13
Prosta
Piastowska
Staszica
Pieniężnego
M. J. Piłsudskiego
Kościńskiego
Naturowicza
E. Plater
Reja
14
Głowackiego
17
Grotha
T. Kościuszki
15
Łyna
Niepodległości
16
Żołnierska
Dworcowa
Gotowka
10 Neues Rathaus
11 Restaurant Karczma Jana
12 Altes Rathaus
13 Kirche St. Jakob
14 Jugendherberge
15 Hotel und Restaurant Villa Pallas
16 Sternwarte
17 Kopernik-Planetarium
18 Hotel und Restaurant Warmiński

hochgezogen, Industrien angesiedelt. 1992 wird Olsztyn Sitz des Erzbistums Warmia, 1999 wird es Hauptstadt der aus Teilen der alte Bezirke Elbląg, Olsztyn und Suwałki gebildeten neuen Woiwodschaft Warmia-Mazury. Ebenfalls 1999 eröffnet in Olsztyn die Universität von Ermland-Masuren. 2003 feiert die Stadt mit vielen Veranstaltungen ihren 650. Geburtstag.

Sehenswertes

In die rekonstruierte kleine Altstadt gelangt man am schönsten durch das backsteingotische **Hohe Tor** (Wysocka Brama). In der zweiten Hälfte des 14. Jahrhunderts gebaut, ist es das letzte von einstmals drei Torhäusern in den Befestigungsmauern, die Einlass in die Stadt gewährten. Seine dicken Mauern dienten in preußischer Zeit unter anderem als Gefängnis. 1863 saß *Wojciech Ketrzyński* (ursprünglich *Adalbert von Winkler*), der Nestor der polnischen Masurenfoschung und Kämpfer für die Verbindung Ermlands und Masurens mit Polen, wegen Waffenschmuggels im Hohen Tor ein.

Mit wenigen Schritten ist man von dort zum Targ Rybny (Fischmarkt) gelangt, auf dem das wiederaufgebaute **Haus der „Gazeta Olsztyńska"** steht. Die polnische Geschichtsschreibung würdigt Olsztyn als ein Zentrum des „Widerstands gegen die Germanisierung", die seit 1772 von Seiten Preußens bzw. später des Deutschen Reichs aus betrieben wurde. Die „Gazeta Olsztyńska", 1886 in Allenstein erstmals erschienen, war als einzige polnischsprachige Publikation jener Zeit zugleich das Sprachrohr der großen nichtdeutschen Bevölkerungsgruppe. Sie wurde trotz zunehmender Schikanen bis 1939 veröffentlicht, danach wurden die Redakteure verhaftet und in Konzentrationslager verschleppt. Zu Ehren des Journalisten und Herausgebers der „Gazeta Olsztyńska", *Seweryn Pieniężny* (1890–1940), den 1940 Nazi-Schergen im Konzentrationslager Hohenbruch ermordeten, erhielt das Städtchen Mehlsack im nördlichen Ermland 1945 den Namen Pieniężno.

Das Gebäude dient heute als Ausstellungsraum zur Geschichte der „Gazeta Olsztyńska", die seit Ende des Zweiten Weltkriegs nun als allgemeine Olsztyner Tageszeitung erscheint. Die Boshaftigkeit und die polizeiliche Willkür, der die Zeitungsmacher damals von deutscher Seite ausgesetzt waren, lassen einen einigermaßen erschüttert zurück. Und umso befremdlicher mutet es deshalb an, dass die legendäre „Gazeta" 1998 ausgerechnet von einer deutschen Verlagsgruppe aufgekauft wurde, der man eine gewisse Nähe zu den deutschen Vertriebenenverbänden nachsagt. Tatsächlich löste diese Transaktion seinerzeit großen Unmut aus und wurde von der polnischen Presse als „instinktlos" gewertet.

In Nachbarschaft zum Targ Rybny schließt sich südlich vom Hohen Tor die schönste Bummelmeile der Altstadt an, die **ul. Staromiejska.** In der schmucken Fußgängerzone und auf dem in sie einmündenden großen Markt herrscht buntes Treiben. In den

233po Foto: kj

Häusern, die hübsche Giebel und Laubengänge zieren, haben sich Pubs, Cafés und Restaurants eingerichtet. Jedoch sind die Gebäude nicht hundertprozentig originalgetreu rekonstruiert. Nach dem Zweiten Weltkrieg wurden sie zumeist um ein Stockwerk höher wiederaufgebaut und teils mit Sgraffito-Medaillons verziert, die berühmte Persönlichkeiten der polnischen Geschichte abbilden – natürlich *Kopernikus* und den ermländischen Bischof und Literaten *Ignacy Krasicki,* den Dichter *Michał Kajka,* den Komponisten *Feliks Nowowiejski* und viele andere. An einen weiteren berühmten Sohn der Stadt, den bedeutenden Architekten der Moderne *Erich Mendelsohn* (1887–1953), erinnert eine Gedenktafel an seinem Elternhaus ul. Św. Barbary/Ecke ul. Staromiejska.

Den Mittelpunkt des großen Markts ziert das **Alte Rathaus.** In der zweiten Hälfte des 14. Jahrhunderts erbaut und 1946–1949 rekonstruiert, beherbergt es heute die Woiwodschaftsbücherei.

Pilgerzug in Olsztyn

Nahebei erhebt sich die Kirche **St. Jakob** (Kościół św. Jakuba), um 1370–1380 als dreischiffige Hallenkirche mit Netz- und Sterngewölben errichtet. 1866–1868 modernisiert, stammt ihr neugotischer Hochaltar aus der zweiten Hälfte des 19. Jahrhunderts. Von 1898–1900 bekleidete der in Wartenburg (Barczewo) gebürtige Komponist *Feliks Nowowiejski* (1877–1946) in St. Jakob das Organistenamt. Sein Oratorium „Quo Vadis" aus dem Jahr 1909 erlangte Weltruhm, und die **„Rota"** (Eid) - *Nowowiejskis* 1910 zum 500. Jahrestag der siegreichen Schlacht des polnisch-litauischen Heeres bei Grunwald/Tannenberg uraufgeführte Vertonung der Verse der bedeutenden Lyrikerin *Maria Konopnicka* (1842–1910) - stieg zur Widerstandshymne im seinerzeit nicht existierenden Polen und zur heimlichen Nationalhymne auf.

1973 wurde die Kirche St. Jakob zum Diözesansitz erkoren, welchem von 1979 bis 1981 der spätere Primas der katholischen Kirche in Polen, Kardinal *Józef Glemp* (*1929), vorstand. Seit 1992 ist Olsztyn Sitz des Erzbistums Warmia, und St. Jakob fungiert als Konkathedrale des Ermländischen Domkapitels. 2003 ehrte sie der Papst mit dem Titel „Basilika Minor".

Die zweite, kleinere Altstadtkirche wurde 1876/77 erbaut und dient der evangelischen Gemeinde in Olstzyn als Gotteshaus. Wenige Schritte trennen die **Evangelische Kirche** von der überragenden Sehenswürdigkeit in der Woiwodschaftshauptstadt: dem **Schloss des ermländischen Domkapitels.** Im Jahr 1346 war Baubeginn, 1353, als Allenstein die Stadtrechte erhielt, war der erste Flügel fertiggestellt, im 15. Jahrhundert folgte im Südwesten der letzte Flügel der quadratischen Backsteinanlage. Anfang des 16. Jahrhunderts stockte man den Westturm auf 40 Meter Höhe auf und zog die mächtigen Wehrmauern bis zu zwölf Meter hoch - dem Ansturm der Deutschritter 1521 unter ihrem letzten Ordenshochmeister vor der Säkularisierung, *Albrecht von Hohenzollern-Brandenburg*, hielten sie stand. Den Zweiten Weltkrieg überdauerte die gotische Anlage ebenfalls beinahe unversehrt, die Veränderungen an ihrem ursprünglichen Zustand rühren von den Renovierungsarbeiten 1909–1911 her.

Seit 1921 wird das Schloss nun als Museum genutzt, bereits seit 1945 ist in seinen Mauern das **Museum von Ermland und Masuren** untergebracht. Neben der Geschichte und Kultur der Region, alter und neuer Kunst, niederländischen Porträts und religiöser Malerei Ermlands und Masurens zeigt es außerdem eine Kopernikus-Ausstellung. Einmal mehr kann man nämlich auch in Olsztyn auf den Spuren von *Nikolaus Kopernikus* wandeln. In den Jahren 1516–1519 und 1521/22 war der große Astronom hier als Verwalter der Güter und Liegenschaften des Domkapitels tätig. Seine ehemaligen Wohnräume im ersten Stock im Südwestflügel des Schlosses sind zu besichtigen. An einer Wand im Kreuzgang ist die Astronomische Tafel des *Kopernikus* angebracht, eines der

234po Foto: kj

wertvollsten Zeugnisse seines Aufenthalts auf dem Burgschloss.

Anlässlich seines 500. Geburtstags erbaute man südöstlich der Altstadt 1973 das **Kopernik-Planetarium.** Seinerzeit einzigartig, beruht seine Besonderheit darin, dass der Besucher nicht wie üblich von der Erde aus in den Kosmos blickt, sondern ihm der Eindruck vermittelt wird, er befände sich bereits inmitten des Weltraums.

Das Schloss des ermländischen Domkapitels beherbergt heute ein Museum

Praktische Tipps

Information

- **Touristeninformation** der Stadt und der Woiwodschaft, ul. Staromiejska 1, 10-017 Olsztyn, Tel. (089) 5353565, www.mazury.travel, Juli/Aug. Mo–Fr 8–18 Uhr, Sa/So 10–15 Uhr, Mai/Juni und Sept. Mo–Fr 8–17 Uhr, Sa 10–14 Uhr, Okt.–April Mo–Fr 8–16 Uhr.
- **Homepage** der Stadt Olsztyn: www.olsztyn.eu.

Unterkunft

- **Zimmervermittlung** in der Touristeninformation.
- **Hotel Warmiński**€€€€, ul. Kołobrzega 1, 10-442 Olsztyn, Tel. (089) 5221400, www.hotelwarminski.com.pl. Elegantes Businesshotel der oberen Kategorie, großzügig bemessene Komfortzimmer, mit Fitnessstudio und gutem Restaurant.

● **Hotel Villa Pallas**€€€, ul. Żołnierska 4, 10-557 Olsztyn, Tel. (089) 5350115, www.villapallas.pl. Sorgfältig sanierte Villa aus dem frühen 20. Jahrhundert, Lobby, Bar und empfehlenswertes Restaurant in einer eleganten Jugendstil-Anmutung, die Zimmer mit Standardkomfort.

● **Hotel pod Zamkiem**€€€, ul. Nowowiejskiego 10, 10-162 Olsztyn, Tel. (089) 5351287, www.hotel-olsztyn.com.pl. Jugendstilvilla in unmittelbarer Nähe zum Schloss, die Lobby mit alter Holztäfelung, die Zimmer bürgerlich im Kiefernholzschick.

● **Hotel-Restaurant/Camping Pirat**€€, ul. Bałtycka 95, Tel.(089) 5239085, www.pirat.com.pl. Schöne Anlage, sehr beliebt, direkt am Nordufer des Ukiel-Sees im Stadtteil Gutkowo (Straße 527 Richtung Morąg), die Gästezimmer bürgerlich gemütlich, die Taverne serviert u.a. Fischspezialitäten; mit Verleih von Fahrrädern, Tret-, Paddel-, Segelbooten, angeschlossenem Zelt- und Caravanplatz.

● **Hotel Wysoka Brama**€, ul. Staromiejska 1, 10-017 Olsztyn, Tel. (089) 5273675, www.hotelwysokabrama.olsztyn.pl. Freundlich, einfach, preiswert, im Herzen Olsztyns am Hohen Tor neben der Touristeninformation.

Camping

● **Camping Nr. 173 Dywity,** ul. Barczewskiego 47, 11-001 Dywity, Tel. (089) 5120646, www.dywity.com.pl. Ca. 11 Kilometer nördlich von Olsztyn (Straße Richtung Dobre Miasto) nahe dem Dorf Dywity, traumhaft schön auf einer von der Łyna umspülten Halbinsel gelegen, mit Ferienhäuschen und Paddelbootverleih. April–Sept.

● **Camping Pirat,** ↗„Unterkunft".

Jugendherberge

● **JH,** ul. Kościuzki 72/74, 10-555 Olsztyn, Tel. (089) 5276650, www.ssmolsztyn.pl, ganzjährig.

Gastronomie

● **Restaurant W Kolorze Sepii,** Targ Rybny 14, Tel. (089) 5235039, www.wkolorzesepii.pl. Wildspezialitäten und ausgewählte polnische und internationale Gerichte in holzgetäfelten, mit Stilmöbeln ausgestatteten Räumlichkeiten am Fischmarkt.

● **Restaurant Karczma Jana,** ul. Kołłątaja 11, Tel. (089) 5222946, www.karczmajana.pl. Urig und rustikal im Geschmack altpolnischer Gasthäuser aufgemacht, kommen drinnen und draußen auf der Terrasse an der Łyna altpolnische und internationale Gerichte auf den Tisch.

● **Restaurant Przystań,** ul. Żeglarska 3, Tel. (089) 5350181, www.restauracje.olsztyn.pl. Kultadresse am Ostufer des Ukiel-Sees nicht weit vom Stadtstrand. Im ausgebauten ehemaligen Bootshaus und draußen auf Holzstegen genießt man zum Seeblick im Restaurant oder Club internationale Gerichte bzw. Fusion-Küche.

● **Weitere Restaurants** ↗„Unterkunft".

Museen und andere Sehenswürdigkeiten

● **Ermländisch-Masurisches Museum** (Muzeum Warmii i Mazur), im Schloss der Bischöfe von Ermland, Juni–Sept. Di–So 9–17 Uhr, außerhalb der touristischen Saison Di–So 9–16 Uhr.

● **Museum der Gazeta Olsztyńska** (Dom Gazety Olsztyńskiej), Targ Rybny (Fischmarkt), Juni–Sept. Di–So 9–17 Uhr, Juli/Aug. zusätzlich Mo 11–19 Uhr, außerhalb der Saison Di–So 9–16 Uhr.

● **Kirche St. Jakob,** ul. Staszica 12, Mo–Sa 9–17 Uhr, So 15–17 Uhr.

● **Kopernik-Planetarium,** ul. Piłsudskiego 38, 10-450 Olsztyn, Tel. (089) 5334951, www.planetarium.olsztyn.pl.

Kulturelle Veranstaltungen

● **Orgelkonzerte** polnischer und internationaler Organisten, Juli/Aug. immer sonntags um 20 Uhr in der St. Jakob-Kathedrale.

● **Internationale Olsztyner Bluesnächte,** an einem Wochenende im Juli auf dem Altstadtmarkt und im Amphitheater.

● **International Bohema Jazz-Festival,** wöchentlich mehrere Konzerte am Targ Rybny Mitte Juni bis August, vom dortigen Bohema Jazz Club (Targ Rybny 15) organisiert.

Aktivitäten

- **Baden und Wassersport:** Die städtischen Naherholungsgebiete mit einem großem Badestrand, einem Wassersportzentrum und Wassersportgeräteverleih liegen im Westen Olsztyns am Südostufer des Ukiel-Sees, ul. Jeziorana 8.

Gietrzwałd

↗ XVI/B2

Keine 20 Kilometer südwestlich von Olsztyn erhebt sich auf einer Anhöhe über dem kleinen Ort Gietrzwałd **(Dietrichswalde)** die **Kirche der Heiligen Jungfrau Maria** (Kościół św. Maryi Panny). Äußerlich wirkt das im Jahr 1500 geweihte, mehrfach erweiterte und zuletzt im 19. Jahrhundert neugotisch umgebaute Gotteshaus relativ unscheinbar. Und doch handelt es sich um eine der bedeutendsten Marienwallfahrten in Polen. Gut eine Million Menschen pilgern jährlich ins „polnische Lourdes", um vor dem wundertätigen Gnadenbild der Muttergottes mit Jesuskind niederzuknien. Es befindet sich im Mittelpunkt des prunkvollen Hochaltars, eine silbergeschmückte Madonna mit Kind, über der Engel die Inschrift entfalten: „Ave Regina Caelorum, ave Domina Angelorum" (Sei gegrüßt, Königin des Himmels, sei gegrüßt, Herrin der Engel). Von wessen Händen das heilige Bildnis stammt und wann es entstand, ist nicht bekannt. 1568 fand es seine erste Erwähnung, und möglicherweise datiert es aus einer noch viel älteren Zeit. 1967 wurde es vom damaligen Primas der polnischen Kirche, Kardinal *Stefan Wyszyński,* gekrönt, in Anwesenheit zahlreicher Kirchenprominenz, darunter der Krakauer Kardinal *Karol Wojtyła,* der spätere Papst *Johannes Paul II.*

Noch heiliger als das Gnadenbild und somit wichtigster Ort im ganzen Wallfahrtsbezirk ist die Anfang der 2000er Jahre entstandene **Erschei-**

182po Foto: kj

Hochaltar in der Kirche der Heiligen Jungfrau Maria

Ermland und südliches Masuren

nungskapelle auf einer Freiluftterrasse linker Hand vom Kirchenportal. „Auf den ausdrücklichen Wunsch der Gottesmutter", wie die Kirchenverantwortlichen mitteilen, wurde das Heiligtum am Ort der Marien-Erscheinung erbaut. Im Jahr 1877 war die Unbefleckte Jungfrau höchstpersönlich zwei Mädchen aus dem Dorf erschienen, mehrmals über beinahe drei Monate hinweg, und von da an strömten Pilgerscharen aus allen Landen herbei

Ihre Bittgebete richten die Wallfahrer aber nicht nur an das Gnadenbild im Gotteshaus und an eine Marienfigur in der Erscheinungskapelle. Vom nahen Pilgerhaus aus führt der Rosenkranzweg hinunter zu einer von der heiligen Jungfrau gesegneten **Quelle,** die Kranken und Leidenden Genesung verspricht. Zusätzlich wird auf dem Kirchengelände seit Ende der 1990er Jahre ein **Kalvarienberg** angelegt, der die Kreuzwegstationen Jesu Christi nachvollzieht. Zahlreiche Kapellen sind bereits fertiggestellt, weitere werden folgen, sobald die Finanzierung sichergestellt ist. Denn ihre Errichtung erfolgt ausschließlich mit Hilfe von Spenden.

Das geräumige Pilgerhaus bietet den Gläubigen Unterkunft, und für das leibliche Wohl sorgt ein Imbiss-Café.

Praktische Tipps

Information

- **Marienheiligtum in Gietrzwałd** (Sanktuarium Maryjne w Gietrzwałdzie), 11-036 Gietrzwałd, Tel. (089) 5123102, www.gietrzwald.3c.pl.

Unterkunft

- **Pilgerhaus Johannes Paul II.**€, 11-036 Gietrzwałd, Tel. (089) 5123102, www.gietrzwald.3c.pl.

Gastronomie

- **Karczma Warmińska** (Ermländisches Wirtshaus), Gietrzwałd 32, Tel. (089) 5123423, www.karczma.pl. Deftige regionale Küche in urigem Ambiente. Zu Piroggen und Gänseklein sowie einer Vielzahl von Fleisch-, Fisch- und Wildgerichten wird Juli/Aug. immer freitags 18–21 Uhr auf dem mittelalterlich ausstaffierten Wirtshaushof ermländische und masurische Folklore präsentiert. Das Restaurant selbst ist täglich 11–22 Uhr geöffnet.

Südlich von Olsztyn – in Masuren

Im Süden von Olsztyn, da ist Masuren. Folgt man *Arno Surminskis* Erzählung „Die Reise nach Nikolaiken", liegt es da, wo „das Land ohne Eile beginnt, das gerne die Zeit verschläft. (...) Das elektrische Licht wurde ein Menschenleben später erfunden, das Telefon blieb lange stumm, die Ozeandampfer erreichten die Masurischen Seen nicht, und von den ersten Automobilen wird berichtet, dass sie ihren Dienst verweigerten, als sie der masurischen Wildnis ansichtig wurden."

Folgt man den alten Masuren selbst, wie sie früher ihr Land verorteten, hieß es augenzwinkernd: „Wo sich aufhört der Kultur, da sich anfängt der Masur". Oder es liegt da – wie es die Sage erzählt –, wo der Liebe Gott, als er von der Erschaffung der Welt bereits müde geworden war, seine letzten Perlen hinstreute. Und lässt man sich einfach von der Schönheit der Landschaft leiten, findet man Masuren da, wo die unzähligen Seen sind.

Zwischen der Dylewska Góra (Kernsdorfer Höhe) südlich von Ostróda und der Szeska Góra (Seesker Höhe) bei Gołdap ganz oben im Nordosten Polens erstreckt sich mondsichelförmig die Masurische Seenplatte. Niemand hat bisher die exakte Anzahl der Gewässer ermittelt. Zwischen 2000 und 3000, wird geschätzt, sollen es sein.

Oft liegen sie bildschön im Wald, der zunächst noch als Laubwald auftritt und weiter nach Osten dann dunklen Kiefern weicht. Dass das riesige Waldgebiet südlich von Olsztyn in seiner Urwüchsigkeit in großen Teilen bis heute erhalten ist, verdankt sich dem zynischen Umstand, dass sein Betreten bis 1983 für Normalsterbliche verboten war. Vom Lańskie- und Pluszne-See (Lansker und Plautziger See) bis nach Nidzica war das gesamte Gebiet der polnischen Staatsführung und ihren Gästen als Jagdrevier vorbehalten. Zwei Dörfer wurden eigens zu diesem Zweck geräumt und ihre Bewohner umgesiedelt.

Heute lädt der herrliche Mischwald aus Kiefern, Buchen, Erlen, Birken, Heidelbeersträuchern und „Kaddig" zu ausgedehnten Spaziergängen oder auch Radtouren ein. Kaddig ist der alte ostpreußische Spitzname für den immergrünen Wacholderstrauch, der, einer putzigen Zwergenarmee gleich, besonders gern in lichten Nadelgehölzen auf Moor- und Heideland aufschießt – in Masuren eben, wo der Liebe Gott, um noch einmal die Sage zu bemühen, am Ende der Schöpfung alle noch übrig gebliebenen Wasserkübel ausschüttete.

Olsztynek

⇗ XVI/B3

Im Jahr 1349 veranlasste der Komtur von Osterode, *Günther von Hohenstein,* in der masurischen Wildnis an einem kleinen See den ersten Spatenstich zu einer kleinen Ordensburg, deren kleine sie umgebende Siedlung zehn Jahre später die Stadtrechte erhielt. Die Burg in ihrer ursprünglichen Form existiert schon lange nicht mehr; vielmals zerstört, neu wieder aufgebaut und umgebaut, fungiert sie bereits seit Mitte des 19. Jahrhunderts als Schule. Das Attribut „klein" ist dem 7000 Einwohner zählenden Ackerbürgerstädtchen Olsztynek **(Hohenstein)** dagegen geblieben – und dabei besitzt es einen der größten touristischen Anziehungspunkte in der gesamten Region. Am nördlichen Ortsausgang befindet sich das Museum für volkstümliche Baukunst (Muzeum Budownictwa Ludowego), das **Masurische Freilichtmuseum.** Auf dem fast 100 Hektar großen Gelände sind traditionelle Fischerkaten, Bauernhütten, weichselländische Windmühlen, Gehöfte und Gotteshäuser des alten Ostpreußen in das sanfte Hügelland gleichsam hineinkomponiert. Die original ausgestatteten Holzhäuschen, Ständer- und Fachwerkbauten aus der Zeit des 18. bis Anfang des 20. Jahrhunderts stammen aus dem Samland,

235po Foto: ki

dem Weichselland, Ermland und Masuren. Entweder handelt es sich um in das Freilichtmuseum überführte und hier liebevoll wieder aufgebaute Objekte, oder es sind originalgetreue Rekonstruktionen. Mit Holzgattern und Brunnen, alten Kreuzen am Wegesrand, Scheunen, Hühnerställen, sogar einem Spritzenhaus, Glockentürmen, Bienenkörben und Ziegen glaubt man sich in manchem Moment in andere Zeiten zurückversetzt. Interessant ist auch der kulturelle Vergleich, den die Ansammlung sonst entfernt voneinander liegender Traditionszusammenhänge erlaubt: hier die großen, in Fachwerk und Stein errichteten Vorlaubenhäuser des fruchtbaren Weichsellands mit mächtigen Kornspeichern, dort die ärmlichen Holzkaten der Bauern aus dem kargen Masuren. In jedem Fall ist das Masurische Freilichtmuseum einen Ausflug nach Olsztynek wert, und man sollte auch einen ganzen Tag für ihn einplanen. Der Weg zum Museum ist mit Schildern mit der Aufschrift „Skansen" (Freilichtmuseum) gekennzeichnet.

Im Masurischen Freilichtmuseum in Olsztynek

An eines der dunkelsten Kapitel in der deutschen Geschichte erinnert ein

Friedhof westlich der Stadtgrenze beim Flecken **Świętajny (Schwentainen).** Zahllose Kriegsgefangene liegen hier begraben, die zwischen 1939 und 1945 im Lager Stalag 1 b Hohenstein umkamen. Das größte ostpreußische Kriegsgefangenenlager befand sich zwischen Hohenstein und dem Weiler Königsgut (Królikowo) in der Nähe des 1927 eingeweihten Tannenbergdenkmals. Eigentlich sollte es als Feldlager für viele Tausende deutsche Erste-Weltkrieg-Veteranen dienen, die man 1939 zur 25. Jubelfeier der ruhmreichen „Tannenberg"-Schlacht 1914 erwartete (⇗„Frisches Haff und Oberländische Seenplatte, Grunwald"). Mit Beginn des Zweiten Weltkriegs wurde das Lager jedoch unverzüglich umfunktioniert. Ungefähr 55.000 Kriegsgefangenen, hauptsächlich französischen und sowjetischen Soldaten, wurde es zum Verhängnis.

Das gigantomanische Reichsehrenmal Tannenberg, in dem man 1934 den „Sieger von Tannenberg" beisetzte, Reichspräsident *Paul von Hindenburg*, wurde Anfang der 1950er Jahre gesprengt. Ein letzter kleiner Steinhaufen befindet sich auf einem Feld südwestlich am Stadteingang von Olsztynek zwischen der Schnellstraße 7 (ul. Gdańska) und der Straße zum Weiler Królikowo (ul. 22-go Lipca).

Information

- **Touristeninformation,** ul. Ratusz 1 (im Rathaus), 11-015 Olsztynek, Tel. (089) 5195477, Juli/Aug. Mo–Fr 8–17 Uhr, Sa 10–14 Uhr, Sept.-Juni Mo–Fr 8–15 Uhr.
- **Homepage** von Olsztynek: www.olsztynek.pl.

Unterkunft und Gastronomie

- **Zajazd Mazurski**€ (Masurische Herberge), ul. Gdańska 1, 11-015 Olsztynek, Tel. (089) 5192885, www.zajazdmazurski.pl. Freundliches Haus kurz vor dem westlichen Ortseingang an der Straße 7 (E77), funktional eingerichtete Zimmer, mit Restaurant.

Museen und andere Sehenswürdigkeiten

- **Masurisches Freilichtmuseum** (Muzeum Budownictwa Ludowego Park Etnograficzny), ul. Sportowa 21, Tel. (089) 5191542, www.muzeumolsztynek.com.pl, April Di–So 9–15 Uhr, Mai–Aug. tgl. 9–18 Uhr, Sept. Di–So 9–16.30 Uhr, Okt. Di–So 9–15.30 Uhr.

Nidzica ⇗ XXV/D3

Die südlichste Stadt in Masuren ist Nidzica **(Neidenburg).** Ihre 15.000 Einwohner leben im Schatten der alles überragenden **Ordensritterburg,** die 1370–1400 erbaut wurde und in der heute ein kleines Heimatmuseum, eine Galerie und das Hotel Gregorovius mit Restaurant untergebracht sind. Bedeutendster Sohn der Stadt ist der Historiker *Ferdinand Gregorovius* (1821–1891), der unter anderem eine achtbändige Geschichte Roms veröffentlichte.

Bei dem Flecken **Tartary** südlich von Nidzica liegt der „Tatarenstein", ein mit 4,50 Metern Breite und 9 Metern Länge riesiger Findling. Er ist einem Neidenburger Schützen gewidmet, der der Sage nach mit einem Kanonendonner 1656 die Tataren vertrieb, die die Stadt belagert hatten.

Im Norden der Gemeinde Nidzica erstreckt sich ein herrlicher Kiefern-

236po Foto: kj

forst mit dem malerisch gelegenen **Omulew-See,** dessen Waldwanderwege rund um seine Ufer zu schönen Spaziergängen einladen. Gegen Osten, nach Szczytno hin, lichtet sich das Land. „Dies ist der nördlichste Teil des Neidenburger Kreises", beschreibt *Marion Gräfin Dönhoff* einen „Ritt durch Masuren" im September 1941. „Es ist echtes Masuren und wohl der ärmste Teil von Masuren. Hinter Dembenofen nach Ortelsburg zu, wird der Boden immer leichter, Heidekraut und Sand, dann und wann eine krüppelige Kiefer und endlose flache Hügel mit grauem Steppengras. Es hat fast etwas Asiatisches, dieses Land – übrigens nennt auch unser Meßtischblatt einen der breiten Wege, auf dem wir ein langes Stück galoppieren, ‚Tatarenstraße'."

Information

- **Touristeninformation,** plac Wolności 1, 13-100 Nidzica, Tel. 6250761, Fax (089) 625 0711, Mai–Okt. Mo–Fr 8–19 Uhr, Sa 10–17.30 Uhr, Nov.–April Mo–Fr 8–15.30 Uhr.

Unterkunft und Gastronomie

- **Hotel Gregorovius**€€, ul. Zamkowa 2, 13-100 Nidzica, Tel. (089) 6255193, www.hotelgregorovius.pl. Hochherrschaftlich logieren in der liebevoll restaurierten alten Ordensburg, mit empfehlenswerten Restaurant.

Szczytno

↗ XVII/D3

Die knapp 26.000 Einwohner große Kreisstadt Szczytno **(Ortelsburg)** wartet am Domowe-See mit der restaurierten Ruine einer Ende des 14. Jahrhunderts erbauten Deutschordensburg auf. Unmittelbar an die verbliebenen Grundmauern schließt der 1937 errichtete Rathauskomplex an, in dem das **Masurische Museum** zur Besichtigung einlädt. Historische Geräte des alltäglichen Gebrauchs, eine Wohnstube, Möbel, Keramik und eine Sammlung handbemalter Kacheln geben Aufschluss über die masurische Volkskultur vergangener Zeiten.

Ordensritterfiguren an der Burgruine von Szczytno

„Tatarische Wanderroute" heißt heute ein markierter Wanderweg, der von Szczytno am Anfang der Puszcza Piska (Johannisburger Heide) nach Babięta (Babenten) an der Krutynia führt. Quer durch den Wald, am Marksoby-See vorbei, folgt er den Spuren der Tataren, die über diesen Weg im Herbst 1656 ins südliche Masuren einfielen.

Information

- **Touristeninformation,** ul. Odrodzenia 18, 12-100 Szczytno, Tel. (089) 6249714, www.turystyka.szczytno.pl, Mo–Fr 8–17 Uhr, Sa 9–13 Uhr.

Unterkunft und Gastronomie

- **Hotel Krystyna**€€, ul. Żwirki i Wigury 10, 12-100 Szczytno, Tel. (089) 6242169, www.hotelkrystyna.pl. Freundliches Mittelklassehotel im Ortskern, wenige Meter von der Uferpromenade am Kleinen Domowe-See entfernt; mit Bar und Restaurant.

Jugendherberge

- **JH,** ul. Pasymska 7, 12-100 Szczytno, Tel. (089) 6243992, ganzjährig.

Museen und andere Sehenswürdigkeiten

- **Heimatmuseum Szczytno,** ul. Sienkiewicza 1 (im Rathaus), Mai–Sept. tgl. 9–17 Uhr, Okt.–April tgl. 9–16 Uhr.

183po Foto: kj

Die Großen Masurischen Seen

284po Foto: kj

285po Foto: kj

Masurisches Holzhäuschen

An der Marina von Popielno

Im Masurischen Landschaftspark

Überblick

Die Region rund um die Großen Masurischen Seen, dieses schöne Land der tausend Seen und dunklen Wälder, zählt – wen mag das wundern? – zu den beliebtesten Sommerreisezielen in ganz Polen. Im Westen bildet die **Mrągowo-Seenplatte** mit dem gleichnamigen Städtchen **Mrągowo (Sensburg)** im Mittelpunkt den Auftakt zu dem traumhaften Flickenteppich aus Wasser und Land. Südlich schlängelt sich das Flüsschen **Krutynia** (Krutinna) durch Wiesen und Wälder, verbindet dabei zahlreiche Gewässer miteinander und stellt in dieser Form eine der beliebtesten Paddelrouten im nordöstlichen Polen dar.

An den größten masurischen Seen, dem **Mamry-See** (Mauer-See) und dem **Śniardwy-See** (Spirding-See), liegen die bedeutenden Urlaubs- und Wassersportzentren der Region. Die Wassersporthochburgen **Giżycko** (Lötzen) und **Mikołajki** (Nikolaiken) locken in der schönen Jahreszeit Zehntausende Segler und Paddler an. Doch sobald die Saison vorüber ist, werden sie wieder zu den verschlafenen kleinen Orten, die sie in Wirklichkeit sind. Zumindest zur Stunde noch; denn es wird tüchtig investiert und gebaut.

Alte Mauern, wie Schloss Steinort in **Sztynort** oder auch die Bunkeranlage Mauerwald (Mamerki) am Mamry-See, erzählen von der deutschen Geschichte – im Guten wie im Schlimmen. Vor den Toren von **Kętrzyn** (Rastenburg) erstrecken sich auf einem weitläufigen Gelände, verborgen im Wald, die Ruinen des Führerhauptquartiers **Wolfsschanze,** von dem aus *Adolf Hitler* und seine Schergen der Welt Tod und Vernichtung brachten.

Insgesamt ein Sechstel der Region der Großen Masurischen Seen ist von Wasser bedeckt. Dabei kommt dem Śniardwy-See mit fast 114 Quadratkilometern Ausdehnung noch vor dem Mamry-See die Ehre zu, das größte Binnengewässer Polens zu sein. Aufgrund seiner schier endlos wirkenden, manchmal zu hohen Wellen auftreibenden Wasserfläche wird er auch „Masurisches Meer" genannt. Der Bełdany-See verbindet ihn mit dem südlichen Urlaubszentrum **Ruciane-Nida** (Rudschanny/Niedersee), von dem aus Wanderwege zu Wasser und zu Land in die weiten Kiefernwälder der Puszcza Piska und in den **Masurischen Landschaftspark** führen.

Zahlreiche bedrohten Pflanzen- und Tierarten haben hier ein Refugium. Insbesondere Wasservögeln deckt die Natur reich den Tisch. Die Wälder rund um die Seen bieten vielen seltenen Raubvogelarten Zuflucht. Gut zwei Dutzend Seeadler-Horste hat man allein in der **Puszcza Piska** (Johannisburger Heide) gezählt, und auch der äußerst scheue Schwarzstorch ist hier zu Hause. In den sumpfigen Urwäldern der **Puszcza Borecka** (Borker Forst) grasen in einem geschützten Gebiet Wisente, und in die lichteren, tundra-ähnlichen Waldgebiete des Nordostens wandern Elche aus dem Baltikum ein. Sogar Wölfe werden hier und da wieder gesehen.

Mrągowo

↗ XVIII/B1

Im Herzen der Mrągowo-Seenplatte (Pojezierze Mrągowskie) versprüht Mrągowo **(Sensburg)** an den Ufern der Seen Czos (Schoß) und Juno den Charme einer reizenden kleinstädtischen Sommerfrische. Zugleich ist die quirlige, 23.000 Einwohner große Stadt mit der Bärentatze im Wappen ein bedeutendes Touristenzentrum im Westen der Großen Masurischen Seen, Dreh- und Angelpunkt zahlreicher Paddel- und Wandertouren sowie Ausgangspunkt für mannigfaltige Erkundungstouren in die Region.

Eine erste Ansiedlung auf der Landenge zwischen den beiden Gewässern wird im Jahr 1397 erwähnt. Bereits 1348 errichteten die Ordensritter eine hölzerne Wehranlage, Anfang des 15. Jahrhunderts wurde den Hütten und Feuerstellen in ihrem Schutz vom Hochmeister des Deutschen Ordens das Stadtprivileg verliehen. Der Name Sensburg leitet sich, vermutet man, von „Seenburg", eventuell auch von „Segensburg" ab. Der polnische Name Mrągowo würdigt den evangelischen Pfarrer, Sprachwissenschaftler, Übersetzer und engagierten Verfechter für das Beibehalten der polnischsprachigen Gottesdienste *Christoph Cölestin Mrongovius* bzw. *Krzysztof Celestyn Mrongowiusz* (1764–1855).

Für Mrągowos in manchen Augen recht blutrünstig wirkendes **Stadtwappen** hat die Sage eine Erklärung: Sie berichtet von einer Bärenhatz im 15. Jahrhundert, an der Bürger, Bauern und sogar Soldaten beteiligt waren. Es galt einen gemeingefährlichen Meister Petz zu erledigen, der das Vieh riss, die Vorratskammern plünderte und den Honig stahl. Immer weiter nach Norden bis fast nach Rastenburg (Kętrzyn) wurde das Tier gejagt, wo man es schließlich tötete und ihm eine Tatze abschnitt. Als Beweis für die erfolgreiche Jagd ziert diese seitdem das Stadtwappen. Der letzte masurische Bär wurde übrigens 1804 im Süden von Sensburg erlegt.

Nach mehreren verheerenden Feuersbrünsten, zuletzt im Jahr 1822, wurde der Ort vollkommen umgestaltet. Aus jener Zeit stammt das **Rathaus** mit Walmdach und Uhrtürmchen am Marktplatz. Es beherbergt ein **Heimatmuseum,** das über Stadt und Region informiert, und widmet eine weitere Ausstellung dem Schriftsteller *Ernst Wiechert* (1887–1950), der im Forsthaus Kleinort (Piersławek) bei Piecki etwa zehn Kilometer südlich von Mrągowo das Licht der Welt erblickte.

Die ursprünglich 1734 erbaute **Evangelische Kirche** überstand den Stadtbrand von 1822 ohne allzu großen Schaden. Ihr Wiederaufbau und die moderne Einrichtung gehen auf die Brandschatzung am Ende des Zweiten Weltkriegs zurück. Die nahe katholische **Kirche St. Adalbert** im neugotischen Stil stammt aus den Jahren 1860/61.

Jüngsten Datums, nämlich aus dem Jahr 2000, ist das Denkmal Johannes Pauls II. gegenüber vom Rathaus im kleinen Uferpark vor der **Mole** am Czos-See. Über die **Uferpromenade** lassen sich mit einem schönen Spa-

1	Hotel und Restaurant Zielony Domek	8	Evangelische Kirche
2	Wild West City Mrongoville	9	Rathaus und Heimatmuseum
3	Pensjonat Edyta	10	Denkmal Johannes Pauls II.
4	Camping Nr. 3 Cezar	11	Hotel und Restaurant Gościniec Molo
5	Hotel und Restaurant Mrongovia	12	Restaurant Stara Chata
6	Kirche St. Adalbert	13	Touristeninformation
7	Jugendherberge		

ziergang der Stadtstrand und das Hotelviertel am nördlichen Seeufer bequem erreichen. Immer Ende Juli/Anfang August verwandelt sich dort das Amphitheater in einen Magneten für Country-Liebhaber; auf dem größten mitteleuropäischen **Countrymusik-Festival „Picknick Country"** gastieren namhafte Künstler aus aller Welt. Für die zahlreichen Western-Fans eröffnete außerdem 2008 die **Wild West City Mrongoville** mit Saloon, Ranch, Sheriff-Büro und vielen anderen Requisiten, die ein Cowboyherz höher schlagen lassen.

Mitte August geht es dann wieder traditioneller zu. Begleitet von Trachtenumzügen und Volkstänzen erklingen zum Festival der Musik ehemaliger polnischer Ostgebiete (Festspiele für die Grenzkultur) in der ganzen Ortschaft Lieder und Musikstücke aus den ehemaligen polnischen Gebieten in Litauen, Lettland, Weißrussland und der Ukraine.

Praktische Tipps

Information

- **Touristeninformation,** ul. Warszawska 26 (im Haus für Kultur und Tourismus), 11-700 Mrągowo, Tel. (089) 7418039, www.it.mragowo.pl, Juni–Aug. tägl. 8–18 Uhr, Sept.–Mai Mo–Fr 8–16 Uhr.
- **Homepages** der Gemeinde Mrągowo: www.mragowo.pl und www.powiat.mragowo.pl.

Unterkunft und Gastronomie

- **Zimmervermittlung** in der Touristeninformation.
- **Hotel Mrongovia**€€€€, ul. Giżycka 6, 11-700 Mrągowo, Tel. (089) 7433100, www.orbis.pl. Große, schicke Anlage am Uferhang über dem Czos-Sees. Mit Restaurants, Pool, Sauna, Fitness, Wassersportgeräteverleih und Privatstrand.
- **Pensjonat Edyta**€€, ul. Laskowa 10, 11-700 Mrągowo, Tel. (089) 7414366, www.edytapensjonat.republika.pl. Schönes, gepflegtes Haus, nur wenige Gehminuten vom Nordufer des Czos-Sees entfernt, mit einem großem Garten und Swimmingpool. Man spricht deutsch.
- **Hotel Gościniec Molo**€€, ul. Jeziorana 1b, 11-700 Mrągowo, Tel. (089) 7418700, www.gosciniecmolo.pl. 2007 eröffneter großer Komfort-Neubau im Holzhausstil direkt an der Mole und Seepromenade, im Restaurant werden masurische, altpolnische und internationale Gerichte serviert. Die Zimmer haben zum Teil Seeblick.
- **Hotel Zielony Domek**€, ul. Młodkowskiego 24, 11-700 Mrągowo, Tel. (089) 7425668, www.zielonydomek.com.pl. Kleines, nettes Hotel in einem schön restaurierten Fischerholzhaus direkt am Juno-See, mit kleinem Badestrand, Fahrrad- und Bootsverleih. Im Restaurant drinnen im Haus und draußen im Garten am See speist man altpolnische Küche und eine große Auswahl fangfrischer Fischspezialitäten.
- **Restaurant Stara Chata,** ul. Warszawska 9, Tel. (089) 7414502, www.restauracja-starachata.pl. Behaglich im Landhausstil eingerichtet, kommt in der „Alten Hütte" im Herzen von Mrągowo moderne regionale Küche auf den Tisch, z.B. Wildfleischpastete mit Wacholdersauce oder Masurische Maronen in Sahnesauce, und auch Klassiker wie Barszcz (Rote-Rüben-Suppe) oder Żurek (Saure Mehlsuppe) fehlen nicht.

Camping

- **Camping Nr. 3 Cezar,** ul. Jaszczurcza Góra 1-6, 11-700 Mrągowo, Tel. (089) 7412533, http://mazury.info.pl/cezar. Ein terrassierter Platz in leichter Hanglage, vom Stadtstrand am Nordufer des Czos-Sees nur durch eine kleine Stichstraße getrennt, mit Drink-Bar und Ferienhütten. Mai–Sept.

Jugendherberge

● **JH,** ul. Mrongowiusza 65b, 11-700 Mrągowo, Tel. (089) 7412043, Juli/Aug.

Museen und andere Sehenswürdigkeiten

● **Heimatmuseum,** ul. Ratuszowa 5 (im Rathaus), Juni–Sept. tgl. 9–17 Uhr, Okt.–Mai Di–So 9–17 Uhr.

● **Wild West City Mrongoville,** ul. Młynowa 50, 11-700 Mrągowo, Tel. (0609) 820777, www.mrongoville.pl.

Kulturelle Veranstaltungen

● **Picknick Country,** größtes Countrymusic-Festival in ganz Mitteleuropa, Ende Juli/Anfang August im Amphitheater am Czos-See.

Aktivitäten

● **Baden/Wassersportgeräteverleih:** am Czos-See, Stadtstrand am Nordufer (ul. Jaszczurcza Góra) und Badestrand am Südwestufer südlich vom Segelhafen.

An der Mrągowo-Seenplatte ⇗ XVIII/B1-2

Piecki ⇗ XVIII/B2

10 Kilometer südlich von Mrągowo liegt das Dorf Piecki **(Peitschendorf).** Dort im Wald im Forsthaus Kleinort (Piersławek) wurde 1887 der Schriftsteller **Ernst Wiechert** (1887–1950) geboren. Vor der nationalsozialistischen Machtergreifung erzielten seine Werke Millionenauflagen und zählten zu den meistgelesenen Titeln jener Zeit. Von der Gestapo verhaftet und 1938 für vier Monate im KZ Buchenwald interniert, verarbeitete *Wiechert,* der bis zum Ende des Dritten Reichs unter Gestapo-Aufsicht stand, diese Erlebnisse in seinem 1946 erschienenen Roman „Der Totenwald". An seinem Geburtshaus erinnert eine Gedenktafel an den Schöpfer so bedeutender Romane wie „Die Jerominkinder" oder „Wälder und Menschen". Der Text auf Polnisch und Deutsch würdigt ihn als „rechtschaffenen Menschen, Gegner des Faschismus und Häftling in Buchenwald". Eine Ausstellung im Forsthaus widmet sich *Ernst Wiecherts* Leben und Werk.

● **Ernst-Wiechert-Museum,** Forsthaus Kleinort (Piersławek), Juni–Sept. Mo–Sa 9–17 Uhr; Anfahrt: Am nördlichen Ortseingang von Piecki östlich in die Stichstraße nach Mikołajki einbiegen, nach gut drei Kilometern auf einer großen Lichtung mit Picknickanlage am Waldrand.

Sorkwity ⇗ XVIII/B1

Folgt man der Straße 16 von Mrągowo Richtung Olsztyn, würde man wahrscheinlich an dem Flecken Sorkwity **(Sorquitten)** vorüberbrausen, wäre dort nicht eine auffällige Erscheinung am Fahrbahnrand zu beobachten: Grüppchen von Menschen, Groß und Klein, die – rechts und links ein Paddel in der Hand – Kanus, Kajaks und Faltboote kopfüber balancieren. Sorkwity ist ein beliebter Einstieg in die **Krutynia-Tour,** die schönste und meistbefahrene **Paddelroute** in Masuren. Über mehr als 100 Kilometer und durch 20 Seen hindurch schlängelt sich die **Krutynia (Kruttinna)** durch ein wie verzaubert erscheinendes Land, bis sie zwischen Mikołajki und

184po Foto: ki

Ruciane-Nida in den Bełdany-See mündet. ⇗ Kasten „Paddeln auf der Krutynia“.

Unmittelbar neben der PTTK-Wasserstation am Nordufer des Lampackie-Sees erhebt sich das rote **Backsteinschloss** der Grafen *von Mirbach.* 1788 wurde es an Stelle eines Vorgängers errichtet und 1850–1856 im neogotischen englischen Burgenstil mit zinnengekrönten Mauern und Türmchen umgebaut. Nach dem Zweiten Weltkrieg zunächst Verwaltungssitz der umliegenden kollektivierten Landwirtschaften, diente es von 1957 bis zur politischen Wende als Ferienheim des Warschauer Traktorenwerks „Ursus“, gelangte danach in Privatbesitz, wurde Ende der 1990er Jahre zum Hotel umfunktioniert, steht heute leer und blickt einer ungewissen Zukunft entgegen.

Im kleinen Ortskern auf der Nordseite der Straße 16 lohnt die 1470 erstmals erwähnte, an der Wende vom 16. zum 17. Jahrhundert neu errichtete **Dorfkirche** einen Besuch. Von außen mag sie zwar etwas unscheinbar wirken, doch stellt ihr Inneres ein bildschönes Kleinod des masurischen Bauernbarock dar – eine ebenso kuriose wie vergnügliche Mischung aus

Das eindrucksvolle Backsteinschloss in Sorkwity steht heute leer

Paddeln auf der Krutynia

Über 100 Wasserkilometer lang ist die berühmte Krutynia-Paddelroute. Vom Ausgangspunkt an der PTTK-Wasserstation bei **Sorkwity** westlich von Mrągowo führt die Tour mit sanfter Strömung durch idyllisches Auenland, durch grüne Baumtunnel und über 20 schilfumzogene, mit Wasserrosen betupfte Seen zum Endpunkt der Paddelroute nach **Ruciane-Nida.**

Seicht ist die Krutynia (Kruttinna) und das Wasser so klar, dass man die Kiesel auf dem Grund zählen kann. Insektensummen und Vogelkonzerte begleiten den Weg, den die Schönheitskönigin unter den masurischen Flüsschen in zahlreichen Kurven und Kehren nimmt. Kleine Inseln inmitten der Seen locken zum Picknick, und umgestürzte Gehölze versperren hier und da an schmalen Stellen den Weg.

Nach dem Örtchen **Babięta** zieht der Fluss in die Wälder der **Puszcza Piska** (Johannisburger Heide) ein, schlägt zwei Seen später bei **Spychowo** seine südlichste Spitzkehre und passiert unmittelbar danach die Grenze zum Masurischen Landschaftspark. Neben der schönen Natur laden auf der zweiten Hälfte der Wegstrecke nun auch von Menschenhand geschaffene Sehenswürdigkeiten zum Verweilen ein: in **Zgon** masurische Holzhäuser, in der Paddler-Hochburg **Krutyń** das Museum des Masurischen Landschaftsparks und in **Wojnowo** das kleine Kloster der russischen Altgläubigen (⇨„Im Masurischen Landschaftspark, An der Krutynia“).

Ungefähr **zehn Paddeltage** rechnet man für die gesamte Strecke von Sorkwity bis Ruciane-Nida. Unterwegs bieten die **Wasserstationen** in Babięta, Zgon, Krutyń, Ukta, Nowy Most und Kamień einfache Übernachtungsmöglichkeiten in festen Häusern und verfügen außerdem über angeschlossene Zeltplätze, Boot- und Fahrradverleih.

Wer nicht die ganze Tour paddeln möchte, für den besteht die Möglichkeit, einzelne **Fluss-Abschnitte** mit **Rücktransport** zu buchen, sodass man sich die Krutynia auch auf einem schönen Tagesausflug erpaddeln kann. Wer selbst gar nicht aktiv werden möchte, hat bei Krutyń und Ukta die Möglichkeit, sich gemütlich im Boot über den Fluss **staken** zu lassen.

In der **Hochsaison** im August muss man allerdings ein bisschen Glück haben, um noch ein Leihboot zu ergattern, und die Unterkünfte in den Wasserstationen sind dann ebenfalls meistens ausgebucht. Spontan Entschlossenen stehen aber zahlreiche Biwak-Plätze, Privatquartiere und zunehmend auch kleine Pensionen als Übernachtungsquartiere zur Verfügung.

239po Foto: kj

An der Krutynia

feierlicher Sakralkunst und bodenständiger Bauernkultur. So tragen die Figuren der Kreuzigungsszene des Altars selbstverständlich Sorquitter Tracht, und hinter dem Kreuzigungsberg Golgatha macht man Schloss Sorquitten aus. Der obere Altarteil und der Schleier wurden 1701 vom Königsberger Holzschnitzer *Isaak Riga* geschaffen, von dem auch die Kanzel von 1694 und der von der Decke herabschwebende hölzerne Taufengel stammen.

Information

- **PTTK-Wasserstation** (Stanica Wodna PTTK), ul. Zamkowa 13, 11-731 Sorkwity, Tel. (089) 7428124, www.sorkwity.pttk.pl, Mai–Sept., mit Campingplatz und Bootsverleih.

Unterkunft und Gastronomie

- **Hotel im Park**€€€, Jędrychowo 15, 11-731 Sorkwity, Tel. (089) 7428084, www.hotelimpark.com.pl. Sorgfältig restauriertes Gutshaus aus dem 18. Jahrhundert am Ufer des Lampasz-Sees in einem fünf Hektar großen, schönen Park; die Innenausstattung im ausgesucht eleganten Landhausstil. Mit empfehlenswertem Restaurant (Fisch- und Wildspezialitäten), kleinem Badestrand, Ruder- und Paddelbooten.

Camping

- **Camping,** an der PTTK-Wasserstation (s.o.).

Aktivitäten

- **Wassersportgeräte-** und **Fahrradverleih,** an der PTTK-Wasserstation (s.o.).

240po Foto: ki

Seerose

Ryn ⇗ VIII/B3

Nordöstlich von Mrągowo schmückt sich an den Ausläufern der langen Gewässerrinne, die sich südwärts über Mikołajki und Ruciane-Nida bis tief in die Puszcza Piska erstreckt, der kleine Ort Ryn **(Rhein)** mit einer riesigen **Burg.** Hochmeister *Winrich von Kniprode* ließ sie um 1377 an Stelle einer prußischen Feste auf einer Anhöhe über dem Rhein-See (Jez. Rynskie) errichten. Seitdem thront die Vierflügelanlage eindrucksvoll über dem Ort. Ab 1853 Gefängnis, nutzte man sie nach dem Zweiten Weltkrieg als Museum, Bücherei, Amtsstube und in weiteren Funktionen. Nach der Jahrtausendwende in Privatbesitz gelangt, folgten die sorgfältige Restaurierung und der Umbau in ein Vier-Sterne-Hotel de Luxe. 2006 eröffnete die Edelherberge und darf sich rühmen, eines der größten Burghotels in der Welt zu sein.

Auf halber Strecke zwischen Mrągowo und Ryn wartet im Weiler **Sądry (Zondern)** die **Mazurska Chata (Masurische Hütte)** auf einen Besuch. Das kleine private **Museum** zeigt im 200-jährigen Bauernhaus und in der Holzscheune Möbel, Haushalts- und Landwirtschaftsgeräte aus Urgroßvaters Zeiten. Es ist der Drei-Sterne-Pension Christel angeschlossen, die weit über die Grenzen der Region hinaus berühmt ist für ihren hausgebackenen Streuselkuchen.

Unterkunft und Gastronomie

- **Burghotel Zamek Ryn**€€€€€ pl. Wolności 2, 11-520 Ryn, Tel. (087) 4297000, www.zamekryn.pl. In über 150 Einzel- und Doppelkemenaten lässt es sich im Komtur-, Ritter-, Jagd- oder Gefängnisflügel wahrlich königlich logieren. Spa-Bereich mit Pool, Sauna, Solarium in den Kellergewölben. Das erlesene Restaurant unter gotischen Bögen im historischen Refektorium serviert altpolnische, regionale und europäische Spezialitäten. Etwa 420 Zł., das Komtur-Apartment 900 Zł.
- **Pensjonat Christel**€€, Sadry 3, 11-700 Mrągowo, Tel. (089) 7423611, www.christel.com.pl. Großes Drei-Sterne-Haus, die Zimmer im Kiefernholzdesign, berühmt für seine hausgebackenen Blechkuchen, mit Fahrradverleih und angeschlossen einem kleinen masurischen Museum.

Der Śniardwy-See

↗ XIX/C1-2, D1-2

Vom Śniardwy-See **(Spirding-See)** heißt es, er besitze einen höchst launischen Charakter. Mit beinahe 114 Quadratkilometern Ausdehnung ist er das **größte Binnengewässer Polens**, weshalb man ihn auch das „Masurische Meer" nennt. Besonders im Frühling, sobald das Eis geschmolzen ist und ein noch rauer Wind das Wasser zu grüngrau schäumenden Wogen auftreibt, kann einen bei dem Brausen und Toben schon einmal ein „ozeanisches Gefühl" überkommen. Von 15 Meter hohen Wellen ist die Rede, doch handelt es sich dabei wohl um Seemannsgarn. Trotzdem sollten sich, wie auf dem Meer, bei schlechtem Wetter nur geübte Sportler auf das Wasser hinauswagen, zumal Gesteinsbrocken manchmal nur 20 bis 30 Zentimeter unterhalb der Oberfläche lauern. Von der im Śniardwy-See liegenden **Insel Czarci Ostrów** (Teufelsinsel) geht die Erzählung, dass dort den obersten prußischen Göttern Perkunos, Pekollos und Patrimpe Menschenopfer dargebracht wurden, und die Volkssage weiß, dass auf ihr böse Geister Schabernack treiben. Doch in der Regel zeigt sich das Masurische Meer von seiner freundlichen Seite. Meterbreite Schilfgürtel wiegen ihre Köpfe im Wind, und es funkelt das stille Wasser glatt wie ein Spiegel im Sonnenlicht. Ein verzaubertes Land, so weit das Auge nur reicht.

Der sagenhafte Stinthengst von Mikołajki

Mikołajki

XIX/C1

Das 4000 Einwohner kleine Mikołajki (**Nikolaiken**) genießt den Ruf, einer der größten masurischen Wassersport-Verkehrsknotenpunkte zu sein. Vom Śniardwy-See kommend, halten die Boote über den Mikołajki-See Einzug in den beliebten Ferienort, vom nördlichen Mamry-See aus geht es über das Tałty-Gewässer unter der Brücke hindurch nach Mikołajki hinein.

An einen Brückenpfeiler gekettet, schwimmt dort in der schönen Jahreszeit der sagenhafte **Stinthengst** im Wasser. Einst, erzählt die Sage, war der große Fisch mit einer goldenen Krone auf dem Haupt der Herrscher über die Seen. Die Fischersleute fürchteten ihn sehr, aber als sie gelernt hatten, größere Boote zu bauen, die der Stinthengst nicht mehr umstoßen konnte, und auch stärkere Netze zu knüpfen verstanden, nahmen sie ihn endlich gefangen. Um dem Tod zu entgehen, versprach ihnen der König der Fische daraufhin stets volle Netze. Die Nikolaiker ließen sich auf den Handel ein, aber legten den Stinthengst, misstrauisch, wie sie waren, am besagten Brückenpfeiler sicherheitshalber in Ketten – damit er auch immer schön an sein Versprechen erinnert werde.

241po Foto: kj

Alljährlich Ende Juni, kurz vor Beginn der Hochsaison, wird der Stinthengst, der in Wahrheit ein Plastikfisch ist, heute im Rahmen eines Stadtfests zu Wasser gelassen. War kurz vorher noch kein Tourist weit und breit zu sehen und schlief der Ort seinen Dornröschenschlaf, wandelt sich Mikołajkis Bild von da an vollständig. Über den Hochsommer herrscht auf dem Dorfplatz des **„Masurischen Venedig"** und am Seeufer rund um den Segelhafen buntes Treiben. Bis in die späten Abendstunden sind die Cafés, Restaurants, Läden und Buden geöffnet, die Eis, Bier, Fisch und andere leckere Dinge servieren. Discomusik mischt sich mit dem Geklapper der Masten zahlloser Segelboote, die an der großen Marina vor Anker liegen. Im gesamten Hafengebiet wird darüber hinaus kostenloses WLAN angeboten, sodass Nerds nicht auf ihre Lieblingsbeschäftigung verzichten müssen.

Tagsüber ist der See, der mit dem Blau des Himmels wetteifert, von Segeln weiß getupft, und der arme Stinthengst bekommt im **Getümmel** der vielen Paddler, Segler und Motorboote ab und zu einen Schlag auf den Kopf. Ausflugsdampfer der Weißen Flotte schippern im Stundentakt zum Mamry- oder Śniardwy-See. Wenig erinnert noch an die einst dem Örtchen eigene Schläfrigkeit, wie sie *Arno Surminski* in seiner Erzählung „Die Reise nach Nikolaiken" beschrieb. Im Gegenteil werden große Bauanstrengun-

H, Restaurant	1	Hotel und Restaurant Gołębiewski
Kirche	2	Evangelische Kirche
M	3	Museum der Polnischen Reformation
●	4	Rathaus
★	5	Stinthengst
⚓	6	Anlegestellen der Weißen Flotte
⚠	7	Wohnmobilstellplatz
H, Restaurant	8	Hotel und Restaurant Caligula
i	9	Touristeninformation
H, Restaurant	10	Hotel und Restaurant Mazur
H	11	Pensjonat Mikołajki
H, Restaurant	12	Hotel und Rest. Gościniec Pod Łabędziem
Segeln	13	Segelzentrum
H	14	Pensjonat Wodnik
⚠	15	Camping Wagabunda

gen unternommen, weshalb Mikołajki an manchen Plätzen kaum noch wiederzuerkennen ist.

An den Ufern des Mikołajki- und Tałty-Sees entstanden seit Anfang des neuen Jahrtausends eine Reihe moderner Hotels und Ferienanlagen. Im Ort selbst erstreckt sich zwischen Markt und Seeufer ein neu gebautes kleines **Fußgängerviertel** mit mehrgeschossigen Apartmenthäusern mit Cafés, Restaurants und Boutiquen zu ebener Erde. Weitere Restaurants haben sich gleich in der Nachbarschaft an der Seepromenade im denkmalgeschützten, schön restaurierten alten Speicher einquartiert, und auf der anderen Seite der Dorfstraße lädt ein neues Flanierviertelchen mit Pianobars, Restaurants, Galerien und einer Handvoll Geschäften zum Bummeln ein. 2011 wird am Ort das fünfte Sheraton-Hotel in Polen eröffnet.

Bei all diesen Neuerungen und trotz allem Trubel, der zur Sommerzeit herrscht, ist Mikołajki dennoch das kleine Dorf geblieben, das es immer schon war. Sobald die Saison vorüber ist und Väterchen Frost seine ersten Vorboten schickt, schließen die meisten Lokale, Hotels und Pensionen, und der Ort fällt wieder in einen Dornröschenschlaf. Ebenfalls nur in der Sommerzeit hält neben der Pfarrkirche das **Museum der Polnischen Reformation** (Muzeum Reformacji Polskiej) seine Türen offen und zeigt Dokumente der polnischen Geschichte der Reformation in Masuren.

Keine fünf Kilometer östlich dehnt sich am **Łuknajno-See** eines der insgesamt neun polnischen UNESCO-Biosphärenreservate aus. Das durchschnittlich nur 60 Zentimeter tiefe Gewässer ist Europas größtes Reservat für **Höckerschwäne.** Alljährlich ziehen dort im Frühjahr im Schilf rund tausend Höckerschwanpaare ihren Nachwuchs groß. Von Hochsitzen am westlichen Ufer aus lassen sich die Vögel sehr schön beobachten. Ein markierter Wanderweg führt von Mikołajki nach Folwark Łuknajno zum Reservat. Dort befindet sich im Schilfdickicht ein weiterer Hochsitz.

Information

- **Touristeninformation,** pl. Wolności 3, 11-730 Mikołajki, Tel. (087) 4216850, www.itmikolajki.pl, Mai–Sept. Di–So 10–20 Uhr.
- **Homepage** von Mikołajki: www.mikolajki.pl.

Unterkunft und Gastronomie

- **Zimmervermittlung** in der Touristeninformation.
- **Hotel Gołębiewski**€€€€€, ul. Mrągowska 34, 11-730 Mikołajki, Tel. (087) 4290700, www.golebiewski.pl. Hotelstadt, erste große Bausünde und eine der schicksten Anlagen vor Ort. Auf einem Hügel über dem Tałty-See, mit 555 luxuriösen Zimmern, Friseur und Kosmetik, mehreren Bars und Restaurants, Nachtclub, Kasino, Spaßbad, Reitclub, Tennis und Fahrradverleih.
- **Hotel Mazur**€€€€, pl. Wolności 6, 11-730 Mikołajki, Tel. (087) 4216941, www.hotelmazur.pl. Stilvolles Hotel in den restaurierten Gemäuern des alten Rathauses am Markt. Die Zimmer sind komfortabel ausgestattet, , das holzgetäfelte Restaurant bietet traditionelle masurische und polnische Spezialitäten sowie internationale Gerichte, die Karte im Weinkeller „Mikołajskie Lochy" verzeichnet eine Reihe erlesener Tropfen. Okt.–April geschlossen.
- **Hotel Caligula**€€€, plac Handlowy 7, 11-730 Mikołajki, Tel. (087) 4219845, www.caligula.pl. Hübscher Walmdachneubau im Flanierviertelchen, die Zimmer geschmackvoll und behaglich möbliert, mit Biergarten und gutem Restaurant (polnische und regionale Spezialitäten). Eines der wenigen ganzjährig geöffneten Hotels, denn das Caligula ist das Eissegelzentrum der Region, mit der größten Eisseglerflotte weit und breit, allen voran das masurische Schiff „Caligula"; mit angeschlossenem Wohnmobilstellplatz.
- **Pensjonat Mikołajki**€€€, ul. Kajki 18, 11-730 Mikołajki, Tel. (087) 4216437, www.pensjonatmikolajki.mazury.info. Große Villa mit Holzbalkonen, oberhalb an der Hauptstraße gelegen, die Rückseite direkt zum See, mit lauschigem Garten und Bootsanleger, Fahrrad- und Bootsverleih.

242po Foto: ki

Der kleine Ort Mikołajki
am gleichnamigen See
ist ein sehr beliebter Ferienort

- **Gościniec Pod Łabędziem**€€, Łuknajno 2, 11-730 Mikołajki, Tel. (087) 4216862, www.luknajno.pl. Der Gutshof Zum Schwan befindet sich ca. fünf Kilometer außerhalb in herrlicher Alleinlage im Biosphärenreservat am Łuknajno-See, die Zimmer mit Kiefernmöbeln, das Restaurant serviert regionale Spezialitäten.
- **Pensjonat Wodnik**€, ul. Kajki 130, 11-730 Mikołajki, Tel. (087) 4216141, http://mazury.info.pl/pensjonatwodnik. Freundliche gutbürgerliche Pension, ca. 2,5 Kilometer vom Ortszentrum entfernt am See; mit Campinghäuschen auf dem weitläufigen Gartengrundstück, Bootssteg, Wassersportgeräte- und Fahrradverleih, geöffnet Mai–Okt.

Camping

- **Camping Wagabunda,** ul. Leśna 2, 11-730 Mikołajki, Tel. (087) 4216018, www.wagabunda-mikolajki.pl. Gut frequentierter, gepflegter Rasenplatz oberhalb des Sees gegenüber vom Ortszentrum, mit Speisegaststätte, Ferienhütten und Fahrradverleih. Mai–Okt.
- **Wohnmobilstellplatz,** ca. 150 Meter vom Ortszentrum entfernt beim Hotel Caligula (s.o.), mit überdachtem Grillplatz, Toiletten, Duschkabinen, Ver- und Entsorgungsstation.

Museen und andere Sehenswürdigkeiten

- **Museum der Polnischen Reformation,** Plac Kościelny 4, im Sommer tgl. 9–17 Uhr.

Aktivitäten

- **Wassersportgeräteverleih:** beim Segelzentrum (Wioska Żeglarska) am Hafen, ul. Kowalska 3, Tel. (087) 4216040, und auf dem Campingplatz (↗„Camping“).

- **Baden:** am Stadtstrand am Nordwestufer des Mikołajki-Sees gegenüber vom Ortszentrum.
- **Dampferfahrten:** mit den Schiffen der Weißen Flotte Masuren (Żegluga Mazurska) ab der Anlegestelle an der Fußgängerbrücke über den Mikołajki-See, nach Ruciane, Giżycko, Ryn, Juni–Sept. tgl. ab 9 Uhr ein bis zwei Mal pro Stunde. Fahrplan-Info: http://zeglugamazurska.com.pl.
- **Golf:** Driving Range und Golfakademie am Hotel Gołębiewski (↗„Unterkunft").

Im Masurischen Landschaftspark ↗ XVIII/B2, XIX/C2

Südlich von Mikołajki erstreckt sich der Masurische Landschaftspark **(Mazurski Park Krajobrazowy).** Auf rund 55.000 Hektar umfasst der 1977 gegründete und damit älteste Naturpark in Ermland-Masuren die gesamte Region rund um den Śniardwy-See (Spirding-See) sowie westlich und südlich davon weite Teile der **Puszcza Piska (Johannisburger Heide),** die zu den größten Waldgebieten in Polen zählt.

Nicht weit von Mikołajki entfernt und mit einem schönen Tagesausflug auf dem Drahtesel gut zu erreichen, ist der Weiler **Popielno (Popiellnen)** auf der Spitze der Landzunge, die sich zwischen die Seen Mikołajki, Śniardwy und Bełdany drängt. Wo die Straße auf einmal endet, setzt in der Sommerzeit je nach Bedarf eine kleine Fähre (maximal fünf Pkw) über den Bełdany-See auf die Halbinsel zum Örtchen **Wierzba** über. In traumhaft schöner Lage befindet sich dort das Konferenzzentrum der Polnischen Akademie der Wissenschaften mit Hotel und kleinem Jachthafen. Weiter führt der Weg durch den Wald – fast die gesamte Halbinsel ist mit Wäldern, Sümpfen und Moorseen bedeckt – nach Popielno zur „Stacja Badawcza Rolnictwa Ekologicznego i Hodowli Zachowawczej Zwierząt" (Forschungsstation für ökologische Landwirtschaft und Züchtung bewahrenswerter Tiere). Bereits seit den 1950er Jahren widmet man sich in der **Forschungsstation** der Akademie der Wiederansiedlung von Bibern und insbesondere der Rückzüchtung des seit Ende des 19. Jahrhunderts ausgestorbenen **Tarpanpferds.** Die robusten kleinen Pferde, die heute die saftigen Koppeln und in freier Wildbahn auch die Wälder rundum bevölkern, sind der Erfolg von mittlerweile fünf Jahrzehnten Rückzüchtungsanstrengungen. Im Gebäude der Forschungsanstalt informiert ein kleines **Museum** darüber.

Der Flecken Popielno selbst, in der Nachbarschaft zur Station direkt am Ufer des Śniardwy-Sees gelegen, besteht aus ein paar vergessenen Plattenbauten, einer Handvoll malerischer masurischer Häuschen sowie einer Mini-Marina mit Zeltplatz und Gaststätte, die im Sommer für das leibliche Wohl der Ausflügler sorgt.

Info/Museen und andere Sehenswürdigkeiten

- **Forschungsstation der Polnischen Akademie der Wissenschaften Popielno,** 12-222 Wejsuny, Tel. (087) 4231519, www.popielno.pl, das Museum ist geöffnet Juni–Sept. tgl. 10–17 Uhr.
- **Autofähre** bei Wiebrza, tgl. 11–17.40 Uhr.

Masurische Seen

185po Foto: kj

Paddeln zählt an der Krutynia zu den beliebtesten Freizeitvergnügen

Unterkunft

- **Hotel der Polnischen Akademie der Wissenschaften**€€€ (Dom Pracy Twórczej Polskiej Akademii Nauk), Wierzba, 12-222 Wejsuny, Tel. (087) 4231619, www.wierzba.com.pl. Elegante, weitläufige Hotelanlage auf einer Landnase im Bełdany-See, direkt an der kleinen Pkw-Fähre, die Zimmer in Bungalows, mit Konferenzzentrum, Jachthafen und Restaurant.

An der Krutynia

↗ XIX/C2

Weiter westlich mäandert das Flüsschen Krutynia **(Kruttinna)** durch den Masurischen Landschaftpark seiner Mündung in den Bełdany-See entgegen. Möchte man sich nicht sportlich betätigen und die zehntägige beliebte Krutynia-Paddeltour (↗ Exkurs „Paddeln auf der Krutynia") unternehmen, bietet sich bei den Dörfern **Krutyń (Kruttinnen)** und **Ukta (Ukta)** die Gelegenheit, sich von einem Bootsmann über das seichte Gewässer staken zu lassen, durch grüne Baumtunnel hindurch und an idyllischen Ufern vorbei. Die Tradition des **Bootsstakens** geht auf die 1920er Jahre zurück, als die ersten Sommerfrischler ausströmten, um sich auf dem wohl schönsten Streckenabschnitt des Flüsschens ein bisschen spazierenstaken zu lassen. Zwischen Krutyń und Ukta ist die Krutynia durchschnittlich nur einen halben Meter tief. Auch wer das Paddel lieber selbst in die Hand nehmen möchte, ist in den beiden Paddelhochburgen am richtigen Ort. Zahlreiche **Verleiher** bieten die Möglichkeit, ein Kanu oder Kajak zu leihen und zwischen zwei bis acht Stunden von Krutyń bis Ukta oder Zgon bzw. bis Nowy Most oder Iznota einzelne Etappen der Krutynia-Route zu erschließen. Der Rücktransport ist dabei im Preis inbegriffen.

Dank des zunehmend beliebten Paddelsports haben sich Krutyń und Ukta, die Mitte der 1990er Jahre noch aus einigen wenigen windschiefen Holzhäuschen an schmalen, staubigen Sandwegen bestanden, herausgeputzt und ihr touristische Angebot ausgebaut. Pensionen, Zeltplätze, Cafés und Gaststätten sorgen für einen angenehmen Aufenthalt. Im Verwaltungssitz des Masurischen Landschaftsparks in **Krutyń** ist unter dem Dach des typisch masurischen Holzhauses aus dem frühen 20. Jahrhundert ein kleines **Naturkundemuseum** untergebracht. Weitere traditionelle Holzblockhäuser haben nicht weit entfernt im Weiler **Zgon** am Südufer des Mokre-Sees den Zeiten getrotzt.

Zwei Kilometer nordwestlich von Ukta kommen im Weiler **Gałkowo** alle diejenigen auf ihre Kosten, die ihr Glück nicht im Paddelboot, sondern auf dem Rücken der Pferde suchen. Reit- und Springunterricht, Ausritte, Kutschfahrten und im Winter Pferdeschlittenfahrten über die weichen Waldböden der Puszcza Piska stehen im **Gestüt Ferenstein** auf dem Programm. In der Nachbarschaft befinden sich auf dem schön gelegenen Anwesen außerdem Gästezimmer sowie ein Restaurant in einem historischen Jagdhaus aus dem 19. Jahrhundert, das aus Sztynort, dem ehemaligen Sitz der Grafen *von Lehndorff,* hierher versetzt und sorgfältig restauriert wurde. Dort im ersten Stockwerk erinnert der **Salon Marion Dönhoff** an Leben und Werk der Schriftstellerin, Publizistin und engagierten Fürsprecherin der deutsch-polnischen Versöhnung *Marion Gräfin Dönhoff* (1909–2002).

Unterkunft und Gastronomie

- **Gałkowo**€€, Gałkowo 46, 12-220 Ruciane-Nida, Tel. (087) 4257073, www.galkowo.pl. Ausnehmend schönes Anwesen, zwei Kilometer nordwestlich von Ukta, die geschmackvollen Gästezimmer sind in zwei nach traditioneller masurischer Art errichteten Häusern untergebracht, das Restaurant im restaurierten Jagdhaus serviert verfeinerte regionale Gerichte von frischen saisonalen Produkten. Das benachbarte Gestüt Ferenstein bietet Reiten und Kutschfahrten an.
- **Pensjonat Magda**€€, Krutyń 74, 11-710 Piecki, Tel. (089) 7421407, www.pensjonatmagda.ovh.org. Schöner Fachwerkneubau, die Zimmer im freundlichen Mittelklassekomfort, das Restaurant bereitet wohlschmeckende einheimische Gerichte zu, mit Paddelboot- und Radverleih.
- **PTTK-Wasserstation**€ in Krutyń, Krutyń 15, 11-710 Piecki, Tel. (089) 7421293, www.kajaki-krutynia.pl. Malerisch an der Krutynia gelegen, die Zimmer im Gästehaus mit Dusch-

bad und TV; mit Zeltplatz, Campinghäuschen, Fischimbiss, Bar, Gaststätte (serviertleckere masurische Hausmannskost) und Bootsverleih.

Museen und andere Sehenswürdigkeiten

- **Naturkundemuseum des Masurischen Landschaftsparks** (Muzeum Przyrodnicze Mazurskiego Parku Krajobrazowego), Krutyń 66, 11-710 Piecki, Tel. (089) 7421405, www.mazurskipark.pl, Mo–Fr 8–15 Uhr.

Aktivitäten

- **Stakfahrten** und geführte **Paddelausflüge** mit den Krutynia-Guides vom Verband der Bootstaker „Perkun" in Krutyń, Krutyń 4, 11-710 Piecki, Tel./Fax (087) 7421556, www.krutynia.com.pl.
- **Bootsverleih:**

  In Krutyń: PTTK-Wasserstation (↗ „Unterkunft"); Wasserstation AS-Tour, Krutyń 4, 11-710 Piecki, Tel. (089) 7421430, www.splywy.pl.

  In Ukta: PTTK-Wasserstation, Ukta 42a, 12-210 Ruciane-Nida, Tel. (089) 4257046; Bootsverleih NEMO, Most Ukta, 12-210 Ruciane-Nida, Tel. (0697) 215277, www.ukta.pl.
- **Reiten und Kutschfahrten:** ↗ bei Unterkunft „Gałkowo".

Wojnowo ↗ XIX/C2

Seit Mitte des 19. Jahrhunderts erhebt sich das kleine **Kloster der russischen Altgläubigen** (Philipponen) wenig südlich vom Örtchen Wojnowo **(Eckertsdorf),** vier Kilometer südlich von Ukta, auf einer Anhöhe über dem Duś-See. Wegen ihrer religiösen Anschauung wurden die Philipponen seit der russisch-orthodoxen Kirchenreform 1667 im zaristischen Russland verfolgt. Seit den 1820er Jahren ließen sie sich in Eckertsdorf und in den Nachbarsiedlungen nieder – eine russische Enklave im Preußenland, in der noch bis weit ins 20. Jahrhundert hinein Altrussisch gesprochen wurde (↗ auch Exkurs „Die Altgläubigen").

1836 wurde die erste Einsiedelei gegründet, 1847 die Abtei eingeweiht und im ausklingenden 19. Jahrhundert in ein Frauenkloster umgewandelt. Neben ihren religiösen Übungen betrieben die Nonnen Landwirtschaft und pflegten Alte und Kranke in den Dörfern der Umgebung. Die letzten beiden verehrten Wächterinnen des alten Glaubens waren Schwester *Helena Stopka* (1913–2005) und Schwester *Afimia Kuschmierz* (1910–2006). Sie liegen auf dem winzigen Altgläubigen-Friedhof mit seinen charakteristischen russischen Christenkreuzen im Schatten der Klosterkirche zur ewigen Ruhe.

Den niedrigen Innenraum der **Klosterkirche der Heiligen Dreifaltigkeit und des Erlösers** schmücken viele schöne Ikonen. Die 72 kostbarsten Stücke werden aufgrund der Diebstahlgefahr heute jedoch im Schlossmuseum von Lidzbark Warmiński aufbewahrt. Nichtsdestotrotz sind bestaunenswerte Schätze verblieben, darunter die reich verzierte Ikonostase, die dreitürige Holzwand, die in orthodoxen Gotteshäusern Altar- und Gemeinderaum voneinander trennt.

In den ehemaligen Wohngebäuden der idyllischen Klosteranlage betreiben die Eigentümer einen kleinen **Agrotourismus** mit Imbiss und, unterhalb am Duś-See, einem einfachen Zeltplatz. Die Kirche wird auf Wunsch zur Besichtigung aufgeschlossen.

Die Altgläubigen

Viele Namen hat man den Altgläubigen gegeben: Altkirchengebräucher, Philipponen oder Raskolniki (Abtrünnige), wie man sie im Russland des 17. Jahrhunderts nannte. Mit Unterstützung des Zaren führte der Moskauer Patriarch *Nikon* (1605–1681), inspiriert durch alte griechische Quellen, ab 1667 liturgische Reformen in der russisch-orthodoxen Kirche durch, das heißt **Reformen,** die den öffentlichen, von der Kirche **praktizierten Kultus** betrafen. Die Art des Bekreuzigens wurde in Frage gestellt (zwei oder drei Finger), die Häufigkeit des Worts „Halleluja" während des Gottesdiensts, die Richtung der Prozession um die Kirche herum, die Schreibweise von „Jesus" und vieles mehr. Die **Raskolniki,** meist einfache Leute, hielten dagegen am überkommenen Ritus fest. Weil sie damit aber auch die Machtfrage stellten, wurden die Altgläubigen als **Staatsfeinde** grausam verfolgt, gefangen genommen oder verschleppt und emigrierten, um diesem Schicksal zu entkommen, in Scharen. Zunächst ließen sie sich in Sibirien nieder, dann in Polen, im Gebiet zwischen Suwałki und Augustów, und schließlich, nach der Genehmigung durch den preußischen König *Friedrich Wilhelm III.,* am Flüsschen Kruttinna in Masuren, in dessen Wasser sie von da an ihre Kinder tauften.

Taufe und Beichte sind die einzigen Sakramente, die die **Philipponen** anerkennen. Als Symbol ihres Glaubens verehren sie das **russische Kreuz** mit zwei waagerechten oberen Kreuzarmen und unterhalb einem kleineren dritten, schräggestellten Fußbalken, der Tod und Auferstehung Jesu Christi symbolisiert. Sie rauchen und trinken nicht, und entsprechend den sechs Schenkeln ihres Kreuzes muss sich ein sündiger Betrunkener zur Buße sechstausend Mal vor den Heiligenbildern verbeugen, die zahlreich nicht nur die Kirchen, sondern auch ihre Wohnstuben zieren. In den Dörfern in der Region um Wojnowo, die bis in die ersten Jahrzehnte des 20. Jahrhunderts das bedeutendste Zentrum der Altgläubigen war, leben inzwischen nur noch wenige, meistens sehr alte Menschen mit altrussischem Glauben.

Noch zirka eine halbe Million russisch-orthodoxe Christen zählt man überwiegend in den östlichen Regionen Polens, nur noch zwischen 2000 und 2500 Menschen gehen den Altkirchengebräuchen nach. Ihr religiöses Zentrum mit einer aktiven Kirchengemeinde und zugleich Sitz des Hauptrats der Altgläubigen bildet die Stadt **Suwałki** im äußersten nordöstlichen Winkel Polens.

244po Foto: kj

Altgläubigenkloster bei Wojnowo

Das kaum noch 200 Einwohner zählende Straßendorf Wojnowo verfügt über eine stattliche Anzahl traditioneller masurischer Holzhäuser. Und auch die um 1840 erbaute orthodoxe Holzkirche lohnt einen Blick. Sie ist leicht an ihrem - in Masuren mehr als seltenen - Zwiebelturm auszumachen.

Information/ Unterkunft

- **Klasztor (Kloster) Wojnowo**€, Wojnowo, 12-210 Ruciane-Nida, Tel. (087) 4257030, www.klasztor.com.pl. Einfache Unterkunft in den ehemaligen Wohngebäuden des Altgläubigenklosters, mit einem Zeltplatz am See, auch Kajak und Rad stehen den Gästen zur Verfügung.

Ruciane-Nida

↗ XIX/C2

Zwischen Bełdany-See und Nidzkie-See (Beldahn-See und Nieder-See) erstreckt sich der 4500 Einwohner große Urlaubsort Ruciane-Nida. Erst 1966 wurde er aus den Dörfern Ruciane **(Rudschanny)** und Nida **(Niedersee)** zu einer größeren Gemeinde zusammengeschlossen, doch war die Gegend schon lange vorher ein wichtiges **Wassersport- und Touristenzentrum.** Ruciane-Nida ist Endpunkt der Krutynia-Paddelroute sowie vieler Segeltörns über die Großen Masurischen Seen, Anlegestelle der Weißen Flotte und Ausgangspunkt einer Paddeltour über den malerischen Nidzkie-See durch die Puszcza Piska (Johannisburger Heide) nach Pisz.

Auf der Hauptverkehrsstraße und zugleich Hauptbummelmeile ul. Dworcowa sowie im Segelhafen geht es in den Sommerferien zwischen Buden und Restaurants hoch her. Wer Ruhe und Einsamkeit sucht, sollte Kurs auf den **Nidzkie-See** nehmen. Wie eine Mondsichel zieht er einen Bogen durch die Johannisburger Heide. Wegen seiner besonderen Schönheit und seiner vielfältigen Fauna und Flora wurde er als Naturreservat und als Ruhezone ausgewiesen. Motorboote dürfen ihn nicht befahren.

An den Ufern des Nidzkie-Sees schrieb und erholte sich der Schriftsteller *Konstanty Ildefons Gałczyński* (1905–1953). Hier entstanden die schönsten seiner Gedichte und das Werk „Kronaka Olstyńska“. In seinem ehemaligen Feriendomizil, dem **Forsthaus Pranie** (Leśniczówka Pranie), widmet sich das **Gałczyński-Museum** seit 1980 dem Erbe des Dichters. In der Sommersaison rezitieren dort außerdem sonntags bekannte polnische Schauspieler mit musikalischer Umrahmung Gałczyński -Gedichte.

Praktische Tipps

Information

- **Touristeninformation,** ul. Dworcowa 14, 12-220 Ruciane-Nida, Tel. (087) 4231989, Juni–Aug. tgl. 8–20 Uhr, Sept. tgl. 8–18 Uhr.
- **Homepage** von Ruciane-Nida: www.ruciane-nida.pl.

Unterkunft und Gastronomie

- **Zimmervermittlung** in der Touristeninformation.
- **Hotel Nidzki**€€€, ul. Nadbrzeżna 1, 12-220 Ruciane-Nida, Tel. (087) 4236401, www.ho

telnidzki.pl. (Am östlichen Ortseingang von Ruciane vor der Tankstelle links, dann noch wenige Hundert Meter.) Im Jahr 2000 eröffnetes, elegantes Hotel in malerischer Lage im Wald unmittelbar am Ostufer des Nidzkie-See, mit Restaurant, Bootssteg, Badestelle und Spa-Bereich. 2004 war der spanische König *Juan Carlos* zu Gast.

- **Pensjonat Janus**€€, ul. Guzianka 1, 12-220 Ruciane-Nida, Tel. (087) 4236450, www.janus.e-mazury.com.pl. Großes, freundliches Haus in traumhaft schöner Lage am Südzipfel des Bełdany-Sees, die Zimmer sind mit Kiefermöbeln eingerichtet. Mit Café, Restaurant, eigenem kleinen Hafen, Fahrrad- und Wassersportgeräteverleih.
- **Pensjonat/Camping Nr. 7 U Andrzeja**€€, ul. Wczasów 17, 12-220 Ruciane-Nida (im Ortsteil Nida am Nidzkie-See), Tel. (087) 4231012, www.uandrzeja.pl. Großer Platz im Kiefernwald unmittelbar am See, mit Café, Gaststätte, Ferienhütten, Wassersportgeräteverleih, Bootsanleger und Badestelle. Auf dem Gelände befindet sich außerdem eine Pension in einem kleinen Klinkerhaus. Mai–Mitte Sept.

Camping

- **Camping Nr. 7 U Andrzeja**, ↗„Unterkunft".
- **Camping Wejsunek**, Wejsuny, 12-220 Ruciane-Nida, Tel. (087) 4231484, www.wejsunek.pl. Lauschiger, gepflegter, schön angelegter Platz am See, sechs Kilometer nördlich im Weiler Wejsuny, mit Gaststätte, Kiosk, Campinghäuschen, Badestrand und Wassersportgeräteverleih. Mitte Mai bis Mitte Sept.

Jugendherberge

- **JH**, ul. Polna 2b, 12-221 Ruciane-Nida, Tel. (087) 4231708, Fax 4231128, ganzjährig.

Museen und andere Sehenswürdigkeiten

- **Gałczyński-Museum Pranie** (Muzeum Gałczyńskiego Pranie), 12-220 Ruciane-Nida, Tel. (087) 4256248, Mai–Sept. tgl. 9.30–17 Uhr, Okt.–April Di–Sa 9.30–16 Uhr.

286po Foto: kj

Aktivitäten

- **Ausflugsfahrten** mit den Schiffen der Weißen Flotte Masuren (Żegluga Mazurska), ab Anlegestelle im Ortsteil Ruciane am Guzianka-Wielka-See nach Mikołajki, Giżycko und über den Nidzkie-See, Juni–Sept. tgl. ab 9.20 Uhr im Stundentakt und öfter. Fahrplan-Info: http://zeglugamazurska.com.pl.

Der Masurische Landschaftspark bietet idyllische Plätzchen

Pisz und die Puszcza Piska

↗ XIX/D2

Mit mehr als 1000 Quadratkilometern ist die Puszcza Piska **(Johannisburger Heide)** das größte zusammenhängende Waldgebiet in Masuren. Über 20 Horste der bedrohten Seeadler hat man hier gezählt. In den ausgedehnten Kiefern- und Fichtenwäldern haben sie an den zahlreichen Gewässern eine von Menschenhand größtenteils noch unberührte Heimat gefunden. Auf einsamen Wanderungen wird man ab und zu trotzdem Menschen begegnen. Oftmals sind es Familien oder kleine Gruppen, die mit gesenkten Köpfen und einem Körbchen in der Hand durch das Wacholder-Unterholz streifen und sich einer beliebten Freizeitbeschäftigung hingeben: dem Sammeln von Beeren und Pilzen. Je nach Jahreszeit gedeihen Himbeeren und köstliche Walderdbeeren, später Blau- und Brombeeren und Pilze aller nur denkbaren Sorten.

Das rund 15.000 Einwohner zählenden Pisz **(Johannisburg)** am östlichen Rand der Puszcza Piska geht auf eine Gründung des Deutschen Ordens 1345 zurück. Einer ersten Wehranlage folgte ab 1378 der Bau einer Ordensburg. Sie verfiel bereits im 18. Jahrhundert, heute sind kaum noch wahrnehmbare Reste der alten Mauern vorhanden.

Der Zweite Weltkrieg brachte dem Städtchen große Zerstörung. Bürgerhäuser der Gründerzeit rund um den großen Markt blieben aber erhalten. Ebenso das dortige, 1898 errichtete **Rathaus,** in dem ein **Heimatmuseum** (Di–So 8–15 Uhr) über die Tier- und Pflanzenwelt der Johannisburger Heide sowie die Geschichte der Stadt informiert. Einen Blick verdient auch die 1843 erbaute **Kirche St. Johannes** (Kościół św. Jana). In der größten Fachwerkkirche der Region gehören ein Altar und eine Barockkanzel, die beide auf die Wende vom 17. ins 18. Jahrhundert datieren, zu den besonderen Kostbarkeiten.

Praktische Tipps

Information

- **Touristeninformation,** pl. Daszyńskiego 16, 12-200 Pisz, Tel. (087) 4250947, Juli–Sept. Mo–Fr 8–18 Uhr, Sa/So 10–18 Uhr. Okt.–Juni Mo–Fr 8–18 Uhr.
- **Homepage** der Stadt Pisz: www.pisz.pl.

Unterkunft

- **Zimmervermittlung** in der Touristeninformation.
- **Hotel Nad Pisą**€€€, ul. Ratuszowa 13, 12-200 Pisz, Tel. (087) 4233253, www.hotelnadpisa.pl. Großer Hotelkomplex in einer Art maurisch-neugotischem Schwarzwaldhaus-Stilmix in schöner Lage am Fluss Pisą, die Zimmer im gepflegten Mittelklassekomfort, mit Restaurant.

Nowe Guty ist eine sehr beliebte Sommerfrische

Orzysz

XIX/D1

Anno 1507 wurde **Arys** oder auch Orsisch, wie die Masuren den Flecken nannten, erstmals erwähnt; 1725 wurden der heute 6000 Einwohner zählenden Gemeinde im Osten des Spirding-Sees (Śniardwy-See) die Stadtrechte verliehen. Das wichtigste Bauwerk am Ort ist die **Marienkirche** (Kościół pw. Matki Boskiej Szkaplerznej), deren Grundmauern auf das 16. Jahrhundert zurückgehen. Von der historischen Inneneinrichtung blieben die Holzemporen aus dem 17. Jahrhundert erhalten.

Für seine Armut an architekturhistorischen Sehenswürdigkeiten wird Orzysz vielfach mit Möglichkeiten zu Freizeitaktivitäten in der schönen Natur entschädigt. Vor allem Baden und Wassersport sind angesagt, am Stadtstrand in der ul. Leśna am Orzysz-See und mehr noch zehn Kilometer entfernt in der auf dem Gemeindegebiet liegenden Sommerfrische **Nowe Guty** am Śniardwy-See. An heißen Sommertagen gehört der dortige große **Badestrand** inklusive seiner angeschlossenen Freizeiteinrichtungen zu den beliebtesten Ausflugzielen rund um das „Masurische Meer". Die große Badewiese liegt am südlichen Ortsende; eine weitere, kleinere und auch ruhigere, findet man in der nördlichen Ortsmitte.

15 Kilometer östlich dient im Weiler **Ogródek** die Kate des masurischen

245po Foto: ki

Die Masuren

Einige der alten Masuren sprechen noch deutsch. Und wer als Gast heute die Gelegenheit bekommt, sich mit dem einen oder anderen älteren Einwohner länger unterhalten zu können, wird sich ein kleines Schmunzeln gewiss nicht verkneifen können. Die Artikel werden vertauscht, die Stellung der Wörter im Satz herumgedreht, und neben dem breiten, im alten „Ostpreissisch" rollenden „rrrr" ist da von Damchen und Herrchen die Rede, von Mariellchen für das Mädchen und von Lorbass für den heranreifenden Knaben. Es gibt das Mamchen, die Mutter, das Eimerchen, das Gabelchen, sogar das tückische Maschinchen wird mit einem niedlichen Diminutiv versehen. Und wer etwas besonders Kluges gesagt hat, tippt sich mit seinem Finger gegen die Stirn und sagt: Popöchen, Popöchen!

Woher aber kommt diese lustige **Sprache?** Das ist eine lange Geschichte, die vor rund 800 Jahren beginnt. Bis zur Eroberung durch den Deutschen Orden im 13. Jahrhundert war der nordöstlichste Winkel des heutigen Polen mit den prußischen Stämmen der Barten und Sassen, Galinder, Nadrauen und Sudauen nur inselhaft dünn bevölkert. Etwa 15.000 Prußen lebten in jener Zeit in den masurischen Urwäldern. Nach ihrer blutigen Unterwerfung durch die Ordensritter, die man damals „Christianisierung" nannte, bestand für die **Kolonisierung** der Wildnis darum großer Bedarf an neuen Siedlern. Vor allem Schlesier und Sachsen ließen sich nieder, gegen Ende des 14. Jahrhunderts folgten dann Polen aus Pommerellen, dem Kulmer Land und vor allem aus dem südlich benachbarten polnischen Teilfürstentum Masowien. Mit Ende des Dreizehnjährigen Kriegs (1454–1466), der den Niedergang des Deutschen Ordens besiegelte, setzte die verstärkte Besiedlung besonders der südlichen Gebiete mit Menschen aus Masowien ein. Zwischen 20.000 und 25.000 Masowier kamen bis 1525 ins Land, dessen Bevölkerung damit auf rund 40.000 Einwohner anwuchs.

Man sprach polnisch, genauer gesagt eine masowische Mundart: **masaurisch,** und die Alteingesessenen wie die Eingewanderten bezeichneten sich als Masowier – Masauren – Mazury – Masuren. Eine weniger wahrscheinlich Version über die Herkunft des Wortes Mazur besagt, dass es vom litauischen *mazuras* herstamme, was so viel wie „kleiner Mensch" bedeutet.

Vollends zum Einwanderungsland wurde die Wildnis mit der **Reformation.** 1525 wurde der Deutsche Orden säkularisiert und Masuren Teil des preußischen Herzogtums unter polnischer Lehnshoheit. Protestantische **Glaubensflüchtlinge** aus aller Herren Länder fanden hier eine neue Heimat – aus Litauen, Frankreich und Holland, Österreich und der Schweiz, Masowien und Südpolen. Später kamen noch die russischen Altgläubigen hinzu.

Es entstand ein kunterbuntes Bevölkerungsgemisch, das gemeinsam versuchte, den kargen Böden des Lands ein paar Krumen für das tägliche Brot abzugewinnen. Nein, leicht hatten es die Masuren nicht. Unglücklich auf halbem Weg zwischen Moskau und Berlin gelegen, rollte immer wieder die große Politik in Form gewaltiger Heere über sie hinweg. Im 17. Jahrhundert fielen überdies die Tataren ein (1656/57), danach kam der Schwarze Tod. Mehr als 100.000 Menschen wurden getötet oder verloren durch Pest und Hungersnöte ihr Leben. Am besten, man hielt einfach still und ließ sich im harten Winter mit ein paar Fläschchen Bärenfang einschneien. Dieser, ein Gemisch aus halb Honig, halb hochprozentigem Alkohol, soll bereits eine Erfindung der Prußen gewesen sein, mit der sie Bären anlockten und lahm legten. Später betäubte das Gebräu nur noch die einheimischen Zweibeiner.

„Die Leute sind so ganz ohne Bedürfnisse und Ehrgeiz", berichtet *Marion Gräfin Dönhoff* 1941 von ihrem „Ritt durch Masuren". „Es ist offenbar schwierig, sie zur Arbeit zu bringen. Sie tun grundsätzlich nur so viel, wie nötig ist, um gerade eben den Lebensunterhalt zusammenzubringen. (...) Dass sie angeblich stehlen wie die Raben und ständig Streit miteinander haben, wundert einen nicht, wenn man hört, wie kärgliche Frucht ihnen der Acker trägt. (...) Ich empfinde eine große Zärtlichkeit für dieses karge Land und seine barfüßige Bevölkerung. (...) Ausgewachsene Männer, die tagaus, tagein nichts anderes tun als mit einer armseligen Kuh umherzuziehen und sie irgendwo am Wald- oder Wegrand zu hüten."

Das 19. Jahrhundert brachte dem unterentwickelten Land erstmals eine geringfügige Industrialisierung. Und es brachte einen dominanten **deutschen Nationalismus** mit sich. Neben einer allmählichen Assimilierung der Bevölkerung in Bezug auf die deutsche Sprache und Kultur setzte ab der Gründung des Deutschen Reichs 1871 im südlichen Ostpreußen auch eine institutionelle „Förderung des Deutschtums" ein, d.h. die polnische Sprache und Kultur wurden in den staatlichen Einrichtungen wie Schule, Armee und Kirche massiv unterdrückt. Im Kreis Johannisburg (Pisz) beispielsweise sprachen 1890 knapp 80 Prozent der Einwohner polnisch. 1925 sprachen knapp 80 Prozent deutsch. Es blieben jedoch, neben den prußischen Wurzeln, die die **Sprache** von jeher mit sich führte, zahllose **slawische Elemente** erhalten, darunter das rollende „r" und das niedliche „-chen" ebenso wie die für das Deutsche unübliche Grammatik. Demgemäß klingt eine Redensart, mit der sich die Masuren verschmitzt selbst beschrieben: „Wo sich aufhört der Kultur, da sich anfängt der Masur."

Im Vorfeld der nach dem Ersten Weltkrieg gemäß der Versailler Verträge für 1920 anberaumten Volksabstimmung über die zukünftige **Staatszugehörigkeit** des südlichen Ostpreußen zogen deutschsprachige Politiker, Lokalprominenz und insbesondere auch Pastoren durchs Land, um mit leidenschaftlichem Pathos gegen „die Slawenflut rings um die Grenzen dieses deutschen Bollwerks im Osten" zu predigen. Die „Abstimmungsschlacht" 1920 endete mit 97,5 Prozent Zustimmung der Bevölkerung für den Verbleib bei Deutschland.

Nach Ende des Zweiten Weltkriegs begannen **Flucht und Vertreibung** der Deutschen aus ihren Ostgebieten. Auch die Menschen in den polnischen Ostgebieten, die sich 1945 die Sowjetunion einverleibt hatte, wurden vertrieben. Viele von ihnen ließen sich in Masuren nieder und fanden dort eine neue Heimat. Gemeinsam mit einer litauischen, ukrainischen, altrussischen und deutschen Minderheit bewohnen sie heute in der dritten und vierten Generation das Land. Man spricht polnisch, natürlich, und besucht die katholischen Kirchen. Mit der politischen Wende 1990 bekamen aber auch die Minderheiten wieder die Möglichkeit, ihre Gebräuche zu pflegen, ihre kulturelle Identität und ihr Plätzchen als Masuren zu finden. Mit Betonung auf dem masurischen Charakter sind inzwischen nicht wenige interkulturell engagierte polnisch-deutsche Vereine in Warmia und Mazury tätig, unter ihnen die 1600 Mitglieder zählende Masurische Gesellschaft mit Sitz in Oslztyn. Ihr Zentralorgan ist – wie könnte es in Masuren wohl anders heißen? – die monatlich herausgegebene „Storchenpost" (Poczta Bociania).

Volksdichters *Michał Kajka* (1858-1940) als kleines Museum, das Leben und Werk *Kajkas* würdigt.

Praktische Tipps

Information

- **Touristeninformation,** ul. Rynek 5, 12-250 Orzysz, Tel. (087) 4237187, Mai–Sept. Mo-Fr 9–17 Uhr, Sa/So 10–14 Uhr.

Museen und andere Sehenswürdigkeiten

- **Michał-Kajka-Museum** in Ogródek, Ogródek 5, 12-250 Orzysz, Tel. (087) 4237426, www.lesniczowkapranie.art.pl, Di–Sa 9-16 Uhr.

Der Mamry-See

↗ IX/C2

Mit 104 Quadratkilometern auf 20 Kilometern Länge und einer äußersten Breite von 12 Kilometern ist der Mamry-See **(Mauer-See)** der zweitgrößte See in Polen. Streng genommen besteht seine Gesamtfläche aus einer Reihe kleinerer, miteinander verbundener Gewässer: dem eigentlichen Mamry-See und dem romantischen Święcajty-See mit dem Urlaubs- und Segelsportzentrum **Węgorzewo** (Angerburg) an den Ufern, weiter den Seen Dargin und Łabap, an dessen Gestade sich in **Sztynort** das alte Schloss der Grafen *von Lehndorff* allmählich in eine Ruine verwandelt, sowie dem Dobskie- und dem Kisajno-See, die die Seenplatte im Süden beschließen. Auf über 30 Inseln und Eilanden, von denen eine stattliche Anzahl als Naturschutzgebiete ausgewiesen ist, nisten seltene Wasser-, Moor- und Raubvogelarten. Der Dobskie-See wird das „Königreich der Vögel" genannt, und viele bezeichnen ihn als das schönste masurische Gewässer. Im Westen warten **Kętrzyn** (Rastenburg) und Umgebung mit Sehenswürdigkeiten auf, die – mit guten wie bösen Erinnerungen behaftet – zu den bedeutendsten in Masuren zählen: *Hitlers* **Wolfsschanze,** Schloss Dönhoffstädt in **Drogosze** und direkt auf der Grenze zum Ermland bei Reszel die Marienwallfahrt Heilige Linde (↗„Ermland und südliches Masuren, Święta Lipka"). Zentraler Wassersportverkehrsknotenpunkt und Ferienhochburg Nummer 1 in der nördlichen Region der Großen Masurischen Seen ist **Giżycko** (Lötzen), die „Sommerhauptstadt Masurens", die schon seit der Erfindung der Sommerfrische Anfang des 20. Jahrhunderts zu den quirligsten masurischen Hotspots zählt.

Die Kirche St. Georg in Kętrzyn

Kętrzyn

VIII/B2-3

Kętrzyn (**Rastenburg**) gehört historisch zum alten Bartener Land, dessen größter Teil sich heute jenseits der Grenze auf dem Gebiet des russischen Oblasts Kaliningrad (Bezirk Königsberg) befindet. Wie Warmia erhielt auch das Bartener Land seinen überkommenen Namen von dem prußischen Stamm, der einst dort lebte. Die Barten hatten am Standort von Kętrzyn, lange bevor der Deutsche Orden die Region eroberte, die Siedlung Rast (prußisch für dt. Pfahl) gegründet. Diesem Namen hängten die Ordensritter nach dem Bau ihrer Backsteinburg 1329 das Wörtchen „Burg" hinten an, woraus „Rastenburg" entstand. 1357 wurden Rastenburg die Stadtrechte verliehen. Auf den tonigen, fruchtbaren Böden betrieb man recht bald einträglich Landwirtschaft, ab dem 19. Jahrhundert kamen Industrieansiedlungen hinzu.

Heute ist Kętrzyn ein führender Wirtschaftsstandort der Region, wenngleich im Erscheinungsbild die ländliche Idylle die Industrieanlagen nach wie vor weit überwiegt. Die Gegend zählt zu den fruchtbarsten Anbaugebieten im Nordosten Polens. So wird man trotz der Nähe zu den Großen Masurischen Seen nicht auf die berühmten masurischen Wälder stoßen, sondern auf weite Äcker und Felder.

Der **Name** Kętrzyn, den die knapp 30.000 Einwohner große Stadt seit

186po Foto: kj

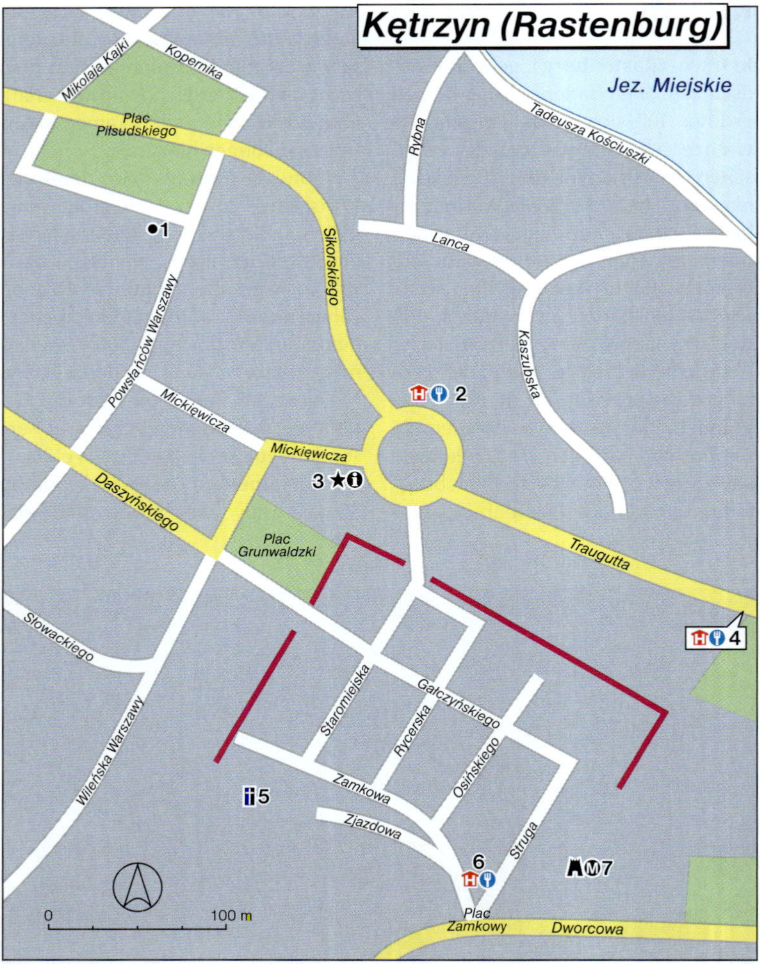

- ● 1 Rathaus
- 2 Hotel und Restaurant Koch
- ★ 3 Haus der Freimaurerloge und Touristeninformation
- 4 Hotel und Restaurant Księżycowy Dworek
- 5 Kirche St. Georg
- 6 Hotel und Restaurant Zajazd pod Zamkiem
- 7 Ordensburg mit Stadtmuseum

1946 trägt, würdigt den berühmten Masuren *Wojciech Kętrzyński* (1838–1918). Als Sohn eines preußischen Gendarmen wurde er 1838 in Lötzen (Giżycko) geboren und auf den Namen *Adalbert von Winkler* getauft. Der mehrfach inhaftierte Historiker und Ethnograf ging als engagierter Verfechter der polnischen Bewegung in Masuren und mit seiner Streitschrift „O Mazurach" als Nestor der polnischen Masurenforschung in die Geschichte ein.

Ein berühmter Sohn der Stadt ist der Lyriker, Dramatiker und Pionier des Naturalismus **Arno Holz** (1863–1929), der als Sohn eines Apothekers in Rastenburg das Licht der Welt erblickte. Nach ihm hat sich die Gesellschaft für polnisch-deutsche Verständigung in Kętrzyn „Arno-Holz-Gesellschaft" benannt. Ihr Sitz befindet sich im **Haus der Freimaurerloge** in einer Grünanlage am großen Innenstadtkreisel. 1818 gründete sich in der Stadt die Freimaurerloge „Drei Tore des Tempels", 1860 begannen die ersten Bauarbeiten zu ihrem neugotischen Logenhaus, das 1865 eingeweiht werden konnte. Im Zweiten Weltkrieg stark beschädigt und bis 1981 rekonstruiert, beherbergt es heute neben der Arno-Holz-Gesellschaft das städtische Kulturzentrum sowie die Touristeninformation.

Kętrzyn überragt ausnahmsweise einmal keine Ordensritterburg, sondern der 48 Meter hohe Turm der mächtigen, von einer Ringmauer umzogenen **Wehrkirche St. Georg** (Kościół św. Jerzego). Das gotische Kirchenbollwerk wurde 1359 bis etwa 1370 durch den Deutschen Orden errichtet und mit bis zu anderthalb Meter dicken Mauern in die Stadtbefestigung integriert. Nach Erweiterungen im 15. Jahrhundert und einem Stadtbrand erhielt sie abschließend bis 1515 ihre heutige Gestalt. Doch nicht nur die ungewöhnliche Vierschrötigkeit macht das Gotteshaus zu einem Unikum in Masuren. Unter dem schönen Kristallgewölbe, das den Innenraum schmückt, lässt sich mit einem Blick auf den nach 1500 angefügten Altarraum erkennen, dass sich dieser sichtlich nach links neigt. Die merkwürdige Neigung mag möglicherweise an der späten Anfügung des Presbyteriums liegen, das sich infolge der vorhandenen Architektur nicht anders bauen ließ. Die Gläubigen haben indes eine andere Erklärung: Die Neigung folgt dem auf die Schulter gesenkten Kopf Jesu Christi am Kreuz und symbolisiert dessen Leiden. An Kostbarkeiten besitzt die Kirche St. Georg eine 1594 geschaffene Kanzel, einen neugotischen Hochaltar aus dem Jahr 1862 sowie eine 1721 eingeweihte Orgel, die von Händen des königlich-preußischen Hoforgelbauers *Johann Josua Mosengel* stammt.

Nur wenige Schritte entfernt liegt die 1360–1370 erbaute, zuletzt im 19. Jahrhundert umgestaltete **Ordensburg** der Wehrkirche quasi zu Füßen. Unter ihrem Dach befinden sich die Stadtbücherei und ein Museum, das über die Geschichte Kętrzyns sowie über Schlösser und Herrenhäuser in der Region informiert.

Praktische Tipps

Information

- **Touristeninformation,** im polnisch-deutschen Kulturzentrum (Haus der Freimaurerloge), ul. Mickiewicza 1, 11-400 Kętrzyn, Mo 8–16 Uhr, Di–Fr 8–15.30 Uhr.
- **Homepage** von Kętrzyn: www.ketrzyn.com.pl.

Unterkunft und Gastronomie

- **Zimmervermittlung** in der Touristeninformation.
- **Hotel Koch**€€€, ul. Traugutta 3, 11-400 Kętrzyn, Tel. (089) 7522058, www.masuren2.de. Großes Komforthotel am zentralen Innenstadtkreisel, das Restaurant serviert traditionelle polnische Küche.
- **Księżycowy Dworek**€€€, Cierłoż, 11-400 Kętrzyn Tel. (089) 7524277, www.ksiezycowydworek.pl. Einen knappen Kilometer von der Wolfsschanze entfernt am See Siercze liegt das 1913 erbaute ehemalige Gutshaus der Hitler-Freundin *Eva Braun*. Es wurde aufwendig restauriert und eröffnete 2004 als exklusives Hotel, die Innenausstattung von erlesenem Geschmack, mit Restaurant und vor dem parkähnlichen Grundstück einem kleinen Badestrand am Siercze-See.
- **Zajazd pod Zamkiem**€€ (Gasthof am Schloss), ul. Struga 3, 11-400 Kętrzyn, Tel. (089) 7523117, www.zajazd.ketrzyn.pl. Kleines, hübsches Hotel unmittelbar an der Ordensburg, mit Restaurant und Café-Terrasse.

Museen und andere Sehenswürdigkeiten

- **Stadtmuseum** in der Ordensburg, pl. Zamkowy 1, 11-400 Kętrzyn, Tel. (089) 7523282, www.muzeum.ketrzyn.pl, 15. Juni–15. Sept. Mo–Fr 9–18 Uhr, Sa/So 9–17 Uhr, sonst Di–Fr 9–16 Uhr, Sa–Mo 9–15 Uhr.

Aktivitäten

- **Baden:** eine Badewiese befindet sich am Siercze-See beim Hotel Księżycowy Dworek (⇗„Unterkunft“).

Sehenswertes in der Umgebung

Schloss der Grafen Dönhoff in Drogosze ⇗ VIII/A2

Knapp 20 Kilometer nordwestlich von Kętrzyn thront beim Örtchen Drogosze **(Dönhoffstädt)** das 1710–1716 errichtete **Barockschloss** der Grafen *Dönhoff*. Das Bauwerk nach Entwürfen von *Jean de Bodt* und *John von Collas* mit seiner 100 Meter langen Fassade, das einst das größte aller ostpreußischen Schlösser war, veranlasste 1710 *Boguslaw Friedrich Dönhoff*. Durch Erbschaft und Heirat ging es 1816 an die Grafen *von Dohna* und 1863 schließlich in den Besitz der Grafen *zu Stolberg-Wernigerode* über. Nach dem Zweiten Weltkrieg wurde im Schlosskomplex ein Mähdrescher- und Traktoristen-Schulungszentrum untergebracht. Heute befindet sich das „ostpreußische Versailles“ in Privatbesitz, steht jedoch leer und verfällt immer mehr. Man kann das Schloss von außen besichtigen; außerdem schließt eine Nachbarin für ein Trinkgeld die Türen auf und gestattet einen kleinen Rundgang.

Nakomiady ⇗ VIII/B3

Zehn Kilometer südlich von Kętrzyn steht in Nakomiady **(Eichmedien)** das 1664–1680 für den preußischen Gesandten in Polen, *Johann von Hoverbeck,* errichtete **Schloss,** dessen zugehörige **Keramikmanufaktur** zur Besichtigung einlädt. Der Barockbau teilte nach dem Zweiten Weltkrieg das

Schicksal zahlreicher anderer Herrenhäuser, diente im sozialistischen Polen in den verschiedensten Funktionen, stand anschließend leer und verfiel. 1998 begannen die neuen Eigentümer mit der Restaurierung von Park und Schloss. Die dort für den Ausbau des Hauses Anfang des 18. Jahrhunderts eingerichtete Keramikmanufaktur hat den Betrieb wieder aufgenommen und produziert Nachbildungen historischer Keramiken und Kachelöfen aus den ostpreußischen Schlössern und Herrenhäusern. Man kann den Kunsthandwerkern bei der Arbeit über die Schulter schauen und ihre Produkte auch käuflich erwerben.

• **Keramikmanufaktur Nakomiady Pałac,** Nakomiady, 11-400 Kętrzyn, www.nakomiady.pl, Juni–Sept. täglich 10–18 Uhr, sonst bis 15 Uhr.

Führerhauptquartier Wolfsschanze

↗ VIII/B2

Nicht der Name Kętrzyn, nur der deutsche Name Rastenburg ist mit dem Führerhauptquartier Wolfsschanze (Kwatera Hitlera) verbunden. Ab September 1940 wurde es binnen kürzester Zeit im Rastenburger Stadtforst, im Wald von Görlitz (Gierłoż), aus dem Moor gestampft. Das mit dem dazugehörigen Wald insgesamt über 1000 Hektar umfassende, verminte Gelände mit all seinen Betonbunkern und Sicherheitsanlagen, eigenem Bahnhof und zwei Flugplätzen sollte dem Obersten Heereskommando als Ausgangsbasis für die „Operation Barbarossa" (Überfall auf die Sowjetunion) dienen. Seinen Namen erhielt dieser gewaltige, hermetisch von der Außenwelt abgeriegelte Hochsicherheitskomplex in Anlehnung an den „Herrn Wolf", wie sich *Adolf Hitler* in den 1920er Jahren mit Pseudonym gerne nannte.

Während Bauarbeiter der geheimen Organisation Todt noch die ersten Spatenstiche zur Wolfsschanze unternahmen, war der Wald bereits für die Zivilbevölkerung gesperrt. Im Sperrkreis 1 wurden die Beton-Unterschlupfe für *Hitler, Göring, Bormann, Jodl, Keitel* und ihre wichtigsten Schergen errichtet. Über die gesamte Anlage waren riesige Tarnnetze ausgebreitet, damit die feindlichen Flugaufklärer sie nicht vom Wald unterscheiden könnten. In gebauten Mulden auf den Bunkerdächern wurden Sträucher gepflanzt und Gras ausgesät und die Wände mit „Tarnbäumen" versehen. Von 1942 bis 1943 kamen Verwaltungs-, Telegrafen- und Bürobaracken sowie Gästehäuser, ein Kasino und ein Teehaus dazu. 1944 folgten die Luftschutzbunker und die Betonummantelung der bis dahin weniger geschützten Einrichtungen.

In einer der Lagerbaracken der Wolfsschanze, heute mit Nr. 3 auf dem Gelände gekennzeichnet, fand am 20. Juli 1944 das von Oberst *Stauffenberg* angeleitete und von ihm und seinen Adjutanten *Haeften* durchgeführte, missglückte Attentat auf *Adolf Hitler* statt. Auf den Tag vier Monate später verließ *Hitler* die Wolfsschanze im Zuge der „Operation Inselsprung“, die nichts weiter als den Rückzug und die Sprengung der geheimen Betonbastion bedeutete, da die Rote Armee bereits vor den Toren stand.

Heute warnen Hinweistafeln davor, die ausgeschilderten Wege zu verlassen. Im nicht gesicherten, abseitigen Terrain könnte man immer noch auf eine nicht ausgehobene Mine treten, in einem unentdeckten Graben oder einer Fallgrube einsinken, und auch im Inneren der zahlreichen Bunkerruinen besteht akute Unfall-, wenn nicht gar Einsturzgefahr. Folgt man den verschlungenen, aber gut gekennzeichneten Pfaden durch das Gelände, begegnet man bis zu 45 Grad aus dem Lot gefallenen Betonwänden, die Birkenstämme als Stützen vor dem endgültigen Einsturz bewahren.

Der je nach Wahl 1,3 Kilometer (gelbe Markierung), 1,8 Kilometer (rote Markierung) oder 2,4 Kilometer (blaue Markierung) lange Rundgang beginnt am ehemaligen Offiziershotel und heutigen Restaurant (1). An der Ruine des SS-Begleitkommandos vorbei (2) gelangt man zur Lagerbaracke, in der das Attentat auf *Hitler* verübt wurde (3), und zu weiteren Dienstleistungsbaracken (4, 5, 7, 8). In Baracke 4 informiert eine kleine Ausstellung über die Wolfsschanze, und ein mehrere Quadratmeter großes Modell gibt einen Überblick über das Territorium. Wenige Schritte entfernt ragt der gewaltige Gästebunker (6) empor. Kaum weniger kolossal sind die Trümmer des Bormann-Bunkers (11) und seines Wohnhauses (C), die sich zusammen mit dem Hitler-Bunker (13) im ehemaligen „Sperrkreis 1“ befinden. Daran schließen sich an: das Haus und der Luftschutzbunker des Reichsmarschalls *Göring* (15, 16), der Bunker des

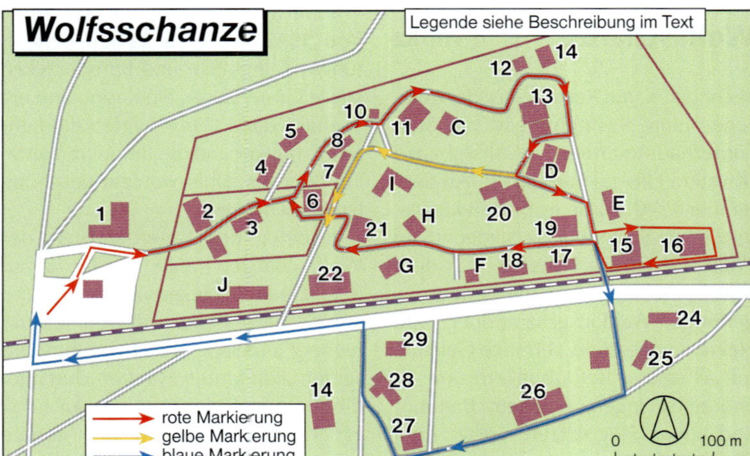

187po Foto: ki

Chefs des Wehrmachtführungsstabs *Jodl* (17), der Bunker des Chefs des Oberkommandos der Wehrmacht *Keitel* (19), der Bunker der persönlichen Adjutanten *Hitlers* (20), der Nachrichtenbunker (21) sowie verschiedene Betriebseinrichtungen wie Kasino (D), Teehaus (E), Heizhaus (F), Fahrerhaus (G), Kino (H) und Garagen (22). Auf der anderen Seite der Landstraße von Kętrzyn nach Węgorzewo gelangt man zu den Häusern des Verbindungsstabs OKL und OKM (24, 25), einem weiteren Luftschutzbunker (26) und den Gebäuden des Führerbegleitbataillons (27), des Generalinspekteurs *Todt* bzw. des Hitlerarchitekten *Speer* (28) und des Verbindungsstabs Reichsaußenminister (29). Gegenüber vom Bahnhof dehnt sich ein weiteres Gelände mit Bunkern und Baracken des Wehrmachtführungsstabs, der Kommandanten des Führerhauptquartiers, des Stabs FBB und anderer Nazi-Bediensteter aus, das der Rundgang jedoch nicht mehr erschließt.

Viele Gebäude auf dem Gelände sind akut vom Einsturz bedroht

Insgesamt kann man sich heute nur noch schwer vorstellen, dass diese Ruinen einmal die Geheimwohnungen der obersten Nationalsozialisten waren. Wenig erinnert daran, dass von hier aus die Welt zugrunde gerichtet wurde. Vielmehr gleicht die Wolfsschanze mit ihrer großen Schar internationaler Besucher, welche als Nicht-Deutsche natürlich eine weniger schwierige Begegnung mit dem Gelände haben, einem riesigen historischen Abenteuerspielplatz. Dennoch: In diesen inzwischen einstürzenden Betonbauten wurde der Mord an Millionen von Menschen geplant und befohlen.

Um von Kętrzyn zur Wolfsschanze zu gelangen, muss man die Stadt auf der Straße 592 Richtung Giżycko/Ełk verlassen und hinter der Stadtgrenze nach den Bahnschienen links Richtung Gierłoż abbiegen. Von dort ist der Weg mit dem Schriftzug „Wolfsschanze, Wilczy Szaniec" ausgeschildert (6 Kilometer).

- **Hitlerquartier „Wolfsschanze",** Gierłoż, 11-400 Kętrzyn, Tel. (089) 7524429, www.wolfsschanze.pl, täglich von 8 Uhr bis Sonnenuntergang.

Sztynort

↗ IX/C2

Auf drei Seiten vom Wasser umgeben, erhebt sich auf einer Halbinsel zwischen Mamry- und Dargin-See (Mauer-See und Dargainen-See) im Flecken Sztynort **(Steinort)** das **Schloss der Grafen von Lehndorff.** Auf Grundmauern, die bereits aus dem 16. Jahrhundert stammen, begann 1688 unter *Marie-Eleonore Dönhoff* nach dem Tod ihres Mannes *Ahasverus Lehndorff* der Neubau des Schlosses. Seine endgültige Gestalt erhielt es 1860–1880 nach dem Anbau von zwei Seitenflügeln und zwei gotischen Erkern. „Steinort – die große Wildnis am See", schrieb *Marion Gräfin Dönhoff* (1909–2002) in den Erinnerungen an ihre „Kindheit in Ostpreußen", „war ein sagenumwobener Ort. Nicht nur, dass es dort – wie übrigens in jedem besseren Schloss in Ostpreußen – spukte, auch der See mit den vielen abenteuerlichen Geschichten, die die Fischer zu berichten wussten, sowie die Einsamkeit der Wälder, überhaupt der Natur, gab den lustigen Tagen dort eine unheimliche, fast magische Note. Natürlich spielte der Mauer-See, dieses Paradies nicht nur der Wasservögel, sondern aller Vögel, eine riesige Rolle."

Wohl der kauzigste Schlossherr war *Carol Meinhard Graf von Lehndorff. Marion Dönhoff* beschrieb ihren Onkel als jemanden, der es liebte, hinter vorgezogenen Vorhängen seine Bude einstauben zu lassen und kräftige Trinkgelage zu halten. Er verstarb 1936, doch vorher musste er noch die neuen Herren in Deutschland begrüßen. Aufgefordert, vom Balkon herab eine Rede an seinen „Führer" zu halten, rief der alte Mann: „Heil ...? Donnerwetter, wie heißt der Kerl doch gleich? ... Na, denn Waidmannsheil!"

Als letzter gräflicher Herr auf dem Schloss und Verwalter der Lehndorffschen Güter ging *Marion Dönhoffs* Cousin und Freund in Kinderjahren *Heinrich „Heini" Graf Lehndorff* (1909–1944) in die Geschichte ein. Maßgeblich am Attentat auf *Adolf Hitler* am 20. Juli 1944 in der Wolfsschanze beteiligt, wurde er am 4. September 1944 in Berlin-Plötzensee hingerichtet. Die bekannteste seiner vier Töchter ist übrigens *Vera „Veruschka" Lehndorff* (*1939), die in den 1960er Jahren zum ersten Supermodel der Bundesrepublik aufstieg.

Die drei- bis vierhundertjährigen Eichen von Sztynort stehen inzwischen unter Naturschutz, doch von der einstigen Parkanlage im englischen Landschaftsstil ist kaum noch etwas übrig geblieben. Auch das Schloss befindet sich in einem jammerwürdigen Zustand. Seit vielen Jahren sind die verwaisten Gemäuer Wind und Wetter ausgesetzt und verfallen zusehends. Der Investor, der Anfang des dritten Jahrtausends die schicke Marina am Dargin-See baute und in den alten Mauern ein Schlosshotel projektierte, war angesichts der Größe der Aufgabe überfordert. Die Herausforderung übernahm anschließend die 2007gegründete **Deutsch-Polnische Stiftung Kulturpflege und Denkmalschutz.** Sie engagiert sich für die Rettung von Schloss Steinort vor dem Verfall und sammelt Gelder und Unterstützer, damit es einmal wieder in neuem Glanz erstrahlen kann.

Der Schlossruine zu Füßen erstreckt sich am Seeufer eine moderne Marina mit Wassertankstelle, Einkaufsgelegenheit, Gastronomie und elegantem Hotel, das in einem 300-jährigen, zum Schloss gehörenden, schön restaurierten Wirtschaftsgebäude eröffnet hat.

Praktische Tipps

Unterkunft und Gastronomie

• **Gospoda Sztynorcka**€€ (Steinorter Gasthof), Sztynort 10, 11-600 Węgorzewo, Tel. (087) 4275181. In einem ehemaligen Wirtschaftsgebäude von Schloss Steinort, die Zimmer modern ausgestattet, mit Restaurant, Bar und im Keller einer Weinstube. Ungefähr 200 Zł.

Mamerki

↗ IX/C2

Zwar weniger bekannt als die Wolfsschanze, aber wesentlich besser erhalten ist die **Bunkeranlage** des deutschen Oberkommandos des Heeres (OKH). Acht Kilometer südwestlich von Węgorzewo und etwa 18 Kilometer nordöstlich der Wolfsschanze dehnt sich die 1940–1944 mit rund 250 Objekten für 40 Generäle, 1500 Offiziere und Wehrmachtsoldaten errichtete Anlage mit dem Decknamen **Mauerwald** aus – eine damals stacheldrahtumzogene, mit Meergras und Moosen getarnte Bunkerstadt, die in den Stahlbetonwänden sogar über Post, Kino und Krankenhaus verfügte.

30 Luftschutzbunker sind erhalten geblieben, der größte von ihnen misst 25 Meter Länge und sieben Meter dicke Mauern und Decken. Im Januar 1945 wurde Mauerwald kampflos von der Wehrmacht geräumt, weshalb die Anlage zu den besterhaltenen deutschen Bunkerkomplexen des Zweiten Weltkriegs zählt. Etwa 50 Hektar der Anlage kann man besichtigen.

Anfahrt: ca. sechs Kilometer westlich von Węgorzewo südlich in die schmale Landstraße via Sztynort einbiegen, kurz nach dem Masurischen Kanal (Kanal Mazurskie) liegt linker Hand ein Waldparkplatz mit dem Eingang zum Bunkergelände.

● **Mamerki/Mauerwald,** Karolewo 22/33, 11-400 Kętrzyn, Tel. (089) 7524283, www.mamerki.com, Mai–Okt. tgl. 8–20 Uhr.

Węgorzewo

↗ IX/C2

Nördliches Urlauberzentrum an den Großen Masurischen Seen ist die 12.000 Einwohner große Stadt Węgorzewo **(Angerburg).** 20 Kilometer unterhalb der russischen Grenze, am Oberlauf der Węgorapa (Angerapp), liegt sie nur einen Steinwurf vom Mamry- und Święcajty-See (Schwenzait-See) entfernt. Irgendwo hier soll unter dem Hochmeister des Deutschen Ordens, *Dietrich von Altenburg,* 1335 eine erste hölzerne Wehranlage errichtet worden sein. Nach ihrer Zerstörung durch die Litauer 1365 erbaute man gegen Ende des 14. Jahrhunderts eine steinerne Burg, um die herum sich schnell eine Siedlung entwickelte. 1571 wurden Angerburg, das die Masuren Wegobork nannten, die Stadtrechte zuteil. Angerburg litt wie die anderen masurischen Städte unter den Tatareneinfällen, der Pest sowie den Verwüstungen, die der Schwedisch-Polnische Krieg mit sich brachte.

Glücklichere Zeiten brachen dann im 19. Jahrhundert an. Bereits 1827 wurde ein Postamt eröffnet, zwei Jahre später folgte ein Lehrerseminar, und ab 1862 entstanden die ersten Pläne zum **Masurischen Kanal (Kanal Mazurski).** Mit über 50 Kilometern Länge sollte er die Großen Masurischen Seen über den Pregel mit der Ostsee verbinden. 1911 begannen die Bauarbeiten, die, nach knapp drei Jahren mit Ausbruch des Ersten Weltkriegs wieder eingestellt, erst 1934 fortgesetzt wurden. Nach dem Zweiten Weltkrieg und der seither nahen russischen Grenze verlor das Projekt seine wirtschaftliche Bedeutung. Die verbliebenen 22 Wasserkilometer auf polnischem Staatsgebiet, an deren Ende der Kanal Mazurski westlich von Węgorzewo in den Mamry-See einmündet, dienen heute ausschließlich dem Paddelvergnügen.

Im Zweiten Weltkrieg wurden 80 Prozent der historischen Bausubstanz Węgorzewos zerstört. In der wiederaufgebauten Ordensburg am Młyński-Kanal befanden sich bis 2006 kommunale Einrichtungen, heute ist das als Burg nicht mehr erkennbare Bauwerk in privater Hand. Die nahebei auf einer kleinen Anhöhe hinter dem zentralen Plac Wolności (Frei-

246po Foto: kj

heitsplatz) thronende **Kirche Peter und Paul** (Kościół św. Piotra i Pawła) wurde an Stelle einer Vorgängerin von 1605 bis 1611 - noch im gotischen Stil - erbaut. 1729 um Querflügel erweitert, erhöhte man zwölf Jahre später den Turm und setzte ihm 1826 eine Haube auf. An Schätzen birgt das Gotteshaus einen Barockaltar aus dem Jahr 1652, eine 1610–1620 geschnitzte Kanzel, zwei Beichtstühle von 1696 und 1715 sowie als kostbarstes Stück die 1647/48 von *Joachim Thiele* aus Rastenburg gebaute älteste Orgel Masurens.

Am Stadthafen an der Węgorapa wartet das **Volkskulturmuseum** (Muzeum Kultury Ludowej) auf einen Besuch. Im Gebäude und im angeschlossenen ethnografischen Garten sind historische regionale Haushaltsgeräte, Keramik, Skulpturen und Trachten ausgestellt, in den Werkstätten kann man bei Festen und an anderen besonderen Tagen den Handwerkern beim traditionellen Weben, Töpfern und Korbflechten zusehen.

Bereits 1856 schipperten die ersten Liniendampfschiffe zwischen Angerburg und dem Wasserverkehrsknotenpunkt Lötzen (Giżycko) hin und her. Zwischen den Weltkriegen entwickelte sich die Stadt zu einem beliebten **Segelsportzentrum.** Und das ist sie

Die Marina von Węgorzewo

bis heute geblieben. Zahllose Segelboote auf den Gewässern und die vielen Segler, die hier an Land gehen, um sich zu verproviantieren, prägen die Atmosphäre.

Ein anderer Anziehungspunkt ist die frühere **Jägerhöhe** über dem Ufer des Święcajty-Sees. Ein kleiner Soldatenfriedhof aus dem Ersten Weltkrieg erstreckt sich dort unter alten, hohen Kiefern. Aber nicht zum Gedenken spazieren die Touristen mit Picknickkörben herbei, sondern vor allem wegen der traumhaften Lage. Im Anschluss an einen Spaziergang am Ufer des Święcajty-Sees bietet die Anhöhe kurz nach dem Ortsausgang Richtung Giżycko eine fantastische Aussicht auf die weiten Wasserflächen.

Praktische Tipps

Information

- **Touristeninformation,** pl. Wolności 11, 11-600 Węgorzewo, Tel. (087) 4274009, Mitte Juni bis Mitte Sept. Mo–Fr 9–17 Uhr, Sa 10–16 Uhr, So 10–14, außerhalb der Saison Mo–Fr 9–16 Uhr.
- **Homepage** von Węgorzewo: www.wegorzewo.pl.

Unterkunft und Gastronomie

- **Zimmervermittlung** in der Touristeninformation.
- **Pensjonat Nautic**€€€, ul. Słowackiego 14, 11-600 Węgorzewo, Tel. (087) 4272080, www.nautic.pl. Große gutbürgerliche Pension im Ortszentrum nahe Stadthafen, mit kleinem Pool, Café und mehreren Sonnenterrassen, Fahrrad- und Wassersportgeräteverleih.
- **Feriendorf Mamry**€€, Trygort 132, 11-600 Węgorzewo, Tel. (087) 4270343, www.sealand-travel.de. Aus dem Pensjonat Aniata hervorgegangene kleine Ferienanlage mit bunten skandinavischen Holzhäuschen, ca. vier Kilometer westlich von Węgorzewo nahe dem Örtchen Trygort in traumhaft schöner Lage auf einer kleinen Halbinsel direkt am Mamry-See, mit Badestrand, Bootsanleger und Wassersportgeräteverleih. Das Restaurant Góra Wiatrów bereitet köstliche polnische Hausmannskost zu.
- **Keja Tawerna,** ul. Braci Ejsmontów 2, 11-600 Węgorzewo, Tel. (087) 4271843, www.keja.com.pl. Rustikal mit Holztischen und -bänken ausstaffierte Seemannskneipe im modernen Keja-Jachthafen neben dem Hafenamt; auf den Tisch kommen altpolnische Suppen, gebratener frischer Fisch in allen Variationen und deftige Fleischgerichte vom Grill, dann und wann begleitet von einem Shanty-Konzert.

Camping

- **Camping Nr. 175 Rusałka,** ul. Leśna 2, 11-600 Węgorzewo, Tel. (087) 4272049, www.cmazur.pl. Schöner Platz unter hohen Kiefern in leichter Hanglage vier Kilometer südlich am Święcajty-See, einfaches Sanitär, mit Gaststätte, Badewiese und Wassersportgeräteverleih. Mai–Sept.

Jugendherberge

- **JH,** ul. Prusa 10, 11-600 Węgorzewo, Tel. (087) 4722367, Juli/Aug.

Museen und andere Sehenswürdigkeiten

- **Volkskulturmuseum** (Muzeum Kultury Ludowej), ul. Portowa 1, Mitte Juni bis Mitte Sept. tgl. 10–18 Uhr, sonst Mo–Fr 8–16 Uhr, Sa/So 10–15 Uhr.

Aktivitäten

- **Kreuzfahrten** mit den Schiffen der Weißen Flotte Masuren (Żegluga Mazurska) über den Mamry-See, ab Anlegestelle Węgorzewo, Bulwar Loir et Cher, Juni–Sept. tgl. 13 und 15 Uhr.
- **Wassersportgeräteverleih:** auf dem Campingplatz Rusałka (↗ oben).

Giżycko

↗ IX/C3

Was Mikołajki für die Region der südlichen Großen Seen darstellt, bedeutet Giżycko **(Lötzen)** für die nördliche. Die 30.000-Einwohner-Stadt ist das größte **touristische Zentrum** und der wichtigste **Wasserverkehrsknotenpunkt** weit und breit. Schon seit dem 18. Jahrhundert sind die Seen von Węgorzewo ganz oben im Norden bis Ruciane-Nida ganz unten im Süden durch Flüsse und Kanäle miteinander verbunden. Bereits im 13. Jahrhundert entstand an einer der schmalsten Passagen und damit lukrativsten Zollsperren auf dem Weg von Norden nach Süden zwischen dem Niegocin-See (Löwentin-See) und dem Kisajno-See (Kissain-See) ein von den Deutschordensrittern errichtetes festes Haus. 1365 von den Litauern zerstört, erbaute man 1390 nicht weit entfernt eine Ordensburg. Ein halbes Jahrhundert zuvor hatten sich bereits die ersten Siedler niedergelassen, und 1612 erhielt Lötzen, wie es die deutschsprachigen, bzw. Lec, wie es die polnischsprachigen Einwohner nannten, das Stadtprivileg.

So verläuft die Geschichte der Stadt mit den drei Brassen im Wappen zunächst nicht anders als die aller anderen Orte in der Region. Tatarenüberfälle und der Schwedisch-Polnische Krieg werden verwunden, und der Eisenbahnanschluss 1868 bringt erstmals einen spürbaren ökonomischen Aufschwung. 1890 aber werden dann neue Wege beschritten. Es gründet sich die „Gesellschaft zur Erleichterung des Personenverkehrs auf den Masurischen Seen", zwei Jahre später benennt sich die Schifffahrtslinie in „Masurische Dampferkompagnie Lötzen" um – und das kleine Städtchen zwischen den Seen entwickelt sich zur führenden Sommerfrische Masurens.

In den 1920er Jahren entstanden am Löwentin-See ein Strandbad, Gaststätten, Segel- und Ruderklubs, und seitdem ist der Ort einer der größten Freizeithäfen Masurens. Heute stehen den Hobbyskippern über 20 Marinas mit rund 1200 Liegeplätzen in Giżycko und der näheren Umgebung zur Verfügung. Eine Vielzahl von Hotels und Privatquartieren, Sport- und Freizeiteinrichtungen und natürlich die große Urlauberschar rund ums Jahr prägen das quirlige, weltoffene Stadtleben.

Während der klirrend kalten masurischen Winter bevölkern Eissegler die zugefrorenen Seen. Schon seit den 1920er Jahren wird auf dem Kisajno-See und dem Niegocin-See Eissegeln betrieben. Noch mehr Segelschiffe gehen im Sommer vor Anker. Denn ob es sich nun um kleine Ein-Personen-Optimisten, windschnittige Jollen oder auch stattliche Jachten handelt – ein jeder, der die insgesamt 171 Kilometer lange Bootspartie über die Großen Masurischen Seen unternimmt, schaut in Giżycko vorbei. Aber nicht nur für Segler, auch für Paddler und Radler ist bestens gesorgt. Ausgewiesene Wasserwanderwege, die man in einem Tagesausflug erpaddeln kann, und Radwanderwege zwischen 25 und 70 Kilometern Länge führen von Giżycko aus in die schöne Umgebung.

Aufgrund der strategisch wichtigen Lage wurde auf dem schmalen Landstrich zwischen Kisajno- und Niegocin-See 1843–1851 die **Festung Boyen** errichtet, so benannt nach dem preußischen General der Befreiungskriege *Hermann von Boyen* (1771–1848). Lange Zeit fristete das sternförmige Backsteinfort mit seinen Wällen und Mauern ein verborgenes Dasein, bis die 1993 gegründete Gesellschaft der Freunde der Festung Boyen sie

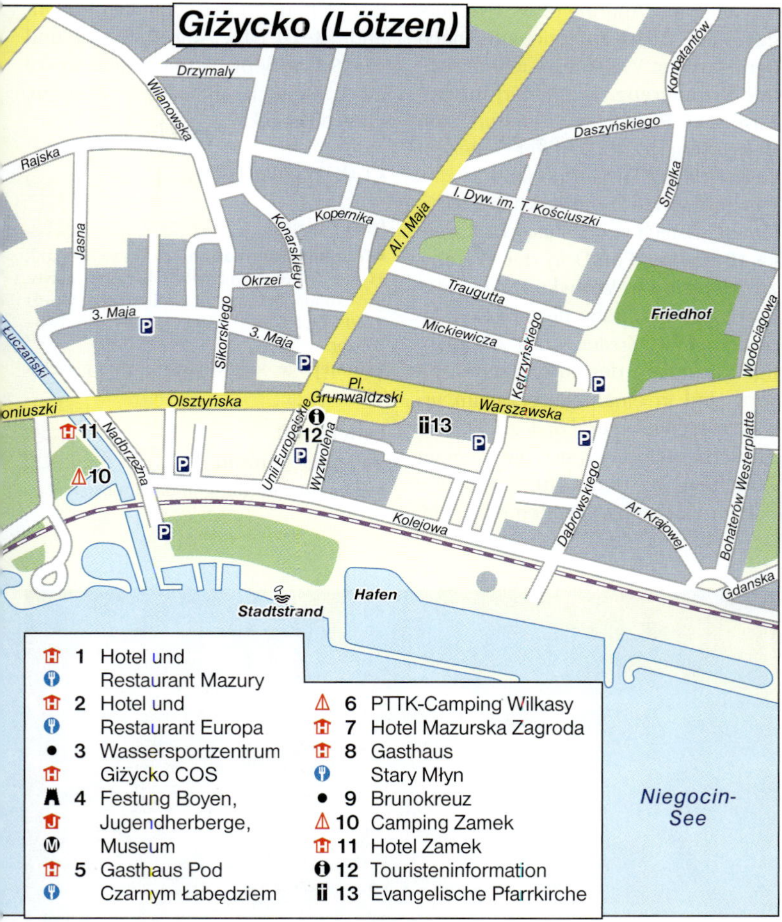

restaurierte und dem Fremdenverkehr zugänglich machte. Ein Café, eine Freilichtbühne, eine Jugendherberge und ein Museum, das über die Stadt und die alte Militärfeste informiert, sind dort untergebracht.

Schinkel-Jünger werden die 1826/27 nach Plänen der Berliner Oberbaudeputation unter Leitung des großen Baumeisters Preußens, *Karl Friedrich Schinkel*, errichtete **Evangelische Pfarrkirche** würdigen. Katholiken verehren das auf einer Anhöhe über dem Niegocin-See 1910 aufgerichtete, nach dem Zweiten Weltkrieg wiedererrichtete **Brunokreuz.** Es erinnert an den Missionar *Bruno von Querfurt* (um 974–1009), der 1009 in der Nähe von Giżycko den Märtyrertod fand.

Naturfreunde kommen knapp 20 Kilometer östlich in der **Puszcza Borecka (Borkener Forst)** in der **Wisentzuchtstation** in **Wolisko** (Stacja Hodowli Żubrów) nahe dem Flecken Lipowo auf ihre Kosten. Über 70 prächtige Exemplare der Europäischen Bisons sind in einem Reservat im urwaldartigen Borker Forst zu Hause. Am schönsten lassen sich die scheuen Zotteltiere zu den Fütterungszeiten bei der Station beobachten (Mai/Juni 8–10 Uhr und 18–20 Uhr, Juli 7–9 Uhr und 18–20 Uhr, Aug. 7–9 Uhr und 17–19 Uhr, Sept. 8–10 Uhr und 16–18 Uhr), ⇗ auch „Buckliges Masuren, Puszca Borecka".

Praktische Tipps

Information

- **Touristeninformation,** ul. Wyzwolenia 2, 11-500 Giżycko, Tel. (087) 4285265, www.gizycko.turystyka.pl, Juni–Mitte Sept. Mo–Fr 9–18 Uhr, Sa/So 10–16 Uhr, sonst Mo–Fr 8–16 Uhr.
- **Homepage** von Giżycko: www.gizycko.com.pl.

Unterkunft und Gastronomie

- **Zimmervermittlung** in der Touristeninformation.

188po Foto: kj

• **Hotel Europa**€€€, al. Wojska Polskiego 37, 11-500 Giżycko, Tel. (087) 4293001-03, www.hoteleuropa-gizycko.pl. Postmodernes Bauwerk mit 30 Komfortzimmern unmittelbar am Ufer des Kisajno-Sees. Mit Restaurant und eigenem Bootsanleger.

• **Hotel Mazury**€€€, al. Wojska Polskiego 56, 11-500 Giżycko, Tel. (087) 4284699, www.hotelmazury.pl. Großes Haus mit 47 Zimmern gegenüber dem Hotel Europa am Kisajno-See. Mit Bar und Restaurant, man spricht deutsch.

• **Hotel Mazurska Zagroda**€€ (Masurischer Hof), 11-511 Rydzewo, Tel. (087) 4211253, www.mz.mazury.com.pl. Lauschiger, weinumrankter Gasthof neun Kilometer südlich von Giżycko in Rydzewo am Niegocin-See, die Zimmer im Landhausstil.

• **Hotel Zamek**€€, ul. Moniuszki 1, 11-500 Giżycko, Tel. (087) 4283410, www.cmazur.pl. Freundliches kleines Mittelklassehaus in zentraler Lage am Segelhafen.

• **Wassersportzentrum Giżycko COS**€ (Centralny Ośrodek Sportu), ul. Moniuszki 22, 11-500 Giżycko, Tel. (087) 4282335, www.gizycko.cos.pl. Große Anlage am Kisajno-See, mit einfachem Hotel und postmodernen Schwarzwaldhäuschen, Wassersportgerätverleih und Badestrand.

• **Gasthaus Pod Czarnym Łabędziem**€€€ (Zum schwarzen Schwan), ul. Mazurska 98, 11-511 Rydzewo, Tel. (087) 4211252, www.gospoda.pl. Schönes Fachwerkhaus mit Bootsanleger und Seeterrasse auf einer kleinen Landzunge zwischen Niegocin- und Boczne-See; das Restaurant, liebevoll mit Antiquitäten der Region eingerichtet, serviert traditionelle polnische, litauische und regionale Köstlichkeiten. Wer möchte, kann dort auch übernachten oder seine Textilhütte auf dem angeschlossenen Campingplatz aufschlagen (ca. neun Kilometer südlich von Giżycko beim Flecken Rydzewo).

• **Gasthaus Stary Młyn**€€ (Alte Mühle), Upałty 2 (sechs Kilometer südöstlich von Giżycko), 11-500 Giżycko, Tel. (087) 4292718, http://karczma-upalty.com. Das rustikale Restaurant in einer restaurierten 100-jährigen Mühle im Weiler Upałty bietet altpolnische Küche, insbesondere deftige Gerichte vom Schwein, und als besondere Spezialität Met (Honigwein). Zum Übernachten stehen drei Doppelzimmer und ein Vierbettzimmer im schnörkellosen Landhausstil zur Verfügung.

Camping

• **Camping Zamek,** ul. Moniuszki 1, 11-500 Giżycko, Tel. (087) 4283410, www.cmazur.pl. Einfacher, aber zentraler Platz neben dem Hotel Zamek. Juni–Sept.

• **PTTK-Camping Wilkasy,** ul. Niegocińska 1, 11-532 Wilkasy, Tel. (087) 4280078, www.pttkwilkasy.pl. Sechs Kilometer südlich von Giżycko im nicht so schönen Örtchen Wilkasy, dafür aber sehr schön am See gelegen; mit Ferienhütten, Gaststätte und Wassersportgeräteverleih. Mai–Sept.

Jugendherberge

• **JH,** in der Feste Boyen (Schronisko w Twierdzu Boyen), ul. Turystyczna 1, 11-500 Giżycko, Tel. (087) 4288393. Mai–Sept.

Aktivitäten

• **Dampferfahrten** in alle vier Himmelsrichtungen über die Großen Masurischen Seen mit Schiffen der Weißen Flotte Masuren (Żegluga Mazurski). Info und Kartenverkauf im Hafen Giżycko, ul. Kolejowa 8, Tel. (087) 4285278, www.zeglugamazurska.com.pl; Abfahrt ebendort Juni–Sept. tgl. 9–18 Uhr etwa im 30-Minuten-Takt.

• **Wassersportgeräteverleih,** am PTTK-Camping Wilkasy (↗„Camping"); im Wassersportzentrum COS (↗„Unterkunft").

• **Baden,** am Stadtstrand im Zentrum von Giżycko am Nordufer des Niegocin-Sees.

Wisente lassen sich in der Zuchtstation in Wolisko beobachten

Der Storch

„Störche zwischen den Herden stolzierend, Störche im Flug, Störche auf dem Dachfirst, sich wie Denkmäler vom Himmel abhebend." So beschreibt *Arno Surminski* in seinem rührenden Liebesroman „Polniken" die Landschaft Masurens, und wahrhaftig ließe sich Meister Adebar beinahe als **hiesiges Haustier** betrachten, flöge er nicht Mitte August schon wieder davon. Wenn **Wojtek** (Adalbert), wie man den Storch in Masuren nennt, sein stattliches Nest auf dem Dachfirst baut, freut sich der Bauer, denn es bedeutet, dass sein Haus nicht vom Blitz getroffen wird. Niemals baut der große weiße Schreitvogel mit den am Ende schwarz eingefärbten Schwingen seinen Horst an Orten, wo sich unterirdische Wasserläufe kreuzen und deshalb Blitze einschlagen könnten. Auch ist der Storch ein treuer Gevatter. Nach seinem Winterausflug nach Afrika kehrt er in sein **angestammtes Nest** in seinem Heimatort zurück. Dort legt die Storchendame bis zu vier Eier ab, die von ihr und ihrem Gefährten arbeitsteilig während der folgenden 30 bis 35 Tage ausgebrütet werden. Besonders zur Paarungs- und Nistzeit ist die Luft von ihrem Schnabelklappern erfüllt, weshalb man sie ja auch „Klapperstörche" nennt. Laute gibt der Weißstorch keine von sich, er hat keine Stimme.

Dafür verfügt sein schwarzer, äußerst seltener Verwandter gleich über ein sehr umfangreiches Klapperklangrepertoire. In Po-

247po Foto: kj

len und dort überwiegend in Masuren existieren noch etwa 700 Schwarzstorchpaare – das ist beinahe die Hälfte der gesamten europäischen Population –, und während der Weißstorch die weiten Felder und ausgedehnten, offenen Feuchtgebiete liebt, scheut der **Schwarzstorch** die Menschen. Er fühlt sich in urwüchsigen, undurchdringlichen Waldlandschaften wohl und findet in Masuren deshalb noch ausreichenden Lebensraum.

Rund **200 Hektar Jagdrevier** braucht ein Storchenpaar, um seine hungrige **Brut** großzuziehen. Rund 400 Gramm Futter pro Kopf und Tag – das sind 15 kleine Mäuse oder 60 Regenwürmer – müssen für die kleinen Schnabulierer, die immerfort aufgeregt ihre langen, schmalen Hälse aus dem Horst herausstrecken, herbeigeschafft werden. Die Ende Mai geschlüpften Jungvögel fressen Würmer, Schnecken und Insekten, wohingegen die bis zu 110 Zentimeter großen Altvögel Mäuse, Fische und natürlich Frösche bevorzugen und mühelos auch einen ganzen Aal verschlingen können.

248po Foto: kj

Nahrungssuche im tiefen Gras

Störche im Nest

Mitte August beginnen die Störche sich auf den just abgeernteten Feldern für ihren **Abflug nach Afrika** zu sammeln. Hunderte der weißschwarzen Gesellen staksen dann über die Stoppeln, um hier oder da noch einen Happen als Wegzehrung für ihre lange Reise zu schnappen. Und so vertraulich, wie sie sich seit der Frühjahrszeit den Menschen gegenüber verhalten haben, sind sie mit einem Mal scheu und fliehen wie Rehe, sobald man sich ihnen auch nur auf 50 Meter annähert.

Anders als ihre westeuropäischen Kollegen, die im Frühherbst ihre Flugroute über Gibraltar nehmen, ziehen die masurischen Störche, wie alle anderen mittel- und osteuropäischen Storchenverbände, über den Bosporus, Kleinasien und das Rote Meer nach **Südafrika,** von wo aus sie, sobald der Winter vorüber ist, im darauf folgenden Jahr in ihre Sommerheimat zurückkehren.

251po Foto: kj

Buckliges Masuren

287po Foto: kj

288po Foto: kj

Glückliche masurische Kühe nebst Pferd

Federvieh beim Spaziergang

Ein kleiner „Buckel“ …

Überblick

Östlich des Mamry-Sees hebt sich plötzlich das Land. Wo soeben noch zierliche Anhöhen und Niederungen in sanften Wellen abwechselten, holt die Natur nun zu gewagteren Schwüngen aus, weshalb man die Landschaft jenseits der Großen Seen zwischen Olecko und Gołdap „Buckliges Masuren" **(Mazury Garbate)** nennt. Der höchste „Buckel" führt mit der Szeska Góra (Seesker Höhe) am Ostrand der Puszcza Borecka auf 309 Meter hinauf. Hier ist der nordöstlichste Punkt Masurens erreicht. In der Nähe von **Gołdap** (Goldap) hat man mit einem Sessellift sogar für alpinen Skisport gesorgt. Die Stadt deshalb als „Zakopane des Nordens" zu bezeichnen, wie es manchmal geschieht, ist dennoch ein bisschen zu gut gemeint. Der Piękna Góra, an dem sich im Buckligen Masuren die Brettelfans dem weißen Wintervergnügen hingeben, liegt gerade einmal 272 Meter über dem Meeresspiegel.

Anders als im Urlaubsparadies um die Großen Masurischen Seen finden nur wenige Touristen in dieses von stillen Wäldern, Sümpfen und Mooren durchzogene Land. In der urwaldartigen **Puszcza Borecka (Borkener Forst)** und der menschenleeren **Puszcza Romincka (Rominter Heide)** hat sich die Natur in ihr Recht gesetzt. Und mit einem einzigen Augenaufschlag wechselt auf einmal das Licht. Umspielten eben noch die Strahlen einer weichen, goldenen Sonne die Wälder und Seen und tauchten sie in zartes Pastell, öffnet sich nun mit gestochenen Farben der baltische Himmel: unendlich weit, klar, mit einem durchdringenden Blau, vor dem sich in kräftigen Konturen die Erde abhebt.

Östlich der Linie Gołdap, **Olecko** (Marggrabowa/Treuburg) und südlich der alten „Hauptstadt Masurens" **Ełk** (Lyck) an der Ełk-Seenplatte verlief bis zum Ende des Zweiten Weltkriegs die Grenze Ostpreußens und damit die deutsch-polnische Grenze. Mit Inkrafttreten der Gebiets- und Verwaltungsreform in Polen 1999, in deren Folge sich die Anzahl der Woiwodschaften von 49 auf 16 verringerte, wurde die alte Woiwodschaft Suwałki aufgelöst und ihre Westhälfte mit den Großen Masurischen Seen und der Region Gołdap/Olecko/Ełk der neuen Großwoiwodschaft Warmia-Mazury angegliedert, womit die neue Woiwodschaftsgrenze in etwa der historischen Grenze des alten Ostpreußen entspricht.

Puszcza Borecka ↗ X/A2

Kaum jemandem wird man auf Wanderungen durch die Puszcza Borecka **(Borkener Forst)** begegnen. In dem 250 Quadratkilometer großen Gebiet, das überwiegend mit Kiefer und Fichte und ein wenig mit Laubmischwald bewachsen ist, hausen im Dickicht zwischen Seen, Tümpeln und Mooren Marder und Iltis, Biber, Dachs und seltene Raubvögel. Sogar Wölfe wurden in der jüngsten Zeit wieder gesichtet.

Im Borecka-Urwald, über dem die sauberste Luft in ganz Polen gemessen wird, gibt es vier Reservate, in denen die Natur sich selbst überlassen ist. Mit Glück, Bedacht und vor allem viel, viel Geduld kann man vielleicht sogar eine Rotte **Wisente** beobachten. So ungetüm, wie die mächtigen Europäischen Wildrinder auch erscheinen, sind sie trotzdem sehr scheu und fliehen sofort, sobald sie die Witterung von Menschen aufnehmen. Anfang des 20. Jahrhunderts beinahe ausgestorben, widmete man sich im Białowieża-Nationalpark südöstlich von Białystok sehr frühzeitig der Wiederaufzucht dieser urtümlichen Viecher. 1956 wurde eine Gruppe Wisente von dort in ein weitläufiges Reservat in der Puszcza Borecka verbracht. Seitdem haben sie sich dort im Schutz der Wildnis fleißig vermehrt. Auf über 70 Wildrinder schätzt man heute den Bestand im Borkener Forst.

Am besten lassen sie sich in der **Wisentzuchtstation in Wolisko** (Stacja Hodowli Żubrów) zu den Fütterungszeiten beobachten.

● **Wisentzuchtstation** (Stacja Hodowli Żubrów) in Wolisko, nahe dem Flecken Lipowo; Fütterung Mai/Juni 8–10 Uhr und 18–20 Uhr, Juli 7–9 Uhr und 18–20 Uhr, Aug. 7–9 Uhr und 17–19 Uhr, Sept. 8–10 Uhr und 16–18 Uhr.

Gołdap

↗ X/A1

Zwischen den Urwäldern der Puszcza Borecka und der Puszcza Romincka liegt Gołdap **(Goldap),** 1570 gegründet, allein auf weiter Flur. Ganze vier Kilometer trennen die 12.000-Einwohner-Stadt von der Grenze zum russischen Bezirk Königsberg, die jahrzehntelang abgeriegelt war. Heute wird an der gut bewachten EU-Außengrenze vor allem ein kleiner Grenzverkehr abgewickelt. Ohne Visum von hüben nach drüben bewegt sich jedoch leider gar nichts, und der Schlagbaum bleibt auch weiterhin unten.

So abgelegen und durch die nahe Grenze benachteiligt, wird die Region dafür mit der saubersten Luft in ganz Polen entschädigt. 1945 zu mehr als 90 Prozent zerstört, wirbt die Stadt deshalb vor allem mit ihrer unverfälschten, gesunden Natur. Seit dem Jahr 2000 ist Gołdap **Kurort** – der einzige in der gesamten Woiwodschaft Warmia-Mazury –, wo mithilfe von Heilschlamm und Mineralwasser Beschwerden gelindert werden.

Einen Blick lohnt die aus dem späten 16. Jahrhundert stammende, 1981–1984 wieder aufgebaute **Marienkirche** (Kościół Naszej Marii Pannej), deren markanter Turm hinter dem großen zentralen Marktplatz aufragt. Im Norden der Stadt erstreckt sich bis zur Grenze der **Gołdap-See** mit Strand, schlichtem Campingplatz und anderen Sommerfreizeiteinrichtungen.

Im Süden der Stadt kommen am **Gołdapska Góra,** auch Piękna Góra (Schöner Berg) genannt, im Winter die

Die Marienkirche von Gołdap

Skihasen zum Zug. Ein Sessellift trägt sie auf den 272 Meter hohen Hausberg von Gołdap hinauf, von dessen Kuppe aus man zu jeder Jahreszeit eine schöne Aussicht über die liebliche Moränenlandschaft mit ihren Hügeln und Seen genießt.

Gut 25 Kilometer östlich liegt am Rand der Puszcza Romincka beim Örtchen **Stańczyki** die **höchste alte Bahnbrücke Polens.** Auf 150 Metern Länge verläuft die Zwillingsbrücke 36 Meter hoch über dem Tal. Die nördliche Brücke 1912–1914 und die südliche Brücke 1923–1926 erbaut, erinnern ihre Arkaden und Pfeiler an ein antikes römisches Viadukt. Dem Zugverkehr dient sie schon lange nicht mehr. Bereits 1945 wurden die Gleise von der Roten Armee demontiert. Seither fungiert sie als Sehenswürdigkeit Nr. 1 in der Region und wird neuerdings außerdem gerne von Bungee-Springern genutzt.

Praktische Tipps

Information

- **Touristeninformation,** plac Zwycięstwa 16, 19-500 Gołdap, Tel. (087) 6152090, www.turystykagoldap.pl, Juli/Aug. Mo–Fr 8–18 Uhr, Sa 9–14 Uhr, So 10–13 Uhr, sonst Mo–Fr 9–15 Uhr.
- **Homepage** von Gołdap: www.goldap.pl.

Unterkunft und Gastronomie

- **Zimmervermittlung** in der Touristeninformation.
- **Hotel Jurand**€€, ul. Stadionowa 3, 19-500 Gołdap, Tel. (087) 6154935, www.jurand.goldap.net. Gemütliche Fachwerkanlage, nördlich der Bahngleise nahe Sportstadion, zehn Minuten Spaziergang zum See, 15 Minuten ins Ortszentrum; das angeschlossene Restaurant serviert Spezialitäten der Region, z.B. Kartoffelkuchen oder „Kartacze" (Kartoffelklöße mit Fleisch).
- **Hotelik Gołdap**€, pl. Zwycięstwa 21, 19-500 Gołdap, Tel. (087) 6150461, www.hotelikgoldap.pl. Freundliches kleines Mittelklassehotel im Zentrum am Marktplatz.

Camping

- **Camping,** ul. Stadionowa 5a, 19-500 Gołdap, Tel. (087) 6150641. Schlichter Platz am Stadtstrand direkt am Gołdap-See, Mitte Mai bis Mitte Sept.

Aktivitäten

- **Baden,** am Stadtstrand am Gołdap-See (ul. Stadionowa).

Puszcza Romincka

↗ X/B1

Die Puszcza Romincka (**Rominter Heide**) ist vom schnurgeraden Grenzverlauf zum Oblast Kaliningrad (Bezirk Königsberg) durchschnitten, der größte Teil des 260 Quadratkilometer umfassenden Walds liegt jenseits der Grenze. Grenznahe Ortschaften gibt es keine, die damals dort ansässige Bevölkerung wurde nach 1945 vertrieben oder zwangsumgesiedelt. So konnte sich die Natur, von da an ungehindert durch Menschenhand, das Land vollständig zurückerobern. Elche, Wölfe, Luchse und Biber finden ideale Lebensbedingungen. Spaziergängern bietet die Rominter Heide Möglichkeiten zu ausgedehnten Wanderungen durch die weite, einsame Wildnis. Von der Gołdaper Tourismusorganisation wurden dafür einige Wanderwege unterschiedlicher Längen ausgewiesen.

Um nicht versehentlich nach **Russland** hineinzuspazieren, sollte man die **markierten Wege** besser nicht verlassen. Die Staatsgrenze besteht heute zwar nur noch aus einer in den Wald geschlagenen Schneise, und die Grenzpfähle im hohen Gras sind oft kaum noch auszumachen. Das unkontrollierte Einwandern nach Russland ist aber trotzdem verboten und kann teuer bestraft werden. Auch wenn Fuchs und Hase natürlich kein Visum verlangen.

Seit der Gründung des **Landschaftsparks Rominter Heide** (Park Krajobrazowy Puszczy Rominckiej) 1998 ist darüber hinaus das **Jagen** verboten. Jahrhundertelang war der Wald hochherrschaftliches Jagdrevier, preußische Könige und deutsche Kaiser gingen hier auf die Pirsch. Vor allem die kapitalen Geweihe der Rominter Rothirsche waren von jeher als Trophäen begehrt. Wilderei und seit dem Fall des Eisernen Vorhangs zunehmend auch Jagdtourismus hatten dem König unter den Hirschen in der Puszcza Romincka fast den Garaus gemacht. Mittlerweile konnte sich der Bestand dank Jagdverbot wieder erholen.

Olecko

↗ X/B3

Die Geschichte der 16.000 Einwohner zählenden Stadt Olecko (**Marggrabowa/Treuburg**) reicht bis ins 16. Jahrhundert zurück. Seinerzeit trafen sich hier zur Jagd die Cousins *Zygmunt II. August* (reg. 1548–1572), König von Polen, und *Albrecht von Brandenburg-Hohenzollern,* letzter Hochmeister des Deutschen Ordens vor dessen Säkularisierung und 1525–1568 erster Herrscher über das Herzogtum Preußen. In Erinnerung an diese nette Begegnung beschlossen die beiden Verwandten, hüben im Preußenland und drüben in Polen jeweils eine Stadt zu gründen. Also entstanden anno 1560 Marggrabowa (masurisch für „Markgrafenstadt") und 40 Kilometer weiter östlich Augustów. So erzählt die Sage.

Tatsächlich gibt es bis auf das Gründungsjahr keine historischen Anknüpfungspunkte für die hübsche Geschichte. 1560 erhielt die kleine Siedlung in der Wildnis am See, die man Marggrabowa nannte, Stadtrechte. Ta-

249po Foto: bm

tareneinfälle 1656/57, die große Pestepidemie 1709–1711 und immer wieder Stadtbrände setzten ihr zu. Den Namen „Treuburg" erhielt sie 1928, acht Jahre nach der Volksabstimmung der Masuren über ihre Staatzugehörigkeit zu Polen oder Deutschland. Nur zwei von knapp 29.000 Wahlberechtigten im Kreis hatten für Polen gestimmt, weshalb Marggrabowa als Dank für seine Treue zum Deutschen Reich in Treuburg umgetauft wurde. Die polnische Bevölkerung entschied sich 1945 für den Namen Olecko, der auf eine Jagdhütte an dieser Stelle im 16. Jahrhundert zurückgeht.

An der Ostgrenze Ostpreußens gelegen, wurde die Stadt gegen Ende des Zweiten Weltkriegs fast völlig zerstört, weshalb sie über keine nennenswerten Sehenswürdigkeiten verfügt. Am stolze sieben Hektar großen Marktplatz blieb das **Rathaus** aus der ersten Hälfte des 19. Jahrhunderts erhalten. Am Ufer des Olecko-Wielkie-Sees steht auf Höhe des Sportstadions noch die historische Badeanstalt.

Praktische Tipps

Information

- **Touristeninformation** im Kulturzentrum „Buckliges Masuren" (Regionalny Ośrodek Kultury w Olecku „Mazury Garbate"), plac Wolności 22 (am zentralen Marktplatz), 19-400 Olecko, Tel. (087) 5202059, Mo–Fr 8–16 Uhr.
- **Homepages** von Olecko: www.olecko.pl und www.olecko.com.

Unterkunft und Gastronomie

- **Zimmervermittlung** in der Touristeninformation.
- **Hotel Mazury**€€, ul. Gołdapska 10a, 19-400 Olecko, Tel./Fax (087) 5204050, www.mazury-centrum.com.pl. Große Villa am Parkrand, 300 Meter vom See und der Badeanstalt entfernt, funktionale Zimmerausstattung, mit angeschlossenem Restaurant.
- **Hotel Centrum**€, plac Wolności 8c, 19-400 Olecko, Tel./Fax (087) 5201200, www.mazury-centrum.com.pl. Die städtische Dependance des Hotels Mazury, postmodernes Haus am zentralen Marktplatz, die Zimmer funktional eingerichtet, mit Restaurant.
- **Bio-Landgut Marczak**€€, Giże 41, 19-411 Świętajno, Tel. (087) 5230266, www.ekoturystyka.com.pl. Traumhaft schön gelegener Hof auf einem 21 Hektar großen Gelände beim Weiler Giże, knapp sieben Kilometer südwestlich von Olecko; die behaglichen Gästezimmer befinden sich in zwei im Stil traditioneller masurischer Bauernhäuser errichteten Gebäude inmitten der großen gepflegten Gartenanlage am eigenen See, die Küche serviert regionale Spezialitäten von frischen Produkten aus dem eigenen biologischen Anbau. Die gesamte Anlage wird ökologisch geführt und wurde 2001 zum schönsten Bio-Hof Polens gekürt. Man spricht deutsch.

Das Bio-Landgut Marczak

Ełk

XX/B1-2, XXI/C1-2

„Denken Sie sich ein wie endgültig verschneites Land, lassen Sie die Schneefahnen mit dem Wind gehen, werfen Sie ein paar erschöpfte Krähen in die Luft, geben Sie unserem Winter alles, was er in seiner Unwirschheit beansprucht: harte, blinkende Eisflächen also, das Singen des Frostes und diese Starre im Schilf und in den glasierten Weiden."

So beschreibt *Siegfried Lenz* die masurischen Winter, vielleicht mit einem Blick auf seine Heimatstadt Lyck. 1926 wurde der Schriftsteller, der wie kein anderer den masurischen „Leutchen" ein literarisches Denkmal setzte, in der südöstlichsten Stadt des ehemaligen Ostpreußen geboren. Damals wie heute ist Ełk **(Lyck)** im Herzen der Ełk-Seenplatte (Pojezierze Ełckie) mit aktuell 55.000 Einwohnern die größte Stadt in Masuren und darüber hinaus ein Zentrum des Wassersports. Die Seen sind zwar nicht so groß, und die touristische Infrastruktur ist weniger entwickelt als an den benachbarten Großen Masurischen Seen, doch lässt sich dafür selbst während der Hochsaison, unterwegs auf den Gewässern, überall ein stilles Plätzchen finden.

Ende des 14. Jahrhunderts baute der Deutsche Orden auf der kleinen Insel im Ełckie-See ein „festes Haus". 1669 wurden Lyck die Stadtrechte zuteil, doch schon mit der Einrichtung der herzoglich-preußischen „Particular"-Schule 1587, die Eleven auf ein Studium an der Universität Königsberg vorbereitete, entwickelte sich die Stadt

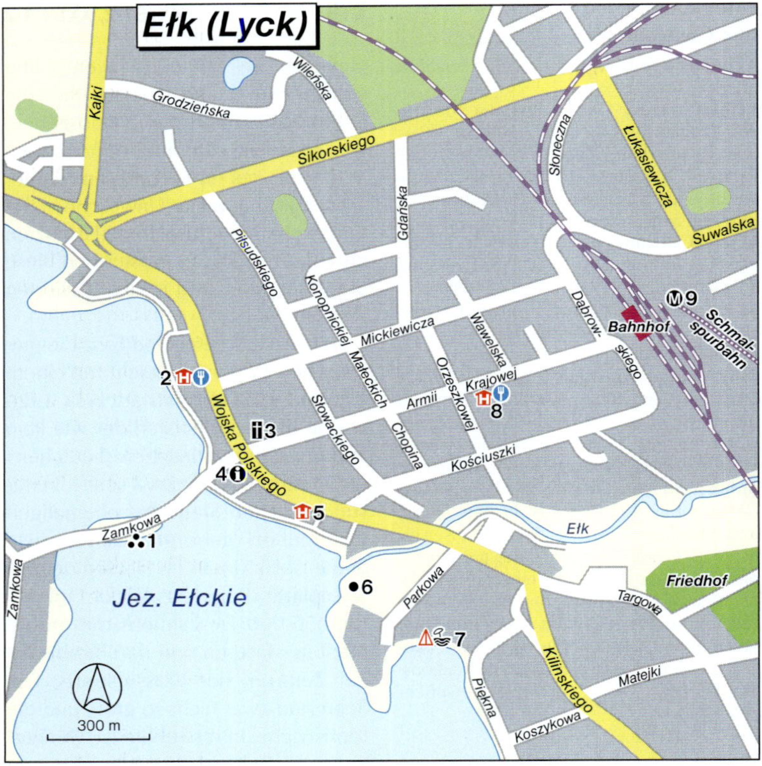

1 Ordensburg-Ruine	6 Städtisches Sport- und Erholungszentrum
2 Hotel und Restaurant Horeka	7 Camping Nr. 62 Ełk, Stadtstrand
3 Herz-Jesu-Kirche	8 Hotel und Restaurant Rydzewski
4 Touristeninformation	9 Schmalspurbahn-Museum
5 Pensjonacik Grażyna	

schnell zum geistigen und kulturellen Mittelpunkt im südlichen Ostpreußen. Der wirtschaftliche Aufschwung kam 1868 mit der für masurische Verhältnisse relativ frühen Anbindung an das Eisenbahnnetz, und mit Landratsamt, Landgericht und Gymnasium stieg Lyck zur heimlichen „Hauptstadt Masurens“ auf. Nur 18 Kilometer von der damaligen deutsch-polnischen Grenze entfernt, wurde sie gegen Ende des Zweiten Weltkriegs nahezu ausradiert.

So verfügt Ełk heute über keine nennenswerten Sehenswürdigkeiten mehr, das Stadtbild ist vergleichsweise wenig ansprechend. Doch ist in den vergangenen Jahren an der Promenade am Ełk-See auch manches Neue entstanden. Restaurants und Cafés haben eröffnet, die drinnen und draußen zum Speisen und Spazierensitzen einladen.

Die ursprünglich 1847–1850 im neugotischen Stil erbaute **Herz-Jesu-Kirche** (Kościół Najświętszego Serca Jezusowego) wurde 1914 im Ersten Weltkrieg zerstört und anschließend so wieder aufgebaut, wie man sie gegenwärtig erblickt. Vom Festen Haus auf der Insel im Lyck-See ist dagegen nicht sehr viel übrig geblieben. Bereits im 18. Jahrhundert wurde es teilweise abgetragen, von Ende des 19. Jahrhunderts bis 1976 dienten die restlichen Gemäuer als Gefängnis. Seit 1910 verbindet eine Brücke Insel und Seeufer.

Die Attraktion, die Ełk während der Sommermonate zu bieten hat, ist eine Ausflugspartie mit der **Schmalspurbahn.** In zwei Etappen wurde die Dampfeisenbahn mit 750 Millimeter Spurweite erbaut: zwischen 1910 und 1913 in südöstliche Richtung nach Zawady sowie in die nordöstliche nach Borzymy; von dort verlängerte man die Gleise 1917 bis nach Turowo. Nachdem die Schmalspurbahn lange Zeit stillgelegt war, geht es heute auf einem Teilabschnitt bis zum Weiler Sypitki wieder auf große Fahrt, im Juni immer samstags, im Juli/August mittwochs und samstags ab Bahnhof Ełk.

Auf Wunsch bieten die Polnischen Staatsbahnen auch Sonderfahrten mit den Dampfloks PX48 und Las an. Im Programm mit dabei sind Foto-Stopps und auch ein Picknick im Freien – eine nostalgische Tuckeltour wie vor vielen Jahrzehnten, oder wie sie *Arno Surminski* in seiner berühmten Erzählung „Die Reise nach Nikolaiken“ beschrieb: „Die Eisenbahn näherte sich mit Bedacht. Ihr größter Fehler war es, dass bei ihrem Anblick die Pferde durchgingen. Darum stahlen sich die Züge unauffällig durchs Land, nahmen gern die lieblichere Form der Kleinbahn an und vermieden unterwegs jedes Läuten und Pfeifen. Auch bewahrte sich die masurische Eisenbahn eine gewisse Beschaulichkeit dadurch, dass sie an Steigungen erschöpft stehenblieb und den Fahrgästen Gelegenheit gab, mit Wassereimerchen zum nahen See zu laufen, um Flüssigkeit für den Dampfkessel zu holen. Wintertags war sie oft bockig, wollte bei Stiehmwetter nicht fahren oder gab den Reisenden Zeit, sie aus Schneeschanzen zu befreien.“

Auf dem Kleinbahnhof präsentiert das Ełker **Schmalspurbahn-Museum** eine kleine Sammlung an historischen Lokomotiven, Waggons und Triebwagen. Die Kleinbahn-Anlagen befinden sich direkt östlich hinter den Normalspurgleisen am Bahnhof von Ełk.

In **Ostrykól (Ostrokollen),** ungefähr 20 Kilometer südlich von Ełk, steht eine der letzten authentischen **masurischen Holzkirchen.** Im Jahre 1667 dreischiffig mit Chor erbaut, birgt sie als Schätze einen Altar, eine Kanzel und einen Taufengel aus den Gründungsjahren.

250po Foto: ki

Praktische Tipps

Information

- **Touristeninformation,** ul. Wojska Polskiego 47, 19-300 Ełk, Tel. (087) 6217010, www.turystyka.elk.pl, Juni–Sept. tgl. 9–17 Uhr.
- **Homepage** von Ełk: www.elk.pl.

Unterkunft und Gastronomie

- **Hotel Rydzewski**€€, ul. Armii Krakowej 32, 19-300 Ełk, Tel. (087) 6218900, www.rydzewski.pl. Gepflegtes Mittelklassehotel im Zentrum von Ełk nahe Bus- und Hauptbahnhof; das Restaurant bietet polnische Spezialitäten und internationale Gerichte.
- **Hotel Horeka**€€, ul. Pułaskiego 11, 19-300 Ełk, Tel. (087) 6213767, www.horeka.elk.com.pl. Großes Fachwerkhaus an der Uferpromenade am Ełk-See, die Zimmer gediegen, das Restaurant und der Pub an der Seepromenade servieren polnische und masurische Küche.
- **Pensjonacik Grażyna**€€, ul. Nadjeziorna 11, 19-300 Ełk, Tel. (087) 6211700, www.grazyna.elk.com.pl. Freundliches, modernes Haus an der Uferpromenade am Ełk-See, die meisten Zimmer mit Balkon und Seeblick.

Im Schmalspurbahn-Museum von Ełk

Bunter Falter am Wegesrand

Camping

- **Camping Nr. 62 Ełk,** ul. Parkowa 9, 19-300 Ełk, Tel. (087) 6109700, www.mosir.elk.com.pl. Wiesenplatz am Stadtstrand, mit Gaststätte und Wassersportgeräteverleih. Juni bis Ende Aug.

Museen und andere Sehenswürdigkeiten

- **Schmalspurbahn-Museum** (Muzeum Ełckiej Kolei Wąskotorowej, EKW), ul. Wąski Tor 1 (am Bahnhof Ełk östlich der Bahngleise), tgl. 8–15 Uhr.

Aktivitäten

- **Ausflüge mit der Schmalspurbahn,** ab Schmalspurbahnmuseum, ul. Wąski Tor 1 (östlich der Bahngleise auf der dem Stadtzentrum abgewandten Seite vom Bahnhof), im Juni samstags, Juli/Aug. mittwochs und samstags Abfahrt 10 Uhr; Info am Bahnhof Ełk, Tel. (087) 6100000, www.mosir.elk.com.pl/ekw.
- **Baden** und **Wassersportgeräteverleih:** am Stadtstrand am Campingplatz, ul. Parkowa 9 (↗„Camping“); an der PTTK-Wasserstation, ul. Parkowa 8a, Tel. (087) 6103819.

289po Foto: ki

190po Foto: kj

Suwałki-Seenplatte

191po Foto: kj

290po Foto: kj

Das Kloster Wigry

Am Hańcza-See

Land der kristall'nen Seen

Überblick

Wenn der Liebe Gott, wie die Sage erzählt, seine letzten Perlen nach Masuren verstreute, sind ganz gewiss viele von ihnen in die **Suwalszczyzna,** die Region um die Städte Augustów und Suwałki, gekullert. Herrlich liegt das Land im äußersten nordöstlichsten Winkel Polens unter einem klaren, tiefblauen Himmel. Kleine Holzhäuschen in leuchtendem Gelb, Rot und dem typischen baltischen Blau, wie man sie im benachbarten Litauen findet, prägen das Bild, und abermals öffnet sich vor den Augen ein traumhafter Flickenteppich aus Wasser und Land.

Das schönste Gewässer ist der von dichten Kiefernwäldern gesäumte Wigry-See im Herzen des 14.840 Hektar umfassenden **Wigry-Nationalparks.** Über 750 Pflanzenarten hat man hier gezählt – Bäume, Sträucher, Moose, Flechten und Schilfrohr – die Hälfte aller in Polen unter Naturschutz stehenden Pflanzen. In den Wäldern leben Wölfe und Füchse, Rehe, Hirsche und Wildschweine, am Wasser Bisamratten, Flussotter und Biber, der bunte Eisvogel und der Auerhahn sind hier zu Hause, und in der Luft ziehen Seeadler und Fischadler ihre majestätischen Kreise.

Östlich von Augustów dehnt sich die **Puszcza Augustowska** aus, das größte zusammenhängende Waldgebiet Polens. Ihre zahlreichen Seen, durch die Flüsse Róspuda und Czarna Hańcza sowie den Augustów-Kanal miteinander verbunden, laden zu wildromantischen Paddeltouren ein.

Rund 200 Seen zählt man in der Region, die anders als Masuren nie zu Deutschland gehörte. Am Anfang der verbürgten Geschichte lebte in den Wäldern im Suwałki-Land der prußische Stamm der **Sudauen.** Im 13. Jahrhundert wurde er von den von Süden heraufdrängenden Heeren der polnischen Fürsten attackiert, von Westen her eroberten die deutschen Ordensritter das Land. Den Sudauen blieb das Schicksal ihrer prußischen Verwandten nicht erspart: Sie wurden unterworfen oder vernichtet. Im 15. Jahrhundert war die kriegerische Kolonisierung der Wildnis abgeschlossen.

Bis 1945 verlief östlich der Linie Gołdap/Olecko/Ełk mit wenigen Abänderungen die ostpreußische und damit deutsch-polnische Grenze. Masuren und das Gebiet zwischen **Suwałki** und **Augustów** gehörten 500 Jahre lang verschiedenen Ländern an, weshalb es hier auch keine nennenswerte deutsche Minderheit gibt. Im Dreiländereck Polen/Litauen/Weißrussland leben an religiösen und nationalen Minderheiten vielmehr noch etwa 3000 russische Altgläubige (Philipponen) sowie kleine litauische, russische und weißrussische Bevölkerungsgruppen.

Nach Ende des Zweiten Weltkriegs verloren die beiden Städte Augustów und Suwałki mit der polnischen Grenzverschiebung nach Westen den größten Teil ihres historischen Hinterlands, waren sozusagen von westlichen plötzlich zu östlichen Grenzstädten geworden. Ihr über die polnische Geschichte gewachsenes traditionelles Einzugsgebiet, das sich östlich bis Grodno ausdehnte, verleibte sich 1945 die Sowjetunion ein, seit der Auflösung des Sowjetimperiums gehört es zu Weißrussland. Suwałki wurde Woiwodschaftsstadt der gleichnamigen Woiwodschaft, die bis westlich der Großen Masurischen Seen reichte und infolge der Gebietsreform Anfang 1999 größtenteils in der Großwoiwodschaft Warmia-Mazury aufging. Die Region Suwalszczyzna mit den Städten Suwałki und Augustów im Zentrum ist seitdem Teil der Woiwodschaft Podlasien.

Augustów

↗ XXII/B1

Von drei Seen umgeben, dehnt sich am Rande der Puszcza Augustowska am Flüsschen Netta Augustów mit rund 30.000 Einwohnern aus. Seine Anfänge gehen auf *Zygmunt II. August* (reg. 1548–1572) zurück. Gemeinsam hatten der polnische König und sein Verwandter *Albrecht von Brandenburg-Hohenzollern* nach einem Jagdausflug 1560 die Gründung zweier Ortschaften beschlossen: westlich im Preußenland Marggrabowa (Olecko), und 40 Kilometer östlich in Polen Augustów – so berichtet die Sage, für die bisher aber noch niemand einen Beweis vorlegen konnte. Schön ist sie trotzdem, denn sie handelt von freundlichen familiären Beziehungen ebenso wie von Völkerverbundenheit. Und Tatsache ist: 1557 wurden Augustów von König *Zygmunt II. August* die Stadtrechte verliehen.

Nach Tatareneinfällen 1656/57, der Pest 1709–1711 und verheerenden Feuersbrünsten 1738 und 1766 brachen im 19. Jahrhundert mit dem Bau des **Augustów-Kanals** schließlich bessere Zeiten an. 1824 begannen die Bauarbeiten, 1839 konnte der Kanal eingeweiht werden. Fortan konnten die Schiffe auf der künstlichen Wasserstraße östlich nach Grodno zur Memel gelangen sowie mit einer Verbindung in südwestliche Richtung zur Biebrza und damit nach Warschau, was der gesamten Region einen wirtschaftlichen Aufschwung eintrug. Die Hoffnung, durch den Kanalbau günstiger zu transportieren, weil man zukünftig Ostpreußen und seine teuren Zollgebühren zur Ostsee umschiffen würde, erfüllte sich dagegen nicht.

Mit 18 Schleusen auf 102 Kilometern Länge seinerzeit von den Armee-Ingenieuren General *Malletskiego de Grandville* und Oberst *Ignacy Prądzyński* hauptverantwortlich konstruiert, gilt der Augustów-Kanal als eine Meisterleistung der damaligen Ingenieurbaukunst. 14 seiner 18 Schleusen befinden sich heute auf polnischem Staatsgebiet, die anderen vier liegen in Weißrussland. Im Wechsel mit kleinen Flüssen verknüpft die künstliche Wasserstraße 26 Seen und dient heute ausnahmslos der Freude der Segler und Paddler. Für Menschen, die per Bordcomputer ihre Boote über die Weltmeere steuern, könnte ein handbetriebenes Manöver in die absolut schmalen, altertümlichen Schleusen deshalb vielleicht eins ihrer größten Abenteuer sein.

Über die Seen und den Augustów-Kanal ist Augustów Ausgangspunkt der **Czarna-Hańcza-Paddelroute,** der nach der Krutynia-Route schönsten und beliebtesten Paddel-Strecke in Nordostpolen (↗ Exkurs „Wassertouren in Masuren"). Unmittelbar östlich der Stadt steuern die Wassersportler in die **Puszcza Augustowska** hinein. 1100 Quadratkilometer misst das **größte zusammenhängende Waldgebiet Polens.** Zwischen Kiefern und Fichten, Erlen, Birken und Wacholder liegen die stillen Seen, die der Kanal miteinander verbindet; und von Norden her schlängelt sich die Czarna Hańcza, nachdem sie aus dem Wigry-See im Nationalpark ausgeflossen ist, durch romantische Baumtunnel und bunte Feuchtwiesen hindurch ihrem Rendezvous mit dem Kanal entgegen.

Anfang der 1920er Jahre, als Wassersport zunehmend in Mode kam, avancierte Augustów dank seiner zauberhaften Seen-Umgebung zur beliebten **Sommerfrische** der Oberen Zehntausend Polens. Alle Warschauer, die etwas auf sich hielten, fuhren zum Kuren in den Ort am Rand des Augustowska-Urwalds. Während der Saison pendelte ein speziell eingerichteter Zug, der Luxtorpedo, zwischen der polnischen Hauptstadt und dem mondänen Augustów, der kleinen Stadt an den drei Seen Necko, Białe und Sajno. In den 1960er Jahren besann man sich auf diese Tradition und richtete, nun für die Erholung suchende arbeitende Bevölkerung, zahlreiche Urlaubs- und Betriebsferienheime ein. Ein kleines **Heimatmuseum** (Muzeum Ziemi Augustowskiej) zeigt historisches Handwerk, Fischerei- und Landwirtschaftsgeräte und informiert über die Geschichte von Stadt und Region. In einer Zweigstelle ist die Geschichte des Augustów-Kanals ausgestellt. Ansonsten besitzt der beliebte, quirlige Urlaubsort keine bedeutenden Sehenswürdigkeiten. Wohl aber verfügt er von Baden über Paddeln bis Segeln über eine Fülle von Wassersportmöglichkeiten, darunter eine ganz besondere Attraktion: den ersten **Wasserskilift** Polens, den man 1999 am Necko-See in Betrieb nahm.

Knapp zehn Kilometer östlich lockt im Weiler **Studzieniczna** am gleichnamigen See ein **Mariensanktuarium** zahlreiche Gläubige an. Bereits 1770 wurde bei einer heilkräftigen Quelle auf einem Eiland im See eine erste kleine Holzkapelle errichtet, und sogar bereits aus dem 17. Jahrhundert stammt das verehrte Bild der Gottesmutter von Studzieniczna, eine Kopie der Schwarzen Madonna von Tschenstochau. 1847 folgte die Holzkirche, mit drei wertvollen Altären und volkstümlicher Kunst ausgestattet, 1872 wurden die neuromanische Steinkapelle gebaut und bald darauf ein Damm zur Insel aufgeschüttet. Ein Wanderweg führt von Augustów aus durch den Wald und am Ufer des Białe-Sees entlang zum Heiligtum. Alternativ lässt es sich sehr schön mit den Ausflugsdampfern der Weißen Flotte ansteuern.

Praktische Tipps

Information

- **Touristeninformation,** Rynek Zygmunta Augusta 44 (gläserner Bau auf dem Marktplatz), 16-300 Augustów, Tel. (087) 6432883, in der Saison Mo–Fr 8–20 Uhr, Sa 10–18 Uhr, außerhalb der Saison Mo–Fr 8–16 Uhr.
- **Homepage** von Augustów: www.augustow.pl.

Unterkunft und Gastronomie

- **Zimmervermittlung** in der Touristeninformation.
- **Hotel Nad Netta**€€, ul. Portowa 3, 16-300 Augustów, Tel. (087) 6446154, www.nad-netta.pl. Gepflegtes Mittelklassehaus direkt an der Netta, hufeisenförmig um einen Minihafen für Wassertretboote gebaut, mit Restaurant.
- **Hotel Logos Dom Nauczyciela**€€, ul. 29 Listopada 9, 16-300 Augustów, Tel. (087) 643 2021, www.augustow-dn.pl. Schönes, schi-

252po Foto: kj

ckes Komforthotel, von der Straßenseite her nicht sonderlich ansprechend, aber zur Kanalseite hin, an der Mündung von Augustów- und Bystry-Kanal in die Netta, dafür umso eleganter. Im gepflegten Restaurant und draußen im Sommergarten genießt man regionale Gerichte und Fischspezialitäten, wie Zander in Speck gebacken, sowie litauische Küche, bspw. Kibinai (Teigtaschen mit Lammfleischfüllung).

- **PTTK-Wassersportzentrum**€, ul. Nadrzeczna 70a, 16-300 Augustów, Tel. 6433850, www.szekla.pl. In Augustóws Segelhafen mit großer Marina an der Mündung der Netta in den Necko-See dreht sich alles um Segeln und Paddeln, die Zimmer preisgünstig und schlicht, Dusche/WC auf dem Gang, mit Gaststätte.

Der Marktplatz von Augustów

- **Restaurant und Pub Maska,** Rynek Zygmunta Augusta 40, 16-300 Augustów, Tel. (087) 6447213, www.maska.augustow.pl. Verfeinerte polnische Küche sowie Pasta und internationale Salatzubereitungen am zentralen Marktplatz.

Camping

- **Camping Necko,** ul. Sportowa 1, 16-300 Augustów, Tel. (0603) 378903, www.necko.pl. Wiesenplatz am Ostufer des Necko-Sees, ungefähr zwei Kilometer nördlich von Augustów an der Straße nach Suwałki, mit Ferienhütten, eigenem Badestrand und Bootsverleih.

Museen und andere Sehenswürdigkeiten

- **Heimatmuseum,** ul. Hoża 7, Mai–Sept. Di–So 9–16 Uhr.
- **Augustów-Kanal-Museum,** ul. 29 Listopada 5a, Mai–Sept. Di–So 9–16 Uhr.

Aktivitäten

- **Ausflugsfahrten** mit der Weißen Flotte (Żegluga Augustowska) März–Okt. mehrmals tgl. ab 9.30 Uhr 1,5 Stunden über den Necko-See zum Rospuda-See und retour, 2,5 Stunden über den Białe-See nach Studzieniczna und zurück; ab Stadthafen, ul. 29 Listopada 7, Tel. (078) 6432881,www.zegluga augustowska.pl.
- **Wassersportgeräteverleih** im PTTK-Wassersportzentrum, ul. Nadrzencza 70a; in der Touristenagentur „Szot", ul. Konwaliowa 2, Tel. (087) 6446758, www.szot.pl, wo man auch geführte Paddelausflüge buchen kann.
- **Baden,** am großen Stadtstrand am Südostufer des Necko-Sees.

Suwałki

↗ XI/C2-3, D2

Die Erschließung der Wildnis im Suwałki-Land begann mit einem Geschenk. 1667 überließ König *Jan II. Kazimierz* (reg. 1648–1668) kamaldulensischen Mönchen den Urwald rund um den Fluss Czarna Hańcza. Im Herzen ihres neuen Besitzes legten die Ordensbrüder am Flussufer das Dorf Suwałki an, das 1690 aus ganzen zwei Bauernhäusern bestand, jedoch schnell wuchs und 1720 bereits die Stadtrechte erhielt. Nach dem Wiener Kongress 1815 dem russischen Zarenreich zugeschlagen, wurde Suwałki Garnisonsstadt und zugleich Kreisstadt. Nach der Gründung der Republik Polen 1918 zum zweiten Mal Kreisstadt und zum dritten Mal 1975, zählte Suwałki seinerzeit rund 30.000 Einwohner. Bis heute hat sich die Zahl mit 69.000 Einwohnern mehr als verdoppelt.

Ihr historisches Zentrum rund um den weiträumigen Plac Piłsudskiego ist durch hübsche spätklassizistische Bürgerhäuser geprägt. Unter ihnen fällt die strahlend weiße, mit einem prächtigen Portal versehene **Kirche St. Alexander** (Kościół św. Aleksandra) sofort ins Auge. Von 1820 bis 1829 nach einem Entwurf des bekannten Architekten des polnischen Klassizismus *Christian Piotr Aigner* (1756–1841) errichtet, erhielt sie nach Umgestaltungen 1842–1845 mit dem Anbau der Kapellen 1856 ihre gegenwärtige Gestalt.

Die Südseite des Platzes flankiert die kleinere, 1840–1845 nach Plänen *Enrico Marconis* (1792–1863) emporgewachsene **Herz-Jesu-Kirche** (Kościół pod wezwaniem Najświętszego Serca Pana Jezusa). Bis 1915 diente sie der orthodoxen Gemeinde.

Gegenüber erheben sich die beiden schönsten Profangebäude am Platz: das zwischen 1842 und 1844 entstandene klassizistische **Rathaus,** unschwer an seinem Uhrenturm auszumachen, und nebenan das ebenfalls im Stil des Klassizismus 1843–1846 nach Plänen *Antonio Corazzis* erbaute **Gymnasium.** Es trägt den Namen der in Suwałki geborenen Dichterin *Maria Konopnicka* (1842–1910). 1842 erblickte die Patriotin, aus deren Feder in der Teilungszeit die Zeilen der „Rota", der heimlichen polnischen Nationalhymne, flossen, nur ein paar Schritte entfernt in einem kleinen Bürgerhaus in der ul. Kościuszki 31 das Licht der Welt. Heute widmet sich dort ein Museum ihrem Leben und Werk.

Ebenfalls in der ul. Kościuszki befindet sich das **Bezirksmuseum,** das eine

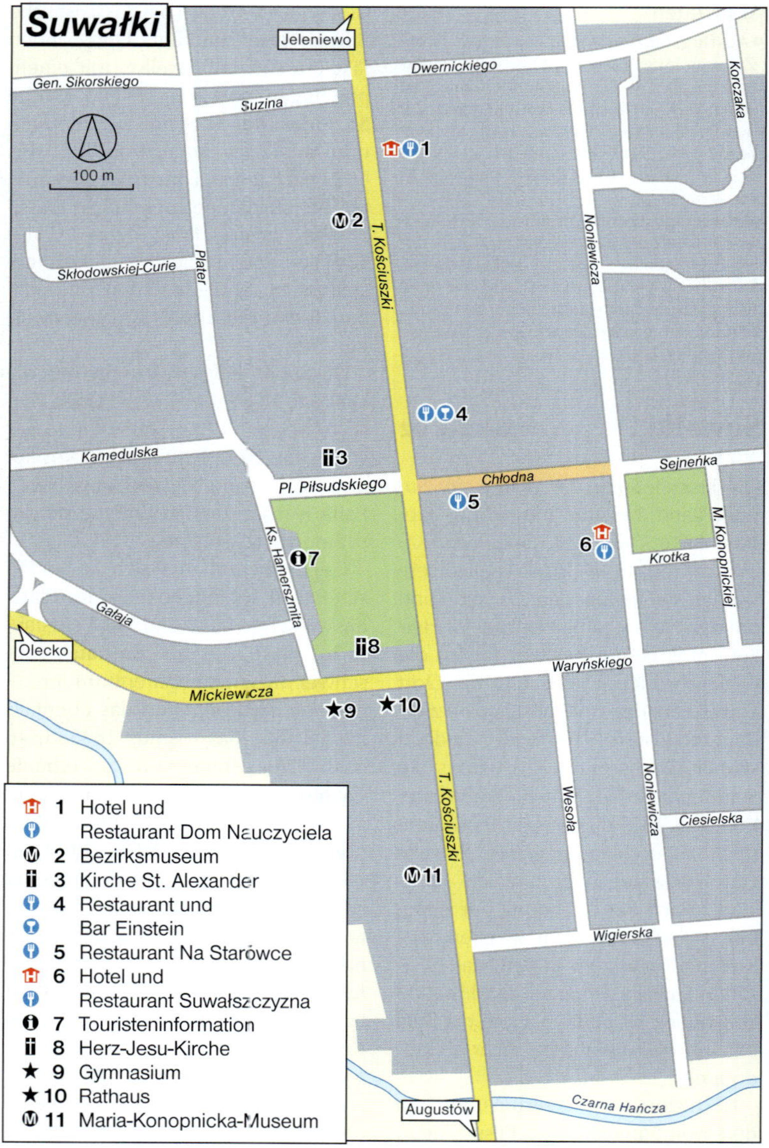

1 Hotel und Restaurant Dom Nauczyciela
2 Bezirksmuseum
3 Kirche St. Alexander
4 Restaurant und Bar Einstein
5 Restaurant Na Starówce
6 Hotel und Restaurant Suwałszczyzna
7 Touristeninformation
8 Herz-Jesu-Kirche
9 Gymnasium
10 Rathaus
11 Maria-Konopnicka-Museum

192po Foto: kj

Sammlung polnischer Malerei präsentiert und über die Geschichte und Natur der Region informiert (Nr. 81).

Berühmtester Sohn der Stadt ist der 1926 in Suwałki geborene Filmregisseur *Andrzej Wajda*. Auch der Literatur-Nobelpreisträger *Czesław Miłosz* (1911–2004) war über lange Zeit in Suwałki zu Hause.

Die Kirche St. Alexander

Praktische Tipps

Information

- **Touristeninformation,** ul. Hamerszmita 16, 16-400 Suwałki, Tel. (087) 5662079, www.cmikt.pl, Juli/Aug. Mo–Sa 10–18 Uhr, So 8–16 Uhr, sonst Mo–Fr 8–16 Uhr.
- **Homepage der Stadt Suwałki:** www.um.suwalki.pl.
- **Homepage der Region Suwalszczyzna:** www.suwalszczyzna.pl.

Unterkunft und Gastronomie

- **Zimmervermittlung** in der Touristeninformation.
- **Hotel Dom Nauczyciela**€€, ul. Kościuszki 120, 16-400 Suwałki, Tel. (087) 5666900, www.domnauczyciela.suwalki.pl. Auch wenn es von außen nicht so erscheint: Das „Lehrerhaus" ist eines der schicksten und elegantes-

253po Foto: kj

ten Hotels vor Ort. Mit Bar und Restaurant, Kofferträger, Schönheitssalon und Solarium.

● **Hotel Suwałszczyzna**€€, ul. Noniewicza 71a, 16-400 Suwałki, Tel. (087) 5651900, www.hotel-suwalszczyzna.suwalki.com.pl. Mittelklassehotel im Zentrum in ruhiger Lage. Das angeschlossene Restaurant serviert polnische Spezialitäten.

● **Restaurant Na Starówce,** ul. Chłodna 2, 16-400 Suwałki, Tel. (087) 5630257. Die ganze Welt der polnischen Küche im buchstäblich „malerisch" ausstaffierten Restaurant in Suwałkis kleiner Fußgängerzone, von Barszcz und Żurek über Hering und gebratenen Aal bis hin zu Kotelett und Kartoffelpuffer mit Schmand und Sauerkraut.

● **Restaurant & Bar Einstein,** ul. Kościuszki 82, 16-400 Suwałki, Tel. (087) 5630773, www.einstein.suwalki.pl. Modern und sachlich, Club und Restaurant zugleich. Serviert werden verfeinerte polnische Küche sowie mediterrane Gerichte, dazu an ausgewählten Terminen live Blues und Jazz.

Von der Cisowa Góra aus hat man einen schönen Blick über den Suwałki-Landschaftspark

Museen und andere Sehenswürdigkeiten

● **Bezirksmuseum,** ul. Kościuszki 81, Di–Fr 8–16 Uhr, Sa/So 9–17 Uhr.

● **Maria-Konopnicka-Museum,** ul. Kościuszki, Di–Fr 8–16 Uhr, Sa/So 9–17 Uhr.

Aktivitäten

● Information und Organisation von **Paddeltouren,** PTTK Suwałki, ul. Kościuszki 37, 16-400 Suwałki, Tel. (087) 5665961, www.suwalki.pttk.pl.

Suwałki-Landschaftspark XI/C1-2

Im Dreiländereck Polen/Litauen/Russland erstreckt sich auf rund 6300 Hektar Fläche der Suwałki-Landschaftspark (**Suwałski Park Krajobrazowy**). Seine Kuppen führen auf 300 Meter über dem Meeresspiegel hinauf, überwinden dabei Höhenunterschiede bis zu 100 Meter und bieten hier und da überwältigende Ausblicke.

Im Flecken **Jeleniewo,** 13 Kilometer nördlich von Suwałki an der südöstlichen Parkgrenze, lohnt die **Holzkirche** von 1878 noch einen Stopp, bevor es etwa fünf Kilometer später zur ersten schönen Aussicht geht. An der Landstraße 655 weist ein Schild zur **Cisowa Góra.** Mit einem kurzen Spaziergang lässt sich der 256 Meter hohe Kegel erklimmen, der relativ unvermittelt aus der Landschaft aufragt und von dem herab man einen fantastischen Panoramablick hat.

Wanderer, die statt einer Karte mit dem Kompass spazieren, werden vor allem im Norden des Landschaftsparks, in der Nähe des Örtchens **Smolniki,** etwas ganz Erstaunliches erleben: Wegen des stark **eisenhaltigen Gesteins** wird ihr **Kompass** dann und wann die Orientierung verlieren. Mehrere ausgewiesene Wander- und Fahrradwege führen durch die herrliche stille Landschaft, der längste Weg verläuft über 40 Kilometer, der kürzeste misst zwei Kilometer.

Zahlreiche Findlinge verleihen dem Land einen wildromantischen Charakter. Es sind Relikte der letzten Eiszeit, ebenso wie die Rinnenseen, die überall in den Senken aufleuchten. Berühmt ist der **Hańcza-See** - nicht nur aufgrund seiner Schönheit, sondern auch, weil er mit 108 Metern der tiefste See Polens ist. Sein glasklares Wasser mit ungewöhnlichen Sichtweiten macht ihn zum Mekka für **Taucher** und den winzigen Weiler **Blaskowizna** mit seinem weit über die Landesgrenzen hinaus bekannten Taucherparkplatz am Südostufer des Hańcza-Sees zum „Hurghada Polens", wie man den Ort mit Spitznamen nennt.

Eine atemberaubende Aussicht auf den See genießt man von der hohen Kuppe oberhalb des **Forsthauses Turtul** herab. Turtul am südlichen Landschaftsparkrand ist Sitz der Parkverwaltung und unterhält im Haus eine kleine Touristeninformation (vier Kilometer südlich von Blaskowizna zweigt an der Landstraße Jeleniewo - Przerośl eine Piste nach Turtul ab). Auf halbem Weg zwischen Jeleniewo und Turtul verdient eine Findlingsparade rechter Hand auf dem Feld einen Blick.

Praktische Tipps

Information

- **Parkverwaltung,** Turtul (2 km östlich von Kruszki), 16-404 Jeleniewo, Tel. (087) 569 1801, www.spk.org.pl, Juli und Aug. Mo–Fr 8–19 Uhr, Sa 9–17 Uhr, Sept.–Juni Mo–Fr 8–15 Uhr.

Jugendherberge und Camping

- **JH** und einfacher **Zeltplatz,** in 16-407 Smolniki, Juli/Aug.

Wigry-Nationalpark

↗ XI/D2-3

Wenige Kilometer östlich von Suwałki lädt der Wigry-Nationalpark (**Wigierski Park Narodowy**) zu ausgedehnten Spaziergängen, zum Radeln, Paddeln und zur Naturbeobachtung ein. 1989 wurde er als 15. polnischer Nationalpark gegründet. In der nördlichen Puszcza Augustowska gelegen, funkeln zwischen Torfmooren und bis zu 200 Jahre alten Kiefern- und Fichtenbeständen mehr als 40 Seen unter dem klaren baltischen Himmel.

Über die Hälfte sämtlicher in Polen geschützter Pflanzen gibt sich im knapp 15.000 Hektar großen Nationalpark mit dem Biber im Wappen ein Stelldichein. Etwa ein Fünftel der Fläche ist mit Gewässern bedeckt, und im Herzen dieses bezaubernden Wasser-und-Land-Mosaiks liegt die Perle, der **Wigry-See,** der dem Nationalpark seinen Namen gab. Schon seit Langem ist er in die UNESCO-Liste zum Schutz der Wasserökosysteme, AQUA, aufgenommen, die in der Welt einzigartige Gewässer verzeichnet und schützt. An seinen Uferlinien leben in breiten Schilfgürteln Haubentaucher, Höckerschwäne und Kormorane. In der Luft kreisen Seeadler und Schreiadler, Mäusebussarde und Weihen. 20 Fischarten tummeln sich in den Flüssen und Seen des Nationalparks, unter anderem Hecht und Maräne, und überall legen Biber ihre Staudämme an.

Zweibeinern eröffnet sich zu Lande ein markiertes **Wanderwegenetz** von über 130 Kilometern Länge, das in weiten Teilen auch für Radler geeignet ist, sowie zu Wasser die mannigfaltigsten Möglichkeiten zum Paddeln. Die Seen des Wigry-Nationalparks sind Teil der **Czarna-Hańcza-Paddelroute,** die südlich durch die Puszcza Augustowska bis nach Augustów führt. Unterwegs bieten Wasserstationen in Dörfchen wie Płociczno, Bryzgiel oder Cimochowizna den Paddlern nachts ein schlichtes Quartier. Ausgangspunkt der beliebten zehn- bis elftägigen Wasserwanderung ist die PTTK-Wasserstation in **Stary Folwark,** etwa zwölf Kilometer östlich von Suwałki bereits im Nationalpark gelegen. Mit Pensionen, Gastronomie, Campingplatz, Kanu- und Kajak-Verleih bildet das winzige Stary Folwark gewissermaßen die „Touristenhochburg" im Wigry-Nationalpark.

Die Gebäude der **Parkverwaltung in Krzywe,** fünf Kilometer östlich von Suwałki, beherbergen außerdem die Nationalpark-Informationsstelle und ein Naturkundemuseum, das über Fauna und Flora im Wigry-Park, die Geomorphologie des Geländes sowie die Geschichte des alten prußischen Stamms der Jadwingen (Sudauen) informiert, der ursprünglich in der Region lebte. Wenige Schritte entfernt kann man im Försterheim Krzywe eine schöne volkskundliche Ausstellung bewundern, die über Wohnen, Wirtschaften und Arbeiten der Bauern und Handwerker in früherer Zeit Aufschluss gibt.

Gegenüber von Stary Folwark erhebt sich auf einer Halbinsel im Wi-

254po Foto: ki

gry-See, weiß wie das Ordensgewand, das die Kamaldulenser-Mönche tragen, das von ihnen im letzten Drittel des 18. Jahrhunderts erbaute **Barockkloster.** Seine Mauern und die den Haupttrakt umgebenden Einsiedlerhäuschen stehen heute unter der Verwaltung des Warschauer Kulturministeriums und dienen Künstlern zu Stipendiatsaufenthalten. Darüber hinaus nehmen die in schnörkellos schönem Geschmack gestalteten Zimmer des Dom Pracy Twórczej w Wigrach (Haus der schöpferischen Arbeit in Wigry), wie das Kloster heute firmiert, ganzjährig Gäste auf; darunter Papst *Johannes Paul II.*, der während seiner Pilgerreise 1999 durch Polen zur Erholung im Kloster Wigry weilte. Und auch eine vergnügliche Dampferpartie mit der „Tryton" über den Wigry-See ließ sich der Heilige Vater seinerzeit nicht entgehen.

Nicht zu Wasser, sondern zu Land geht es auf schmalen Gleisen in putzigen kleinen Waggons mit der **Wigry-Schmalspurbahn** von **Płociczno** aus (ca. neun Kilometer südlich von Suwałki) durch den Süden des Nationalparks zum Dorf Krusznik. 1926 wurden die Schienen über 42 Kilometer Länge bis nach Zelwa nahe der litaui-

Zugfahrt mit Spitzenvorhängen: die Schmalspurbahn im Wigry-Nationalpark

Wassertouren in Masuren

Das „Land der kristall'nen Seen" ist ein Paradies für Paddler und Kanuten. **Über 3000 Seen,** die durch zahllose Flüsse und Kanäle miteinander verbunden sind, machen ausgedehnte Wasserwanderungen möglich, auch für Anfänger und Kinder, da die Gewässer im Allgemeinen still und seicht sind und nur wenige Portagen (Tragen der Kanus) unternommen werden müssen. An den beliebten Paddelstrecken bieten in regelmäßigen Abständen PTTK-Wasserstationen Verpflegung, Unterkunft oder wenigstens ein Plätzchen zum Biwakieren an, mit Lagerfeuer und Duschgelegenheit.

Von **Mitte Juni bis Mitte August** müssen Individual-Paddler davon ausgehen, dass sie kein festes Dach über Nacht - etwa in Form von Camping-Bungalows oder Finnhütten - vorfinden werden. In dieser Zeit sind die Herbergen von den organisierten, geführten Touren restlos **ausgebucht.** Ähnliches gilt für die Bootsausleihe, die die großen PTTK-Stationen an den Anfangs- und Endpunkten der jeweiligen Routen betreiben.

Gegen Aufpreis besteht auch die Möglichkeit, sein Kanu an einer anderen PTTK-Wasserstation abzugeben, ohne es rückführen zu müssen. Angeboten werden Boote aus **Sperrholz** oder **Kunststoff,** wobei sich bei längeren Ausflügen wegen der Portagen die leichteren Kunststoffboote empfehlen. Bei den masurischen Paddelstrecken handelt es sich nicht um rauschende Wildwasser, sodass auch Anfänger keine Schwierigkeiten haben werden, die behänderen Kunststoffboote manövrieren zu können.

Nicht vergessen sollte man einen **Regenschutz,** nicht nur für sich selbst, sondern auch für alles andere, was nicht nass werden darf, wie etwa der Wollpulli für kühlere Abende, das Zelt und der Schlafsack, das zweite Paar Schuhe oder die Lebensmittel.

255po Foto: kj

Meist liegen die **PTTK-Stationen** bei kleinen Dörfern, wo sich **Selbstversorgern** eine Einkaufsgelegenheit bietet.

Organisierte Touren von Mitte Juni bis Mitte August haben viele auf Wassersport spezialisierte Reiseveranstalter im Programm und vor Ort die PTTK-Abteilungen:

- **Augustów,** ul. Nadrzeczna 70a, 16-300 Augustów, Tel. (087) 6433850.
- **Suwałki**, ul. Kościuszki 37, 16-400 Suwałki, Tel. (087) 5665961, www.suwalki.pttk.pl.
- **Olsztyn,** ul. Staromiejska 1, 10-950 Olsztyn, Tel. (089) 5273665, www.mazury.pttk.pl.

Routen

Bei weitem die beliebteste, weil landschaftlich schönste und romantischste Paddel-Route ist die **Krutynia-Tour.** Ausgangspunkt ist die PTTK-Station bei Sorkwity westlich von Mrągowo. Auf über 100 Kilometern führt die Tour durch idyllisches Auland, grün überwachsene Baumtunnel, zahlreiche Seen und die tiefen Wälder der Puszcza Piska hindurch bis nach Ruciane-Nida am Guzianka-Wielka-See. Für die Route plant man zehn bis elf Tage ein. Die Wasserstationen liegen stets bei kleinen Dörfern mit Einkaufgelegenheit, sodass man seinen Proviant jederzeit auffrischen kann. An der Strecke sind dies die Orte Sorkwity, Bieńki, Babięta, Spychowo, Zgon, Krutyń, Nowy Most, Ukta, Kamień, und schließlich Ruciane-Nida.

An den **westmasurischen Seen** führt eine eintägige, sehr abwechslungsreiche Paddelfahrt von Ostróda am Ostufer des Drwęckie-Sees zum Bootshaus der PTTK in Stare Jabłonski (14 km). Mehrtägige Wasserwanderungen sind die Strecke **Ostróda – Miłomłyn – Iława** und die Tour **Stare Jabłonski – Piławki – Iława,** die über Abschnitte des Elbląg-Ostróda-Kanals und den längsten polnischen See, den Jeziorak-See, führen.

Ruderboot

PTTK-Stationen an der **Ełk-Seenplatte** befinden sich entlang der Route **Szwałk – Wielki – Ełk** (50 Kilometer). Sie beginnt bei dem Weiler Czernowy Dwór am Szwałk-Wielki-See inmitten des Urwalds der Puszcza Borecka und geht über viele, in wundervoller Natur gelegene Gewässer über das Flüsschen Ełk bis zur gleichnamigen Stadt.

Nordöstlich von Czernowy Dwór liegt bei Czarne im Buckligen Masuren der Rospuda-See. Nach ihm ist die **Rospuda-Tour** benannt, die in Czarne ihren Anfang nimmt. Sie führt gut sechs Tage lang auf 72 Kilometern über den Rospuda-Fluss, zahlreiche Seen und durch einsame Natur zum Endpunkt Augustów.

Augustów ist wiederum Ausgangspunkt für die neben der Krutynia-Strecke beliebteste Paddel-Route, die **Czarna-Hańcza-Tour.** Auf 142 Kilometern fließt die Czarna Hańcza linksseitig der Memel entgegen, 108 Kilometer des Flusses befinden sich auf polnischer Seite. An der PTTK-Station in Augustów am Necko-See beginnt die zehn- bis elftägige Wasserreise. Über den Augustów-Kanal, der die Seen östlich der Stadt miteinander verbindet, paddelt man tief in die Puszcza Augustowska hinein, den größten geschlossenen Waldkomplex in ganz Polen. Unterwegs begegnen einem auf kleinen Inseln in vielen Reservaten Kormorane, Seeadler und Graureiher. Höhepunkt dieser Paddelstrecke ist die Fahrt durch den Wigry-Nationalpark mit über 750 Pflanzenarten und seinem Herzstück, dem Wigry-See, in dessen weiten Schilfgürteln viele vom Aussterben bedrohte Wasservögelarten nisten und Biber ihre Bauten errichten. Die Czarna-Hańcza-Tour ist insgesamt 150 Kilometer lang. PTTK-Anlegestellen befinden sich bei Stary Folwark, Wysoki Most, Frącki, Jałwoi Róg, Paska, Swoboda, Gawrych Ruda und Augustów.

schen Grenze gelegt, um den Holzschlag aus der Puszcza Augustowska abzutransportieren. Bis 1989 war die Bahn noch in Betrieb, wurde dann abgewickelt und erlebte Anfang des dritten Jahrtausends dank privater Initiative ihr touristisches Comeback. Auf zehn Kilometern ihrer ursprünglichen Strecke schuckelt sie seitdem wieder, zweieinhalb Stunden hin und zurück, und hält, sehr zur Freude der Fahrgäste, auf Wunsch sogar hier und da zu Fotostopps an. Wenige Schritte vom hübsch angelegten Kleinbahnhof entfernt zeigt das **Wigry-Schmalspurbahnmuseum** (Muzeum Wigierska Kolej Wskotorowa) Wissenswertes zum Bähnlein sowie auf dem Freiluftgelände einige historische Waggons (Mai–Sept. tgl. 9–16 Uhr).

Zur Weiterreise nach **Litauen** kann man 30 Kilometer nördlich den Grenzübergang Budzisko/Kalvarija benutzen. Ein weiterer Übergang befindet sich 45 Kilometer östlich von Suwałki bei Ogrodniki/Lazdijai, wo kurz vor-

195po Foto: kj

her in **Sejny** noch die Besichtigung des 1602–1632 erbauten ehemaligen Dominikanerklosters lohnt.

Praktische Tipps

Information

- **Informationsstelle des Wigry-Nationalparks,** Krzywe 82 (fünf Kilometer östlich von Suwałki), 16-400 Suwałki, Tel. (087) 563 2562, www.wigry.win.pl, im Haus der Parkdirektion, Mo–Fr 7–15 Uhr, im Juli/Aug, zusätzlich Sa/So 9–16 Uhr; Infopunkt im Kiosk auf dem Parkplatz April–Sept. Mo–Fr 15–20 Uhr, Sa/So 8–20 Uhr.

Unterkunft und Gastronomie

- **Dom Pracy Twórczej w Wigrach**€€ (Haus der schöpferischen Arbeit), 16-412 Stary Folwark, Tel. (087) 5637000, www.wigry.org. In den Räumlichkeiten im ehemaligen Kamaldulenserkloster übernachtete bereits Papst *Johannes Paul II.* Das Restaurant Dom Wigierski in den alten Klostergemäuern serviert täglich von 13–20 Uhr Köstlichkeiten aus den Seen und Wäldern der Region sowie internationale Gerichte.
- **Camping und Pension Wigry**€, Wigry 12, 16-412 Stary Folwark, Tel. (087) 5637042. Zu Füßen des Kamaldulenserklosters Wigry malerisch auf der Halbinsel am See gelegen (am Ende der Straße zum Kloster), sehr gepflegte freundliche Anlage, mit Gaststätte, kleiner Pension, Badewiese und Wassersportgeräteverleih. Ganzjährig, man spricht deutsch.

Camping

- **Camping und Pension Wigry**€, ⇗„Unterkunft“.
- **PTTK-Camping Stary Folwark,** 16-412 Stary Folwark 55, Tel. (087) 5637727, www.suwalki.pttk.pl. Großer, schlichter Platz am Wigry-See mit Blick auf das Kamaldulenserkloster, äußerst bescheidenes Sanitär; mit Gastronomie, Ferienhütten, großer Badewiese und Wassersportgeräteverleih. Mai bis Ende Sept.

Museen und andere Sehenswürdigkeiten

- **Nationalparkmuseum** (Muzeum Przyrodnicze Wigierskiego Parku Narodowego), mit angegliedertem kleinen Volkskundemuseum, in Krzywe 82, Mo–Fr 8–15 Uhr.

Aktivitäten

- **Wassersportgeräte- und Fahrradverleih,** PTTK-Wasserstation und Camping Wigry in Stary Folwark (⇗„Unterkunft“ und „Camping“).
- **Schiffsausflüge** über den Wigry-See, Mai–Sept. mehrmals tgl. ab 10 Uhr vor dem Kloster im Dorf Wigry.
- **Wigry-Schmalspurbahn,** ab Płociczno, Płociczno Tartak 40, 16-402 Suwałki, Tel. (087) 5639263, www.augustowska.pl, Mai Sa/So 10 und 13 Uhr, Juni täglich 10 und 13 Uhr, Juli/Aug. tgl. 10, 13 und 16 Uhr, Sept. täglich 13 Uhr.

Im ehemaligen Kamaldulenserkloster am Wigry-See kann man übernachten

292po Foto: kj

Anhang

291po Foto: kj

193po Foto: kj

Ausflugsboot der Weißen Flotte

Masurisches Holzhaus

Bienenstöcke im Masurischen Landschaftspark

Kleine Sprachhilfe

Polnisch gehört zur Familie der **westslawischen Sprachen.** Es ist eine sehr alte Sprache, die sich über viele Jahrhunderte nahezu unverändert bewahrt hat und von allen slawischen Sprachen dem Altkirchenslawischen am nächsten steht.

Am schwierigsten erscheinen Nicht-Polen gewiss die immensen **Konsonantenanhäufungen.** Wie soll man bloß die Stadt Międzyrzecz aussprechen? Die Bemühungen enden meistens damit, dass man jede zweite Stadt irgendwann kurzerhand „Wrtschibitsch" nennt.

Doch selbst großen Geistern wollte die Sache mit der polnischen Aussprache nicht recht gelingen. Das berühmteste Beispiel ist in *Heinrich Heines* „Schnabelipowski-Memoiren" zu lesen: Den Diener der Familie taufte der Dichter schlicht „Prrschtzztwitsch".

Die **Polen wissen um ihre schwierige Sprache** und geraten vor Freude schier aus dem Häuschen, wenn es einem Ausländer gelingt, folgenden Satz wenigstens halbwegs flüssig zu formulieren: „W Szczebrzeszynie chrzaszcz brzmi w trzcinie." (In Szczebrzeszyn brummt ein Käfer im Schilf.) Die richtige Aussprache lautet: „F Schtschebscheschünnje chschonschtsch bschmi f tschtchinje."

Wer für unterwegs wenigstens ein bisschen **Polnisch lernen** möchte, dem sei das Buch **„Polnisch – Wort für Wort"** von *Bob Ordish* aus der Kauderwelsch-Reihe empfohlen, erschienen im selben Verlag wie dieses Buch. Es ist speziell für Reisende konzipiert und enthält neben einer grundlegenden Grammatik reisetypische Beispielsätze und Vokabeln. Die wichtigsten Sätze und Redewendungen aus dem Konversationsteil dieses Buches werden auf der ebenfalls bei Reise Know-How erschienenen CD **AusspracheTrainer** bzw. auf der CD-ROM **Kauderwelsch digital** hörbar.

Aussprache

ą	wie französisch „on"
ę	wie französisch „t**ei**nt"
y	ein Laut zwischen kurzem **„i"** (wie „B**i**tte") und kurzem **„e"** (wie Gab**e**"); gelingt am besten, wenn man die Zunge in den Gaumen zurückzieht
o	offen wie **„o"** in „**o**ffen"
ó	wie **„u"** in „Schn**u**rrbart"
ł	wie das englische **„w"** in „**w**ater"
ń	wie ein weiches **„nj"** in „A**nj**a"
c	wie **„ts"** in „**Z**eit"
ch	wie **„ch"** in „hu**ch**"
h	wie **„ch"** in „hu**ch**"
ć	wie **„tsch"** in „Ki**tsch**"
cz	auch ein **„tsch"**, wird aber etwas härter ausgesprochen, wie „**Tsch**üss"
s	scharf wie **„ss"** in „Ku**ss**"
ś	**„sch"** wie in „**Sch**ale"
sz	auch ein **„sch"**, nur ein bisschen härter, wie bei einem wütenden „**Schi**tt!"
szcz	**„schtsch"**; dafür ist uns leider kein Beispiel eingefallen …
z	ein weiches **„s"**, wie in „**s**au**s**en"
ź	wie französisch „**j**alousie"
ż	ähnlich wie **„ź"**, nur ein bisschen härter, wie französisch „**g**endarme"
rz	wie **„ż"**
dz	am Anfang des Wortes **„ds"** (mit weichem **„s"**), am Ende **„ts"** (wie „Wu**tz**")
dż	am Anfang des Wortes **„dsch"**, am Ende **„tsch"**
dź	wie **„dsch"** in „**Dsch**ungel"

Schilder und Hinweistafeln

• Artykuły spożywcze	Lebensmittel
• Basen	Schwimmbad
• Benzyna bezołowiowa	bleifreies Benzin
• Biuro zakwaterowania	Zimmervermittlung
• dla Pań	Damen(toilette)
• dla Panów	Herren(toilette)
• Godziny przyjęć	Sprechstunden
• Kantor	Wechselstube
• Kasa biletowa	Kartenkasse
• Koniec	Ende (Verkehrsbeschränkung)
• Lekarz	Arzt
• Objazd	Umleitung
• Otwarty	geöffnet
• Parking strzeżony	bewachter Parkplatz
• Poczta	Post
• Pogotowie Ratunkowe	Erste Hilfe
• Pokój	Zimmer frei
• Policja	Polizei
• Przejście wzbronione	Durchgang verboten
• Restauracja	Restaurant
• Roboty drogowe	Straßenbauarbeiten
• Skansen	Freilichtmuseum
• Stacja benzynowa	Tankstelle
• Stacja obsługi	Autowerkstatt
• Uwaga!	Achtung!
• Wejście	Eingang
• Wyjazd	Ausfahrt
• Wypożyczalnia	Verleih
• zamknięty	geschlossen
• Znaczek pocztowy	Briefmarke

Die wichtigsten Fragen

• Sprechen Sie Deutsch?	Czy pan (pani) mówi po niemiecku?
Englisch?	po angielsku?
Französisch?	po francusku?
• Haben Sie Zimmer frei?	Czy są wolne pokoje?
• Können Sie mir bitte helfen?	Proszę o pomoc?
• Wann ist … geöffnet	Kiedy … jest otwarte?
• Was kostet das?	Ile to kosztuje?
• Wie komme ich nach …?	Jak dojść do…?
• Wie viel Uhr ist es?	Która godzina?
• Wo befindet sich…?	Gdzie znajduje się…?

Höflichkeitsfloskeln

• Guten Tag	Dzień dobry
• Auf Wiedersehen	Do widzenia
• bitte	proszę
• danke	dziękuję
• Frau	pani
• Herr	pan
• ja	tak
• nein	nie
• Entschuldigung!	przepraszam!
• Ich verstehe Sie nicht	Nie rozumiem
• Ich spreche leider kein Polnisch	Niestety, nie mówię po polsku

Zahlen

1	jeden
2	dwa
3	trzy
4	cztery
5	pięć
6	sześć
7	siedem
8	osiem
9	dziewięć
10	dziesięć

Die Wochentage

• Montag	poniedziałek
• Dienstag	wtotek
• Mittwoch	środa
• Donnerstag	czwartek
• Freitag	piątek
• Samstag	sobota
• Sonntag	niedziela

Essen und Trinken

• Brot	Chleb
• Zucker	Cukier
• Geflügel	Drób
• Kartoffeln	Kartofle (ziemniaki)
• Kaffee	Kawa
• Wurst	Kiełbasa
• Limonade	Lemoniada
• Butter	Masło
• Fleisch	Mięso
• Milch	Mleko
• Obst	Owoce
• Pfeffer	Pieprz
• Bier	Piwo
• Fisch	Ryba
• Käse	Ser
• Salz	Sól
• Gemüse	Warzywa
• Mineralwasser	Woda mineralna

Speisekarte — jadłospis

• Przekąska	Vorspeise
• Zupa	Suppe
• Główne danie	Hauptgericht
• Dodatki	Beilagen
• Desery	Nachspeisen

Vorspeise — przekąska

• Galareta	Sülze
• Ozorek w qalarecie	Zunge in Aspik
• Pasztet	Pastete
• Ryba w galarecie	Fisch in Aspik
• Salatka śledziowa	Heringssalat
• Śledź w majonezie /oliwie	Hering in Mayonnaise /Öl

Suppe — zupa

• Barszcz czerwony	Rote-Bete-Suppe
• Chłodnik	kalte saure Suppe mit Gemüse
• Flaki	Kaldaunensuppe
• Kapuśniak	Sauerkrautsuppe
• Rosół	Fleischbrühe
• Żur	saure Roggenmehlsuppe

Teigwaren und Gemüsegerichte — potrawy mączne i z jarzyn

• Bigos	Sauerkraut mit gedünstetem Fleisch
• Gołąbki	Kohlrouladen
• Kasza gryczana	Buchweizengrütze
• Kluski	Nudeln
• Knedle	Knödel
• Pierogi	gefüllte Teigtaschen

Fleischgerichte — potrawy mięsne

• Baranina	Hammel
• Befsztyk	Beefsteak
• Bryzol (kotlet) schabowy	Schweineschnitzel (-kotelett)
• Cielęcina	Kalbfleisch
• Gulasz	Gulasch
• Kiełbasa smażona	Bratwurst
• Móżdżek	Hirn
• Ozór	Zunge
• Stek wotowy	Rindersteak
• Rolada	Roulade
• Stek	Steak
• Szaszłyk	Schaschlik
• Sztuka mięsa	gekochtes Rindfleisch
• Wątróbka	Leber
• Wieprzowina	Schweinefleisch
• Wołowina	Rindfleisch

Wild, Geflügel — dziczyzna, drób

• Gęś pieczona	Gänsebraten
• Kaczka pieczona	Entenbraten
• Królik	Kaninchen
• Kurczę	Hähnchen
• Pieczeń z dzika	Wildschweinbraten
• Pieczeń z sarny	Rehbraten
• Pieczeń z zająca	Hasenbraten

Fisch, Schalentiere — ryby, skorupiaki

• Dorsz	Dorsch
• Gładzica	Scholle
• Karp	Karpfen
• Krewetki	Krabben
• Łosoś	Lachs

• Okoń	Barsch
• Pstrąg	Forelle
• Sandacz	Zander
• Sielawa	Maräne
• Szczupak	Hecht
• Śledź	Hering
• Węgorz	Aal

Gemüse, Beilagen	**jarzyny dodatki**
• Borowiki	Steinpilze
• Buraczki	Rote Bete
• Cebulka smażona	Röstzwiebeln
• Fasola	Bohnen
• Frytki	Pommes
• Groch	Erbsen
• Kapusta	Kohl
• Kartofle (Ziemniaki)	Kartoffeln
• Kurki	Pfifferlinge
• Marchewka	Mohrrüben
• Ogórki	Gurken
• Pieczarki	Champignons
• Pomidory	Tomaten
• Pory	Porree
• Sałatka	Salat
• Selery	Sellerie
• Szparagi	Spargel
• Szpinak	Spinat
• Ziemniaki w (zwody, smażone)	Salz-, Bratkartoffeln

Nachspeisen	**desery**
• Budyń	Pudding
• Kompot	Kompott
• Krem	Creme
• Lody	Eis
• Owoce	Früchte

Smacznego! — **Guten Appetit!**

Literaturtipps

Geschichte und Politik

- Bundeszentrale für politische Bildung (Hg.): **Polen,** Bonn.

Ein Rückblick auf die Geschichte Polens sowie eine Bestandsaufnahme seiner aktuellen politischen, wirtschaftlichen und gesellschaftlichen Situation beim Aufbruch in das 21. Jahrhundert.

- *Fuhrmann, Rainer W.:* **Polen. Geschichte, Politik, Wirtschaft,** Fackelträger Verlag, Hannover.

Spannende, solide und umfassende Darstellung der politischen und ökonomischen Geschichte sowie der Gesellschaftsgeschichte Polens.

- *Jäger-Dabek, Brigitte:* **Polen. Eine Nachbarschaftskunde,** Bundeszentrale für politische Bildung, Bonn.

Ebenso profunde wie unterhaltsame Darstellung von Geschichte, Politik, Kultur und Alltagsleben unseres östlichen Nachbarn.

- *Krzemiński, Adam:* **Polen im 20. Jahrhundert,** Beck'sche Reihe, München.

Ein dramatischer historischer Essay über die wechselhafte Geschichte Polens im vergangenen Jahrhundert aus der Feder des bedeutenden polnischen Publizisten, politischen Kommentators und Intellektuellen *Krzemiński.*

- *Skorupski, Jan Stanisław:* **...um die Polen zu verstehen,** Aufbau Taschenbuch Verlag, Berlin.

Gespräche mit prominenten Politikern, Künstlern und Intellektuellen Polens.

- *Urban, Thomas:* **Polen,** C.H.Beck, München.

Polen in Geschichte und Politik aus der Sicht des langjährigen Osteuropa-Korrespondenten der Süddeutschen Zeitung.

- *Zimmerling, Dieter:* **Der deutsche Ritterorden,** Econ-Verlag, München.

Ausführliche Darstellung des Deutschen Ordens im Mittelalter, informativ, spannend und amüsant.

Land und Leute

- *Gawin, Izabella:* **KulturSchock Polen,** REISE KNOW-HOW, Bielefeld.

Orientierungshilfe für Reisende, um die Erlebnisse in Polen leichter zu verstehen und in einen größeren Rahmen einzuordnen.

- *Knapp, Radek:* **Gebrauchsanweisung für Polen,** Piper Taschenbuch, München.

Pfiffig, witzig, schelmisch. Mit Augenzwinkern beschreibt der polnische Autor und Romancier seine Landsleute, ihre Sitten und Unsitten, Herausragendes, Denkwürdiges, Kurioses.

- *Kossert, Andreas:* **Masuren. Ostpreußens vergessener Süden,** Siedler, München.

Die ungeschminkte Geschichte Masurens als Grenzregion zwischen Deutschland und Polen seit der Eroberung der prußischen Stämme, auf dem neusten Forschungsstand und frei von jeglichen Nationalismen.

Romane und Erzählungen

- *Andrzejewski, Jerzy:* **Asche und Diamant,** Heyne Verlag, München.

Ergreifender Roman über die Abgründe der menschlichen Seele und das Entstehen der realsozialistischen Macht in Polen am Ausgang des Zweiten Weltkriegs, leider zurzeit nur antiquarisch erhältlich.

- *Chwin, Stefan:* **Tod in Danzig,** Rowohlt Taschenbuch Verlag, Berlin.

Roman aus der Feder des 1949 in Danzig geborenen Literaturwissenschaftlers *Chwin* über die Jahre nach 1945 im kriegszerstörten Danzig, in dem sich die Geschichten der alten deutschen und neuen polnischen Bewohner verflechten.

- *Marion Gräfin Dönhoff:* **Kindheit in Ostpreußen,** Siedler Verlag, Berlin. Erinnerungen der publizistischen Grande Dame der Bonner Republik an ihre Kindheit als Spross einer alten ostpreußischen Adelsfamilie; ein persönliches und gleichermaßen zeitgeschichtliches Dokument, unsentimental und doch tief berührend.

- *Marion Gräfin Dönhoff:* **Namen die keiner mehr kennt,** Eugen Diederichs Verlag, Düsseldorf Köln.

Die berühmte Auseinandersetzung der Gräfin über den schmerzhaften Verlust ihrer alten ostpreußischen Heimat zu Gunsten der Anerkennung der Oder-Neiße-Linie als deutsch-polnische Friedensgrenze löste seinerzeit heftige Kontroversen aus.

- *Grass, Günter:* **Die Blechtrommel,** dtv, München.

Grass' berühmter Danzig-Roman über den zwergwüchsigen Blechtrommler Oskar Matzerath, angesiedelt in der Zeit der Freien Stadt Danzig über Hitler-Deutschland und den Zweiten Weltkrieg bis in die westdeutsche Nachkriegszeit.

- *Lenz, Siegfried:* **So zärtlich war Suleyken,** Fischer Verlag, Frankfurt a.M.

Geschichten von den masurischen Leutchen aus einer Zeit, die es längst nicht mehr gibt, zärtlich, amüsant, zum Schmunzeln. *Lenz'* kurze Erzählungen wurden damals ein Bestseller und gehören auch heute noch in jedes Reisegepäck.

- *Sienkiewicz, Henryk:* **Die Kreuzritter,** Area-Verlag, Erfstadt.

Packender Schmöker über den Konflikt der Deutschordensritter (die Bösen) gegen die polnische Krone und die polnischen Fürstentümer (die Guten) rund um die Schlacht bei Tannenberg/Grunwald im Jahr 1410, zugleich rührende Liebesgeschichte und fesselnder Abenteuerroman.

- *Staemmler, Klaus* (Hg.): **Die Federn des weißen Adlers,** suhrkamp taschenbuch, Frankfurt.

Erzählungen von zeitgenössischen polnischen Dichtern aus 40 Jahren, leider nur noch antiquarisch zu bekommen.

- *Surminski, Arno:* **Die Reise nach Nikolaiken,** Hoffmann und Campe, Hamburg.

Erzählungen aus *Surminskis* alter Heimat Masuren, herzzerreißend komisch und anrührend.

Sprachführer

- *Ordish, Bob:* **Polnisch – Wort für Wort,** Reise Know-How Verlag, Bielefeld, aus der Reihe Kauderwelsch.

Sprechführer, speziell für Reisende konzipiert; begleitendes Audiomater al (AusspracheTrainer) ist ebenfalls erhältlich, ebenso eine Version auf CD-ROM für den heimischen PC (Kauderwelsch Digital).

Orts- und Landschaftsnamen

Polnisch – Deutsch

Landschaften und Gewässer

Bursztynowe Wybrzeże	Bernsteinküste
Czarci Ostrów	Teufelsinsel
Drwęca	Drewenz
Dylewska Góra	Kernsdorfer Höhe
Elbląg-Ostróda-Kanal	Oberländischer Kanal
Jez. Bełdany	Beldahn-See
Jez. Czos	Schoß-See
Jez. Dargin	Dargainen-See
Jez. Dobskie	Doben-See
Jez. Druzno	Drausen-See
Jez. Drwęckie	Drewenz-See
Jez. Duś	Duś-See
Jez. Jeziorak	Geserich-See
Jez. Kisajno	Kissain-See
Jez. Łabap	Labap-See
Jez. Lampackie	Lampackie-See
Jez. Lańskie	Lansker See
Jez. Łuknajno	Luknainer See
Jez. Mały Jeziorak	Kleiner Geserich-See
Jez. Mamry	Mauer-See
Jez. Mikołakji	Nikolaiker See
Jez. Narie	Narie-See
Jez. Nidzkie	Nieder-See
Jez. Niegocin	Löwentin-See
Jez. Rynskie	Rhein-See
Jez. Omulew	Omulew-See
Jez. Orzysz	Orzysz-See
Jez. Pluszne	Plautziger See
Jez. Skiertag	Scherting-See
Jez. Śniardwy	Spirding-See
Jez. Święcajty	Schwenzait-See
Jez. Szymbarskie	Haus-See
Jez. Tałty	Talter Gewässer
Jez. Wielki Jeziorak	Großer Geserich-See
Kanal Mazurski	Masurischer Kanal
Krutynia	Krutinna
Łyna	Alle

Martwa Wisła	Tote Weichsel
Mazury	Masuren
Mazury Garbate	Buckliges Masuren
Mazurski Park Krajobrazowy	Masurischer Landschaftspark
Mierzeja Wiślana	Frische Nehrung, Weichsel-Nehrung
Morze Bałtyckie	Ostsee
Nogat	Nogat
Odra	Oder
Park Krajobrazowy Puszczy Rominckiej	Landschaftspark Rominter Heide
Pasłęka	Passarge
Pojezierze Ełckie	Lycker Seenplatte
Pojezierze Iławskie	Oberländische Seenplatte
Pojezierze Mazurskie	Masurische Seenplatte
Pojezierze Mrągowskie	Sensburger Seenplatte
Puszcza Borecka	Borkener Forst
Puszcza Piska	Johannisburger Heide
Puszcza Romincka	Rominter Heide
Szeska Góra	Seesker Höhe
Suwałski Park Krajobrazowy	Suwałki-Landschaftspark
Symsarna	Simser
Warmia	Ermland
Warmia-Mazury	Ermland-Masuren
Wigierski Park Narodowy	Wigry-Nationalpark
Wisła	Weichsel
Wzniesienia Elbląskie	Elbinger Höhen
Zakota Gdańska	Danziger Bucht
Zalew Wiślany	Frisches Haff
Żuławy Wiślane	Weichselniederung

Ortschaften

Babięta	Babenten
Barczewo	Wartenburg
Bisztynek	Bischofstein
Braniewo	Braunsberg
Buszyniec	Buchwald
Dobre Miasto	Guttstadt
Drogosze	Dönhoffstädt
Dylewska Góra	Kernsdorfer Höhe
Ełk	Lyck
Elbląg	Elbing
Frombork	Frauenburg
Głotowo	Glottau
Galiny	Gallingen
Gdańsk	Danzig
Gdynia	Gdingen
Giżycko	Lötzen
Gietrzwałd	Dietrichswalde
Gołdap	Goldap
Grunwald	Grünfelde
Iława	Deutsch Eylau
Jantar	Pasewark
Kadyny	Cadinen
Kaliningrad	Königsberg
Kąty Rybackie	Bodenwinkel
Kętrzyn	Rastenburg
Królikowo	Königsgut
Krosno	Krossen
Krutyń	Kruttinnen
Krynica Morska	Kahlberg-Liep
Kwidzyn	Marienwerder
Kwitajny	Quittainen
Lidzbark Warmiński	Heilsberg
Malbork	Marienburg
Mamerki	Mauerwald
Miłomłyn	Liebemühl
Mikołajki	Nikolaiken
Morąg	Mohrungen
Mrągowo	Sensburg
Nakomiady	Eichmedien
Nidzica	Neidenburg
Olecko	Marggrabowa/ Treuburg
Oliwa	Oliva
Olsztyn	Allenstein
Olsztynek	Hohenstein
Orneta	Wormditt
Orzysz	Arys
Ostróda	Osterode
Ostrykól	Ostrokollen
Pasłęk	Preußisch Holland
Piaski	Neukrug
Piecki	Peitschendorf
Pieniężno	Mehlsack
Pisz	Johannisburg
Popielno	Popiellnen
Reszel	Rößel
Rożental	Rosenthal
Ruciane-Nida	Rudschanny/ Niedersee
Rychnowo	Reichenau

Ryn	Rhein
Sąndry	Zondern
Słobity	Schlobitten
Smolajny	Schmolainen
Sobieszewo	Neufähr
Sopot	Zoppot
Sorkwity	Sorquitten
Stębark	Tannenberg
Stegna	Steegen
Stoczek	Springborn
Świbno	Schievenhorst
Święta Lipka	Heilige Linde
Świętajny	Schwertainen
Szczytno	Ortelsburg
Sztutowo	Stutthof
Sztynort	Steinort
Szymbark	Schönberg
Tolkmicko	Tolkemit
Ukta	Ukta
Węgorzewo	Angerburg
Wojnowo	Eckertsdorf
Zalewo	Saalfeld

Deutsch – Polnisch

Landschaften und Gewässer

Alle	Łyna
Beldahn-See	Jez. Beldany
Bernsteinküste	Bursztynowe Wybrzeże
Borkener Heide/Forst	Puszcza Borecka
Buckliges Masuren	Mazury Garbate
Danziger Bucht	Zakota Gdańska
Dargainen-See	Jez. Dargin
Doben-See	Jez. Dobskie
Drausen-See	Jez. Druzno
Drewenz	Drwęca
Drewenz-See	Jez. Drwęckie
Duś-See	Jez. Duś
Elbinger Höhen	Wzniesienia Elbląskie
Ermland	Warmia
Ermland-Masuren	Warmia-Mazury
Frische Nehrung, Weichsel-Nehrung	Mierzeja Wiślana
Frisches Haff	Zalew Wiślany
Geserich-See	Jez. Jeziorak
Großer Geserich-See	Jez. Wielki Jeziorak
Haus-See	Jez. Szymbarskie
Johannisburger Heide	Puszcza Piska
Kernsdorfer Höhe	Dylewska Góra
Kissain-See	Jez. Kisajno
Kleiner Geserich-See	Jez. Mały Jeziorak
Krutinna	Krutynia
Labap-See	Jez. Łabap
Lampackie-See	Jez. Lampackie
Landschaftspark Rominter Heide	Park Krajobrazowy Puszczy Rominckiej
Lansker See	Jez. Lańskie
Löwentin-See	Jez. Niegocin
Luknainer See	Jez. Łuknajno
Lycker Seenplatte	Pojezierze Ełckie
Masuren	Mazury
Masurische Seenplatte	Pojezierze Mazurskie
Masurischer Kanal	Kanal Mazurski
Masurischer Landschaftspark	Mazurski Park Krajobrazowy
Mauer-See	Jez. Mamry
Narie-See	Jez. Narie
Nieder-See	Jez. Nidzkie
Nikolaiker See	Jez. Mikołakji
Nogat	Nogat
Oberländische Seenplatte	Pojezierze Iławskie
Oberländischer Kanal	Elbląg-Ostróda-Kanal
Oder	Odra
Omulew-See	Jez. Omulew
Orzysz-See	Jez. Orzysz
Ostsee	Morze Bałtyckie
Passarge	Pasłęka
Plautziger See	Jez. Pluszne
Rhein-See	Jez. Rynskie
Rominter Heide	Puszcza Romincka
Scherting-See	Jez. Skiertag
Schoß-See	Jez. Czos
Schwenzait-See	Jez. Święcajty
Seesker Höhe	Szeska Góra
Sensburger Seenplatte	Pojezierze Mrągowskie
Simser	Symsarna
Spirding-See	Jez. Śniardwy
Suwałki-Landschaftspark	Suwałski Park Krajobrazowy
Talter Gewässer	Jez. Tałty
Teufelsinsel	Czarci Ostrów
Tote Weichsel	Martwa Wisła

Anhang

Weichsel	Wisła
Weichselniederung	Żuławy Wiślane
Wigry-Nationalpark	Wigierski Park Narodowy

Ortschaften

Allenstein	Olsztyn
Angerburg	Węgorzewo
Arys	Orzysz
Babenten	Babięta
Bischofstein	Bisztynek
Bodenwinkel	Kąty Rybackie
Braunsberg	Braniewo
Buchwald	Buszyniec
Cadinen	Kadyny
Danzig	Gdańsk
Deutsch Eylau	Iława
Dietrichswalde	Gietrzwałd
Dönhoffstädt	Drogosze
Eckertsdorf	Wojnowo
Eichmedien	Nakomiady
Elbing	Elbląg
Frauenburg	Frombork
Gallingen	Galiny
Gdingen	Gdynia
Glottau	Głotowo
Goldap	Gołdap
Grünfelde	Grunwald
Guttstadt	Dobre Miasto
Heilige Linde	Święta Lipka
Heilsberg	Lidzbark Warmiński
Hohenstein	Olsztynek
Johannisburg	Pisz
Kahlberg-Liep	Krynica Morska
Kernsdorfer Höhe	Dylewska Góra
Königsberg	Kaliningrad
Königsgut	Królikowo
Krossen	Krosno
Kruttinnen	Krutyń
Liebemühl	Miłomłyn
Lötzen	Giżycko
Lyck	Ełk
Marggrabowa/Treuburg	Olecko
Marienburg	Malbork
Marienwerder	Kwidzyn
Mauerwald	Mamerki
Mehlsack	Pieniężno
Mohrungen	Morąg
Neidenburg	Nidzica
Neufähr	Sobieszewo
Neukrug	Piaski
Nikolaiken	Mikołajki
Oliva	Oliwa
Ortelsburg	Szczytno
Osterode	Ostróda
Ostrokollen	Ostrykól
Pasewark	Jantar
Peitschendorf	Piecki
Popiellnen	Popielno
Preußisch Holland	Pasłęk
Quittainen	Kwitajny
Rastenburg	Kętrzyn
Reichenau	Rychnowo
Rhein	Ryn
Rosenthal	Rożental
Rößel	Reszel
Rudschanny/Niedersee	Ruciane-Nida
Saalfeld	Zalewo
Schievenhorst	Świbno
Schlobitten	Słobity
Schmolainen	Smolajny
Schönberg	Szymbark
Schwentainen	Świętajny
Sensburg	Mrągowo
Sorquitten	Sorkwity
Springborn	Stoczek
Steegen	Stegna
Steinort	Sztynort
Stutthof	Sztutowo
Tannenberg	Stębark
Tolkemit	Tolkmicko
Ukta	Ukta
Wartenburg	Barczewo
Wormditt	Orneta
Zondern	Sądry
Zoppot	Sopot

HILFE!

Dieser Reiseführer ist gespickt mit unzähligen Adressen, Preisen, Tipps und Infos. Nur vor Ort kann überprüft werden, was noch stimmt, was sich verändert hat, ob Preise gestiegen oder gefallen sind, ob ein Hotel, ein Restaurant immer noch empfehlenswert ist oder nicht mehr, ob ein Ziel noch oder jetzt erreichbar ist, ob es eine lohnende Alternative gibt usw.

Unsere Autoren sind zwar stetig unterwegs und versuchen, alle zwei Jahre eine komplette Aktualisierung zu erstellen, aber auf die Mithilfe von Reisenden können sie nicht verzichten.

Darum: Schreiben Sie uns, was sich geändert hat, was besser sein könnte, was gestrichen bzw. ergänzt werden soll. Nur so bleibt dieses Buch immer aktuell und zuverlässig. Wenn sich die Infos direkt auf das Buch beziehen, würde die Seitenangabe uns die Arbeit sehr erleichtern. Gut verwertbare Informationen belohnt der Verlag mit einem Sprechführer Ihrer Wahl aus der über 220 Bände umfassenden Reihe „Kauderwelsch“.

Bitte schreiben Sie an:

Reise Know-How Verlag Peter Rump GmbH, Postfach 140666, D-33626 Bielefeld, oder per E-Mail an: info@reise-know-how.de

Danke!

Register

A

B

C

D

O

P

Q

R

S

T

U

V

W

131po Foto: kj

Die Autorin

Kristine Jaath, 1962 in Würzburg geboren, studierte Germanistik, Italienisch und Religionswissenschaften in Rom und Berlin, wo sie seit 1981 lebt. Nach sechsjähriger Tätigkeit für Funk und Fernsehen widmet sie sich seit 1995 ausschließlich dem Schreiben (und Reisen), veröffentlichte Reiseführer und zahlreiche Fotobildbände.

Seit dem Fall des Eisernen Vorhangs ist sie – ein Katzensprung von Berlin – in unserem Nachbarland Polen unterwegs. Im Reise Know-How Verlag sind von ihr außerdem „Polen. Ostseeküste und Pommersche Seenplatte", „CityTrip Berlin" und der CityGuide „Berlin mit Potsdam" erschienen.

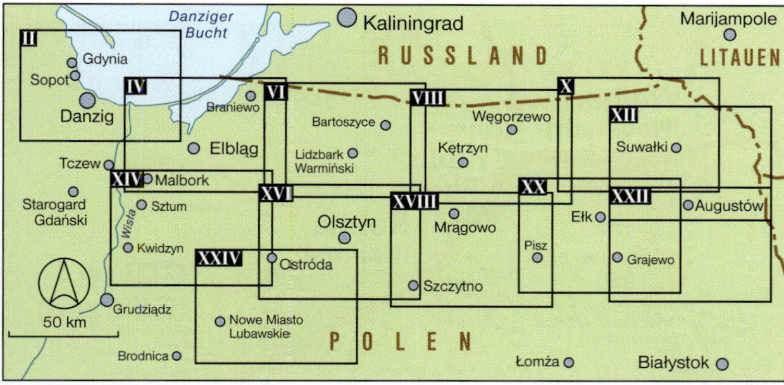

Legende Atlas

A10 E55 159	Straßennummern	Burg, Festung sehenswert	
	Autobahn / im Bau	Burg-, Festungsruine sehenswert	
	Schnellstraße / im Bau	Kloster sehenswert	
	Fernstraße	Klosterruine sehenswert	
	Nebenstraße	Kirche, sehenswert	
	Sonstige Straße	Turm	
	Fahrweg / Pfad	Moschee	
130 10 130 10	Entfernung in Kilometern	Sonstige Sehenswürdigkeit	
	Eisenbahn	Aussichtspunkt	
	Seilbahn	Campingplatz	
	Fähre	Leuchtturm	
	Fluss / Wasserfall	Höhle / Bergwerk	
	Staatsgrenze / Grenzübergang	Internationaler Flughafen	
	Wojewodschaftsgrenze	Flugplatz	
	Besiedeltes Gebiet	Naturpark	
	Nationalpark	Berg (Höhe in m)	Skrzyczne 1257
	Sperrgebiet	Besuch empfohlen von Reise Know-How	Dukla

0 km 10 20 30 40 50 60 70 km

Legende für die Stadtpläne

- Hotel
- Jugendherberge
- Camping
- Restaurant
- Kneipe, Bar
- Touristeninformation
- Sehenswürdigkeit
- Museum
- Burg, Zitadelle
- Kirche
- Ruine
- Einkaufen
- Strand
- Hafen
- Segeln
- Wasserski
- Reiten
- Parkplatz

A
B
1
2
3
Zatoka
Pucka
Darżlubska
Wejherowo (Neustadt)
Bolszewo
Gościcino
Kalwaria
ZAMEK
Cedron
Gościcina
Trójmiejski
Park
Krajobrazowy
Sopieszyno
Nowy Dwór Wejherowski
Przetoczyno
Szemud
Wlk. Donimierz
Koleczkowo
Reda (Rheda)
Rumia (Rahmel)
Mrzezino
REKOWO DOLNE
CIECHOCINO
Kazimierz
Kosakowo
BABIE DOŁY
OBŁUŻE
JANOWO
SZMELTA
Zbychowo
GDYNIA (Gdingen)
CHYLONIA
KAMIENNA GÓRA
REDŁOWO
ORŁOWO
CHWARZNO
WITOMINO
WICZLINO
Bojan
DĄBROWA
WLK. KACK
KAMIENNY POTOK
Sopot (Zoppot)
GDAŃSK (Danzig)
JELITKOWO
BRZEŹNO
WESTERPLAT
ehem. Zisterzienserabtei
OLIWA
Altstadt
STO
Martwa Wisł
WRZESZCZ
Kielno
.238
J. Wycztok
J. Tuchomskie
Chwaszczyno
Jez. Otalżyno
Kłosowo
Pomieczyno
Czeczewo
Tuchom
OSOWA
Banino
Miszewo
RĘBIECHOWO
.247
Przodkowo
Pępowo
BYSEWO
KOKOSZKI
Grzybno
ehem. Norbertanerabtei
Kartuzy (Karthaus)
Karthäuserkloster
Leźno
Żukowo (Zuckau)
JASIEŃ
KIEŁPINO GÓRNE
SZADÓŁKI
OLSZYNK
Dzierżążno
Nowy Glińcz
Niestępowo
156.
ŁOSTOWICE
ORUNIA
Kowale
Kiełpino
Przyjaźń
Radunia
Lublewo Gdańskie
NIEGOWO
LIPCE
Kirche
Skrzeszewo Żukowskie
Kolbudy
Straszyn
Pruszcz Gdańsk (Praust)
Somonino
Borcz
Goręczyno
Juszkowo
Roszkow
Hopowo
255
Marszewo
Jodłowno
Egiertowo
Buszkowy Grn.
Kłodawa
Żuława
Roztoka
Łęgowo
Domachowo
Przywidz
Mierzeszyn
Kleszczewo
Różyny
E28
E75
218
216
224
211
20
221
222
226
233

C
D
Die Karten II bis XXV sind Ausschnitte aus der Karte „Nordpolen" des **world mapping project** von Reise Know-How (siehe Seite 362).
1
2
3
(Halbinsel Hel)
Mierzeja Helska
216
Hel
Karlskrona 11 h
Nynäshamn 19h
Zatoka Gdańska
(Danziger Bucht)
⇧IV
Mierzeja Wiślana (Frische Nehrung)
Park Krajobrazowy Mierzeja Wiślana
Märtyrer-Museum
SOBIESZEWO
33
ŚWIBNO
SOBIESZEWKO
Mikoszewo
Jantar
501
Kąty Rybackie
34
12
Wiślinka
Martwa Wisła
Przekop Wisły
Junoszyno
Stegna
Sztutowo
Bystra
Przemysław
Stegienka
Łaszka
Koszwały
-0,2
Szkarpawa
Grochowo I
Żuławki
Rybina
Groszkowo
Wocławy
E77
Błotnik
Wisła
Tujsk
Wiśniówka
Chełmek
Stanisławowo
35
Niedźwiedziówka
Nowotna
Nowotki
227
Cedry Wielkie
Kiezmark
502
Żelichowo
Nogat
Leszkowy
Nowa Kościelnica
Wybicko
Marzęcino
Długie Pole
Jeziernik
Nowy Dwór Gdański (Tiegenhof)
Suchy Dąb
Giemlice
Ostaszewo
Linawa
Orłowo
Kmiecin
Kirche
Stobna
Kępki
⇩IV

Atlas

Zatoka Gdańska
(Danziger Bucht)
Mierzeja Wiślana (Frisch
Park Krajobrazowy Mierzej
Krynica Morska
PRZEBRNO
SIEKIERKI
Märtyrer-Museum
Kąty Rybackie
Sztutowo
Łaszka
ŚWIBNO
Mikoszewo
Jantar
Junoszyno
Stegna
Stegienka
Przemysław
Przekop Wisły
Szkarpawa
Żuławki
Rybina
Grochowo I
Groszkowo
Wiśniówka
Tujsk
Chełmek
Niedźwiedziówka
Nowotna
Wisła
Kiezmark
Nowa Kościelnica
Leszkowy
Wybicko
Żelichowo
Nowotki
Nogat
Marzęcino
Nowe Batorowo
Elbląski
PRÓCHNIK
KRASNY LAS
Kamionek Wielki
Suchacz
Nowy Dwór Gdański (Tiegenhof)
Kirche
Kmiecin
Stobna
Kępki
Nowakowo
Elbląg
ELBLĄG (Elbing)
Altstadt
RUBNO WLK.
Jagodno
Jeziernik
Ostaszewo
Orłowo
Linawa
Lubieszewo
Solnica
Bielnik I
Janowo
Nowa Cerkiew
Tuja
Rychnowo Żuławskie
Jazowa
Wiktorowo
Mirowo
Marynowy
Nowy Staw (Neuteich)
Parszewo
Wierciny
Helenowo
Gronowo Górne
Żuławy Wiślane
Myszewo
Lubstowo
Jegłownik
Tropy Elbląskie
Lichnowy
Lipinka
Martąg
Tralewo
Lasowice Wielkie
Jasionno
Ząbrowo
Gronowo Elb.
Żurawiec
Szymankowo
Kościeleczki
Kaczynos
Fiszewo
Szawałd
Stare Pole
Krzewsk
Rozgart
Markusy
Cisy
Kirche
Królewo
Nogat
Zwierzno
Ordensburg Marienburg
Stara Kościelnica
Miłoradz
Malbork (Marienburg)
Złotowo
Stalewo
Rachowo
Stankowo
Kępniewo
WIELBARK
Kraśniewo
Gościszewo
Żuławka Sztumska
Stare Dolne
E77
501
502
503
509
515
22
55
A
B
1
2
3

⇦ III

⇩ XIV

Braniewo
(Braunsberg)
Frombork
(Frauenburg)
Bischofspalast
Kopernikus-
Museum
Młynary
(Mühlhausen)
Pasłęk
(Preussisch Holland)
Stadtbefestigung
Dohna-
Schlösschen
Piaski
(Nowa Karczma)
Nowa
Pasłęka
Gronowo
Podleśne
Młoteczno
Rogity
Żelazna
Góra
Świętochowo
Krzewno
Rudłowo
Gronówko
Stępień
Zakrzewiec
Lipowina
Bemowizna
Nowiny
Biedkowo
Brzeszczyny
Chojnowo
Baranówka
Jarzębiec
Pierzchały
Pogrodzie
Jędrychowo
Tolkowiec
Wysoka
Braniewska
Przybyłowo
Wierzno
Wielkie
Dąbrowa
Płoskinia
Włóczyska
J. Pierzchalskie
Chruściel
Strubno
Pakosze
Karszewo
Kurowo
Braniewskie
Dębiny
Długobór
Błudowo
Milejewska
Majewo
Nowe-
Monasterzysko
Stare
Siedlisko
Ławki
Milejewo
Kwietnik
Płonne
Młynarska
Wola
Bornity
Nowica
Bardyny
Kamiennik
Wielki
Zastawno
Wilczęta
Chwalęcin
Osetnik
Spędy
Pomorska
Wieś
Sąpy
Słobity
Karwiny
Borzynowo
Góry
Tatarki
Bażyny
Aniołowo
Dobry
Stegny
Osiek
Łukszty
Łępno
Marianka
Bogaczewo
Bielica
Burdajny
Robity
Godkowo
Podągi
Krosno
Skowrony
Sałkowice
Lesiska
Ząbrowiec
Jelonki
Grądki
Krasin
Markowo
Kwitajny
J. Okonie
Rydzówka
Zielonka
Pasłęcka
Kalnik
Złotna
Strużyna
Ignatjewka
Pasłęka
Bauda
Banówka
Wąska
Sała
Kan. Elbląski
Frisches Haff
Wiślany
Park
Mierzeja Wiślana
XV
VI
Atlas

Pogranicznoje
Podleśne
Żelazna Gora
Jachowo
Piele
J. Głębockie
Głębock
Jarzeń
Lubimaja
Gronówko
Krzewno
Banówka
Zakrzewiec
Lipowina
Wyszkowo
Grabowiec
Krzekoty
Sągnity
Dzikowo Iłoweckie
Kandyty
Kamińsk
Jarzębiec
Lelkowo
Kwiatkowo
Warna
Dębowiec
Grotowo
Górowo Iławeckie (Landsberg i.O.)
Worławki
Tolkowiec
Wysoka Braniewska
Sawity
Płoskinia
Pluty
Dwórzno
Żugienie
Łajsy
Łoźnik
Wałsza
Strubno
Pakosze
Glady
Pieniężno (Mehlsack)
Długobór
Pieniężno I
Janikowo
Pieszkowo
Radziejewo
Lechowo
Cieszęty
Drwęca
Zaręby
Bornity
Bardyny
Glebisko
Henrykowo
Miłkowo
Babiak
J. Taftowo
Osetnik
Chwalęcin
Mingajny
Runowo
Ignalin
Nowy Dwór
Kaszuny
Bażyny
Krosno
Bobrownik
Orneta (Wormditt)
Dobry
Pasłęka
Biały Dwór
Łępno
Wolnica
Opin
Bieniewo
Bogatyńskie
Łaniewo
Karbowo
Urbanowo
Podągi
Wojciechowo
Lubomino
Piotraszewo
Lesiska
Pojezierze
Stryjkowo
Ząbrowiec
Stolno
Zagony
Wapnik
Smolajny
J. Tonka
Rogiedle
Polkajny
Miłakowo (Liebstadt i.O.)
J. Okonie
Piotrowo
Sunia
Dobre Miasto (Guttstadt)
Kunik
Strużyna
Ełdyty Wielkie
Wilczkowo
Łęgno
Stare Bolity
J. Miłczie
Mysłaki
Międzylesie
Książnik
A
B
1
2
3
XVI
V

C
D
A195
A196
Oriechowo
Dolgorukowo
Bierie-zowka
Nagornoje
Bagrationovsk
(Preussisch Eylau)
Jagodnoje
Znamienskoje
Jermakowo
Klimowka
Poddubnoje
Riabinowka
Łava
Toprzyny
128
Warszkajty
Piersele
Molwity
Lejdy
Posłusze
Parkoszewo
Szczurkowo
Trosiny
Ostre Bardo
Stopki
Masuny
Gałajny
Elma
Bezledy
Łoskajmy
Judyty
90
Wodukajmy
511
Woryny
Wojmiany
19
51
Nalikajmy
512
75
Roskajmy
Boryty
Łyna
Miedna
Markiny
10
Dąbrowa
Skitno
Liski
Smołanka
Romankowo
Bądle
Topilkajmy
Wiewiórki
130
Łojcy
Bartoszyce
(Bartenstein)
Sępopol
(Schippenbell)
Nowa Karczma
Wojciechy
Spytajny
Truszyny
Weskajmy
Tolko
Zielenica
Połęcze
Witki
Wiatrowiec
Kałwągi
Ardany
Sędławki
Kinkajmy
Pisa
Heilsberger Tor
VIII
Rodnowo
Kiersity
Osieka
Piaseczno
Kinwągi
Burkarty
Wardomy
Maszewy
Sokolica
Szwaruny
Samolubie
Sajna
Jerwiki
57
Łabędnik
Pasławki
Dębiany
Krawczuki
Morawa
592
Kowalewo
Lidzbark Warmiński
(Heilsberg)
Krekole
Kosy
Bieliny
Drawa
Rogóż
121
Galiny
Łankiejmy
Borki Sędrowskie
Knipy
Swędrówka
Stoczek Klasztorny
Połapin
Burg der Bischöfe von Ermland
Trutnowo
Grzęda
Sarnowo
Wozławki
Ledławki
12
Nowosady
Medyny
Kierwiny
513
Rokitnik
Sułowo
Bisztynek
(Bischofstein)
Nowa Wieś Reszelska
Symsarna
Kobiela
Kiwity
Ryn
45
594
168
Sątopy-Samulewo
Kraszewo
Podgórze
Kłębowo
Czarny Kierz
Tolniki Wielkie
Krzewina
Jarandowo
Troszkowo
Troksy
186
Olsztyńskie
Prosity
Dąbrowa
Mołdyty
Księżno
Wysoka Dąbrowa
Kochanówka
Żegoty
Franknowo
Kramarzewo
Wągsty
593
Kominki
Blanki
Jez. Blanki
Wójtowo
Kolno
Potryty
Piszewo
Wójtówko
Jez. Luterskie
Kabiny
Radostowo
Olszewnik
Żardeniki
Studnica
Jeziorany
(Seeburg)
Miejska Wieś
Tejstymy
Górowo
596
Bocianowo
Otry
Orzechowo
XVII

A
B
Siewskoje
A196
Sopkino
Żeleznodorożnyj
(Gerdauen)
Wołnoje
Kan. Mazurski
Panfiłowo
Kamienka
Dworkino
Krymskoje
Koczkino
Kryłowo
(Nordenburg)
Ława
Lipica
Melejdy
Gaj
Stopki
Masuny
Duje
Michałkowo
Asuny
Brzeźnica
Momajny
Gierkiny
Dzietrzychowo
Kałki
Mołtajny
Łęknica
Bajory Małe
Łyna
Garbno
Kotki
Miedna
Mamlak
Skandawa
Bobrowo
Romankowo
Lwowiec
Silginy
Skandławki
Sępopol
(Schippenbell)
Marłuty
Guber
Liwna
Suchawa
Wilczyny
Wągniki
Gęsie Góry
Gęsiki
Jegławki
Jez. Rydzówka
Modgarby
Srokowski Dwór
Kałwągi
Barciany
(Barten)
Wikrowo
Srokowo
Wilkowo Wielkie
Kreuz-ritterburg
Ogródki
Leśniewo
Kinwągi
Sajna
Wiklewo
Drogosze
Radosze
Kapławki
Leśny Rów
Gut Dönhoff
Skoczewo
Jankowice
Pasławki
Glitajny
Równina Górna
Niedziałki
Chojnica
Głowbity
Korsze
(Korschen)
Kowalewo
Kiemławki Małe
Winda
Solanka
Warnikajmy
Siniec
Łankiejmy
Dubliny
Ostry Róg
Staniszewo
Wandajny
Kraskowo
Gudziki
Garbno
Kaskajmy
Nowa Różanka
Grzęda
Tołkiny
Mażany
Trzeciaki
Gudniki
Kętrzyn
(Rastenburg)
Jez. Mój
Pojezierze Mrągowskie
Lipkowo
Worpławki
Siemki
Czerniki
Wolfsschanze
Ryn
Filipówka
Bischofsburg
Klewki
Sątopy-Samulewo
Troksy
Reszel
(Rößel)
Wajsznory
Mołdyty
Pieckowo
Muławki
Pożarki
St.-Peter-und-Pauls-Kirche
Grabno
Sławkowo
Ramty
Jesuitenkloster Heiligelinde
Pręgowo
Martiany
Zawidy
Bezławki
Godzikowo
Kominki
Kociborz
Święta Lipka
(Heiligelinde)
Jez. Dejnowa
Dajna
Gut-Hoverbeck
Wilkowo
Nakomiady
Salpik
Samławki
Leginy
Łazdoje
Palestyna
Jez. Legińskie
Kabiny
Koczarki
Widryny
Rydwągi
Boża Wólka
Langanki
Łężany
Lembruk
Budziska
Głąbowo
Bocianowo
Otry
Burszewo
Ruska Wieś
Boże
Słabowo
Ryn
(Rhein)
Oterki
Kiersztanowo
Wyszembork
Wejdyki
⇦ VII
⇩ XVIII

Niłowo
Malcewo
Borodinka
oz. Russkoje
P508
18
134
Zaoziornoje
Otradnoje
Czistopolje
Bagrationowo
Kutuzowo
oz. Wikowskoje
Mieduniszki-Wielkie
A196
Dąbrówka Nowa
Zabrost Wielki
Rapa
Żabin
182
Widgiry
Jagoczany
Łęgwarowo
Olszewo Węgorzewskie
Węgorapa
Sobiechy
Ściborki
Perły
Wężówko
Wesołowo
Gołdapa
Budzewo
Pawłowo
Wilkowo
Brzozowo
Więcki
150
Różyńsk Mały
650
Budry
Wróble
Dąbrówka Mała
Popioły
Banie Mazurskie
Boćwiński Młyn
Prynowo
Czerwony Dwór
Surminy
Węgielsztyn
Janówko
Węgorzewo
(Angerburg)
Boćwinka
Trygort
SOBIN
Krzywińskie
Piłaki Wielkie
Grodzisko
Przystań
45
J. Stręgiel
Zawady
218
Kal
Jez. Święcajty
63
Puszcza Borecka
Pojezierze Ełckie
Pniewo
Jez. Mamry
(Mauersee)
Stręgielek
Jakunówko
Kamionek Wielki
Okowizna
J. Wilkus
223
Sztynort-Duży
(Steinort)
Jez. Harsz
Harsz
Pozezdrze
J. Krzywa Kuta
Jez. Piłwąg
Łabapa
Jez. Łabap
Gut Lehndorff
Nowy Harsz
Kolonia Pozezdrze
Przerwanki
Żabinki
Jez. Jasieniec
Jeziorowskie
Jez. Dargin
Wyłudy
Gołdopiwo
Jez. Dobskie
Jez. Kisajno
Pieczarki
Brożówka
Fuleda
Jurkowo Węgorzewskie
Lipowo
Kruklanki
Spytkowo
Pierkunowo
Dziewiszewo
181
Pieczonki
177
Żywki
Żywy
Kamionki
Giżycko
(Lötzen)
J. Sołtmany
Grądzkie
J. Gawlik
Jez. Dejguny
Jez. Kruklin
Sołtmany
Szczybały Orłowskie
Bogacko
J. Wydmińskie
Kożuchy Wielkie
Kruklin
Gawliki Wielkie
Sterławki Wielkie
Jez. Tajty
Grajewo
592
Wilkasy
Sucholaski
Mazuchówka
Upałty
655
Siedliska
Sterławki Małe
643
Jez. Niegocin
Wydminy
Szczybały Giżyckie
Dudka
59
Ruda
Szczepanki
164
192
Jeziorko
Staświny
Orzechowo
Bogaczewo
Tros
Wężówka
Miłki
Monetki
Kozin
Jagodne Wielkie
Radzie
Ranty
Czyprki
Jez. Jagodne
Paprotki
Jez. Pamer
656
Prażmowo
Rydzewo
Wyszowate

⇧X

⇩XX

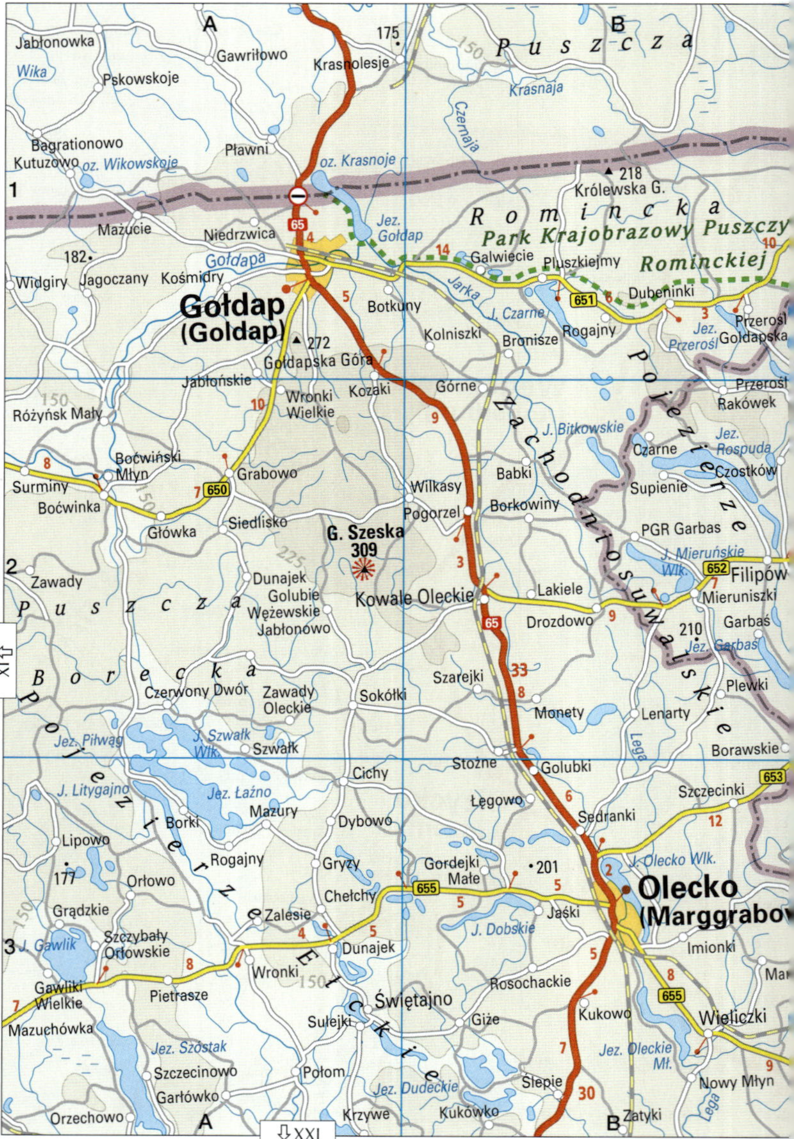
A
B
1
2
3
Jabłonowka
Wika
Gawriłowo
Pskowskoje
175
Krasnolesje
Puszcza
Krasnaja
Czernaja
Bagrationowo
Kutuzowo
oz. Wikowskoje
Pławni
oz. Krasnoje
218
Królewska G.
Romincka
Park Krajobrazowy Puszczy Rominckiej
Mażucie
Niedrzwica
65
Jez. Gołdap
14
Galwiecie
Pluszkiejmy
182
Gołdapa
Widgiry
Jagoczany
Kośmidry
Gołdap
(Goldap)
Botkuny
Jarka
J. Czarne
651
Dubeninki
3
Przerośl
Jez. Przerośl
Gołdapska
Rogajny
Kolniszki
Bronisze
272
Gołdapska Góra
Pojezierze
Jabłońskie
Wronki Wielkie
Kozaki
Górne
Przerośl
Rakówek
Różyńsk Mały
10
9
Zachodniosuwalskie
J. Bitkowskie
Czarne
Jez. Rospuda
Boćwiński Młyn
Surminy
8
Grabowo
650
Wilkasy
Babki
Czostków
Supienie
Boćwinka
Główka
Siedlisko
Pogorzel
Borkowiny
PGR Garbas
G. Szeska
309
J. Mieruńskie Wlk.
652
Filipów
Zawady
Dunajek
Golubie
Wężewskie
Jabłonowo
Kowale Oleckie
Lakiele
Mieruniszki
Drozdowo
Garbaś
210
Jez. Garbas
Puszcza Borecka
Czerwony Dwór
Zawady Oleckie
Sokółki
Szarejki
33
Monety
Lenarty
Plewki
Jez. Piłwąg
J. Szwałk Wlk.
Szwałk
Łęga
Borawskie
Stożne
Golubki
653
Cichy
J. Litygajno
Jez. Łaźno
Mazury
Dybowo
Łęgowo
Sedranki
Szczecinki
12
Borki
Lipowo
Rogajny
Gryzy
Gordejki Małe
201
J. Olecko Wlk.
Olecko
(Marggrabowa)
177
Orłowo
655
Chełchy
Jaśki
Grądzkie
Zalesie
J. Dobskie
Imionki
J. Gawlik
Szczybały Orłowskie
Dunajek
Pojezierze Ełckie
Wronki
Gawliki Wielkie
Pietrasze
Rosochackie
Świętajno
Mazuchówka
Sułejki
Giże
Kukowo
Wieliczki
Jez. Szóstak
Jez. Oleckie Mł.
Szczecinowo
Połom
Jez. Dudeckie
Słepie
Nowy Młyn
Garłówko
30
Orzechowo
Krzywe
Kukówko
Zatyki
Łega

⇧ XI
⇩ XXI

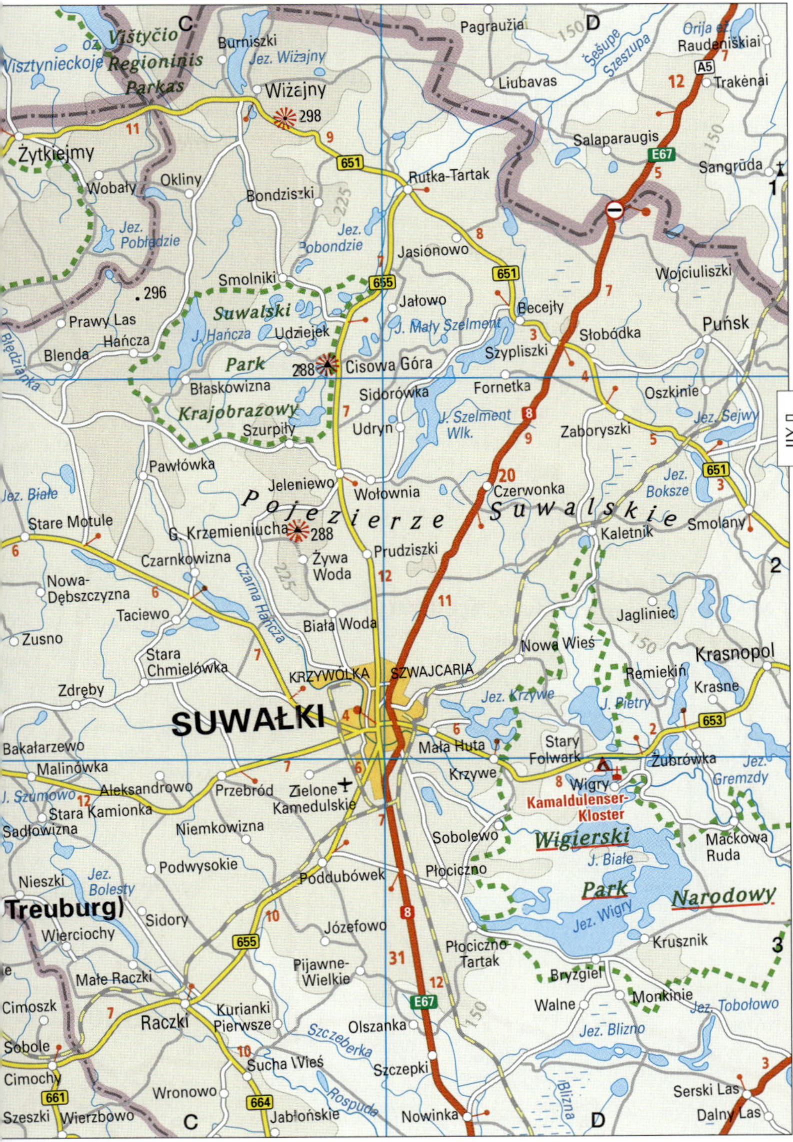

C
D
Vištyčio Regioninis Parkas
ož. Visztynieckoje
Burniszki
Jez. Wiżajny
Wiżajny
298
Pagraužia
Liubavas
Šešupe
Szeszupa
Orija ež.
Raudeniškiai
A5
Trakėnai
Salaparaugis
E67
Sangrūda
Żytkiejmy
Wobały
Okliny
Bondziszki
651
Rutka-Tartak
Jez. Pobłędzie
Jez. Pobondzie
Jasionowo
651
Wojciuliszki
Smolniki
655
Jałowo
Becejły
296
Suwalski Park Krajobrazowy
Prawy Las
Hańcza
J. Hańcza
Udziejek
J. Mały Szelment
Szypliszki
Słobódka
Puńsk
Blenda
Błędzianka
288
Cisowa Góra
Błaskowizna
Fornetka
Sidorówka
Oszkinie
Szurpiły
Udryn
J. Szelment Wlk.
8
Zaboryszki
Jez. Sejwy
XII
Pawłówka
Jeleniewo
Wołownia
Czerwonka
651
Jez. Boksze
Jez. Białe
Stare Motule
Pojezierze Suwalskie
Kaletnik
Smolany
G. Krzemieniucha
288
Czarnkowizna
Żywa Woda
Prudziszki
Nowa-Dębszczyzna
Czarna Hańcza
Taciewo
Jagliniec
Zusno
Biała Woda
Nowa Wieś
Krasnopol
Stara Chmielówka
KRZYWÓLKA
SZWAJCARIA
Remiekiń
Krasne
Zdręby
Jez. Krzywe
J. Pietry
653
SUWAŁKI
Mała Huta
Stary Folwark
Bakałarzewo
Żubrówka
Jez. Gremzdy
Malinówka
Krzywe
Wigry
Aleksandrowo
Przebród
Zielone Kamedulskie
Kamaldulenser-Kloster
J. Szumowo
Stara Kamionka
Sadłowizna
Niemkowizna
Sobolewo
Wigierski Park Narodowy
Mackowa Ruda
J. Białe
Podwysokie
Płociczno
Nieszki
Jez. Bolesty
Poddubówek
Treuburg)
Sidory
Jez. Wigry
Wierciochy
655
Józefowo
Płociczno-Tartak
Krusznik
Pijawne-Wielkie
Małe Raczki
Bryzgiel
E67
Monkinie
Cimoszk
Kurianki Pierwsze
Walne
Jez. Tobołowo
Raczki
Olszanka
Szczeberka
Jez. Blizno
Sobole
Sucha Wieś
Szczepki
Cimochy
Wronowo
Rospuda
Blizna
Serski Las
661
664
Szeszki
Wierzbowo
Jabłońskie
Nowinka
Dalny Las

Atlas

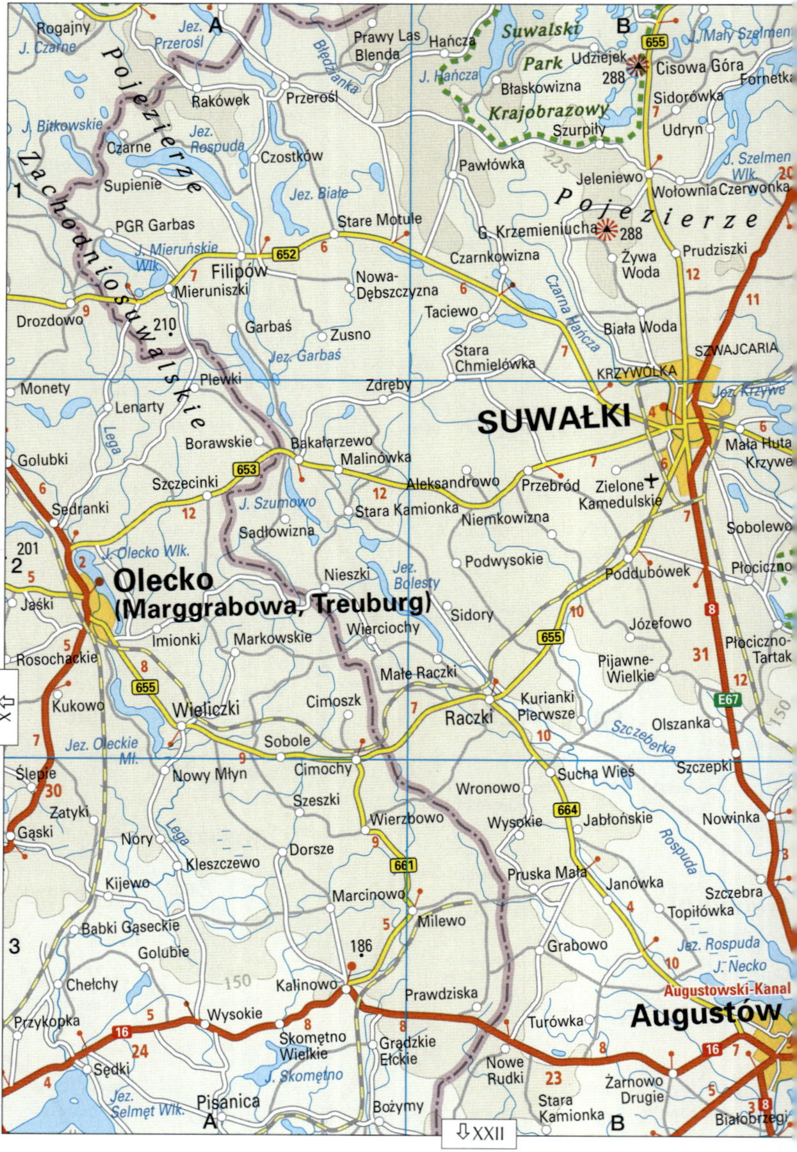

Rogajny
J. Czarne
Jez. Przerośl
A
Pojezierze Zachodniosuwalskie
Prawy Las
Blenda
Hańcza
Suwalski Park Krajobrazowy
B
655
J. Mały Szelment
Udziejek
288
Cisowa Góra
Fornetka
J. Hańcza
Błaskowizna
Sidorówka
Błędzianka
Rakówek
Przerośl
J. Bitkowskie
Jez. Rospuda
Czarne
Szurpiły
Udryn
Czostków
Pawłówka
225
J. Szelment Wlk.
Supienie
Jeleniewo
Wołownia
Czerwonka
1
Jez. Białe
Pojezierze
PGR Garbas
Stare Motule
G. Krzemieniucha
288
J. Mieruńskie Wlk.
652
6
Czarnkowizna
Prudziszki
Żywa Woda
7
Filipów
Nowa-Dębszczyzna
12
Mieruniszki
6
11
Drozdowo
9
210
Taciewo
Czarna Hańcza
Garbaś
Zusno
Biała Woda
Jez. Garbaś
Stara Chmielówka
7
SZWAJCARIA
KRZYWÓLKA
Monety
Plewki
Zdręby
Jez. Krzywe
Lenarty
SUWAŁKI
4
6
Lega
Borawskie
Bakałarzewo
Mała Huta
Krzywe
Golubki
Malinówka
653
7
Szczecinki
Aleksandrowo
Przebród
Zielone Kamedulskie
6
12
J. Szumowo
Stara Kamionka
6
Sedranki
12
Niemkowizna
7
Sadłowizna
Sobolewo
201
J. Olecko Wlk.
2
2
5
Olecko (Marggrabowa, Treuburg)
Podwysokie
Nieszki
Jez. Bolesty
Poddubówek
Płociczno
Jaśki
Sidory
10
8
Wierciochy
Józefowo
5
Imionki
Markowskie
655
31
Płociczno-Tartak
Rosochackie
Pijawne-Wielkie
8
Małe Raczki
12
X ⇧
655
Kurianki Pierwsze
E67
Kukowo
Cimoszk
Raczki
7
Wieliczki
150
Olszanka
Szczeberka
7
Jez. Oleckie Mł.
Sobole
10
9
Cimochy
Sucha Wieś
Szczepki
Ślepie
30
Nowy Młyn
Wronowo
Zatyki
Szeszki
664
Nowinka
Gąski
Lega
Wierzbowo
Wysokie
Jabłońskie
Nory
9
Rospuda
Dorsze
3
Kleszczewo
661
Pruska Mała
Janówka
Szczebra
Kijewo
Marcinowo
4
Topiłówka
5
Milewo
Babki Gąseckie
3
186
Grabowo
Jez. Rospuda
Golubie
J. Necko
10
150
Augustowski-Kanal
Chełchy
Kalinowo
Prawdziska
Augustów
Przykopka
5
Wysokie
Turówka
16
8
8
24
Skomętno Wielkie
Grądzkie Ełckie
8
16
7
Sędki
4
J. Skomętno
Nowe Rudki
23
Żarnowo Drugie
5
Jez. Selmęt Wlk.
Pisanica
Stara Kamionka
3
8
A
Bożymy
B
Białobrzegi
⇩XXII

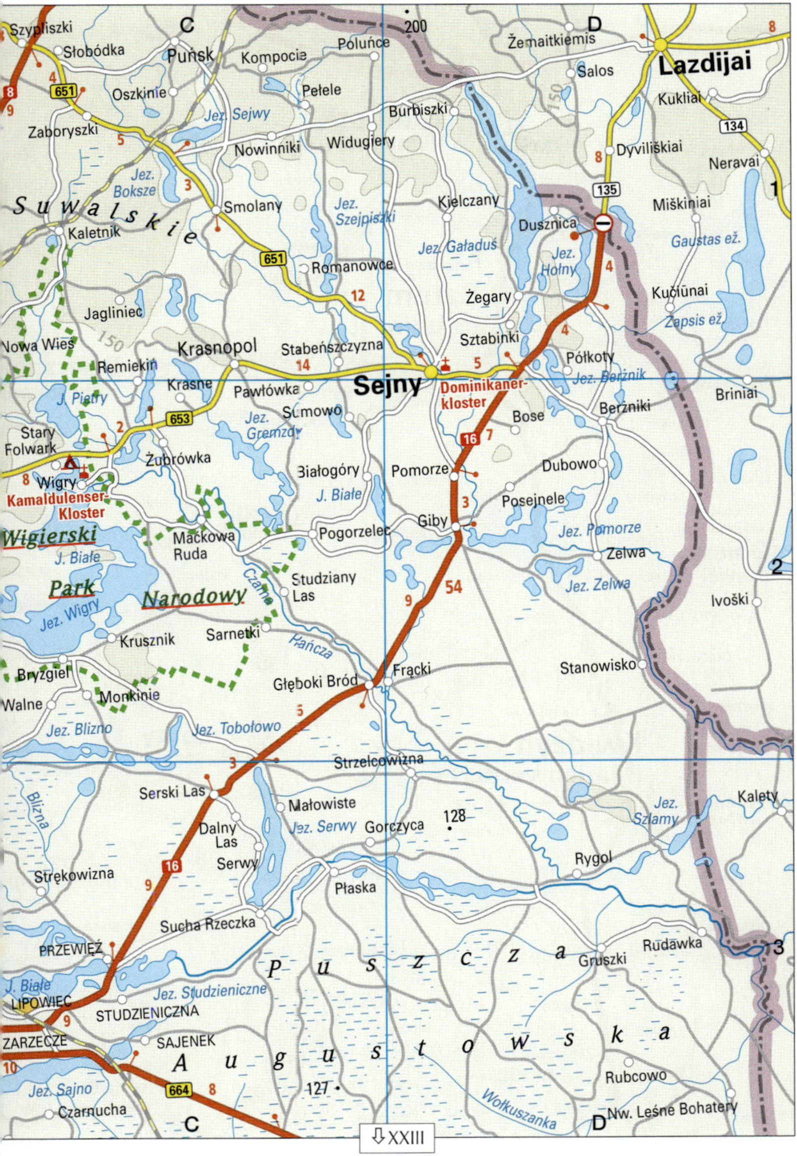
Szypliszki
Słobódka
Puńsk
Kompocie
Połuńce
200
Żemaitkiemis
Lazdijai
Salos
Oszkinie
Pełele
Jez. Sejwy
Burbiszki
Kukliai
Zaboryszki
Nowinniki
Widugiery
134
Dyviliškiai
Neravai
Jez. Boksze
Smolany
Jez. Szejpiszki
Kielczany
135
Miškiniai
Suwalskie
Kaletnik
651
Romanowce
Jez. Gaładuś
Dusznica
Jez. Hołny
Gaustas ež.
Jagliniec
Żegary
Kučiūnai
Zapsis ež.
Nowa Wieś
Krasnopol
Stabeńszczyzna
Sztabinki
Remiekiń
Półkoty
Krasne
Sejny
Dominikaner-kloster
Jez. Berżnik
Briniai
J. Pietry
Pawłówka
Sumowo
Bose
Berżniki
653
Stary Folwark
Jez. Gremzdy
16
Żubrówka
Dubowo
Wigry
Białogóry
Pomorze
Kamaldulenser-Kloster
J. Białe
Posejnele
Wigierski
Maćkowa Ruda
Pogorzelec
Giby
Jez. Pomorze
Zelwa
J. Białe
Czarna
Studziany Las
54
Jez. Zelwa
Park
Narodowy
Jez. Wigry
Ivoški
Krusznik
Sarnetki
Hańcza
Bryzgiel
Frącki
Stanowisko
Głęboki Bród
Walne
Monkinie
Jez. Blizno
Jez. Tobołowo
Strzelcowizna
Serski Las
Małowiste
Kalety
Blizna
Jez. Serwy
Gorczyca
128
Jez. Szlamy
Dalny Las
Serwy
Rygol
Strękowizna
Płaska
Sucha Rzeczka
Rudawka
PRZEWIĘŹ
Puszcza
Gruszki
J. Białe
Jez. Studzieniczne
LIPOWIEC
STUDZIENICZNA
ZARZECZE
SAJENEK
Augustowska
Jez. Sajno
664
127
Rubcowo
Czarnucha
Wołkuszanka
Nw. Leśne Bohatery
C
D
1
2
3

⇩XXIII

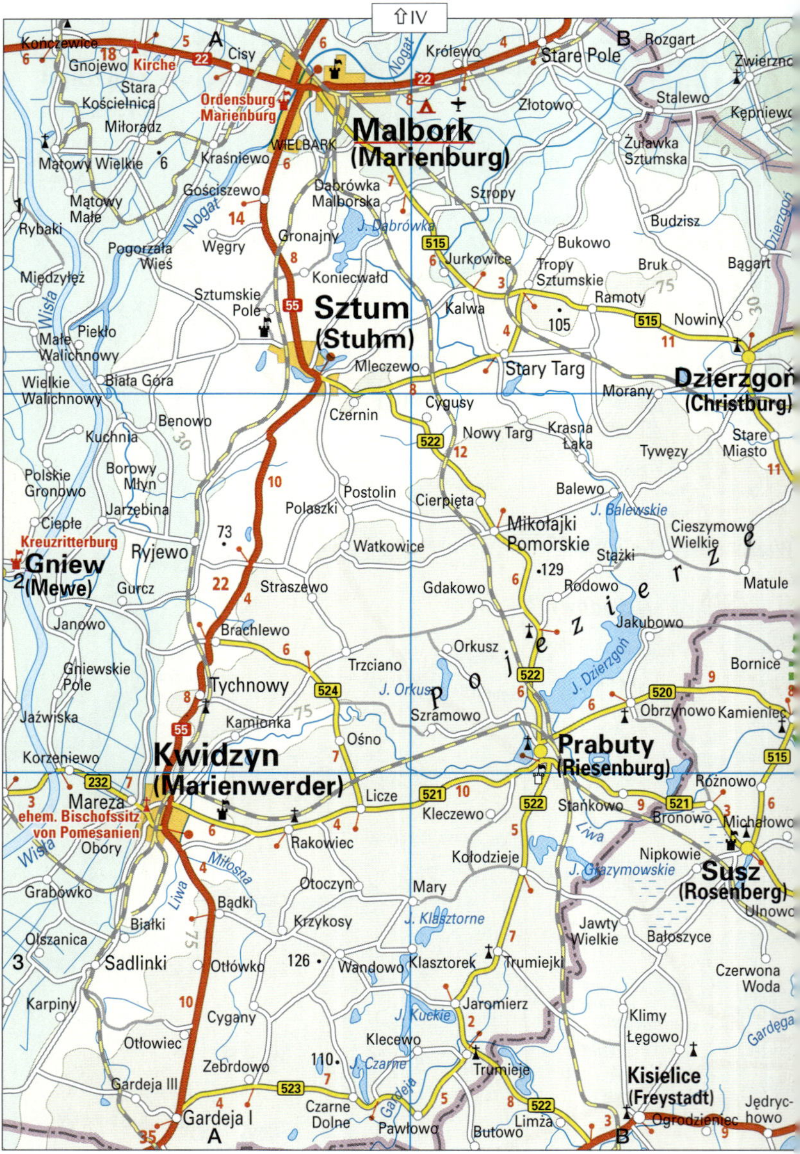
IV
Kończewice
Gnojewo
Kirche
Cisy
Stara Kościelnica
Ordensburg Marienburg
Miłoradz
Mątowy Wielkie
Kraśniewo
WIELBARK
Malbork
(Marienburg)
Królewo
Stare Pole
Rozgart
Zwierzno
Stalewo
Złotowo
Kępniewo
Żuławka Sztumska
Gościszewo
Mątowy Małe
Rybaki
Nogat
Dąbrówka Malborska
J. Dąbrówka
Szropy
Budzisz
Węgry
Gronajny
Pogorzała Wieś
Bukowo
Jurkowice
Tropy Sztumskie
Bruk
Bągart
Dzierzgoń
Międzyłęż
Koniecwałd
Sztumskie Pole
Sztum
(Stuhm)
Kalwa
Ramoty
Nowiny
105
Wisła
Piekło
Małe Walichnowy
Mleczewo
Stary Targ
Dzierzgoń
(Christburg)
Wielkie Walichnowy
Biała Góra
Morany
Czernin
Cygusy
Benowo
Kuchnia
Nowy Targ
Krasna Łąka
Tywęzy
Stare Miasto
Polskie Gronowo
Borowy Młyn
Postolin
Balewo
Polaszki
Cierpięta
Jarzębina
J. Balewskie
Ciepłe
Mikołajki Pomorskie
Cieszymowo Wielkie
Kreuzritterburg
73
Ryjewo
Watkowice
Gniew
(Mewe)
Stążki
129
Gurcz
Straszewo
Gdakowo
Rodowo
Matule
Janowo
Brachlewo
Jakubowo
Orkusz
Pojezierze
Gniewskie Pole
Trzciano
Bornice
Tychnowy
J. Orkusz
J. Dzierzgoń
Jaźwiska
Kamionka
Szramowo
Obrzynowo
Kamieniec
Prabuty
(Riesenburg)
Ośno
Korzeniewo
Kwidzyn
(Marienwerder)
Różnowo
Mareza
Licze
ehem. Bischofssitz von Pomesanien
Kleczewo
Stańkowo
Bronowo
Michałowo
Rakowiec
Obory
Kołodzieje
Liwa
Nipkowie
Miłosna
J. Grazymowskie
Susz
(Rosenberg)
Grabówko
Otoczyn
Mary
Bądki
Ulnowo
Białki
Krzykosy
J. Klasztorne
Jawty Wielkie
Olszanica
Bałoszyce
Sadlinki
Otłówko
126
Wandowo
Klasztorek
Trumiejki
Czerwona Woda
Karpiny
Jaromierz
Cygany
J. Kuckie
Klimy
Łęgowo
Otłowiec
Klecewo
Gardęga
Zebrdowo
110
J. Czarne
Trumieje
Kisielice
(Freystadt)
Gardeja III
Gardeja
Czarne Dolne
Jędrychowo
Gardeja I
Pawłowo
Butowo
Limża
Ogrodzieniec

⇧V
⇩XXIV
⇧XVI
Pasłęk
(Preussisch
Holland)
Stadt-
befestigung
Morąg
(Mohrungen)
Zalewo
(Saalfeld)
Miłomłyn
(Liebemühl)
Oberlandkanal
Ostróda
(Osterode)
Kreuz-
ritterburg
Sałkowice
Ząbrowiec
Grądki
Wąska
Sała
Markowo
J. Okonie
Kwitajny
Kalnik
Stružyna
Złotna
Chojnik
Królewo
Łączno
Kamionka
Nowy Dwór
Małdyty
Dobrocin
Wilamowo
Jędrychówko
Bramka
J. Ruda
Woda
Linki
Szymonowo
Wenecja
Słonecznik
Dziśnity
J. Bartężek
Bartężek
Liksajny
Wólka
Majdańska
J. Ilińsk
Tarda
Lasy
Taborskie
ZATOKA
Bynowo
Boreczno
Kan. Iławski
Karnity
Waldowo
Liwa
Kan. Elbląski
J. Drwęckie
Boguszewo
Morliny
Samborowo
Ornowo
Wirwajdy
Franciszkowo
Brzydowo
Reszki
Rudno
Naprom
Gierłoż
Polska
Gizela
Mątyki
Kałduny
Rudzienice
Wiewiórka
Frednowy
Tynwałd
Szałkowo
LIPOWY
DWÓR
J. Iławskie
J. Łabędź
J. Jeziorak
Gardzień
J. Gardzień
Iławskiego
Pojezierza
Lasy Iławskie
J. Gil Wlk.
Urowo
Wieprz
Siemiany
J. Januszewskie
Januszewo
Piotrkowo
Falknowo
Starzykowo
Szymbark
J. Szymbarskie
Kamionka
Laseczno
Krajobrazowy
Park
J. Płaskie
Jerzwałd
J. Bądze
Gaudy
Dobrzyki
Międzychód
J. Jaśkowskie
Śliwa
Jaśkowo
Janiki
Wielkie
Girgajny
Kupin
J. Ewingi
Witoszewo
J. Rucewo
Wlk.
Gajdy
Przezmark
Milikowo
Folwark
Bajdy
Bądki
Jarnołtowo
Zajezierze
Wielki Dwór
Łatkowo
Lubochowo
Myślice
Gisiel
Kreki
Budwity
J. Sasin
Skolwity
Krupin
Kwietniewo
Rychliki
Barzyna
Drulity
Piriewo
Marzewo
Sambród
Zielonka
Pasłęcka
Rydzówka
Krasin
Kan. Elbląski
(Oberlandkanal)
Jelonki
Stankowo
Wysoka
Stare Dolno
E77
Atlas

Dobre Miasto
(Guttstadt)
Morąg
(Mohrungen)
OLSZTYN
(Allenstein)
Ostróda
(Osterode)
Olsztynek
(Hohenstein)
Łukta
Jonkowo
Gietrzwałd
Kreuz-
ritterburg
Holzkirche
Stadt-
befestigung
J. Narie
J. Gil
J. Morąg
J. Isąg
J. Łoby
J. Szeląg Wlk.
J. Pauzeńskie
J. Drwęckie
J. Gamerki
Jez. Giłwa
Jez. Ukiel
J. Wulpińskie
J. Sarąg
J. Limajno
Pasłęka
Drwęca
Łyna
Lasy
Taborskie
L a s y
Park
Krajobrazowy
Wzgórz
Dylewskich
G. Dylewska
312
VI
XV
XXV

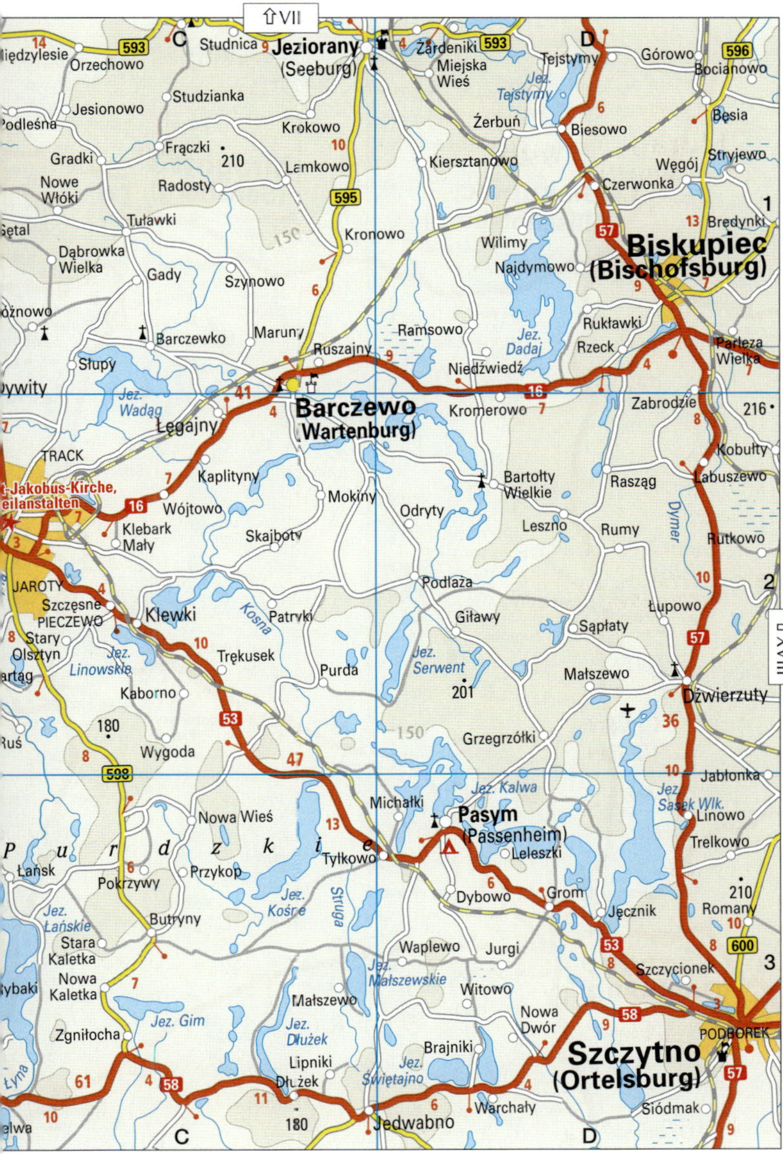

⇧VII
⇧XVIII
Jeziorany
(Seeburg)
Studnica
Orzechowo
Międzylesie
Żardeniki
Miejska
Wieś
Tejstymy
Jez.
Tejstymy
Górowo
Bocianowo
Studzianka
Jesionowo
Podleśna
Krokowo
Żerbuń
Biesowo
Bęsia
Frączki
210
Gradki
Lamkowo
Kiersztanowo
Stryjewo
Węgój
Nowe
Włóki
Radosty
Czerwonka
Tuławki
Bredynki
Kronowo
Wilimy
Biskupiec
(Bischofsburg)
Dąbrowka
Wielka
Najdymowo
Gady
Szynowo
Rukławki
Barczewko
Maruny
Ramsowo
Jez.
Dadaj
Rzeck
Parleza
Wielka
Ruszajny
Słupy
Niedźwiedź
Jez.
Wadąg
Barczewo
(Wartenburg)
Kromerowo
Zabrodzie
216
Łęgajny
TRACK
Kaplityny
Kobułty
St.-Jakobus-Kirche,
Heilanstalten
Bartołty
Wielkie
Rasząg
Łabuszewo
Wójtowo
Mokiny
Odryty
Klebark
Mały
Skajboty
Leszno
Rumy
Dymer
Rutkowo
JAROTY
Podlaza
Szczęsne
PIECZEWO
Klewki
Kosna
Patryki
Giławy
Łupowo
Stary
Olsztyn
Jez.
Linowskie
Trękusek
Jez.
Serwent
Sąpłaty
Purda
201
Małszewo
Dźwierzuty
Kaborno
180
Wygoda
Grzegrzółki
Jabłonka
Jez. Kalwa
Michałki
Pasym
(Passenheim)
Jez.
Sasek Wlk.
Linowo
Nowa Wieś
Trelkowo
Puszcza Purdzkie
Tyłkowo
Leleszki
Łańsk
Przykop
Pokrzywy
Dybowo
Grom
Jęcznik
210
Romany
Jez.
Łańskie
Jez.
Kośne
Struga
Butryny
Stara
Kaletka
Waplewo
Jurgi
Szczycionek
Nowa
Kaletka
Jez.
Małszewskie
Witowo
Małszewo
Nowa
Dwór
PODBOREK
Jez. Gim
Jez.
Dłużek
Szczytno
(Ortelsburg)
Zgniłocha
Brajniki
Lipniki
Jez.
Świętajno
Łyna
Dłużek
Warchały
Siódmak
180
Jedwabno
C
D
1
2
3

XVIII Biskupiec, Mrągowo-Seenplatte, Szczytno,

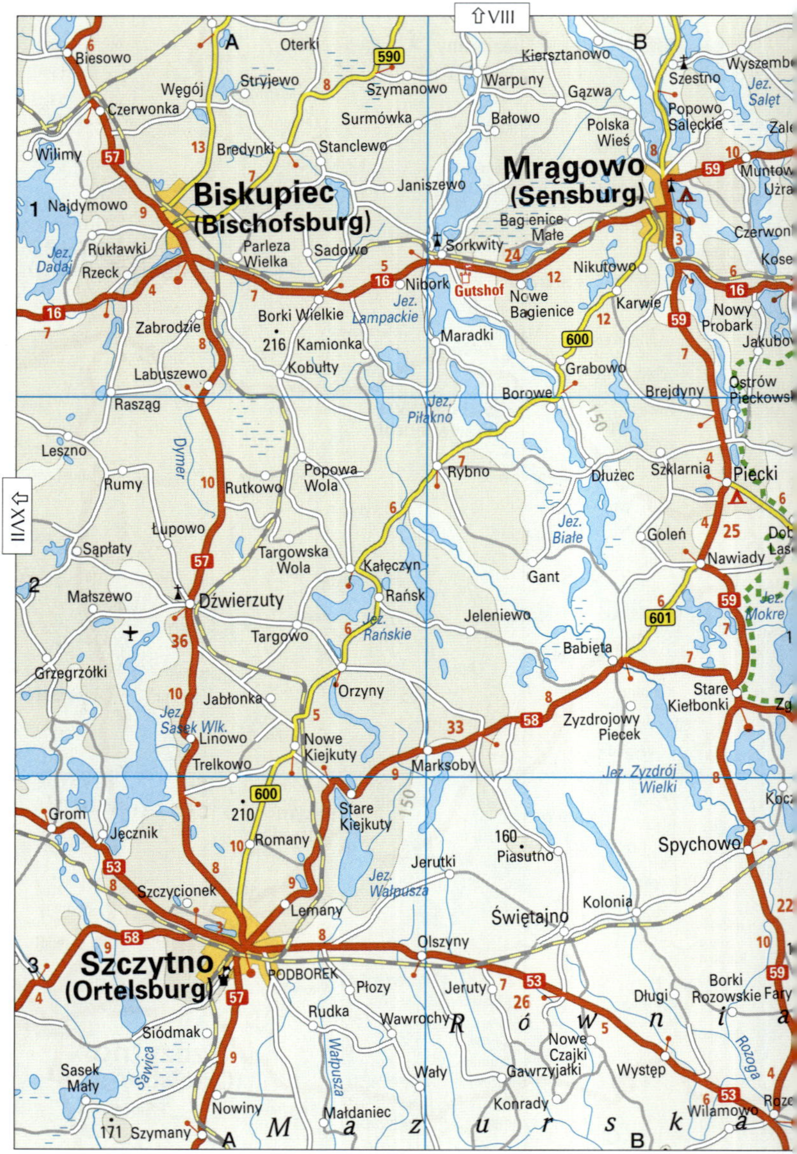

⇧VIII
⇧IX
⇧XX
Wejdyki
Rybica
Ławki
Prażnowo
Rydzewo
Jagodne Małe
Marcinowa Wola
Wyszowate
Tałki
Konopki Wielkie
Ublik
176
Jez. Mierzejewskie
Jez. Tałty
Jez. Tałtowisko
Górkło
Dąbrówka
Jez. Buweino
Cierzpięty
Olszewo
Grabówek
Grabówka
Drozdowo
Pianki
Jora Wielka
Sady
Lelek
Tałty
Woźnice
Faszcze
177
Góra
Orzysz
(Arys)
Baranowo
160
Jez. Łuknajno
Chmielewo
Tuchlin
Mikosze
Prawdowo
Mikołajki
(Nikolaiken)
Jez. Tuchlińskie
Okartowo
Wierzbiny
Zełwągi
KARŁOWO
Jezioro Śniardwy
(Spirdingsee)
Szwejkówko
Nowe Guty
Lipowo
Wierzba
Popielno
Kraina Wielkich Jezior
(Masurische Seenplatte)
Mazurski Park Krajobrazowy
Kwik
Jez. Kocioł
Bobrówko
Jez. Bełdany
Krutynia
Niedźwiedzi Róg
Jez. Warnołty
Zdory
Rostki
Kamień
Warnowo
Gałkowo
Wejsuny
Jez. Seksty
Pilchy
Landschaftspark
Krutyń
(Krutinnen)
Ukta
Ładne Pole
Wojnowo
Kan. Jegliński
Trzonki
Jez. Roś
Karwik
Osiniak Piotrowo
Jez. Guzianka
Jagodzin
Snopki
Łupki
168
Kociol
Ruciane-Nida
(Nieden)
Wąglik
Pisz
(Johannisburg)
Stare Guty
125
Wiartel
Jez. Pogubie Wlk.
Szymki
Krzyże
Jaśkowo
Borki
Jez. Nidzkie
Zamordeje
Pogubie Średnie
Liski
Karwica
Wielki Las
Bogumiły
Guzki
Pogubie Tylne
Turowo
Ciesina
Turośl
Zimna
Baranoga
Rybnica
Jeże
Brzozowo
Zdunowo
Kowalik
Karpa
Turośl
Wincenta
Pisa
Spaliny Wielkie
Łączki
Leman
Zimna
Łacha
Górskie
Białiki
C
D
1
2
3
5
12
642
643
16
57
6
3
10
9
4
609
8
7
63
24
34
58
32

Atlas

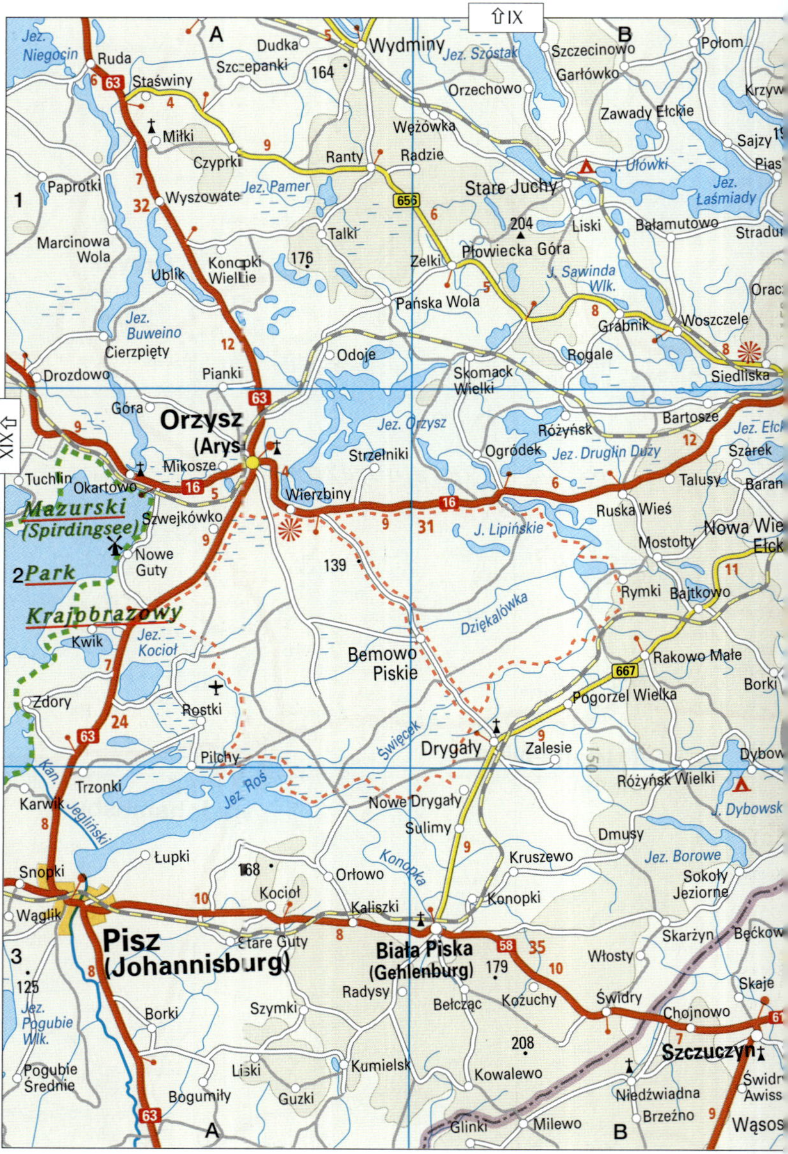
⇧IX
XIX ⇨
A
B
1
2
3
Jez. Niegocin
Ruda
Dudka
Szczepanki
Wydminy
Jez. Szóstak
Szczecinowo
Połom
Garłówko
Staświny
164
Orzechowo
Zawady Ełckie
Miłki
Wężówka
Sajzy
Czyprki
Ranty
Radzie
J. Ułówki
Paprotki
Wyszowate
Jez. Pamer
656
Stare Juchy
Jez. Łaśmiady
Marcinowa Wola
Talki
204
Liski
Bałamutowo
Koncypki Wielkie
176
Zelki
Płowiecka Góra
Ublik
J. Sawinda Wlk.
Pańska Wola
Jez. Buweino
Grabnik
Woszczele
Cierzpięty
Odoje
Rogale
Drozdowo
Pianki
Skomack Wielki
Siedliska
Góra
Orzysz (Arys)
Jez. Orzysz
Różyńsk
Bartosze
Jez. Ełk
Mikosze
Strzelniki
Ogródek
Jez. Druglin Duży
Szarek
Tuchlin
Okartowo
Talusy
Mazurski (Spirdingsee)
Wierzbiny
Ruska Wieś
Szwejkówko
J. Lipińskie
Nowa Wieś Ełck
Mostołty
Nowe Guty
139
Park
Rymki
Bajtkowo
Krajobrazowy
Dziękałówka
Kwik
Jez. Kocioł
Bemowo Piskie
Rakowo Małe
667
Borki
Zdory
Rostki
Pogorzel Wielka
Świecek
Drygały
Zalesie
Dybowo
Pilchy
Różyńsk Wielki
Kan. Jegliński
Trzonki
Jez. Roś
Karwik
Nowe Drygały
J. Dybowskie
Sulimy
Dmusy
Łupki
Konopka
Kruszewo
Jez. Borowe
Snopki
168
Orłowo
Sokoły Jeziorne
Kocioł
Kaliszki
Konopki
Wąglik
Pisz (Johannisburg)
Stare Guty
Biała Piska (Gehlenburg)
Skarżyn
Bećkowo
Włosty
179
Skaje
125
Radysy
Kożuchy
Świdry
Jez. Pogubie Wlk.
Borki
Szymki
Bełcząc
Chojnowo
208
Szczuczyn
Pogubie Średnie
Liski
Kumielsk
Kowalewo
Niedźwiadna
Świdry Awissa
Bogumiły
Guzki
Brzeźno
Glinki
Milewo
Wąsosz
63
16
58

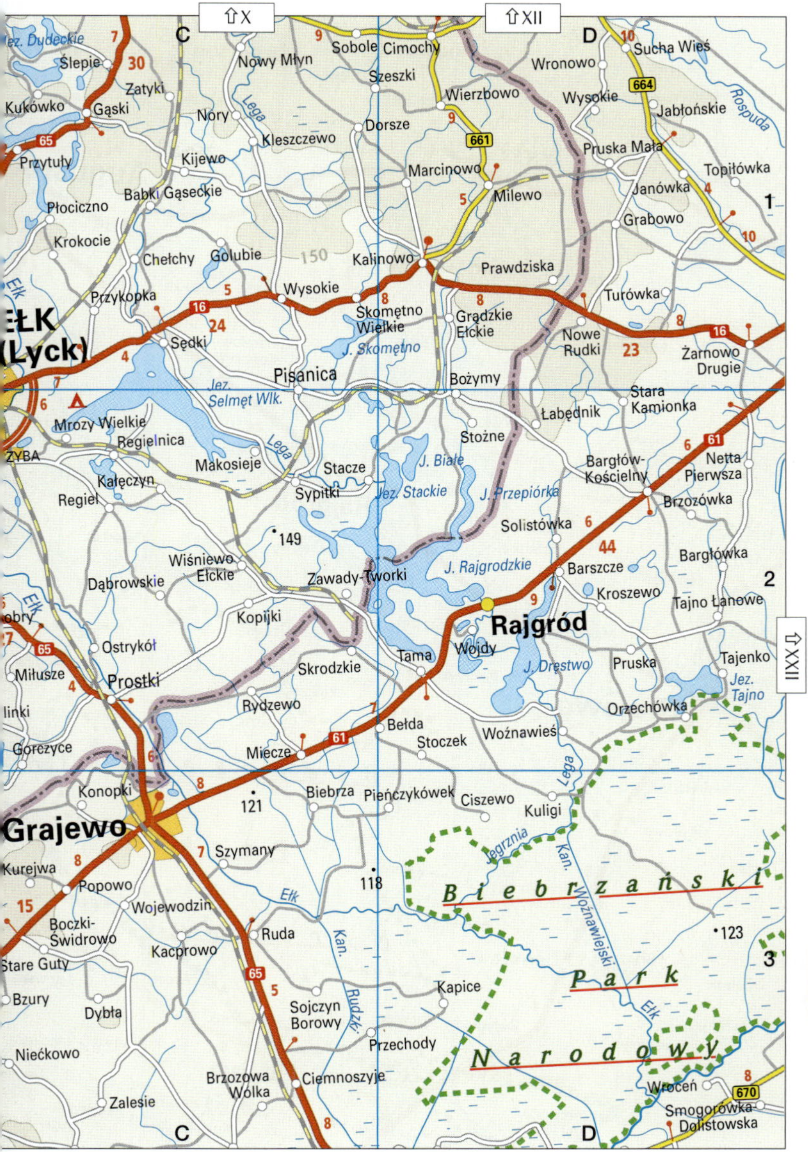

⇧X
⇧XII
⇧XXII
C
D
1
2
3
Jez. Dudeckie
Ślepie
Zatyki
Kukówko
Gąski
Przytuły
Płociczno
Krokocie
Nowy Młyn
Nory
Lega
Kleszczewo
Kijewo
Babki Gąseckie
Chełchy
Golubie
Przykopka
Sobole
Cimochy
Szeszki
Dorsze
Wierzbowo
Marcinowo
Milewo
Kalinowo
Wysokie
Skomętno Wielkie
J. Skomętno
Gradzkie Ełckie
Prawdziska
Wronowo
Wysokie
Sucha Wieś
Jabłońskie
Rospuda
Pruska Mała
Topiłówka
Janówka
Grabowo
Turówka
Nowe Rudki
Żarnowo Drugie
EŁK
(Lyck)
Ełk
Sędki
Jez. Selmęt Wlk.
Pisanica
Bożymy
Mrozy Wielkie
Regielnica
ZYBA
Makosieje
Kałęczyn
Regiel
Stacze
Sypitki
J. Białe
Jez. Stackie
Stożne
Łabędnik
Stara Kamionka
Bargłów-Kościelny
Netta Pierwsza
Brzozówka
J. Przepiórka
Solistówka
149
Wiśniewo Ełckie
Dąbrowskie
Zawady-Tworki
J. Rajgrodzkie
Barszcze
Kroszewo
Bargłówka
Tajno Łanowe
Kopijki
Rajgród
Wojdy
J. Dręstwo
Pruska
Tajenko
Jez. Tajno
Ostrykół
Miłusze
Prostki
Skrodzkie
Tama
Rydzewo
Orzechówka
Bełda
Stoczek
Woźnawieś
Goreczyce
Miecze
Konopki
Biebrza
Pieńczykówek
Ciszewo
Kuligi
121
Grajewo
Szymany
Jegrznia
Kan. Woźnawiejski
Kurejwa
Popowo
Wojewodzin
118
Biebrzański Park Narodowy
Boczki-Świdrowo
Stare Guty
Kacprowo
Ruda
Kan. Rudzki
123
Bzury
Dybła
Sojczyn Borowy
Kapice
Przechody
Niećkowo
Brzozowa Wólka
Ciemnoszyje
Zalesie
Wroceń
Smogorówka
Dolistowska
16
61
65
661
664
670

XXII Augustów, Puszcza Augustowska

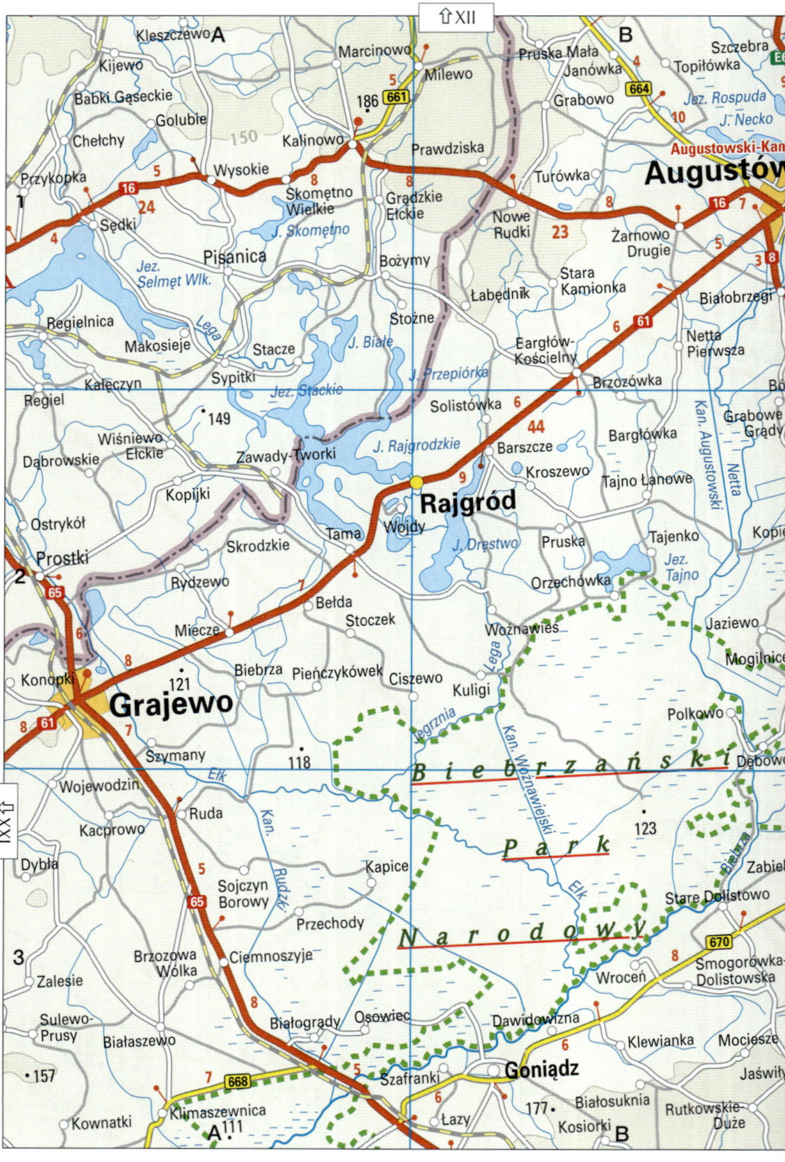

⇧XIII
C
D
1
2
3
Puszcza Augustowska
Strękowizna
Płaska
Rygol
Sucha Rzeczka
PRZEWIĘŹ
Białe
LIPOWIEC
STUDZIENICZNA
Jez. Studzieniczne
Gruszki
Rudawka
SAJENEK
Jez. Sajno
Czarnucha
Ponizie
Kolnica
J. Kolno
Rubcowo
Wołkuszanka
Nw. Leśne Bohatery
Krasne
Skieblewo
Kopczany
Kurianka
Balinka
Hruskie
Jastrzębna Druga
Lipsk
Siółko
Lebiedzin
Krylatka
Krasnybór
Jastrzębna Pierwsza
Stary Rogożyn
Szuszalewo
Chorużowce
Huta
Kamień
Krasnoborki
Biebrza
Stara Kamienna
Kropiwno
Koniuszki
Janówek
Sztabin
Małowista
Grabowo
Sidra
Sieruciowce
Miedzianowo
Jaczno
Bieniowse
Nowy Dwór
Jaminy
Domuraty
Zwierzyniec-Wielki
Dąbrowa Białostocka
Różanystok
Ciemne
Kiersnówka
Bagny
Brzozowo
Suchodolina
Kudrawka
Podostrówek
Synkowce
Głęboczyzna
Jałówka
Nierośno
Szostaki
Siderka
Brzozówka
Okopy
Bachmackie Kolonie
Staworowo
Karpowicze
Suchowola
Czerwonka
Reszkowce
Sidra
Jatwież Wlk.
Krzywa
Wólka
Bierwicha
Jurasze
Dzięciołowo
Nowa Chodorówka
Połomin
Olzanka
Makowlany
Trzyrzecze
Dryga
Krasne
Holiki
Cimanie
Kizielany
Poganica
Brzozowa
Kamienica
Chwaszczewo
Racewo
Mikicin
Trofimówka
Nowowola
Gliniszcze Wielkie
Zagórze
Laskowszczyzna
Janów
Wasilówka
Trzcianka
Sokolany
Bobrówka
Kumiała
Zabrodzie
Kumiałka
Plebanowce
Woroniany
Romejki
Korycin
Przystawka
Sokołda
Kraśniany
16
664
E67
673
671
8
85
174
27
150
229
206
10

⇧XV
A
B
1
2
3
Ostróda
(Osterode)
Kreuz-
ritterburg
Iława
(Deutsch Eylau)
Lubawa
(Löbau i.W.)
Nowe Miasto
Lubawskie
(Neumark)
Lidzbark
(Lautenburg)
ehem. Burg der
Culmer Bischöfe
Holz-
kirche
St.-Annen-
Kirche
Park
Krajobrazowy
Lasy Iławskie
Pojezierza
Iławskiego
Pojezierze Brodnickie
Krajobrazowy
Wzgórz
Dylewskich
G. Dylewska
312
Welski
Park
Krajobrazowy
J. Jeziorak
J. Gardzień
J. Łabędź
J. Iławskie
J. Karaś
J. Radomno
J. Skarlińskie
Os. Szymbarskie
J. Bachotek
J. Lezno Wk.
Jez. Kiełpińskie
J. Grądy
J. Tarczyńskie
J. Rumian
Iławka
Drwęca
Gizela
Wel
Januszewo
Piotrkowo
Falknowo
Starzykowo
Szymbark
Ząbrowo
Gardzień
Kamionka
Laseczno
Stradomno
Szałkowo
120
LIPOWY DWÓR
Tynwałd
Frednowy
Wiewiórka
Boguszewo
Samborowo
Wirwajdy
Franciszkowo
Rudzienice
Mątyki
Kałduny
Gierłoż Polska
104
Reszki
Morliny
152
Kajkowo
Ornowo
Lichtajny
Brzydowo
Kraplewo
Rudno
Naprom
Lipowo
Pietrzwałd
LUBAWSKIE OSIEDLE
Ławice
Zielkowo
Rożental
Grabowo
Zajączki
Dziarny
Kazanice
Wałdyki
Glaznoty
Szeplerzyzna
Wonna
Jamielnik
Byszwałd
144
Złotowo
Klonowo
Rodzone
Radomno
Gryźliny
Łążek
Sampława
Omułe
Marwałd
Jagodziny
Lekarty
Chrośle
Tuszewo
Prątnica
Szczepankowo
Wierzbica
Skarlin
Bratian
Mortęgi
Łążyn
Elgnowo
129
Mikołajki
Rumienica
227
Wawrowice
Marzęcice
175
Zwiniarz
Mańtowo
Groszki
Wielkie Bałówki
Lipowiec
Grodziczno
Katlewo
Rumian
Hartowiec
Dębień
Rybno
Tereszewo
Kurzętnik
Gwiździny
Mroczenko
Ostaszewo
Gronowo
Szafarnia
Krzemieniewo
Rynek
Nielbark
Bratuszewo
Mroczno
Trzcin
171
Grądy
Tuczki
Gaj
Brzozie Lubawskie
Sugajenko
Sugajno
Kiełpiny
Kopaniarze
Żabiny
Pokrzydowo
Brzozie
Boleszyn
PGR Koszelewki
Koszelewy
PGR Chełsty
Wąpiersk
Bachotek
Jajkowo
Janówko
Zembrze
Zalesie
Jeleń
Murawki
Świecie
Słup
Wlewsk
Turza Mł.
Cielęta
Grążawy
Radoszki
Gutowo
Mł. Łęck
16
52
521
536
537
538
541
544
150
225

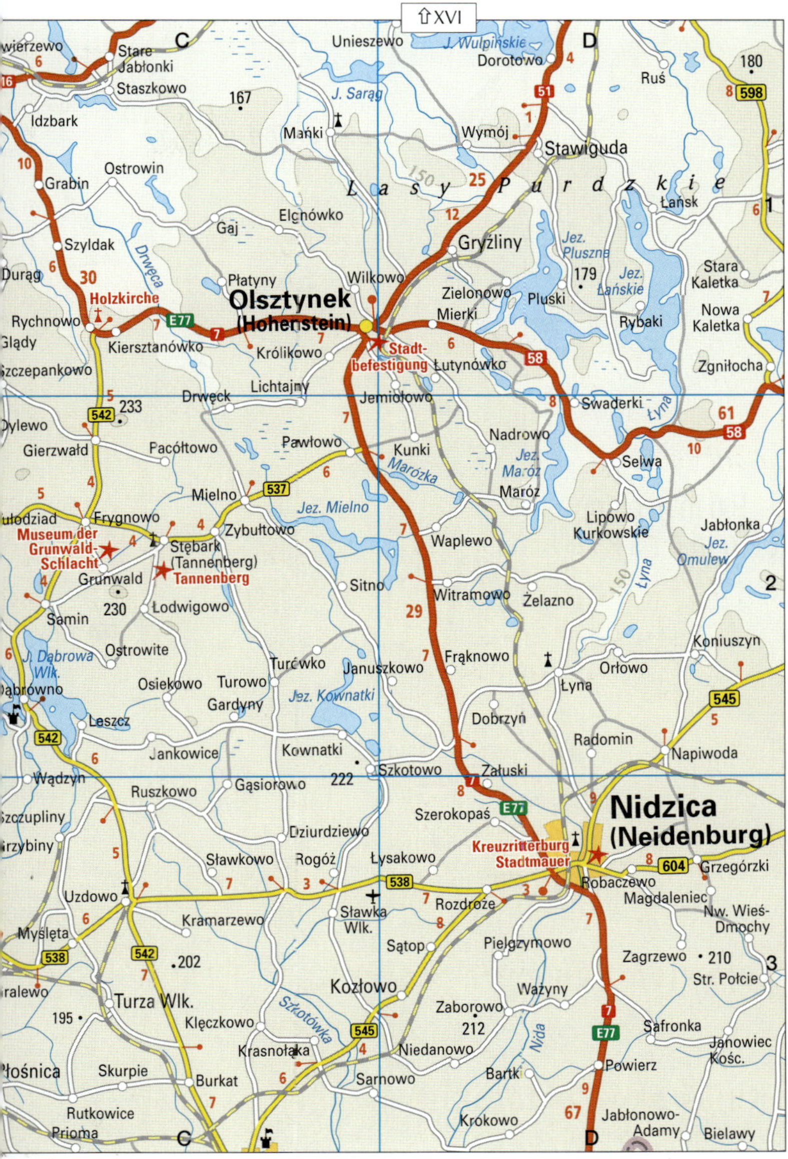

⇧XVI
Unieszewo
J. Wulpińskie
Dorotowo
Ruś
Stare Jabłonki
Staszkowo
167
Idzbark
J. Sarąg
Mańki
Wymój
Stawiguda
Grabin
Ostrowin
Lasy Purdzkie
Łańsk
Elgnówko
Gaj
Szyldak
Drwęca
Gryźliny
Jez. Pluszne
179
Jez. Łańskie
Stara Kaletka
Durąg
Płatyny
Wilkowo
Zielonowo
Pluski
Nowa Kaletka
Holzkirche
Olsztynek (Hohenstein)
Mierki
Rybaki
Rychnowo
Glądy
Kiersztanówko
Królikowo
Stadtbefestigung
Łutynówko
Zgniłocha
Szczepankowo
Lichtajny
Jemiołowo
Drwęck
233
Swaderki
Łyna
Dylewo
Gierzwałd
Pacółtowo
Pawłowo
Kunki
Nadrowo
Marózka
Jez. Maróz
Selwa
Maróz
Mielno
Jez. Mielno
Lipowo Kurkowskie
Jabłonka
Jez. Omulew
Frygnowo
Zybułtowo
Museum der Grunwald-Schlacht
Stębark (Tannenberg)
Tannenberg
Waplewo
Grunwald
230
Sitno
Witramowo
Żelazno
Samin
Łodwigowo
J. Dąbrowa Wlk.
Ostrowite
Turówko
Januszkowo
Fąknowo
Koniuszyn
Orłowo
Osiekowo
Turowo
Jez. Kowatki
Łyna
Dąbrówno
Gardyny
Dobrzyń
Leszcz
Radomin
Jankowice
Kownatki
Napiwoda
Wądzyn
Gąsiorowo
222
Szkotowo
Załuski
Ruszkowo
Szczupliny
Szerokopaś
Nidzica (Neidenburg)
Grzybiny
Dziurdziewo
Kreuzritterburg Stadtmauer
Sławkowo
Rogóż
Łysakowo
Grzegórzki
Robaczewo
Uzdowo
Sławka Wlk.
Rozdroże
Magdaleniec
Nw. Wieś-Dmochy
Myślęta
Kramarzewo
Sątop
Pielgrzymowo
202
Zagrzewo
210
Str. Połcie
Turza Wlk.
Kozłowo
Szkotówka
Ważyny
Zaborowo
212
Safronka
195
Klęczkowo
Krasnołąka
Niedanowo
Nida
Janowiec Kość.
Płośnica
Skurpie
Burkat
Sarnowo
Bartki
Powierz
Rutkowice
Prioma
Krokowo
Jabłonowo-Adamy
Bielawy
C
D
1
2
3

Polens Nordosten